地下经济对国家经济安全影响的实证研究

(第1册 非线性因果性与溢出效应)

夏南新 著

中国财经出版传媒集团
中国财政经济出版社

图书在版编目（CIP）数据

地下经济对国家经济安全影响的实证研究. 第1册, 非线性因果性与溢出效应 / 夏南新著. ——北京：中国财政经济出版社，2021.1

ISBN 978-7-5223-0055-9

Ⅰ.①地… Ⅱ.①夏… Ⅲ.①地下经济－影响－经济安全－研究－中国　Ⅳ.①F264.9②F123

中国版本图书馆CIP数据核字（2020）第179320号

责任编辑：田明晖　　　　责任校对：徐艳丽
封面设计：陈宇琰　　　　责任印制：史大鹏

中国财政经济出版社 出版

URL: http://www.cfeph.cn

E-mail: cfeph@cfeph.cn

（版权所有　翻印必究）

社址：北京市海淀区阜成路甲28号　邮政编码：100142
营销中心电话：010-88191522　编辑部门电话：010-88190670
天猫网店：中国财政经济出版社旗舰店
网址：https://zgczjjcbs.tmall.com
北京虎彩文化有限公司印刷　各地新华书店经销
成品尺寸：170mm×240mm　16开　22.25印张　360 000字
2021年1月第1版　2021年1月北京第1次印刷
定价：88.00元
ISBN 978-7-5223-0055-9
（图书出现印装问题，本社负责调换，电话：010-88190548）
本社质量投诉电话：010-88190744
打击盗版举报热线：010-88191661　QQ：2242791300

作者简介

夏南新与妻子姜穗琦医生在境外调查腐败分子洗钱

夏南新,男,江西省南昌市人,中山大学岭南学院经济学系书记,教授,博士生导师,博士后导师,校特殊一线岗位人才。广州新华学院经济与贸易学院经济统计学专业首席教授。2000年6月，厦门大学统计学专业研究生毕业，获博士学位，师承"中国的斯通"（Stone，"国民经济统计之父"，1984年诺贝尔经济学奖获得者）、"国民经济核算之父"、统计学泰斗钱伯海教授（1984年，国务院成立国民经济统一核算标准领导小组，时任国务院总理李鹏任领导小组组长，钱伯海教授任总体规划组组长，钱先生为中国国民经济核算体系的设计和建立作出了奠基性贡献）。

2014年，当选中国统计学会常务理事；2016年、2020年，连续当选广东省统计学会副会长；2018年，委任为广东省统计局专业（咨询）委员会局外委员；2019年，当选中国数量经济学会常务理事；2020年，当选中国数量经济学会数字经济研究会副会长；2021年，广东省统计局授予"百名统计学家"证书。

继承导师衣钵，开展地下经济估测（核算）研究，主持的国家社科基金一般项目"地下经济对国家经济安全影响的实证研究"，以题为《关于防范和遏制地下经济对国家经济安全影响的对策建议》的研究报告，被中央宣传部全国哲学社会科学工作办公室编入国家社会科学基金项目《成果要报》，上报给中央政治局委员，中央书记处书记，国务院总理、副总理，国务委员等领导以及中央办公厅、国务院办公厅等有关机构参阅。所呈送的报告就防范和遏制地下经济对国家经济安全的影响提出了对策和建议。国家社科基金项目《成果要报》是呈送中央政治局委员等党和国家领导人的内部参阅件，专门摘报国家社科基金项目研究成果中有重要现实意义和应用研究、对策研究成果，作为党和国家重要决策的参考。

中央宣传部全国哲学社会科学工作办公室向中共广东省委宣传部、中共中山大学党委发来《关于中山大学夏南新同志研究成果受到有关领导和部门重视的通报》。该《通报》表示，《关于防范和遏制地下经济对国家经济安全影响的对策建议》文中提出的观点和建议已受到国家有关部门负责同志的重视。

《通报》指出，作为哲学社会科学研究工作者，夏南新带领课题组坚持正确导向，自觉关注现实问题，深入开展调查研究，努力推出高质量的理论研究成果，体现了较高的责任感和使命感，为国家社科基金更好地服务党和国家工作大局作出了贡献。

主持2015年国家社会科学基金重点项目"现代地下经济实证研究"。

在理论经济、应用经济两个一级学科中,作者是广东省唯一重点项目获得者。

教育部学位中心学位论文答辩前评审专家,全国博士/硕士学位论文抽检评审专家。中国知网标明为:知名专家。被"人大经济论坛"(现更名为"经管之家")指定为统计学学科唯一学术带头人,在该论坛"人物专栏排行Top10"中,名列第8位(截至2013年7月)。

2002—2003年,作为美国春田大学访问学者,被授予杰出访问学者证书(Distinguished Visiting Scholar Certificate in recognition of Scholarly Initiative),以表彰学术上原创。

独著,高等学校经济与管理类核心课程教材《统计学》,2014年2月由高等教育出版社出版。该书荣获第四届中国大学出版社图书奖优秀教材二等奖。每家出版社申报图书数量不超过新版图书品种的1%,获奖率约为0.3182%,这是唯一统计学获奖图书。

独立发表《国际金融市场波动非线性因果性和溢出效应》论文,2016年被刊载在一类A级重要期刊。

所有论文和图书都是独立作者。

座右铭(语录):我讲的知识同学们都能够听懂,甚至能够超过我,不过有一点你们终身超不过我——在学术上坚决不搭便车!

格言:学术上不搭便车,求真求知,矢志不渝,磨砺抵御诱惑的意志,锤炼以真性情做真学问的独立人格(此格言现置于中山大学岭南学院计算机实验室悬挂的镜框里)。

序 言

一、联合国国民账户体系（08SNA）将地下经济纳入国民经济核算之中

联合国、欧盟委员会、OECD（Organization for Economic Co-operation and Development，经济合作与发展组织）、IMF、世界银行联合编撰的《System of National Accounts（2008）》（国民账户体系，简记08SNA）指出：尽管非法，但是在经济意义上，属于生产性活动，比如：麻醉品制造和销售、货物走私、人口偷渡等非法运输，以及卖淫等色情服务。只要生产过程真实，产出的货物和服务具有有效市场需求，以上非法生产都应当包括在SNA的生产范围之内。[①]

08SNA十分关注生产范畴是否完整涵盖所有经济活动，即国民经济核算应当遵循"穷尽原则"（Exhaustion principle）。

二、意大利、英国将卖淫和贩毒纳入GDP统计

英国国家统计局首席经济顾问乔·格赖斯（Joe Grice，2014）指出：随着经济的发展和演变，我们衡量经济活动所用的统计方法也要相应改变。

2014年5月23日，意大利国家统计局宣布，通过卖淫、走私和交易非法药物（毒品）等活动获得的非法经营收入都将计入2014年GDP（国内生产总值）中，同时，2013年的GDP也要修正，以体现GDP核算范围扩大。此举将会改变意大利GDP增长陷入停滞的局面，也有助于时年仅39岁总理伦齐实现赤字/GDP的比率降至2.6%的目标，使伦齐政府在不

[①] 联合国、欧盟委员会、OECD、IMF、世界银行联合编撰，《System of National Accounts (2008)》（国民账户体系）[M]，中国统计出版社，2012年11月，第112页、第465页。

突破赤字限制的条件下将有更大的花钱空间。

2014年5月30日,英国《金融时报》报道,按照欧盟最新统计规则,自2014年9月起,英国首次将卖淫行为和违禁药物交易等非法经济活动纳入正式国民账户中。英国核算方式修改后,其经济规模预计扩大100亿英镑,GDP飙升5%,这将改写英国经济史。据英国国家统计局估算,2009年卖淫业、毒品等非法交易额约100亿英镑,根据测算,英国性交易额约为53亿英镑,毒品交易额约为44亿英镑。卖淫业的租房及置装费等对英国经济贡献约4400万英镑,家种大麻额外消耗6000万英镑的能源和原材料。

新的欧盟(EU)条例规定,成员国所有产生收益的活动都可以作为GDP核算对象,既包括卖淫、毒品生产与消费,还包括黑市上的烟酒交易。欧洲委员会要求成员国每年的财政赤字不超过当年GDP的3%,且累积债务不超过GDP的60%,否则将根据超额情况处以当事国GDP总量0.2%~0.5%的罚款。不过,欧盟政府罚款会更加加重当事国的债务负担,导致财政赤字进一步上升。在财政赤字上,目前包括意大利在内的欧盟17个成员国正在接受欧盟监管,而瑞典和爱沙尼亚从未出现过赤字过高的年份。

许多非欧盟国家为了使本国经济貌似强大也纷纷准备效仿意大利的举动。08SNA指出:在欧盟内部,为了确保其成员国之间国民账户统计范围的严格可比,采用了一系列措施以确保账户是"穷尽的(Exhaustive)"。此次统计规则的改变只涉及欧盟部分成员国,只有欧盟所有成员国都采用统一核算标准,GDP才具有可比性。2012年,美国拓宽了投资定义,将当年的GDP规模增加了3.6%。

据国际货币基金组织估计,1998年,官方统计的全球生产总值为39万亿美元,全球地下经济的规模约为9万亿美元,这相当于当年美国生产总值,占全球生产总值的23.08%。

三、地下经济定义和类别

所谓地下经济(Underground economy),它是指未向工商管理部门注册与登记,未向税务机关报税与纳税,游离于政府监管之外,逃避法律法规惩处,未纳入国民经济核算范围之内,合法注册的商业活动却提供危害社会的商品和服务且偷逃税收，所涉及的生产、流通、分配、消费等环节的经济活动。

在经济业态上，地下经济可以划分成八类：

1. 未在工商管理部门注册与登记，未缴纳税款的"灰色"经济或"走鬼"经济

灰色经济通常被认为只会出现在贫穷国家的边缘地带，比如：泰国乡村沿街叫卖的小贩，其实，富裕国家同样也存在，只是"走鬼"经济活动不像贫穷国家普遍，其占经济总产值的份额相对小得多。

又可进一步细分为：

（1）未从工商、税务、质检等部门获得相关的手续，并拒绝政府监管，钻政策和法律的空子的投机交易活动，比如：非柜台交易、劳务交易、网络交易、现金交易、民间交易等无证照交易活动。

（2）未领取营业执照、逃避纳税的个体户、小商贩和网店，比如：路边小商小贩、房屋补漏与维修、私房建筑，等等。

2. 合法经营者偷逃税

（1）以合法经营为掩护，进行虚假贸易，骗取退税和补贴。

（2）以注册登记、象征性纳税为掩护，不汇报收入，已达到逃避所得税目的。

（3）做假账或多套账本，蒙骗监管者和税务稽查人员。

（4）不缴纳社会保障，降低雇主的人力工资成本。

（5）雇主压缩劳动保护、环保，以及职工健康保险的支出。

3. 违法犯罪的黑色经济活动

（1）配合热钱进出的洗钱①活动，常见的洗钱形式：①注册空壳公司洗钱；②在境外成立离岸公司跨境洗钱；③利用化名存款洗钱；④频繁地进行证券期货交易洗钱；⑤违规转账洗钱，通过金融机构将非法资金混入合法资金中；⑥异地大额套取现金洗钱；⑦通过保险公司洗钱，投保后以退费、退保等合法形式回收赃款；⑧利用进出口贸易洗钱，以高卖低买等手法向国外转移赃款；⑨跨国企业"转移定价"洗钱，从境外关联公司高价购入原材料或零配件，再向关联公司低价出售产成品；⑩利用关联公

---

① 20世纪20年代，美国芝加哥黑手党开办了自动投币洗衣店，在向税务局申报纳税时，将非法所得赃款混入营业收入中，纳税后赃款便成了合法收入，这就是"洗钱"一词的由来。

司，通过关联交易洗钱；⑪骗税洗钱，成立假企业，搞假出口，骗取退税后，将非法资金通过隐蔽渠道分散转款；⑫利用外汇黑市跨境或跨国洗钱，洗钱后以外商身份回国投资；⑬通过地下钱庄洗钱；⑭以民间借贷形式洗钱；⑮利用拍卖行、珠宝商等特定非金融机构洗钱；⑯利用国有企业改制洗钱，低价转让出售国有企业产权，将国有资产离析后转入私人企业中；⑰举办大型商业演出洗钱，将未售罄的高价贵宾门票赠送给客户和亲朋好友，以便可以名正言顺地向税务部门虚报更多的商演收入，从而达到将非法收入合法化的目的。

（2）偷逃关税的经济活动，比如：走私。

（3）坑害消费者，扰乱市场经济秩序的经济活动，比如：制假售假。

（4）使人的意志丧失的毒品经济，比如：制毒贩毒。

4. 处于游离状态的狭缝经济

在泰国，卖淫业被禁止，然而依然随处可见，并很有市场。

除了荷兰阿姆斯特丹、日本东京都新宿歌舞伎町等地区的色情业是合法之外，世界上绝大多数国家和地区的性产业是非法的，然而，色情业即使被取缔，却很快会死灰复燃，并且生生不息。

不过，性产业中的性用品生产和销售，在全世界各地都是允许且合法的。

5. 民间非法融资活动

截至2018年底，中国中小企业的数量已经超过了3000万家，个体工商户数量超过7000万户，贡献了全国50%以上的税收，60%以上的GDP，70%以上的技术创新成果和80%以上的劳动力就业。

长期以来，中小微企业备受融资服务冷落，特别是遇上国际金融危机和新型冠状病毒肺炎（Corona Virus Disease 2019，COVID-19，简称"新冠肺炎"）引起的疫情，这会使原本就很脆弱的中小微企业雪上加霜、难以为继，由于急于资金给企业"输血"，因此，不得不向民间非法集资或借高利贷。

一旦企业使用了非法集资、民间高利贷的资金，就相当于上了"贼船"，无法脱身，平时经常会接到债主催款电话或上门催债，将会给企业主带来无穷无尽的烦恼。

6. 网络犯罪经济

（1）在网上，开设假公司、假投资、假拍卖，骗取钱财。

（2）在网上，非法博彩。

（3）网络诈骗。

（4）信息贩卖。

7. 非法传销（Illegal Pyramid selling）活动

传销是指组织者发展人员，通过发展人员或者要求被发展人员以交纳一定费用为条件取得加入资格等方式非法获得财富的行为。传销的本质是"庞氏骗局（Ponzi scheme）"①，即以后来者的钱发前面人的收益。

传销产生于第二次世界大战后期的美国，成型于战后的日本，发展于中国。传销培训教材极富煽动性和欺骗性，且具有很多心理学的要素，极易诱人上当。在国外传销和直销是同样的意思。

国外传销是以顾客使用产品产生的口碑作为动力，顾客帮助经销商宣传产品后分享一部分利润，也就是客户传播式销售。

中国式传销是虚假公司、虚构产品，一切都是空的，只是拉人员，从入会费或者加盟费中提取少量提成。或者，控制人身自由，没收财物，使其无法与外界联系，天天学习传销培训教材，学会怎么骗人，然后列名单、电话或书信邀约、摊牌、跟进，直至以各种方式交齐入会费或者加盟费。

新型传销不限制人身自由，不收身份证和手机，不集体上大课，而是以资本运作为旗号拉人骗钱，利用开豪车，穿金戴银等，用金钱吸引，让亲朋好友加入，最后使参与者血本无归。

1998年4月21日，我国全面禁止传销，2017年8月，教育部、公安部等四部门印发通知，要求严厉打击、依法取缔传销组织，通知强调，对打着"创业、就业"的幌子，以"招聘""介绍工作"为名，诱骗求职人员参加的各类传销组织，依法取缔。

---

① 查尔斯·庞兹（Charles Ponzi，1882—1949），生活在19—20世纪，意大利裔投机商，1903年，移居美国，1919年，策划一个阴谋，虚构一个子虚乌有的企业投资，许诺投资者将在3个月内得到40%的利润回报，然后，庞兹将新投资者的钱作为快速盈利付给最初投资的人，以诱使更多的人投资，后人称之为"庞氏骗局"。在中国，庞氏骗局又称"拆东墙补西墙""空手套白狼"。这是金字塔骗局（Pyramid scheme）的始祖。

2018年5月2日，法院作出了一份判决，65种"传销币"，涉案超百亿元，逾千万人买入。

一些违法犯罪分子打着找工作的旗号，诱骗并组织大学生和其他无业人员从事传销活动牟利。

2009年6月4日，中国南方9个省——广东、福建、江西、湖南、广西、海南、四川、贵州、云南，在广州共同签署合作协议，联手打击传销，各成员方将共同立案查处跨省传销活动，联合打击跨省大规模传销组织。

8. 人口贩卖（Human Trafficking）

人口贩卖，自古就有之。受蒙古游牧征服遗风和军前掳掠人口的影响，再加之元代社会和政局较为动荡不安，元代掠买人口的犯罪比较猖獗。

据时人记载："间岁京师编民男女之未年者，因事而出，多为奸民所攘（rǎng，抢夺；侵犯）匿。或女胁为婢（bì，旧时受有钱人家雇佣的女孩子），子压为奴，不然，则载之遐微殊域，若辽海、若朔漠，易羊马牛驼以规赢入，幸而败者常少，不幸而转市互鬻［转鬻（yù），释义为另投别主，卖身为佣］，使其父子、昆弟、妻女死生不闻者，比比有焉。"

京师尚且如此，偏远之地更不必说了。

在全球范围内，人口贩卖如今已成为一个数十亿美元的产业，大多数性交易工作者都经历过作为"性奴隶"的人口贩卖。

国际劳工组织称，据估计，每年全球人口贩卖的利润约为1500亿美元，其中，约990亿美元来自于性剥削。

拐卖（Kidnaping and selling people）人口罪，指的是拐骗、绑架、收买、贩卖、施诈、接送、中转人口以获利的行为。以营利为目的，使用欺骗、利诱、胁迫等手段，拐骗贩卖人口的行为，这是一种世界性犯罪。

在中国刑法中，拐卖人口犯侵犯公民人身权利、民主权利罪。

主要特征：①犯罪主体是一般主体。②犯罪客体是公民的人身自由权利。犯罪对象是一切人，实践中主要是妇女和儿童。③犯罪客观方面表现为行为人实施了拐卖人口的行为。拐卖人口是以违背被害人的意志为前提的。④犯罪主观方面只能是直接故意，并且具有营利的目的。只要是出于营利目的而拐卖人口的，即使拐骗后没有卖成，或者实际上没有得到钱财即被抓获，也不影响本罪的构成。

根据《中华人民共和国刑法》，拐卖妇女、儿童的，处5年以上10年以下有期徒刑，并处罚金；有条文所列八种加重情节之一的，处10年以上有期徒刑或者无期徒刑，并处罚金或者没收财产；情节特别严重的，处死刑，并没收财产。

四、大面值通货是地下经济的"血液"

通常，地下经济交易主要以现金结算为手段，其支付在银行账户上和打通交易环节上均不可能留痕，从而顺利规避政府监管和法律惩罚。

当地下经济活动猖獗时，社会对现金需求量会陡然上升。若中央银行依据此扭曲金融信息，则必定会采取宽松的货币政策，大量投放货币，相应地国民也会增持现金。当经济体资产优化组合，扩大消费支出，必定会引发通货膨胀。当通胀加剧时，又维持高税率水平，必定会刺激厂商偷漏税，导致地下经济更加泛滥，从而使菲利普斯曲线向外位移。

地下经济以大宗现金交割，可以逃避税务当局监管和警察惩罚。若流通中现金不寻常的增加，则可视为地下经济增加的指示指标。

面值100美元的通货加速了美国地下经济增长。提高钞票面值，将会促使毒品走私等地下经济活动猖獗。普林斯顿大学肯尼斯·洛格夫教授认为，欧盟印刷500欧元面值钞票的决定是同地下经济的商业活动竞争的一个明显步骤。非恶性通货膨胀时期，通常，遵纪守法的公民不会无缘无故地加大日常的现金支付量，因而，倘若有人出现频繁的现金需求明显增加，则可以断定其可能从事地下经济活动。

五、影子经济现状

2019年12月19日，欧联网援引希腊欧联通讯社报道，希腊影子经济规模庞大，至今仍没有缩减的迹象。国际相关金融组织甚至将希腊列为全球影子经济比率最高的国家之一。

2016年，希腊影子经济规模约占GDP的30.2%，高于2010年债务危机高峰期的28.1%，不过，低于2009年危机刚爆发时的32.2%。

市场人士认为，考虑到非法交易比较盛行的希腊建筑业在债务危机中处于深度衰退，间接说明了希腊影子经济在其他领域的比例已经飙升。

希腊影子经济体现在合法商品和服务的非法贸易上，酒精、燃料、烟草制品和盗版物的非法贸易均是影子经济的一部分。高税收、失业和大量个体从业人员更加推动了大范围逃税。

国际货币基金组织研究发现，东欧国家的影子经济占 GDP 比例最高，科索沃达到 38.8%，保加利亚达到 37.8%，爱沙尼亚达到 36.8%。西欧国家的影子经济占 GDP 比例相对较低，奥地利为 9.4%，卢森堡为 9.7%，瑞士为 9.8%。

根据国际货币基金组织的分析，全球发达国家和地区的影子经济占 GDP 的平均比例为 15%~20%，然而，发展中国家和地区的影子经济占 GDP 的平均比例为 30%~35%。

奥地利约翰内斯·凯普勒大学经济系教授弗里德里克·施奈德对 76 个发达和新兴市场国家里影子经济规模进行了测算，平均来讲，富裕国家的地下经济规模占官方公布国内生产总值（GDP）比重的 15%，新兴市场经济国家为 33%。

六、体制的缺陷为地下经济提供了滋生的土壤和发展的条件

1. 改革初期，"权力与市场相结合"的模拟市场经济体制，使得寻租行为应运而生

中国的改革和发展是由政府主导的，渐进式的体制变革本质上是改变传统的行政权力，配置社会资源的方式为市场配置社会资源的方式。不过，在改革以后，行政权力并未退缩，也没有受到应有的限制，而是向市场方向扩张，创造出一个"权力与市场相结合"的模拟市场经济体制。

一方面，权力的资本化、市场化一直伴随中国经济体制市场化改革的进程，导致了公共权力的腐败，各种寻租行为应运而生。

2. 发财和腐败途径主要来自于流通领域的价格"双轨制"市场化改革

20 世纪 80 年代初期，发财和腐败途径主要来自于流通领域的"双轨制"市场化改革，生产资料价格"双轨制"是工业生产资料价格的管理体制。

1984—1985 年，在同一时间、同一地点，实行一种产品有两种价格，这是生产资料价格"双轨制"的含义。实行价格"双轨制"的产品，一部分由国家计划控制，实行计划价格；另一部分由市场调节，实行市场

价格。

生产资料价格"双轨制"是双重的计划体制和物资体制的集中体现，改革中的必然产物，通过"双轨制"逐步完成从计划到市场的过渡。

我国原有的计划体制和物资体制是高度集中的体制，由于过于集中，在经济建设中，生产资料价格"双轨制"起到了一定的积极作用，然而，渐进的"双轨"制度安排，造成寻租、收入分配腐败。

1985年，中国政府正式把"双轨制"作为价格改革的思路，到20世纪80年代后期，中国经济成为了一个"双轨制"经济。1988年，由于"官倒[①]"和贪污腐化问题，政府价格"闯关"没有成功。

20世纪90年代初，尽管提出了社会主义市场经济的目标，但是，"双轨制"变成"单轨制"（并轨）需要时间，政府不可能完全放弃对资源的控制，"官倒"和贪污腐化问题不可能马上消除。

如果国家制定计划合理，企业使用多少就给多少计划指标，并且企业严格执行计划，那么就不会出现腐败。比如：国有企业生产了300万吨钢，若200万吨是计划的，则可以按计划价格销售，余下的100万吨钢按市场价格出售。

实际上，只要牌价和市价之间有差距，计划指标就有利可图，以牌价购得钢材，转手倒卖出去，便轻而易举地获得暴利。

企业虚报计划，本来使用100吨钢材，却报200吨，按照牌价多购得的钢材以市场价格转售，便从中牟利。

在转轨过程中，有的人故意维持"双轨制"，这其实就是维持自己的私利。倘若钢材价格完全放开，完全按市场价格交易，设租者和寻租者就都没有套利空间。

"双轨制"的主要特征是尊重和维持在旧体系下形成的各种利益集团的现状。"双轨制"造成我国经济环境混浊，经济秩序紊乱，导致官员腐败，这是体制变革不得不付出的代价。新体制应该是"卡尔多－希克斯改进"，也就是社会总财富的增加，然而，如果不能将"卡尔多－希克斯改进"转化为"帕累托改进"，改革可能根本无法进行。改革与革命的不同

---

① 在价格双轨制下，官员们利用手中权力，倒卖计划指标，牟取市场价格和计划价格之间的差价，使用平价（牌价）和市场价（议价）两个杠杆捞钱，俗称官倒，它主要指国家机关、团体、企事业单位违反工商管理法规，进行投机倒把的活动。

之处就在于它尊重既得利益，否则，就不可能是一个"帕累托改进"。

改革会触犯部分人的既得利益，其特权和寻租行为都在改革中丧失殆尽，因而，改革不可能是一个"帕累托改进"的过程。

3. 由于行政权力的过度干预，市场的自发调节功能被扭曲

由于行政权力的过度干预，因此，市场的自发调节功能被扭曲，从而引发地下经济活动猖獗。

进出口垄断经营、进口配额、高额关税、许可证都是走私的重要诱因。

地方保护主义盛行，"假"打护"私"，致使"假"难除，"私"难禁。

在投资领域，民间资本投资面临许多政策壁垒，民间富余资金被迫投向地下经济。

在融资领域，一方面，不能反映市场供求关系的计划利率，无法吸引民间富余资金；另一方面，民营企业仍然受到各种"歧视"，正常的融资需求不能得到满足，民间非法金融市场成了他们无奈的选择，从而致使骗贷、非法集资、地下保险、地下钱庄、非法博彩等地下金融具有广泛的市场，屡禁不止，层出不穷。

"个体户"和国家垄断的贸易部门（内、外贸）获益，20世纪90年代初，金融领域的市场化改革启动。

上市资格的审批、原始股分配、贷款权行使、证券市场操纵、产权交易，以及计划利率与黑市利率长期并存，每当金融变革，都会伴随着由权力支配的巨大利益再分配。

由于国有资产管理存在产权关系不清和产权主体缺位，因此，国有企业负责人及其相关管理部门便大肆侵吞国有资产，从而导致国有资产大量流失。

七、地下经济"反秩"和"反周期性"

惯常（Conventional）的总供需理论注重总需求和总供给是否平衡，然而，地下经济理论则关注总供给与总需求是否被精准地测量。

毋庸置疑，地下经济理论产生，为捍卫凯恩斯主义的正统地位，仿佛注入了一剂强心剂。倘若地下经济规模漏估，必然低估经济增长，所谓

"滞胀（Stagflation）"也许只是伪现象（Pseudo phenomenon）。

简而言之，菲利普斯曲线其实没有错误刻画，只是漏算地下经济活动导致发出了虚假的经济信息，致使政府决策失误。

纵观世界经济史，凡是高税率时期，地下经济必定泛滥，国家税收反而更少。可见，地下经济具有"反周期"和"反秩"性质，经济周期性衰减或许是地下经济活动猖獗所致。

由于地下经济蔓延和肆虐，使得只统计守法经济的政府统计系统不能如实地反映经济体运行的真正状况，显然，根据错误信息提出的经济政策就不由自主地陷入误区。未登记兼职（Moonlighting）等隐形从业的失业率，当然是夸大了失业规模，从而导致政府会错误地发出经济不景气的衰退信息。

2007年，时任辽宁省委书记李克强告诉到访的美国驻华大使，自己更喜欢通过这样三个指标来追踪辽宁的经济动向：全省铁路货运量、用电量和银行已放贷款量。2010年末，英国《经济学人》杂志由此创造出一个"克强指数"，用于评估中国GDP增长。

克强指数 = 工业用电量增速 × 40% + 中长期贷款余额增速 × 35% + 铁路货运量增速 × 25%

与GDP等指标的统计相比，"克强指数"中的耗电量、铁路货运量和银行贷款发放量更具有可靠性，可以挤掉统计数字（比如：GDP）的水分。当然，在一定程度上，以上三个指标只能反映经济的大体走势，却无法反映经济总量。

因为这三个指标涉及电网、铁路、银行的具体业绩核算，与基层政府的GDP并无干系，也近乎没有作假掺水的空间和动机，铁路、电力、银行的业绩核算不会受到当地政府左右，其数据更真实。

地下经济受国家调控政策影响不大，然而，其"运行"又直接影响社会物价。当宏观经济环境预期趋紧时，各种游资会推高资产价格，以便套现，大量的实业资金也会随之转为投机资本，共同推高房价、物价，从而促使政府更加加大调控力度，造成地上经济环境更加严峻。

在宏观经济数据上，体现为"易高难低"的现象，其实，经济实际情况可能是大起大落，"克强指数"波动幅度远比GDP波幅大得多。

大幅度、大力度、高频率的宏观调控，甚至采取行政干预手段，在配置资源方面,导致市场失去自发调节的作用。

国家审批的投资项目,往往是基层政府跑"部"前进的结果;国家主导的银行信贷投向,未必是最高效率的配置。

一个以电子流、全数据为支撑的经济运行系统,必然极大压缩地下经济运行空间,中国经济的"双层结构"① 也将被单一、透明、规范、高效的经济结构逐步取代,这是在理论上可以实现、在技术上能够实现的前景。

2003年,中国GDP增长了9.1%,然而,全国用电量增长15.3%,远远高于经济增速,用电紧张现象一直不见缓解。按照西方发达国家电力增长率相对GDP增长率的比率(即电力弹性系数)大致为1的经验看,一方面,中国经济结构变化导致电力紧张,另一方面,也说明地下经济的广泛存在。

里兹开普勒大学Friedrich Schneider运用类似了技术估计,2000年发展中国家灰色经济占官方GDP的41%,在赞比亚,这一比重达到60%,在巴西、土耳其,大约一半的非农业劳动人口在"非正式"的经济部门就业,在经合组织国家(OECD)中,灰色经济占GDP比重要低得多,只有18%。

地下经济就是一个超越正式经济循环过程的生产、消费、交换环节中不留痕的隐秘经济。

发电量是衡量生产力水平的一个客观标志。1972年后,美国GDP增长越来越离奇,似乎不需要以发电量为标志的生产力增长来保证了。美国发电量增速不断下降,2000年至今增长停滞甚至长期负增长,危机严重程度超过20世纪30年代的大萧条时期,说明美国现存国家体制已成为生产力发展的桎梏。

当年,罗斯福大刀阔斧地进行新政改革,使美国渡过一个生死关,后来新自由主义兴起,几乎耗尽了新政改革的成果,导致社会矛盾极度尖锐化。

美国GDP增长与发电量、政府债务严重偏离。进入21世纪以来,2000—2018年,美国发电量仅增长0.10倍,而GDP却增长0.99倍,政府

---

① 在中国的经济运行中,存在着"地下经济"与"地上经济"两个层次。

债务增长了 2.87 倍。

毫无疑问，GDP 是经济兴衰的标志，决定 GDP 增长至少有两个要素：一是生产发展带来的物量增长；二是货币超发带来的价格上涨。

连续 7 年美国债务水平超过 GDP 总量，1971 年后，美国国会已经 80 次批准提高债务上限。

由发电量支撑的增长，毋庸置疑是货真价实的财富增长。通过超量印钞支撑的增长，只不过是金融泡沫。天量举借，透支"国力"。

假如生产力发展水平风向标的发电量不增长，那么，表明物质财富没有增长，即使 GDP 增长，也只能说明钞票超发，导致货币含金量被稀释，在一定程度上也间接地剥夺了货币持有者的财富，这种非真金白银的 GDP 增长，只能是财富泡沫。

八、税费过重和税制缺陷助长了地下经济活动

税法越复杂，监管成本就越高，地下经济活动就越猖獗。

进入 21 世纪，一些贫穷国家地下经济呈上升势头，究其原因是国际货币基金组织推行严厉的援助项目，迫使受援国不断加大征税力度，从而导致一些企业家遁（dùn）迹潜形（指隐藏踪迹和身形）。

税收和社会福利保障开支的增加是导致灰色经济增长的主要原因。高税率使得人们在工作与休闲之间不得不作出权衡。税收负担越重，社会福利保障支出越大，促使人们会前赴后继地涌向灰色经济地带。

我国现行税制过于复杂，不便操作，实际宏观税负水平偏高，在某种程度上，行政性收费也是变相税收，企业税费负担过重，刺激了纳税人偷逃税动机。

当今经济活动发生了深刻变化，原有的税收征管模式、手段难以适应复杂的征管环境，从而造成了偷逃税收行为频繁发生。

税务机关对偷逃税者惩罚力度不够，纵容了更普遍的偷逃税行为。

从治本上来说，要进一步研究改革当前税收体制和经济监管体制，实行"低税率、宽税基、严征管"，切实减少地下经济运作动机。另外，我国的收入所得税累进税率也远远低于西方国家水平，起不到调节收入分配的作用。为此，要大力清理各地有关企业税费征收规定，简化税制，进一步降低企业税负。

九、收入分配不公为地下经济提供了强大的社会心理支撑

1912 年,意大利统计与社会学家 Corrado Gini 提出了衡量居民收入差距的指标,该指标俗称为基尼系数。

以下是按照国际惯例将基尼系数不同取值所划分的收入分配状况:

0.2 以下视为收入绝对平均;0.2~0.3 视为收入比较平均;0.3~0.4 视为收入相对合理;0.4~0.5 视为收入差距较大;0.5 以上视为收入悬殊。

2019 年 9 月 26 日,美国人口普查局公布调查数据显示,2018 年,美国收入中位数创历史新高,达到 61937 美元,这是 1967 年有记录以来的最高水平,不过,2018 年,美国居民收入差距较往年显著加大,基尼系数上升至 0.485,创 50 年以来新高,2017 年,该系数为 0.482。美国政府的减税政策进一步加剧了美国民众的收入不平等现象,2018 年,较富裕的家庭收入增长幅度更大。

在大型经济体中,中国基尼系数偏高,占人口 1% 的最高收入人群,拥有中国总财富的近 1/3,高于发达经济体水平。居民收入差距依然突出,2017 年中国基尼系数为 0.467,处于警戒线之上;中国地区发展不平衡程度更严重。

2020 年 5 月 28 日,国务院总理李克强在十三届全国人大三次会议闭幕会后的回答中外记者提问时讲到,中国是一个人口众多的发展中国家,人均年收入 3 万元人民币,6 亿人每个月的收入 1000 元左右,在中等城市,1000 元可能租房都困难,现在又碰到疫情,疫情过后民生为要。就业是最大的民生,中国有 9 亿劳动力,没有就业那就是 9 亿张吃饭的口,有了就业就是 9 亿双可以创造巨大财富的手。

中国收入分配不公主要由两个方面的因素造成:一是权力资本化、市场化;二是市场竞争规律的作用。

中国由一个平均主义盛行的国家变成一个贫富差距过大的国家,这必然引起经济主体的不平衡发展和打破这种收入不公格局的强烈愿望,不可避免地导致部分经济活动规避政府约束,以逃税甚至更严重的破坏法制的经济行为来改变收入分配格局,从而引起地下经济的迅速发展。

十、非法集资、高利贷等非法金融呈迅猛发展势头

非法集资、民间高利贷和地下赌博等"地下经济"的崛起,透露出在

当前新冠肺炎疫情大背景下，中国经济社会发展中一些深层次矛盾和问题，主要集中在中小企业融资困难、社会就业紧张和老百姓投资渠道有限等方面。

有学者实证分析表明，浙江地下金融占全部金融业务量1/3。

1. 非法集资

根据《关于取缔非法金融机构和非法金融业务活动中有关问题的通知》规定，非法集资是指单位或者个人未依照法定程序经有关部门批准，以发行股票、债券、彩票、投资基金证券或者其他债权凭证的方式向社会公众筹集资金，并承诺在一定期限内以货币、实物以及其他方式向出资人还本付息或给予回报的行为，这是一种犯罪活动。

2011年1月4日，《关于审理非法集资刑事案件具体应用法律若干问题的解释》施行，为了依法惩治非法吸收公众存款、集资诈骗等非法集资犯罪活动，最高人民法院会同中国银行业监督管理委员会等有关单位制定了该司法解释。

2013年，我国各地开始开展防范非法集资宣传月活动。2020年，第8个防范非法集资宣传月活动主题为"守住钱袋子·护好幸福家"。

处置非法集资部际联席会议办公室要求针对重点领域、重点人群，拓宽宣传渠道、丰富宣传方式，加强联动宣传。

全国非法金融活动风险防控平台上线试运行，28个省份监测平台已投入使用。

2019年，全国共立案打击涉嫌非法集资刑事案件5888起，涉案金额5434.2亿元，同比分别上升3.4%、53.4%。

近年来，出现了"托管造林"现象，其基本运作方式：通过租赁、承包或其他方式获取林地使用权及林木所有权，再转让给社会零散投资者，然后，投资者再将林地和林木委托给公司经营。这种转让与托管为一体的经营模式，风险极大，在运作过程中，一些公司已经暴露出不法行为，给投资者造成了重大损失。

官员与非法集资的企业之间往往存在利益输送，部分领导干部甘愿沦为非法集资"活道具"和"广告"。

2. 高利贷

2019年10月21日，最高法、最高检、公安部及司法部联合印发了

《关于办理非法放贷刑事案件若干问题的意见》,新的司法解释:如果违反国家规定,未经监管部门批准,或者超越经营范围,以营利为目的,2年内向不特定多人(包括单位和个人)以借款或其他名义出借资金10次以上,扰乱金融市场秩序,情节严重的,会以非法经营罪定罪处罚。

高利转贷罪是指违反国家规定,以转贷牟利为目的,套取金融机构信贷资金高利转贷他人,违法所得数额较大的行为。

如果出借人利用自有资金高利放贷给他人,属于民间借贷中的放高利贷行为,不构成高利转贷罪。

民间借贷包括合法的民间借贷行为和违法的高利贷行为。

如果民间借贷的当事人约定的利息高于年利率36%就属于高利贷,对高出的部分利息法律不予保护。

私人放高利贷既不是犯罪行为,也不是合法的民间借贷。

民间个人借贷利率由借贷双方协商确定,然而,双方协商的利率不得超过中国人民银行公布的金融机构同期、同档次贷款利率(不含浮动)的4倍,否则,界定为高利借贷行为。

人民币与金算盘

以年取暴利为目的的民间高利贷悄然兴起,70%的担保公司竟放弃主业,打着信用担保招牌,靠变相吸收存款、发放贷款搞"钱庄"生意,有的串通银行倒卖贷款,通过为企业提供短期高息融资牟取暴利。

"校园贷"是走进校园的"套路贷",它是对以非法占有为目的,假借民间借贷之名,诱使或迫使被害人签订"借贷"或变相"借贷""抵押"

"担保"等相关协议，通过虚增借贷金额、恶意制造违约、肆意认定违约、毁匿还款证据等方式形成虚假债权债务，并借助诉讼、仲裁、公证或者采用暴力、威胁以及其他手段非法占有被害人财物的相关违法犯罪活动。

学生普遍社会认知能力较差，防范心理较弱，为此，不法分子乘机将放贷目标锁定到校园中的学生。

从表面上看，"校园贷"是"薄利多销"，实际上，其利率是银行的20～30倍。

学生的生活费主要源自父母，如果学生出现了攀比心理，那么，父母提供的生活费是难以为继的，不得不求助"校园贷"。

从"校园贷"获得的款项，若用于酗酒、赌博，一旦无力偿还利滚利的"校园贷"，为了躲债，不得不逃课，导致学业荒废，最后，将会落得辍学的可悲下场。

十一、疏堵结合，标本兼治，遏制地下经济蔓延

1. 疏

（1）解决就业难问题，以便将地下经济参与者回流到地上经济。联合国国际劳工组织曾预计，2008年国际金融危机之中，至少5200万人失去工作。如果没有地下经济的存在，许多人将无处可去。

世界银行（World Bank）经济学家马罗尼说，地下经济将会吸纳许多人，并给他们提供一个收入来源。

国际货币基金组织前首席经济学家约翰逊（Simon Johnson）说，正是由于地下经济的存在，那些极度贫困国家的状况才没变得像人们预计的那么糟糕。

（2）减税降费，还老百姓一个宽松的经济环境。由于逃税和摆脱政府管制赚钱的动机实在太大，政府通常对地下经济活动参与者施展的逮捕和起诉措施收效甚微，因此，有国外学者认为，减税、解除管制、实行私有化，以及采取市场为导向，将有助于减少地下经济活动。

针对正在"崛起"的地下经济，有关人士分析认为：必须标本兼治，根据不同行业特点，针对性地加大打击力度；从根源上，解决当前经济社会发展中的深层次问题；从体制上，解决融资难、就业难等问题。

（3）大力发展经济，以避免人员流向地下经济之中。在美国和其他富

裕国家从事地下经济的人，比如：未登记的女仆、园丁、开无照出租车的司机。随着疫情恶化，企业大量裁员，为了生计，迫使更多人尝试自己开办小生意或从事兼职工作，甚至进行经济犯罪活动。

印度研究机构 Gujarat Institute of Development Research 的经济学家 Jeemol Unni 说，要改变这种状况，印度经济将需要维持飞速增长。因为聘用全职雇员需要的成本比临时雇员要高很多，所以，印度大企业只在资金非常充足的时候才会聘用全职雇员，其实，印度很多地方都在积极发展"地下经济"。

（4）必须对地上经济和地下经济有的放矢地考量。随着经济全球化、通信技术进步、边境开放，使地下经济活动超越了国界，取消外汇管制助长洗黑钱，然而，消除贸易壁垒也使地下经济活动有机可乘。地下经济的治理已经成为世界性的难题。

地下经济出于某种需要，如洗钱套利等，也可能进行虚假贸易，造成在某一时间、地点出现进出口数额的极大变动，因而，必须对地上经济和地下经济有的放矢地考量，以便真正了解中国经济现实和运行情况。

2. 堵

受新型冠状病毒肺炎（Corona Virus Disease 2019，COVID-19）影响，世界经济陷入深度萧条，非法集资、高利贷、传销和地下赌博等地下经济又呈抬头之势。

（1）"法无禁止即为许可"，实行负面清单管理方式。在政府职能方面，要切实树立法治思维。一方面，"法无禁止即为许可"，普遍实行负面清单管理方式，在一定程度上可把地下经济活动转到地上，在决策上打破各种利益藩篱和垄断，鼓励充分竞争，这是维持物价稳定的根本办法。另一方面，严格执法，对处于灰色地带的投机炒作、黑色的涉暴垄断行为、贪污受贿腐化行为，严肃执法要更加直接有效。

（2）分类治理，标本兼治。在政策决策方面，要尊重市场在资源配置上的决定性作用。在中国经济"双层结构"条件下，政府决策要更多地树立博弈思维，比如：上级政府与基层政府的互动、企业与政府的区别、地下经济与地上经济的关联、国家利益与国际财团的抗衡。

在政策措施方面，一方面要提高政策的针对性和灵活性。在全面深入调研的基础上,政府调控手段要有的放矢。近年来,国家实行的"定向调控"、反垄断执法,都具有很强的针对性。另一方面,要保持政策的稳定性和适度性。长期以来,政府形成了"加大政策力度"的思维惯性,一旦国家政策出台,各地、各部门便会争相出台配套政策,甚至加码政策。其实,任何政策的实施,都必须有"度"。

对于庞大的地下经济,需要从理论、历史和现实等不同角度进行考察,既要看到其逃税漏税甚至违法犯罪的一面,也要看到其在解决就业、增加收入方面的作用,关键是对症下药,标本兼治。

从治标上来说,实行分类治理,依法严惩涉黑涉暴、勒索诈骗等违法犯罪行为,维持公平竞争的市场经济秩序;规范引导未依法登记、规避监管的行为;对于由于政府过度管制,导致相关从业者转入"地下"的,应逐步放开管制,并加强规范管理。

(3) 有序有度地将地下经济转正为地上经济。2020年5月28日,十三届全国人大三次会议闭幕后,李克强总理在回答记者提问时,点赞部分城市率先松绑"地摊经济"。中央文明办也明确表示,在今年全国文明城市测评指标中不将占道经营、马路市场、流动商贩列为文明城市测评考核内容。推进"地摊经济"健康发展顺应了常态化疫情防控要求,满足了市民多元化需求,也增加了就业岗位,这是做好"六稳"工作、落实"六保"任务的题中应有之义(释义:主题中应当包含的义理)。做好"地摊经济"与人民群众生活并存的城市治理考题,需着力在优化"放、管、服"上下功夫,为保障民生、促进就业、刺激居民消费和经济恢复带来新活力,也为城市带来更多最抚凡人心(释义:最能抚慰世俗人的思想了)的"烟火气"。

这是当今典型的地下经济转正为地上经济的范例。

(4) 量刑应一致,使地下经济参与者付出沉重的犯罪成本。由于非法集资、传销、民间高利贷等地下经济违法活动,一般都是单线联系,资金传递没有凭证,取证十分困难。各地司法机关对证据的认识也不统一,如同样是以养蚂蚁为名进行传销犯罪活动,辽宁营口法院认定为集资诈骗罪,江西萍乡法院认定为合同诈骗罪,然而,山东临沂法院则认定为非法吸收公众存款罪。

一些工商、公安界人士认为,现在的法律体系对非法集资、传销的处理仍显太轻，起不到应有的威慑作用。山东一名杨姓传销组织者，发展下线近万人，获利3000万元，仅被法院判刑3年，缓刑5年。与其犯罪所得相比，处罚力度太低，这也是地下经济屡打不绝的重要原因。

（5）从根源上解决当前经济社会发展中的深层次问题。必须标本兼治，一方面有针对性地加大打击力度，根据不同行业特点进行打击；另一方面还需从根源上解决当前经济社会发展中的深层次问题，从体制上解决融资难、就业难等问题。

如果说非法集资、高利贷透露的是中小企业资金问题，那么非法传销、赌博等在某种程度上就是反映了当前中国紧张的就业状况。

要有自我防范意识，提高甄别能力。摒弃暴富心理和贪念，树立正确的理财观念，不要被违法者的承诺和花言巧语所引诱和蒙蔽。对社会上的投资项目要多渠道、多方位了解，特别要注意一些所谓的"零风险""高回报"的集资方式，不要心存幻想。

中国伟大的复兴之路任重道远，有效治理地下经济，将是一项长期而艰巨的任务。

目　　录

第1章　绪论 ……………………………………………………（ 1 ）
　1.1　地下经济理论的凸显 ………………………………（ 1 ）
　1.2　地下经济的范畴 ……………………………………（ 2 ）
　1.3　经典方法 ……………………………………………（ 3 ）
　1.4　边际税率、税基和小额优惠 ………………………（ 5 ）
　1.5　国家经济安全的诠释 ………………………………（ 8 ）
　1.6　研究意义 ……………………………………………（ 13 ）
　1.7　探究的架构 …………………………………………（ 13 ）

第2章　地下经济实证技术铺垫——相关分析 ………（ 15 ）
　2.1　相关的范畴 …………………………………………（ 15 ）
　2.2　相关关系的类别 ……………………………………（ 17 ）
　2.3　相关分析的技术 ……………………………………（ 18 ）
　2.4　相关系数 ……………………………………………（ 20 ）
　2.5　简单相关系数的显著性检验 ………………………（ 29 ）
　2.6　等级相关 ……………………………………………（ 44 ）
　2.7　自相关 ………………………………………………（ 48 ）

第3章　地下经济实证技术铺垫——回归分析 ………（ 51 ）
　3.1　引言 …………………………………………………（ 51 ）
　3.2　一元线性回归模型 …………………………………（ 55 ）
　3.3　一元线性回归模型参数的最小二乘估计 …………（ 58 ）
　3.4　回归分析中的显著性检验 …………………………（ 63 ）

3.5 估计标准误差 ……………………………………………… (72)
3.6 估计标准误差公式证明 …………………………………… (74)
3.7 回归方程的显著性检验 …………………………………… (76)
3.8 一元线性回归方程的预测 ………………………………… (78)
3.9 一元非线性相关与回归 …………………………………… (83)

第4章 地下经济实证技术铺垫——抽样技术 …………………… (85)
4.1 抽样技术的概述 …………………………………………… (85)
4.2 抽样推断中的基本概念 …………………………………… (86)
4.3 抽样推断的方法论基础 …………………………………… (91)
4.4 样本的概率分布 …………………………………………… (97)
4.5 抽样估计的优良标准 ……………………………………… (102)
4.6 抽样误差 …………………………………………………… (107)
4.7 必要样本容量的确定与全及总体指标的推断 …………… (121)
4.8 随机抽样的组织形式 ……………………………………… (133)
4.9 统计量 $\frac{(n-1)s^2}{\sigma^2}$ 的抽样分布 ……………………………… (176)
4.10 样本比率 $\bar{p}$ 的抽样分布 ………………………………… (180)
4.11 盖洛普民意测验 …………………………………………… (183)

第5章 毒品使国民意志和国家经济安全丧失 …………………… (193)
5.1 毒品诠释和种类 …………………………………………… (193)
5.2 毒品经济的衍生过程 ……………………………………… (195)
5.3 毒品经济现状 ……………………………………………… (197)
5.4 毒源地及其大毒枭 ………………………………………… (199)
5.5 国际贩毒集团毒品走私的主要路线和特点 ……………… (201)
5.6 毒品经济规模与交易价格 ………………………………… (203)
5.7 我国毒品产业描述性统计分析 …………………………… (215)
5.8 毒品消费品种与人员分布及其对国家经济安全的影响 … (219)
5.9 抵御毒品侵蚀的策略 ……………………………………… (223)

第6章 国际金融市场波动非线性因果性检验和溢出效应 ……(226)

6.1 引言 ……(226)

6.2 文献综述 ……(227)

6.3 非线性因果性检验引入 ……(230)

6.4 人民币、欧元、日元兑美元的汇率的方差非线性因果性检验 ……(233)

6.5 BEKK-MGARCH 模型的引入 ……(240)

6.6 人民币、欧元、日元兑美元汇率的收益率波动溢出效应分析 ……(242)

6.7 结束语 ……(246)

第7章 制假售假损害国家经济信誉 ……(248)

7.1 制假售假的回顾和特点 ……(248)

7.2 假冒伪劣、"傍名牌"和盗版对国家经济安全构成的威胁 ……(250)

7.3 对制假售假者绳之以法的法律条款的解析 ……(256)

7.4 假冒伪劣产业现状 ……(258)

7.5 制假售假与打假的博弈分析 ……(265)

7.6 打假公共政策选择 ……(268)

第8章 基于 ARFIMA-APARCH 模型的中国黑市汇率非对称性和杠杆效应 ……(272)

8.1 模型的理论铺垫 ……(272)

8.2 ARFIMA-APARCH 模型的引入 ……(274)

8.3 采用 ARFIMA-APARCH 模型探测黑市汇率的波动性 ……(276)

8.4 黑市汇率非对称性和杠杆效应所引起的思考 ……(278)

第9章 地下经济估测模型及敏感度分析 ……(279)

9.1 地下经济核算对象的界定 ……(279)

9.2 地下经济估测模型——现金比率模型 ……(281)

9.3 现金比率模型的应用 ……(282)

9.4 现金比率模型的敏感度分析 …………………………………… (284)
9.5 以地下经济调整 GDP …………………………………………… (287)
9.6 依据漏算了地下经济的 GDP 数据将会误导政府经济决策
　　……………………………………………………………………… (288)
9.7 结束语 …………………………………………………………… (291)

附录　统计分布表 ……………………………………………………… (293)

参考文献 ………………………………………………………………… (319)

第 1 章

绪　　论

1.1　地下经济理论的凸显

　　1969 年美国《经济顾问委员会经济报告》中绘制的 1952—1968 年的菲利普斯曲线显示：失业率信息扭曲导致菲利普斯曲线向外漂移（戴国强，1995）。价格较快上升会伴随着较低的失业率出现；当经济在充分利用人力和资本的前提下运行时，就很可能使推动价格和工资上升的力量加强；在经济萧条时，价格上涨几乎不成问题。然而，时隔 13 年后的里根政府的经济顾问委员会绘制出的 1961—1981 年菲利普斯曲线，却得出了相反的结论："稳定的菲利普斯曲线已经成为垃圾场中的过去的事物……在长时期里，平均通货膨胀率与失业率无替代关系。"这一结论无疑给当时在西方经济理论界占统治地位的凯恩斯的有效需求理论蒙上了一层阴影。一方面通货膨胀率长期爬升，另一方面失业率却居高不下，出现了所谓"滞胀"现象。

　　在技术不断进步和经济日益繁荣的背后，为什么劳动生产率莫名其妙地下降？近 30 年来，为什么经济周期性逐渐衰减？当时，西方国家官方统计数字所表明的经济发展水平与人们在实际经济生活中所享受到的社会福利，为什么很不一致？这一系列社会经济之谜，令当时西方经济学界困惑不已。不过，由此也造就了一批著名经济学家，像货币主义学派、供给学派和理性预期学派，都是在这一时期产生出来的。这些学派的理论在一定程度上也能够解释其中一些现象，甚至还能够为政府渡过某一时期的难关。迄今，上述疑问的争论还没有一个能成为普遍接受的定论。

尽管凯恩斯理论受到严峻挑战，但是，至今还没有哪一种理论能够取代它。面对当时菲利普斯曲线异常向外漂移，加上货币领域呈现出的，一方面，M_1存量下降，出现"失踪货币"现象；另一方面，社会信用制度有了长足的发展，非现金转账结算技术日益提高，并预示着一个无纸化的非现金交易结算时代的到来。不过，金融统计数据却表明，相对活期存款而言，现金M_0仍然增加了。这就出现了"现金需求增长"与"失踪货币"并存的奇特现象。

然而，现实却迫使经济学家不得不放弃纯理论的推导方式，经济学家们逐渐意识到有一种隐蔽进行的"经济力"正在影响作用公开经济，从此，经济学家们真正开始把注意力转移到一个战后长期未被重视的事实——"地下经济"上来。

1.2 地下经济的范畴

所谓地下经济（Underground economy），它是指在经济活动中没有向政府申报、登记和纳税，不受法律法规的束缚，收入不计入国民经济总量的经济成分，亦称黑色经济（Black economy）、隐形经济（Hidden economy）、影子经济（Shadow economy）、第二经济（The second economy）、平行经济（Parallel economy）、非正式经济（Informal economy）、非正规部门经济（Informal sector economy）、非官方经济（Unofficial economy）。

在形态上，地下经济可以分为三类：

第一类是没有在工商部门注册，未缴纳税款的小微经济。比如：未领取营业执照的小商贩，此类地下经济也称为"灰色经济"；

第二类是走私、贩毒、洗钱、赌博、制假、色情业、贩卖人口等犯罪经济活动；

第三类是在网上通过假信息骗取钱财的新型的网络犯罪经济活动。

第二次世界大战期间，地下经济研究曾经出现过一次高潮，进入20世纪 70 年代，地下经济研究又逐渐活跃起来，并且在这一领域内还相继产生了一系列理论和测算方法。地下经济理论和方法创立，无疑对解决当时社会经济诸多疑难问题另辟了蹊径，找到了契机。这一理论以全新的思维方式，一针见血地揭示了当时经济问题的症结。该理论认为：由于地下经济孳生和蔓延，从而使只统计合法经济的信息系统没能准确地反映国民经济运行的真正状况，当然，那些根据扭曲信息提出的经济理论就自然而然要掉入理论误区。未统计从事第二职业（Moonlighting）等隐形就业的失业信息，显然夸大了失业的严重性，提前发出经济衰退的虚假信号。

又因为，地下经济主要以现金作为结算方式，其交易结算在银行账户上和买通各个关键环节上都不会留下痕迹，从而可以逃避政府和法律的监管。一旦地下经济活动猖獗，则必然会引起社会对货币现金需求量的增加。倘若货币当局获取了这一不可靠的经济信息，则必然会实施扩张政策，加大货币投放，相应居民手持现金也会增多。当经济主体经过新一轮的资产组合调整，扩大支出之后，必定会进一步刺激通货膨胀。若在通胀加剧的时候，同时又实行高税率政策，就势必会激励偷漏税动机，从而致使地下经济规模变得越来越大，导致菲利普斯曲线向外漂移。

传统的总供需理论关心的是总供给或总需求是否充足，而地下经济理论则注重总供给与总需求是否被准确地反映。毫不夸张地说，地下经济理论的出现，对于当时捍卫凯恩斯主义的正统地位，无疑是一剂强心药。由于当时地下经济漏算，致使经济增长低估，因此，所谓"滞胀"或许根本就是一个假象。换言之，菲利普斯曲线并没有错误，只不过是因为漏算地下经济而存在扭曲信息的经济信号，才导致经济理论误区和政府决策失误。历史已经证明：高的税率将会导致地下经济泛滥，国家反而会收到更少的税收。由此可见，地下经济是呈"反秩"和"反周期"的运动，这也同时印证了当时经济周期性衰减的奇异现象。

1.3 经典方法

迄今，国内在地下经济研究领域内基本上还只是停留在个案分析或定性分析上，在国外，尽管已较早开展了这方面研究，但是，仍存在不少问题有待进一步解决，尤其是地下经济对国家经济安全影响的研究成果，则更是不多见。

研究地下经济对国家经济安全的影响，最重要的是要掌握地下经济规模，因此，设计和选用科学的地下经济估测方法，便成为本书研究的首要任务。

在20世纪中叶，经济学家在地下经济研究领域内相继构造出的具有一定价值的地下经济估测分析方法，而货币分析法是具有一定技术性和代表性的方法，对货币分析法作出过贡献的学者主要有卡甘（Cagan）、法依格（Feige）和坦斯（Tanzi），他们先后提出了现金比率法、交易法和税收诱致性现金持有量法。

1.3.1 交易比率法

1979年法伊格在费雪（Fisher，1911）的交易方程式 $MV = PT$ 的理论框架的基础上，设计出了依据总货币交易额与国民生产总值的比率来估计以货币计量的未观察到的交易总量和未登记的收入总量的统计方法，即所谓的交易比率法，或称为交易周转法。

在费雪交易方程式中，若 M 表示货币供给量，V 表示货币流通速度，P 表示单位货币价值量，T 表示国民收入，则 MV 表示货币支付总量，PT 表示经济活动中货币化的交易总值。若能独立地估计 MV 和 PT，则这二者之间的差额就是未登记交易量的估计值。

1.3.2 简单现金比率法

1958年卡甘最先设计并采用了简单现金比率法（又称C/D方法），他试图用这一方法估测第二次世界大战期间美国的未申报收入。他估计，在战争结束时，美国少报收入几乎占到上报国内税务署的调整后总收入的23%。简单现金比率法出现不久就成为当时估计未观察到货币经济的最为流行的方法。1977年，奎特曼（Gutmann，P. M.）运用卡甘所设计的现金比率法，估算出了1976年美国地下经济规模大约为1750亿元，差不多占国民生产总值（GNP）的 10%。

1.3.3 修正现金比率法

卡甘的现金比率模型估测要假设在模拟期内各年现金与活期存款维持在 K_0 的水平上，或者 K_0 被看作是其他经济变量的一个稳定的函数。为了避免现金比率法的局限性，在 1980 年和 1983 年，坦斯分别从现金比率 K 入手将卡甘的现金比率模型进行了改进，放宽了 K_{0L} 的约束条件，不过，仍然还包括这样一个约束条件：现金是未申报交易的唯一交换中介，即 $K_u \to \infty$，于是，便导出了以税收等为独立外生变量的货币需求函数。

高边际税率促使人们将时间用在家务劳动或闲居等无须纳税的活动上。更为严重的是，它刺激人们通过支付小额优惠和大量借贷以减少利息支出等方法来避税，从而使课税基础变窄，资源配置扭曲。

1.4 边际税率、税基和小额优惠

1.4.1 边际税率

所谓边际税率，指的是征税对象数额的增量中税额所占的比率。

遗产税的边际税率等于在增加 1 元遗产（分母）中应缴纳的税收金额（分子）。

公司所得税的边际税率等于在增加 1 元利润（分母）中公司应缴纳的税收金额（分子）。

在超额累进的个人所得中，若免征额为 800 元，则：

第一，当所得额 800 元以下时，所得额的边际税率等于在增加 1 元所得（分母）中应缴纳的税收金额为 0（分子），可见，所得额的边际税率等于 0；

第二，当所得额为 1000 元时，所得额增量为 200 元（1000－800），税额 10 元，因而，边际税率为 5%（10÷200）；

第三，当所得额为 1800 时，所得额增量 1000 元（1800－800），税率 10%，税额 100 元，边际税率为 10%（100÷1000）。

可见，在个人所得税超额累进税率表中，实际上，每一级税率就是相应级所得额的边际税率。

所谓平均税率，它是指应纳税额除以全部应税所得额。当然，并非所有税种的边际税率都随着征税对象边际数额的增加而提高。当征税对象数额增加时，边际税率可能不变、也可能上升，还可能下降，为此，可将税收依次划分为比例税、累进税、累退税。

第一，在比例税制下，边际税率相等平均税率；

第二，在累进税制下，边际税率大于平均税率。

随着边际税率上升，纳税人增加的可支配收入就相对越少。尽管税收收入作用增强，但是，却会产生替代效应。当边际收入减少时，员工会以赋闲替代劳作，从而产生闲暇的羊群效应。

可见，累进税率中的边际税率不是越高越好。现今，我国个人所得税工薪收入的最高边际税率是 45%。不过，世界一些经济体个税税率普遍偏低，比如：美国，10%～39.6%；加拿大，20%～48.2%；香港，2%～15%；日本，10%～37%；新加坡，2%～28%。

高税率（高边际税率）的主要危害：妨碍储蓄和投资。高税率使消费相对于被放弃的收入而言显得比较划算，从而造成储蓄下降，导致投资缺乏资金。

通常，劳动者、储蓄者和投资者对较高报酬的反映"弹性"较大，减税的"自偿"能力也较强。"减税"将闲暇的"人、财、物"转变成生产"要素"，导致税基更广泛，税收反而越多。

1.4.2 税基

所谓税基，指的是依据税收制度税务部门征税的客观基础，它描述的是政府征税的广度，即解决对谁的"什么"征税的问题。它分为国民收入型、国民消费型和国民财富型。

税基是对某一种税征税的客观基础，它是课税对象，计税依据。比如：房产税的课税基础为房产；所得税的课税基础为所得额；流转税的课税基础是流转额。

若税基为实物量，则税率多为定额税率；若税基为价值量，则税率多为百分比形式的比例税率或累进税率。

如果实行累进税率，随着税基的增大，税率也不断提高。

选择的课税基础宽，税源比较丰富，课征意义就大，否则，税源不多，课征意义就小。

可见，尽量选择那些税源较为广泛、充裕的课税对象，作为主导税基。

1.4.3 小额优惠

所谓小额优惠（Fringe benefits），它是指以附加或额外福利的形式支付给员工的劳动报酬。

按人头而非工作时间计付，具有准固定成本的性质。

按支付形式划分：

（1）实物支付。比如：优惠的住房、免费或折扣的工作餐、生活用品的发放、企业免费或低价食堂、托儿所、澡堂、俱乐部，带薪休假，等等；

（2）延期支付。比如：企业员工培训、退休金，等等。

按内容划分：

（1）法定社会保险支出。比如：养老、失业、伤残及医疗保险等社会保险费中由企业负担的部分。

（2）企业福利。比如：免费或折扣工作餐、公休日薪酬、带薪病假及休假、企业补充退休金，等等。

（3）企业培训。比如：企业员工岗前培训、转岗培训、技术职称晋升培训，等等。

虽然小额优惠制度有利于雇主避开税收及按薪酬支付的法定保险基金，但是，当提高薪酬率违法时，就可以运用小额优惠去吸引某些类型的雇员。

当然，小额优惠也有其负面的影响，主要表现在：①部分小额优惠会缩小熟练员工和非熟练员工间的报酬差异，从而会挫伤员工参加熟练工作岗位所需培训的积极性；②小额优惠，公司员工几乎人人享有。员工缺勤，却要扣工资，不过，小额优惠却照样享有，从而导致企业员工缺勤有增无减。

1.5 国家经济安全的诠释

1.5.1 安全、国家经济安全及其主要表现

对于"安全"，《美国传统书案词典》的解释是"剔除危险、疑虑和恐惧"。它强调了"安全"的主观性和客观性。有没有危险事故是客观事件，不过，受不受威胁，有没有疑虑、恐惧显然取决于主观认识（江勇，章奇，郭守润，1999）。①

冷战前，国家安全首先是军事安全和政治安全，这种传统安全观正在逐渐暴露出它狭隘偏颇的一面。

2014年9月24日，人民日报微信端发表《中国官场逆淘汰六大怪象》的文章指出，清廉的不如腐败的，干事的不如会说的，实干的不如作秀的，中国官场"逆淘汰"将危及国家安全。

曾培炎（2002）在为《经济安全》译著作序时指出：传统意义上的国家安全主要是指国防安全，而随着时代的进步，特别是经济全球化的不断发展，经济安全已成为国家安全的重要方面，这是冷战结束后安全问题的重要特征（B.K.先恰戈夫，2003）。②

所谓经济安全，它是一国对其自身经济发展具有控制力和主导权，能够消除经济运行中潜在不稳定因素，经济能够抵御内源性和外源性风险，

---

① 江勇、章奇、郭守润，《经济安全及其评估》[J]. 《统计研究》，1999年第9期。
② [俄] B.K.先恰戈夫，《经济安全——生产·财政·银行》[M]. 中国税务出版社，2003年2月，第1页。

能够使经济始终处于健康、平稳、可持续发展状态。

国家经济安全主要表现为：国家经济制度和经济主权没有受到严重损害，发生经济危机的风险处于可控状态。在构成要素上，国家经济安全，战略性重于非战略性；在开放条件下，国家外源性风险往往要多于内源性风险；金融危机往往会恶化为经济危机与社会危机。经济全球化使得国际金融动荡已成常态，日趋开放的发展中国家尤其是新兴市场国家面临日趋严重的威胁。随着经济全球化深入，经济安全问题已经成为国家安全的主要内容和重要表现形式之一（李红亮、余达淮，2012）。[①]

1.5.2 国家经济安全类别

经济安全、社会安全、文化安全、生态安全等方面构成了国家综合安全。

国家经济安全有狭义和广义之分（张幼文，1999）[②]：

狭义上，国家经济安全是指在开放条件下一国如何防止金融乃至整个经济受到来自外部的冲击所引发的剧烈动荡和国民财富的大量流失；

广义上，国家经济安全是指国家对来自外部的冲击和由此带来的国民经济重大利益损失的防范，它是一国维护本国经济免受各种非军事、政治因素严重损害的战略部署。

1.5.3 俄罗斯国家经济安全及其界定（覃甫政，2016）[③]

1995 年 9 月，俄罗斯科学院主席团在一次讨论会上首次提出："经济安全是国家安全的基础"，随后其下属世界经济与国际关系学部的各研究所立即就此问题展开了积极讨论。同时，俄联邦委员会相关政府官员及学

[①] 李红亮（南京理工大学）、余达淮（河海大学），《民生基线：伦理向度的国家经济安全——基于风险社会视阈》[J].《价值论与伦理学研究》（主办单位：新华社），2012 年（出版周期：半年），第 233 – 240 页。

[②] 张幼文、周建明，《经济安全：金融全球化的挑战》[M].上海社会科学院出版社，高等教育出版社，1999 年 10 月，第 2 页。

[③] 覃甫政（北京大学法学院 2012 级博士研究生），《俄罗斯保障国家经济安全立法研究》[J].《经济法研究》，2016 年第 1 期第 16 卷，第 143 – 179 页。

者开始讨论和拟定"俄罗斯国家安全构想",完成了《俄罗斯经济安全构想——基本条例》《俄罗斯联邦国家经济安全战略》《总统国家安全咨文》和《俄罗斯联邦国家安全构想》等一系列工作成果。

目前,《俄罗斯联邦国家经济安全战略(基本原则)》《俄罗斯联邦国家安全构想》和《2020年前俄罗斯联邦国家安全战略》三部纲领性文件构成了俄罗斯保障国家经济安全的法律基础,集中体现了俄罗斯政府关于保障经济安全的行动举措。

其中,《2020年前俄罗斯联邦国家安全战略》最重要,该文件分析了在当今世界形势和发展趋势下俄罗斯未来发展可能面临的各种威胁和挑战,提出了保障国家安全的必要性,明确了保障俄罗斯国家利益的发展战略和优先重点,具体规定了九个领域的国家安全战略目标,制定了确保这些目标实现,以应对上述领域内俄罗斯可能面临的威胁和挑战的中期和长期办法,并出台了一套量化指标体系用于检测和评估俄罗斯的国家安全状况(覃甫政,2016)。

《俄罗斯联邦经济安全构想——基本条例》将经济安全定义为:"为保障个人的生存和发展,国家政治、经济和军事的稳定,抵御来自国内外的各种威胁创造条件。"

俄罗斯联邦委员会建议将"经济安全"正式表述为:"经济安全是指实现国家经济稳定,并能在保障国家政治、军事和社会稳定的前提下,有效地满足社会消费;确保国家经济独立并不受内部和外部威胁的影响;在国内和国际市场上确保俄罗斯国家利益免遭损害。"

鲍里索夫主编的《经济大辞典》认为,经济安全可以从两个角度理解:

一是国家创造条件保证国家经济不受内部和外部经济威胁,避免给居民带来不可挽回的损失;

二是防止秘密的经济情报从公司流失、商业秘密被泄露、经济遭到破坏。"

俄罗斯科学院院士巴克拉诺夫指出:"一个国家或一个地区的经济安全概念,它是指一个国家或一个地区为了发展的长期安全甚至稳定及有效运行而具有的内部能力。有鉴于此,也可以将经济安全看成是一个国家或一个地区在社会经济发展中达到临界值的一定概率。"

俄罗斯自然科学院院士、著名经济学家 B.K. 先恰戈夫认为："可以把经济安全的本质规定为经济和政权机构的一种状态，在这种状态下，国家利益的捍卫，政策的社会目标，足够的国防潜力，甚至在内外过程发展不利的条件下都能得到保障。换句话说，不仅经济安全捍卫国家利益，而且还是政权机构建立旨在实现和维护本国经济发展的国家利益，保持社会政治稳定机制的决心和能力。"

其他学者有的把经济安全界定为："保障国家经济独立与稳定的各种条件和因素的总和，它是国家经济能够不断恢复和自我完善的一种能力。"

有的学者则认为："经济安全指人民通过国家能够处于不受外部干扰和强迫，独立地确定本国经济发展道路和形式的一种状态。"

1.5.4　国家经济安全的实质和内容

国家经济安全实质是指在开放条件下一国政府能否有效掌控国家经济命脉，能否保持国民经济的持续增长，能否有效抵御外来冲击和能否有效防范长期积累的国民财富免遭在顷刻之间大量流失的问题。重点是国家经济战略利益的无风险或低风险的状态，表现为基本经济制度和经济主权没有受到严重损害，使得经济危机的风险因素处于可以控制的状态（李伟，2010）。[①]

国家经济安全由以下三部分组成：

(1) 国家金融安全。它是国家经济安全的核心；

(2) 国家经济信息安全。它是国家经济安全的基础环节；

(3) 国家产业安全。它是国家经济安全的基本内容。

稳定是重要标志和本质特征。必须强化经济安全意识，关注经济安全的宽泛化表现，经济安全涉及金融问题、贸易和货币问题、投资问题、结构性经济问题、就业问题、金融危机之后的贸易保护主义问题，等等（叶

---

① 李伟，《全球化视域下关于我们国家经济安全七考虑》[J]．《兰州学刊》，2010 年第 9 期。

卫平，2011）。[①]

国家经济安全的风险不仅仅来自于国外，也来自于国内，国家经济安全与转变经济发展方式之间具有深刻的内在联系：加快转变经济发展方式，有利于控制国际金融危机等资本主义经济危机的风险；加快转变内需与外需关系的处理方式，有利于维护国家经济主权安全；加快转变经济发展与社会发展关系的处理方式，有利于维护国家基本经济制度安全（江甬，2009）。[②]

从微观上看，经济安全是企业健康运行必要保障。

从宏观上看，经济安全是国家科学发展、社会和谐进步必然要求。

为确保经济安全，首先，如何确保市场和资源供给的安全。这是国家经济安全的重要内容，其次，如何保持一国经济上的相对优势。这种经济安全观甚至在今日美国决策层被奉为"圭臬"[③]（guī niè，意为：准则）。最后，如何处理好国家经济与全球经济的关系。

具体来讲，国家从伦理责任上应积极主动地调整战略与策略，包括：优化贸易结构，减少对外贸易摩擦；加强金融监管，抵御金融风险；尊重国际惯例，积极发挥建设性作用；回应国际社会诉求，高度重视气候环保问题；推动加强国际互利合作，确保资源能源安全；重视信息化建设，增强经济信息安全；加强境外投资的政府管理和引导，确保海外资产安全（李红亮、余达淮，2012）。[④]

尽管上述国家经济安全界定侧重国家经济发展的外部/外源性风险威胁，但是，其实世界各国都共同面对着本国自身一个不容忽视的日益猖獗地下经济/内源性风险对国家经济运行的威胁。只有存在安全的国家经济内部环境和外部环境，才能使国家经济健康和持续发展。

---

① 叶卫平，《转变经济发展方式与维护国家经济安全》[J]．《教学与研究》，2011 年第 6 期。

② 江甬，《金融安全是国家经济安全的核心——国际金融危机的教训与启示》[J]．《求是》，2009 年第 5 期。

③ 所谓圭臬（guī niè），一是指土圭和水臬，古代测日影、正四时和测度土地的仪器；二是比喻标准、准则和法度，可以据此作出决定或判断的根据；三是比喻把某些言论或事当成自己的准则。正四时表示要正确掌握四季之周期性规律。

④ 李红亮（南京理工大学）、余达淮（河海大学），《民生基线：伦理向度的国家经济安全——基于风险社会视阈》[J]．《价值论与伦理学研究》（新华社主办），2012 年（出版周期：半年），第 233 – 240 页。

由此可见，国家经济安全可归结为一国经济发展处在安全和可持续警戒线之内，内、外部势力的冲击暂且还没有对此构成根本性威胁。

1.6 研究意义

在当今经济全球化和国际贸易自由化的进程加快的趋势下，地下经济随之在世界蔓延起来，它严重危害国家经济安全。

毋庸讳言，在我国社会主义经济运行中，不仅存在地下经济，而且数量还不少，它严重扰乱正常的市场经济秩序，毒化社会风气，影响政府的正确决策。

在高通货膨胀的时候，若同时实行高税收政策，则会加剧偷逃税行为，从而致使地下经济规模扩大。地下经济活动的频繁程度与税率成正比，这是被历史证明了的事实。

正确认识地下经济的实质，准确把握地下经济数量和规模，探讨地下经济的成因及其对公开经济运行安全的影响，不仅可以为正确制定方针政策提供有益的参考，而且对推进经济理论研究的发展都将具有重大的理论价值和实际意义。

1.7 探究的架构

由于地下经济种类繁多，不胜枚举，渗透到国民经济各个领域和人们物质与文化生活的诸多方面，因此，本书不可能囊括所有地下经济活动来分析，只是针对几种主要地下经济活动，特别是对国家经济安全构成威胁的地下经济，诸如毒品经济、走私、制假贩假、资本外逃、洗钱、外汇黑市、偷逃税等地下经济，进行分门别类地探究。具体探究的架构如图1-1所示。

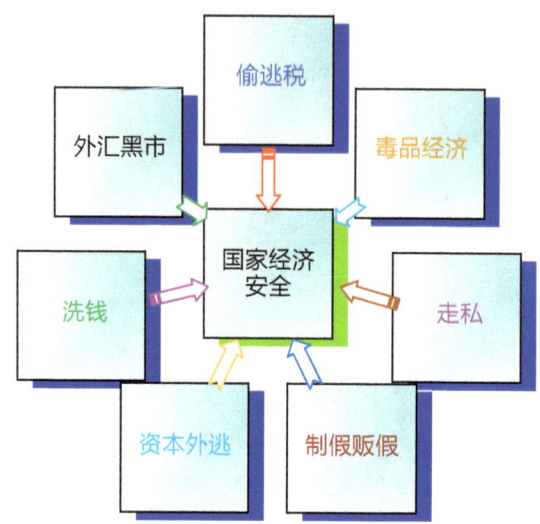

图 1-1 地下经济对国家经济安全影响探究的架构图

第 2 章

地下经济实证技术铺垫——相关分析

2.1 相关的范畴

相关分析（Correlation analysis）是研究一个变量与另一个变量或另一组变量之间的相关方向和相关密切程度的统计分析方法。

辩证唯物主义认为存在于自然界和社会的一切客观事物都是相互联系、相互制约和相互影响的，孤立地存在和运动是没有的，客观事物现象间的相互依存关系都可以通过一定的数量关系反映出来。通常，将所依据的变量称为自变量，或称外生变量，将发生相应变化的变量称为因变量，或称内生变量。

（1）就变量的依存关系而言，依存关系大致可以分为确定性关系和非确定性关系。

第一，确定性关系。函数关系表现出来的是确定性的关系。它是指变量之间存在严格确定的依存关系，其特点为：某一个或某几个现象的变动就会引起另一个现象确定的变动，它们之间的关系可以用数学函数式确切地表达出来。例如：圆的面积公式 $S = \pi r^2$，S 对于 r 的依存关系是一一对应的函数关系。在函数关系中，影响变量因素是自变量，被影响变量因素是因变量。

第二，非确定性关系。相关关系表现出来的是非确定性的关系。它是指现象之间客观存在的不严格确定的依存关系，其特点为：某一个或某几个现象的变动会引起另一个现象的变动，且后者的变动具有一定的随机性，不过，它总是围绕其平均线进行有规律地上下波动。例如：耕地的施肥量与亩产量之间存在着不确定的依存关系。在通常情况下，施肥量适当增加，亩产量会相应地提高，然而，由于耕地产量既受施肥量的影响，又同时还受种子、土壤、降雨量等因素的影响，所以，即使对每亩耕地施等量的肥料，每亩耕地的产量也可能不尽相等。在相关分析中，影响变量因素和被影响变量因素不必区别自变量和因变量，它们呈对等关系。

第三，确定性关系与非确定性关系的联系。这二者的联系，即为函数关系与相关关系的联系，其表现在：函数关系和相关关系的变量之间的依存关系并没绝对的界限，一方面，呈相关关系的变量之间，确切的有规律的依存变化可能暂时还没有认识掌握或无法控制，一旦掌握其规律性或不考虑随机因素的干扰，相关关系就趋近于函数关系；另一方面，由于呈函数关系的变量受观测和实验出现的偏差的影响，其关系值就不可能绝对确定，因此，函数关系往往要通过相关关系加以表现。

（2）相关分析按所依据的影响变量的性质不同，可分为可控相关分析和不可控相关分析。

第一，可控相关分析。它是研究一个随机变量与另一个或一组非随机的可控变量之间的相关关系。例如：温室培植的反季节性水果、蔬菜，受到的施肥量、温度、湿度的影响，在此试验条件下，这些影响因素都成为非随机可控的变量，只有蔬菜是随机变量。

第二，不可控相关分析。它是研究一个随机变量与另一个或一组随机变量之间的相关关系。例如：冷饮厂商生产的冰淇淋，受到气温的影响。在消费市场上，气温是随机不可控的变量，冰淇淋产销量是随机变量。

综上所述，作为相关分析研究对象的事物现象之间的依存关系，必须是具有内在联系的客观存在的关系，而决不能是主观臆造的，或形式上偶然巧合的，或硬性拼凑的关系。统计科学中所研究的相关关系是建立在有关的科学理论上，通过实际观测和试验，获取可靠的数据，在测算其相关事物现象的数量关系表现的基础上，并经过理论和实践的进一步检验后，才得出的事物现象之间的依存关系是呈现相关关系的科学结论。在通常情况下，经济统计所研究的相关分析一般是指可控相关分析。

2.2 相关关系的类别

2.2.1 因果关系和互为因果关系

依据变量间依存关系的性质,相关关系可以分为因果关系和互为因果关系。呈因果关系的变量所依据的变量是因,被影响变量是果,二者不能相互转化。如:合理有效地施肥会促使粮食高产,施肥量是因,粮食产量是果,若它们反过来影响,即粮食产量影响施肥量,就不符合现实了。呈互为因果关系的变量,由于研究的目的和出发点的改变,原来充当因的变量,后又可以改做果的变量,即因果变量相互影响,其变量的地位可以相互转化。例如:纤维的拉伸倍数与强度相互影响,若以拉伸倍数为研究目的,则强度就是因;若以强度为研究目的,则拉伸倍数就是因。

2.2.2 单相关和复相关

依据相关涉及的变量个数,相关关系可以分为单相关和复相关。单相关,又称一元相关,它是指一个变量与另一个变量之间的简单依存关系,例如:职工的生活水平与工资之间的关系。复相关,又称多元相关,它是指一个变量与另两个或两个以上变量之间的复杂依存关系。例如:股票股利与上市公司的税后净盈余和同行业企业的市场占有率及收益率的相关关系。若在复相关中,仅依次研究一个变量与所依据的其中一个变量的相关关系,其余依据变量均固定,则多元相关就成为偏相关或净相关。

2.2.3 线性相关和非线性相关

依据变量间相关的形式,相关关系可以分为线性相关和非线性相关。线性相关又称直线相关,它是指一个变量变动,相应地另一个变量会发生大致相等的变动，这样两个变量在二维平面坐标系上构成的散点分布大致呈直线型，如：工龄与劳动生产率大致呈直线相关。非线性相关，又称曲线相关，它是指一个变量变动，相应地另一个变量会发生不均等的变动，这样两个变量在二维平面坐标系上构成的散点分布近似呈曲线型，如：从人的生命全过程来看，年龄与医疗费支出呈非线性相关。

2.2.4 完全相关、不完全相关和不相关

依据变量间相关的程度，相关关系可以分为完全相关、不完全相关和不相关。完全相关是指一个变量变动会完全由另一个或一组变量变动所唯一准确决定的变量间的相关。由此可知，完全相关关系实际上为函数关系，显然，函数关系是相关关系的一个特例。不完全相关是指一个变量变动不仅取决于另一个或一组变量变动，而且还受随机因素干扰影响的变量间相关。不相关是指一个变量变动与另一个或一组变量变动相互独立。

2.2.5 正相关和负相关

依据变量间相关的方向，相关关系可分为正相关和负相关。正相关是指呈相关的变量的变动方向同向相倚变化，即同时递增趋势或同时递减趋势发展变化，例如：家庭消费支出随收入增加而增加。负相关是指呈相关的变量的变动方向异向相倚变化，即一个变量递增趋势同时另一个变量递减趋势发展变化。例如：商品流通费用率随着商品经营的规模增大而逐渐降低。

2.3 相关分析的技术

相关分析必须定性与定量相结合。按照认识的逻辑顺序，通常是先对事物现象作定性分析和判断，分析事物现象之间是否存在依存关系，判断存在依存关系的事物现象间相关关系属于何种类型。然而，定性分析往往

不如定量分析客观准确，如果对确实存在相关关系的事物现象只停留在定性解释和研判的基础上，则必然会贻误对事物现象的实质性的深刻认识。定量分析可以准确地反映存在相关的变量之间的相关密切程度。

2.3.1 相关表判别法

相关表是指由两个相关变量相对应的关系数值所编制成的反映现象之间的相关关系的数列表。

根据是否具有相关关系的原始资料分组，得到分组相关表。

分组相关表是指具有相关关系的原始资料按所依存变量（自变量）的大小依次分组并计算各组次数和各组因变量平均数，然后依序平行排列的数列表；或者对两个变量都进行分组，交叉排列，并列出两个变量相对应的各组共同次数，形成棋盘式表。

比如：2020年9月，红星林场运材队汽车运材成本和运量的资料，对两变量均进行分组、交叉排列，见表2-1。

表2-1　　　　　运量与运材成本分组相关表

运材成本 y (元/立方米)	木材运量 x（万立方米）					
	1~9	9~17	17~25	25~33	33~41	Σ
16~22	1	1				2
10~16	4	2	3	1		10
4~10		2	2	1	1	6
Σ	5	5	5	2	1	18

从该棋盘式排列表，大致可以看出，随着木材运量的增加，汽车运材成本会逐渐下降，表中表示次数的数字大致形成了一条负斜率的趋势直线。

2.3.2 相关图判别法

相关图，又称散点图，它是指变量间的关系通过在坐标系中描绘各相对应关系数据所构成的散点，以直观地显示相关点的分布状况的图形。绘制散点图的直角坐标系,以横轴表示所依据的变量(自变量),以纵轴表示将发生对应变化的变量(因变量)。通过对相关图观察,可以大致判断两个变量之间是否存在相关,以及相关的形态、方向和程度。

比如:某农科院以30块试验田的亩产量与耕作深度的对应的资料按耕作深度的大小依次排列,绘制相关图,如图2-1所示。

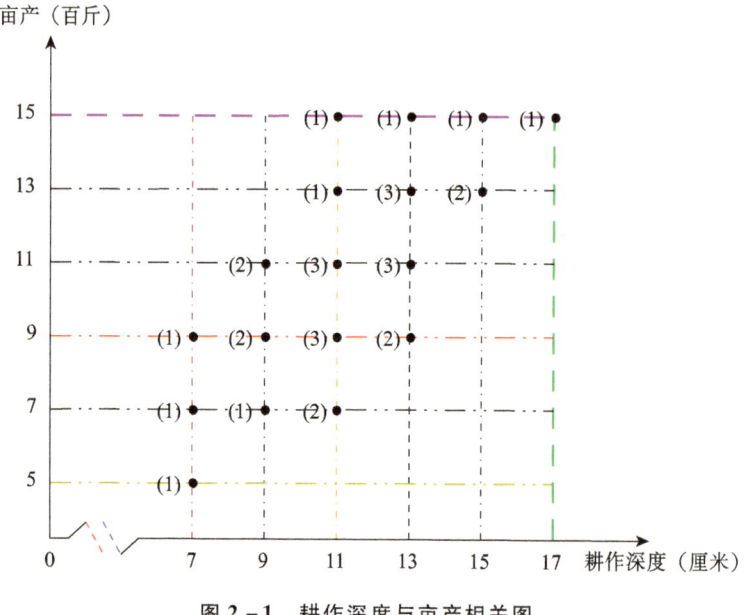

图2-1 耕作深度与亩产相关图

备注:涂黑点处的●(1)、(2)、(3)分别表示1个点、2个点重合、3个点重合。

该相关图中的散点分布形成正斜率的直线型,由此可知,耕作深度与亩产量呈正强相关。

2.4 相关系数

1890年,英国著名遗传学者高尔顿(Francis Galton)的学生卡尔·皮尔逊(Karl Pearson,1857—1936年)首创了"积矩相关系数"(Product - moment coefficient of correlation)。

拓展阅读

卡尔·皮尔逊（Karl Pearson，1857—1936），1857年3月27日生于伦敦，父亲威廉·皮尔逊是王室法律顾问，母亲范妮·史密斯。父母双方的家庭的祖上都是约克郡人。1866年，进入伦敦大学学院学习，1873年，因病退学，随后一年里，在希钦由家庭教师教育。1875年，获得剑桥大学国王学院奖学金入读数学系。1879年，获得学士学位，在剑桥数学荣誉学位考试中，获得第三名。1884年，他受邀担任伦敦大学学院（University College, London）应用数学和力学哥德斯米德教席教授，在此校任教至1933年退休。1890年，皮尔逊和玛利亚·夏普结婚。1891年，担任格雷沙姆几何学教授。学术成就：提出了标准差、成分分析、卡方检验、假设检验等统计名词，为现代统计学打下了基础。深受Galton与Weldon影响，1893年，Weldon认为：所谓变异、遗传与天择，事实上，只是"算术"的想法。受其影响，1893—1912年，K. Pearson写了18篇有关在演化论上的数学贡献的文章。自1906年Weldon去世后，K. Pearson不再注意生物问题，而是专心致志地将统计发展成一门精确的科学。Weldon所提出的"算术"，也就是今日的统计。K. Pearson创建了培生教育集团（PEARSON EDUCATION LTD）。为了推广统计在生物上的应用，1901年，K. Pearson、Galton与Weldon创立统计的元老期刊《Biometrika》（生物统计学），K. Pearson一直担任主编，直到去世。K. Pearson是数学家、生物统计学家，数理统计学的创立者，自由思想者，对生物统计学、气象学、社会达尔文主义理论和优生学做出了重大贡献。他被公认是旧数理学派和描述统计学派的代表人物，并被誉为现代统计科学的创立者。1936年4月27日，在（伦敦）金港湾去世。

相关系数是测定变量之间线性相关程度和方向的指标。通常，以 ρ 表示总体的相关系数，以 r 表示样本的相关系数。

按照线性相关变量的个数和分析问题的角度不同，相关系数可以分为简单相关系数、偏相关系数和复相关系数。

简单相关系数是测定两个变量之间线性相关程度和方向的指标。其公式为：

$$r = \frac{\sum_{t=1}^{T}(x_t - \bar{x})(y_t - \bar{y})}{\sqrt{\sum_{t=1}^{T}(x_t - \bar{x})^2}\sqrt{\sum_{t=1}^{T}(y_t - \bar{y})^2}} \tag{2.1}$$

其中，T 表示样本容量（Sample size）。

备注：$T < 30$，表示小样本，意味着样品量小（Small sample volume）。

简单相关系数公式是卡尔·皮尔逊的"积矩相关系数"的基本公式。公式分子和分母分别是一阶中心矩的乘积形式和二阶中心矩的形式。该公式又称积差法相关系数公式或动差乘积相关系数公式。

1. 卡尔·皮尔逊"积矩相关系数"基本公式的推导

推导过程：

若 (x_t, y_t) ($t = 1, 2, \cdots, T-1, T$) 表示 T 组观察资料，该资料拟合的直线方程为：

$$\hat{y}_t = \hat{\beta}_0 + \hat{\beta}_1 x_t \tag{2.2}$$

实际值（y_t）与理论值或拟合值（Fitted value）（$\hat{y}_t$）之间存在的偏误（Error）$\hat{e}_t$ 或偏差 δ_t（如图 2-2 所示），则剩余离差：

$$\delta_t = y_t - \hat{y}_t = y_t - \hat{\beta}_0 - \hat{\beta}_1 x_t \tag{2.3}$$

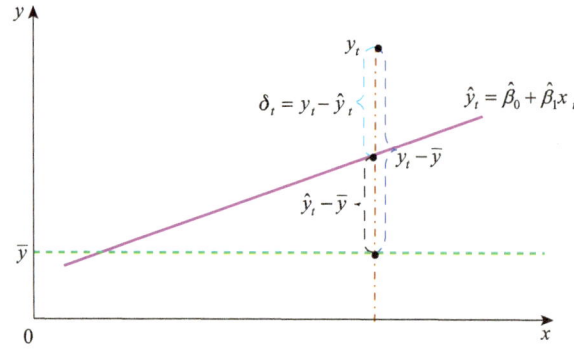

图 2-2　观察值与理论值的偏差图

T 个观察值所引起的误差的总和组成总离差（Q），则：

$$Q = \sum_{t=1}^{T} \delta_t^2 = \sum_{t=1}^{T}(y_t - \hat{y}_t)^2 = \sum_{t=1}^{T}(y_t - \hat{\beta}_0 - \hat{\beta}_1 x_t)^2 \tag{2.4}$$

而：

$$\hat{\beta}_0 = \frac{\sum_{t=1}^{T} y_t}{T} - \hat{\beta}_1 \frac{\sum_{t=1}^{T} x_t}{T} = \bar{y} - \hat{\beta}_1 \bar{x} \tag{2.5}$$

（注：$\hat{\beta}_0 \neq \hat{y}_t - \hat{\beta}_1 x_t$，因为不是坐标系中任何点 (x_t, y_t)（$t = 1, 2, \cdots, T-1, T$）都会在直线 $\hat{y}_t = \hat{\beta}_0 + \hat{\beta}_1 x_t$ 上，所以，将单个点 (x_t, y_t) 代入直线方程 $\hat{y}_t = \hat{\beta}_0 + \hat{\beta}_1 x_t$ 中，等号左式、右式可能不相等，不过，将 $(\bar{x}, \bar{y})$ 代入

$\bar{y} = \hat{\beta}_0 + \hat{\beta}_1 \bar{x}$，会使 $\bar{y} = \hat{\beta}_0 + \hat{\beta}_1 \bar{x}$ 成立。)

$$Q = \sum_{t=1}^{T} [y_t - (\bar{y} - \hat{\beta}_1 \bar{x}) - \hat{\beta}_1 x_t]^2$$

$$= \sum_{t=1}^{T} [(y_t - \bar{y}) - \hat{\beta}_1 (x_t - \bar{x})]^2$$

$$= \sum_{t=1}^{T} (y_t - \bar{y})^2 - 2\hat{\beta}_1 \sum_{t=1}^{T} (x_t - \bar{x})(y_t - \bar{y}) + \hat{\beta}_1^2 \sum_{t=1}^{T} (x_t - \bar{x})^2$$

而

$$\hat{\beta}_1 = \frac{\sum_{t=1}^{T} (x_t - \bar{x})(y_t - \bar{y})}{\sum_{t=1}^{T} (x_t - \bar{x})^2} \tag{2.6}$$

用 $\sum_{t=1}^{T} (x_t - \bar{x})(y_t - \bar{y}) = \hat{\beta}_1 \sum_{t=1}^{T} (x_t - \bar{x})^2$ 代入上式，得：

$$Q = \sum_{t=1}^{T} (y_t - \bar{y})^2 - \hat{\beta}_1^2 \sum_{t=1}^{T} (x_t - \bar{x})^2$$

$$= \sum_{t=1}^{T} (y_t - \bar{y})^2 \left[1 - \hat{\beta}_1^2 \frac{\sum_{t=1}^{T} (x_t - \bar{x})^2}{\sum_{t=1}^{T} (y_t - \bar{y})^2} \right]$$

令 $r^2 = \hat{\beta}_1^2 \dfrac{\sum_{t=1}^{T} (x_t - \bar{x})^2}{\sum_{t=1}^{T} (y_t - \bar{y})^2}$，

则：

$$r^2 = \left[\frac{\sum_{t=1}^{T} (x_t - \bar{x})(y_t - \bar{y})}{\sum_{t=1}^{T} (x_t - \bar{x})^2} \right]^2 \cdot \frac{\sum_{t=1}^{T} (x_t - \bar{x})^2}{\sum_{t=1}^{T} (y_t - \bar{y})^2}$$

$$= \frac{[\sum_{t=1}^{T} (x_t - \bar{x})(y_t - \bar{y})]^2}{\sum_{t=1}^{T} (x_t - \bar{x})^2 \sum_{t=1}^{T} (y_t - \bar{y})^2} \tag{2.7}$$

因而

$$r = \frac{\sum_{t=1}^{T} (x_t - \bar{x})(y_t - \bar{y})}{\sqrt{\sum_{t=1}^{T} (x_t - \bar{x})^2} \cdot \sqrt{\sum_{t=1}^{T} (y_t - \bar{y})^2}} \tag{2.8}$$

2. 简单相关系数判断

$$Q = \sum_{t=1}^{T} (y_t - \bar{y})^2 \geq 0$$

$$Q = \sum_{t=1}^{T} (y_t - \bar{y})^2 \left[1 - \hat{\beta}_1^2 \frac{\sum_{t=1}^{T} (x_t - \bar{x})^2}{\sum_{t=1}^{T} (y_t - \bar{y})^2} \right]$$

$$= \sum_{t=1}^{T} (y_t - \bar{y})^2 (1 - r^2) \geq 0 \tag{2.9}$$

而 $\sum_{t=1}^{T} (y_t - \bar{y})^2 \geq 0$，则 $1 - r^2 \geq 0$，

$$r^2 \leq 1, \ |r| \leq 1, \ 即 \ r \in [-1,1] \tag{2.10}$$

当 $|r| = 1$ 时，$Q = 0$，表明 x_t 与 y_t 完全相关，即两变量是函数关系；

当 $r = 0$ 时，$Q = \sum_{t=1}^{T} (y_t - \bar{y})^2$，表明观察值（$y_t$）与理论值（$\hat{y}_t$）的总离差（$Q$）不随 x_t 的变化而变化，即两变量完全不相关；

当 $r \in (-1,0)$ 时，表明 x_t 与 y_t 负相关；

当 $r \in (0,1)$ 时，表明 x_t 与 y_t 正相关。

为了在判断相关程度时有一个临界标准，见表2-2：

表2-2　　　　　　　　　　相关程度判断标准

相关系数的取值范围	相关程度级别
$\lvert r^2 \rvert < 0.3$	微弱相关
$0.3 \leq \lvert r^2 \rvert < 0.5$	低度相关
$0.5 \leq \lvert r^2 \rvert < 0.8$	显著相关
$0.8 \leq \lvert r^2 \rvert < 1$	高度相关

值得注意的是：用积矩相关系数计算的 r 为0或趋近于0，只表明变量之间不存在线性相关，不过，不能排除这两个变量存在非线性的曲线相关。相反，不相关的两个变量用积矩相关系数公式计算也许不为0，有时甚至该指标值还可能非常接近 ±1，这只是一种虚假的伪相关（Spurious

Correlation 或 Pseudo Correlation)。

例如：用捕鲸数量的多少和出生婴儿数字之间很可能算出很大的相关系数，然而所得的结论却是非常荒谬的。

再如：旅游地人数与苍蝇数之间可能存在伪相关关系；大旅游点游客通常众多，规章制度相应比较完善；如果加强管理，像严格遵照 2012 年 5 月北京市市政市容委发布"公厕内的苍蝇不超过两个"的"囧"标准，那么大旅游点的苍蝇数就很有可能远远小于管理不善的小旅游点的苍蝇数。

不过，有一些貌似伪相关其实是真相关的事例。

比如：中科院紫金山天文台与武汉大学医学院专家针对 1955—2000 年武汉市交通事故与同期出现的 5 个太阳黑子活动周期进行了对比分析，研究表明，每逢太阳黑子爆发频繁时，武汉市交通事故便会频发。出现如此机缘巧合的原因：当太阳活动高峰期，太阳高能粒子流和电磁辐射致使地球磁场发生剧烈变化，进而引起大气环流和人体磁场异常，使得人体神经系统反应机能下降，从而导致驾驶出错率飙升，造成交通事故相对增多。

再如：1801 年英国著名天文学家威廉·赫歇尔（Sir William Herschel, 1738—1822）指出：当太阳黑子较少时，地面上的雨量也少，粮食价格也随之而上涨。太阳黑子少，周期延长。太阳黑子活动周期通常为 11 年左右，然而，第 23 个太阳黑子周期从 1996 年开始，至今（至 2013 年）还未看到太阳黑子明显地成群地出现。太阳黑子偏少或会导致冷害（异常低温冰雪气候）。1954 年太阳黑子低谷年，全年太阳黑子相对数只有 4.4；1954 年 12 月 31 日至 1955 年 1 月 12 日，广州连续 13 天日平均气温只有 7.5℃，最低日平均气温只有 5.3℃，广东北部甚至出现 -7.3℃ 的极端低温；1954 年 12 月上旬至 1955 年 1 月中旬，全国 22 个省、市出现罕见的低温天气。1964 年也是太阳黑子低谷年，全年太阳黑子相对数只有 10.2；1964 年 2 月下旬，广州平均气温只有 8.5℃，比常年平均值低 5.8℃，而全国 19 个省、市气温显著偏低，并遭遇冰雪天气。1996 年又迎来太阳黑子低谷年，全年太阳黑子相对数只有 8.6；当年 2 月广州平均气温只有 12℃，比常年平均值低 2.3℃，也是全年最低气温的月份。此外，1933 年、1934 年、1944 年、1945 年、1976 年和 1986 年等年份均出现类似的"冷害事件"。低温天气持续时间长、变化强度大、影响范围广的年份均是太阳黑子低谷年，由此可知太阳黑子偏少和异常低温冰雪气候之间存在显著的正相关性。

所谓太阳黑子,它是指太阳光球层上出现的暗黑斑点,这是太阳活动最明显的标志。黑子多寡通常用太阳黑子相对数表示,相对数越大,表示太阳黑子越多。

由此可见,判别现象之间是否存在相关性,不能仅从相关系数定量分析,而必须先进行定性分析。

3. 积矩相关系数基本公式的衍生形式

第一,以协方差与标准差表示的形式:

$$
\begin{aligned}
r &= \frac{\sum_{t=1}^{T}(x_t - \bar{x})(y_t - \bar{y})}{\sqrt{\sum_{t=1}^{T}(x_t - \bar{x})^2}\sqrt{\sum_{t=1}^{T}(y_t - \bar{y})^2}} \\
&= \frac{\sum_{t=1}^{T}(x_t - \bar{x})(y_t - \bar{y})/T}{\sqrt{\sum_{t=1}^{T}(x_t - \bar{x})^2/T}\sqrt{\sum_{t=1}^{T}(y_t - \bar{y})^2/T}} \\
&= \frac{\sigma^2_{x_t y_t}}{\sigma_{x_t}\sigma_{y_t}}
\end{aligned}
\tag{2.11}
$$

式中:$\sigma^2_{x_t y_t}$ 表示 x_t、y_t 两个变量数列的协方差(Co - variance)。

r 的正负完全由协方差 $\sigma^2_{x_t y_t}$ 决定,而 $\sigma^2_{x_t y_t}$ 的正负又完全取决于 $\sum_{t=1}^{T}(x_t - \bar{x})(y_t - \bar{y})$,如图 2 - 3 所示。

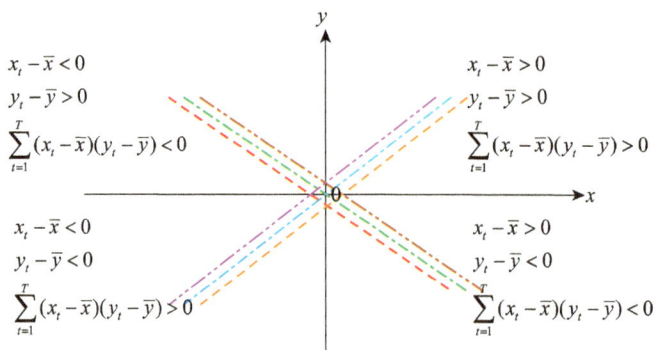

图 2 - 3 x_t 和 y_t 之间的相关散点图

由图 2-3 散点图可知：

若 $\sum_{t=1}^{T}(x_t - \bar{x})(y_t - \bar{y}) > 0$，则 x_t 和 y_t 之间是正相关；

若 $\sum_{t=1}^{T}(x_t - \bar{x})(y_t - \bar{y}) < 0$，则 x_t 和 y_t 之间是负相关；

若 $\sum(x_i - \bar{x})(y_i - \bar{y}) \to 0$，则 x_t 和 y_t 之间没有线性相关。

由于相关系数 r 受到 x_t 的标准差、y_t 的标准差和 x_t、y_t 的协方差的影响，因此，不能仅就协方差的大小来判别相关的强弱，于是，若将离差标准化，则离差由有名数变为无名数，这样得到的协方差可以直接用来比较判断不同现象的相关系数的大小。

$$r = \frac{\sum_{t=1}^{T}(x_t - \bar{x})(y_t - \bar{y})\big/T}{\sigma_{x_t}\sigma_{y_t}} = \frac{\sum_{t=1}^{T}\left(\dfrac{x_t - \bar{x}}{\sigma_{x_t}}\right)\left(\dfrac{y_t - \bar{y}}{\sigma_{y_t}}\right)}{T} \quad (2.12)$$

下面试就离差标准化后的协方差公式形式来证明 $|r| \leqslant 1$。

$$[证]: 2r = \frac{2\sum_{t=1}^{T}\left(\dfrac{x_t - \bar{x}}{\sigma_{x_t}}\right)\left(\dfrac{y_t - \bar{y}}{\sigma_{y_t}}\right)}{T}$$

$$= \frac{1}{T}\sum_{t=1}^{T}\left(\frac{x_t - \bar{x}}{\sigma_{x_t}} + \frac{y_t - \bar{y}}{\sigma_{y_t}}\right)^2 - \frac{1}{T}\sum_{t=1}^{T}\left(\frac{x_t - \bar{x}}{\sigma_{x_t}}\right)^2 - \frac{1}{T}\sum_{t=1}^{T}\left(\frac{y_t - \bar{y}}{\sigma_{y_t}}\right)^2$$

而 $\dfrac{1}{T}\sum_{t=1}^{T}\left(\dfrac{x_t - \bar{x}}{\sigma_{x_t}}\right)^2 = \dfrac{\sum_{t=1}^{T}(x_t - \bar{x})^2}{T}\Big/\sigma_{x_t}^2 = \sigma_{x_t}^2/\sigma_{x_t}^2 = 1$

$\dfrac{1}{T}\sum_{t=1}^{T}\left(\dfrac{y_t - \bar{y}}{\sigma_{y_t}}\right)^2 = \dfrac{\sum_{t=1}^{T}(y_t - \bar{y})^2}{T}\Big/\sigma_{y_t}^2 = \sigma_{y_t}^2/\sigma_{y_t}^2 = 1$

则：$2r + 2 = \dfrac{1}{T}\sum_{t=1}^{T}\left(\dfrac{x_t - \bar{x}}{\sigma_{x_t}} + \dfrac{y_t - \bar{y}}{\sigma_{y_t}}\right)^2 \geqslant 0$

$r \geqslant -1$

又 $-2r = \dfrac{-2\sum_{t=1}^{T}\left(\dfrac{x_t - \bar{x}}{\sigma_{x_t}}\right)\left(\dfrac{y_t - \bar{y}}{\sigma_{y_t}}\right)}{T}$

则：$-2r + 2 = \frac{1}{T}\sum_{t=1}^{T}\left(\frac{x_t - \bar{x}}{\sigma_{x_t}} - \frac{y_t - \bar{y}}{\sigma_{y_t}}\right)^2 \geq 0$

$r \leq 1$

因此，$-1 \leq r \leq 1$

即：$|r| \leq 1$

第二，变量分组资料的加权形式：

$$r = \frac{\sum_{t=1}^{T}(x_t - \bar{x})(y_t - \bar{y})f_t}{\sqrt{\sum_{t=1}^{T}(x_t - \bar{x})^2 f_t}\sqrt{\sum_{t=1}^{T}(y_t - \bar{y})^2 f_t}} \tag{2.13}$$

式中，f_t 表示成对变量的相同数值 (x_t, y_t) 重复出现的次数。

第三，简捷形式：

$$r = \frac{\overline{xy} - \bar{x} \cdot \bar{y}}{\sqrt{\overline{x^2} - \bar{x}^2}\sqrt{\overline{y^2} - \bar{y}^2}} \tag{2.14}$$

未分组资料：$r = \dfrac{T\sum_{t=1}^{T} x_t y_t - \left(\sum_{t=1}^{T} x_t\right)\left(\sum_{t=1}^{T} y_t\right)}{\sqrt{T\sum_{t=1}^{T} x_t^2 - \left(\sum_{t=1}^{T} x_t\right)^2}\sqrt{T\sum_{t=1}^{T} y_t^2 - \left(\sum_{t=1}^{T} y_t\right)^2}}$ （2.15）

分组资料：

$$r = \frac{\left(\sum_{t=1}^{T} f_t\right)\sum_{t=1}^{T}(x_t y_t f_t) - \left(\sum_{t=1}^{T} x_t f_t\right)\left(\sum_{t=1}^{T} y_t f_t\right)}{\sqrt{\left(\sum_{t=1}^{T} f_t\right)\left(\sum_{t=1}^{T} x_t^2 f_t\right) - \left(\sum_{t=1}^{T} x_t f_t\right)^2}\sqrt{\left(\sum_{t=1}^{T} f_t\right)\left(\sum_{t=1}^{T} y_t^2 f_t\right) - \left(\sum_{t=1}^{T} y_t f_t\right)^2}}$$

（2.16）

若设：$L_{x_t x_t} = \sum_{t=1}^{T}(x_t - \bar{x})^2$，$L_{y_t y_t} = \sum_{t=1}^{T}(y_t - \bar{y})^2$

$L_{x_t y_t} = \sum_{t=1}^{T}(x_t - \bar{x})(y_t - \bar{y})$

则：$r = \dfrac{L_{xy}}{\sqrt{L_{xx}}\sqrt{L_{yy}}}$ （2.17）

$L_{x_t x_t} = \sum_{t=1}^{T}(x_t - \bar{x})^2 = \sum_{t=1}^{T}(x_t^2 - 2x_t \bar{x} + \bar{x}^2)$

$$= \sum_{t=1}^{T} x_t^2 - \sum_{t=1}^{T} 2x_t \bar{x} - \sum_{t=1}^{T} \bar{x}^2$$

$$= \sum_{t=1}^{T} x_t^2 - 2\bar{x}\sum_{t=1}^{T} x_t - T\bar{x}^2$$

$$= \sum_{t=1}^{T} x_t^2 - 2\frac{\sum_{t=1}^{T} x_t}{T}\sum_{t=1}^{T} x_t - T\left(\frac{\sum_{t=1}^{T} x_t}{T}\right)^2$$

$$= \sum_{t=1}^{T} x_t^2 - 2\frac{\left(\sum_{t=1}^{T} x_t\right)^2}{T} + \frac{\left(\sum_{t=1}^{T} x_t\right)^2}{T}$$

$$= \sum_{t=1}^{T} x_t^2 - \frac{\left(\sum_{t=1}^{T} x_t\right)^2}{T} \tag{2.18}$$

同理：$L_{y_t y_t} = \sum_{t=1}^{T}(y_t - \bar{y})^2 = \sum_{t=1}^{T} y_t^2 - \dfrac{\left(\sum_{t=1}^{T} y_t\right)^2}{T}$ (2.19)

$$L_{x_t y_t} = \sum_{t=1}^{T}(x_t - \bar{x})(y_t - \bar{y}) = \sum_{t=1}^{T}(x_t y_t - x_t \bar{y} - \bar{x} y_t + \bar{x}\cdot\bar{y})$$

$$= \sum_{t=1}^{T} x_t y_t - \frac{\left(\sum_{t=1}^{T} x_t\right)\left(\sum_{t=1}^{T} y_t\right)}{T} \tag{2.20}$$

2.5 简单相关系数的显著性检验

从全及总体中抽取样本来计算相关系数，由于同一总体中可以抽选多个样本，因此，就可以计算多个相关系数，样本相关系数是样本的随机变量。如果就某一次抽样得到的样本资料计算的相关系数用以推断总体的相关程度，这样未必一定可靠，为此就需要对样本相关系数（r）给予假设检验。

2.5.1 u 检验法

当样本容量 $T > 30$，即大样本时，样本相关系数 r 就近似服从正态分布，经过对 r 标准化变换后，则得到检验统计量：

$$u = \frac{r}{\sigma_r} \qquad (2.21)$$

式中，σ_r 表示样本相关系数 r 的抽样平均误差，即样本相关系数与总体相关系数之间的平均偏差，其公式为：

$$\sigma_r = \frac{\sqrt{1-\rho^2}}{\sqrt{T-1}} \qquad (2.22)$$

如果欲检验样本是否来自 x_t 与 y_t 无关系的总体，即总体相关系数 $\rho = 0$，则：

$$\sigma_r = \frac{1}{\sqrt{T-1}} \qquad (2.23)$$

若总体相关系数 ρ 未知，则可以利用样本相关系数 r 代替，即：

$$\sigma_r = \frac{\sqrt{1-r^2}}{\sqrt{T-m}} \qquad (2.24)$$

式中：T 表示样本单位数；

m 表示关系方程中参数的个数；

$T - m$ 表示自由度。

若检验结果相关系数不显著，则可以增加样本容量，再次进行检验。如：以 95% 的概率置信度估计 ρ：

$$r - 1.96\sigma_r < \rho < r + 1.96\sigma_r$$

2.5.2 t 检验法

当样本容量（Sample volume）$T < 30$，即小样本时，如果总体相关系数 $\rho = 0$，则样本相关系数 r 的抽样分布随着样本容量 T 的增大而逐渐地趋近于自由度为 $T - m$ 的 t 分布。

若在简单线性相关条件下，即 $y_t = \beta_0 + \beta_1 x_t + e_t$，关系方程中仅有两

个参数 β_0、β_1，这两个未知参数需要两个方程联立求解，即：

实际值（y_t）与拟合值（$\hat{y}_t$）（$= \hat{\beta}_0 + \hat{\beta}_1 x_t$）之间的偏误 $\hat{e}_t$：

$$\hat{\varepsilon}_t = \hat{e}_t = y_t - \hat{y}_t = y_t - \hat{\beta}_0 - \hat{\beta}_1 x_t \qquad (2.25)$$

T 个观察值所引起的误差的总和组成总离差（Q），则：

$$Q = \sum_{t=1}^{T} \hat{e}_t^2 = \sum_{t=1}^{T} (y_t - \hat{y}_t)^2 = \sum_{t=1}^{T} (y_t - \hat{\beta}_0 - \hat{\beta}_1 x_t)^2 = \min（最小）$$

(2.26)

对该式求关于 $\hat{\beta}_0$ 和 $\hat{\beta}_1$ 的一阶偏导数（the first partial derivative with regard to $\hat{\beta}_0$ and $\hat{\beta}_1$）：

$$\begin{cases} \dfrac{\partial \left(\sum_{t=1}^{T} \hat{e}_t^2 \right)}{\partial \hat{\beta}_0} = 2 \sum_{t=1}^{T} (y_t - \hat{\beta}_0 - \hat{\beta}_1 x_t)(-1) = 0 \\ \dfrac{\partial \left(\sum_{t=1}^{T} \hat{e}_t^2 \right)}{\partial \hat{\beta}_1} = 2 \sum_{t=1}^{T} (y_t - \hat{\beta}_0 - \hat{\beta}_1 x_t)(-x_t) = 0 \end{cases} \qquad (2.27)$$

该联立方程（Simultaneous equations）经整理，得到以下规范（正规）方程组（Normal equations）或正规方程：

$$\begin{cases} \sum_{t=1}^{T} (y_t - \hat{\beta}_0 - \hat{\beta}_1 x_t) = 0 \\ \sum_{t=1}^{T} (y_t - \hat{\beta}_0 - \hat{\beta}_1 x_t) x_t = 0 \end{cases} \qquad (2.28)$$

$$\begin{cases} \sum_{t=1}^{T} y_t - T \hat{\beta}_0 - \hat{\beta}_1 \sum_{t=1}^{T} x_t = 0 \\ \sum_{t=1}^{T} x_t y_t - \hat{\beta}_0 \sum_{t=1}^{T} x_t - \hat{\beta}_1 \sum_{t=1}^{T} x_t^2 = 0 \end{cases} \qquad (2.29)$$

在正规方程（2.29）中，x_t（$t = 1, 2, \cdots, T$）、y_t（$t = 1, 2, \cdots, T$）是建模使用的历史数据，它们是已知数；T 是样本容量，也是已知的；只有 $\hat{\beta}_0$ 和 $\hat{\beta}_1$ 是未知参数，可以通过联立方程（2.29）求解。

换句话说，两个未知参数 $\hat{\beta}_0$ 和 $\hat{\beta}_1$，需要两个方程联立求解，这两个方程就是两个约束（Constraint）条件。

一旦 $\hat{\beta}_0$ 和 $\hat{\beta}_1$ 通过（2.29）式求解出来后，若将 $\hat{\beta}_0$ 和 $\hat{\beta}_1$ 代回正规方程（2.29），则显然会使（2.29）式中的两个等式仍然成立。

当 $\hat{\beta}_0$ 和 $\hat{\beta}_1$ 通过正规方程（2.29）求解出来后，在 $\hat{y}_t = \hat{\beta}_0 + \hat{\beta}_1 x_t$ 中，$\hat{y}_t$（$t = 1, 2, \cdots, T$）就唯独随着 x_t（$t = 1, 2, \cdots, T$）变化。

本来 T 个 x 可以任意取值，即，x_1、x_2、$\cdots$、x_{i-1}、x_i、x_{i+1}、$\cdots$、x_T 都可以自由取值，其（相应的统计量）自由度应该是 T，然而，由于这些 x_t（$t = 1, 2, \cdots, T$）代入 $\sum_{t=1}^{T} y_t - T\hat{\beta}_0 - \hat{\beta}_1 \sum_{t=1}^{T} x_t = 0$，该等式必须成立，因此，必须剩下其中一个 x 通过下式计算得到，若剩下 x_i，则：

$$\sum_{t=1}^{T} x_t = \frac{1}{\hat{\beta}_1} \sum_{t=1}^{T} y_t - \frac{1}{\hat{\beta}_1} T\hat{\beta}_0$$

$$x_i = \frac{1}{\hat{\beta}_1} \sum_{t=1}^{T} y_t - \frac{1}{\hat{\beta}_1} T\hat{\beta}_0 - (x_1 + x_2 + \cdots + x_{i-1} + x_{i+1} + \cdots + x_T)$$

可见，只有 x_1、x_2、$\cdots$、x_{i-1}、x_{i+1}、$\cdots$、x_T 可以自由取值，然而，x_i 不能任意取值，只能通过上式计算出来，这表明 x_i "失去了自由"，可见，其（统计量）自由度为 $T - 1$。

不过，在 x_1、x_2、$\cdots$、x_{i-1}、x_{i+1}、$\cdots$、x_T 自由取值时，同时还要使得正规方程（2.29）中的第二个等式 $\sum_{t=1}^{T} x_t y_t - \hat{\beta}_0 \sum_{t=1}^{T} x_t - \hat{\beta}_1 \sum_{t=1}^{T} x_t^2 = 0$ 成立，因而：

T 个 x，即，x_1、x_2、$\cdots$、x_{i-1}、x_i、x_{i+1}、$\cdots$、x_{j-1}、x_j、x_{j+1}、$\cdots$、x_T

在通过正规方程（2.29）中的第一个等式计算 x_i 的同时，x_j 必须通过 $\sum_{t=1}^{T} x_t y_t - \hat{\beta}_0 \sum_{t=1}^{T} x_t - \hat{\beta}_1 \sum_{t=1}^{T} x_t^2 = 0$ 求解出来，因而，在 T 个 x 中，有两个 x（比如：x_i 和 x_j）需要通过正规方程（2.29）依次求解得到，最后，其（统计量）自由度为 $T - 2$。

由于 $\hat{y}_t$（$t = 1, 2, \cdots, T$）是由 x_t（$t = 1, 2, \cdots, T$）拟合（估计）出的趋势值（理论值），即 $\hat{y}_t$ 依赖于 x_t，因此，$\hat{y}_t$（$t = 1, 2, \cdots, T$）不能任意取值，可见，$\hat{y}_t$ 不存在自由度。

不过，$\hat{y}_t$（$t = 1,2,\cdots,T$）作为拟合模型的历史数据，又是事先已知的，它是估计（确定）$\hat{\beta}_0$ 和 $\hat{\beta}_1$ 的基础数据。

综上所述，x_i 和 x_j 不能任意取值，统计量失去了两个自由度，即，$m = 2$。

检验统计量：

$$t = \frac{r - \rho}{\sigma_r} = \frac{r - \rho}{\sqrt{\frac{1 - r^2}{T - m}}} = \frac{r - \rho}{\sqrt{\frac{1 - r^2}{T - 2}}} \sim t(T - 2) \quad (2.30)$$

式中，$\sigma_r = \sqrt{\frac{1 - r^2}{T - 2}}$；

$T - 2$ 表示自由度 d_f 或 $d.f.$（degrees of freedom）。

拓展阅读

自由度（degrees of freedom，缩写为 d_f 或 $d.f.$），它是指在一定的约束条件（即若干等式）下，可以自由取值的独立变量个数。当以样本推断总体的参数时，样本中独立或能自由变化的变量的个数，称为统计量的自由度。

$d.f.$（取值不受限制的变量个数）= n（样本容量）− k（被限制的变量个数或条件数）

$d.f.$（取值不受限制的变量个数）= T（样本容量）− k（被限制的变量个数或条件数）

如果样本能够成为总体的"缩影"，那么该样本对总体就有显著（高度）的代表性，因而，样本均值就是总体均值的无偏估计量，即 $\bar{x} = \mu$。若样本容量足够大（$n \geq 30$ 或 $T \geq 30$），则样本均值（$\bar{x}$）= 总体均值（μ）。这个等式就相当于一个约束（Constraint）条件，从而使得统计量失去了 1 个自由度，因而，分布的自由度为 $n - 1$ 或 $T - 1$。

尽管总体均值未知，但是，μ 却是确定的、客观存在的。

虽然 n 或 T 个观测值 x_i（$i = 1,2,\cdots,n$ 或 $i = 1,2,\cdots,T$）可以任意（自由）取值，即自由度为 n 或 T，但是，由于存在约束条件 $\bar{x} = \mu$，然而，$\bar{x} = \sum_{i=1}^{n} x_i / n$，即 $\sum_{i=1}^{n} x_i = n\bar{x} = n\mu$，等式 $x_1 + x_2 + \cdots + x_i + \cdots + x_{n-1} + x_n = n\mu$ 右边固定，而等式左边要满足 n 个 x_i（$i = 1,2,\cdots,n$）之和等于 $n\bar{x}$，因此 n 个 x_i（$i = 1,2,\cdots,n$）就不能都任意取值，至少应该有其中一个 x_i（$i = 1,2,\cdots,n$）要通过上式求

解出来，如：

$$x_i = n\mu - (x_1 + x_2 + \cdots + x_{i-1} + x_{i+1} + \cdots + x_{n-1} + x_n)$$

可见，x_i 失去了任意取值的"自由"，它的取值只能通过上式计算得到，因而，分布的自由度为 $n-1$。

虽然自由度不影响统计量的值及其分布的类型，但是，它影响分布图形的形状。

数学上，自由度是一个随机向量的维度数，也就是一个向量能被完整描述所需的最少单位向量数。若房间里的东西出现位移（矢量平行位移是黎曼空间张量计算的重要的几何学基础），则可以用三维向量（$a\hat{i} + b\hat{j} + c\hat{k}$）来描述这个在三位空间中的实物移动情形，可见，这个位移向量的自由度是3。

两总体均值之差的推断：$\mu_1 - \mu_2$ 的区间估计。

若两个独立随机样本的 t 分布，则统计量 $t_{\alpha/2}(d.f.)$ 的自由度：

$$d.f. = \frac{(\frac{s_1^2}{n_1} + \frac{s_2^2}{n_2})^2}{\frac{1}{n_1 - 1}(\frac{s_1^2}{n_1})^2 + \frac{1}{n_2 - 1}(\frac{s_2^2}{n_2})^2} \quad \text{或者}$$

$$d.f. = \frac{(\frac{s_1^2}{T_1} + \frac{s_2^2}{T_2})^2}{\frac{1}{T_1 - 1}(\frac{s_1^2}{T_1})^2 + \frac{1}{T_2 - 1}(\frac{s_2^2}{T_2})^2}$$

式中，s_1、s_2 是样本标准差；n_1、n_2 是样本容量，或者，T_1、T_2 为样本容量。

比如：$d.f. = 36.9$，为了得到一个较大的 t 值，以便更加保守地进行区间估计，为此，将非整数的自由度取整为36。

下面以英汉对照的形式介绍假设检验步骤，以便了解有关假设检验的英文表述。

假设检验经典技术：

第一步，建立两个相反的假设：

零值假设（Null hypothesis）$H_0: \rho = 0$

备择假设（Alternative hypothesis）$H_1: \rho \neq 0$

拓展阅读

假设检验，20世纪初，由 Karl Pearson 率先提出，它是基于"小概率事件在一次试验（即抽取一个样本）中不可能发生"的原理，其统计推断方法是带有某种概率性质的反证法。

下尾检验（Lower - tail test）：$H_0: \mu \geq \mu_0$，$H_a: \mu < \mu_0$，其分位点临界值为 $-z_\alpha$；

上尾检验（Upper - tail test）：$H_0: \mu \leq \mu_0$，$H_a: \mu > \mu_0$，其分位点临界值为 z_α；

双尾检验（Two - tailed test）：$H_0: \mu = \mu_0$，$H_a: \mu \neq \mu_0$，其分位点临界值分别为 $\pm z_{\alpha/2}$。

假设检验的样本统计量的计算是建立在原假设 H_0 成立基础上的，比如：H_0：$\mu_0 > 1010$ 或 $\mu_0 = 1010$ 成立，就可以将 $\mu_0 = 1010$ 代入 $z = \dfrac{\bar{x} - \mu_0}{\sigma/\sqrt{n}}$ 中。既然预先设定原假设成立，那么通过抽取一个样本只能针对备择假设作出拒绝或接受的判断。使用英文表述为：In selecting the proper form of H_0 and H_a, keep in mind that the alternative（备择）hypothesis is often what the test is attempting to establish. Hence, asking whether the user is looking for evidence to support $\mu < \mu_0$, $\mu > \mu_0$, $\mu \neq \mu_0$ will help to determine H_a，通过抽取一个且只能抽取一个样本作为研判备择假设是真还是假的数据资料凭证（Evidence），可见，原假设与备择假设是不能对调，否则，就违背了"紧盯"备择假设的准则，届时会出现哲学思辨式的悖论。

通过人为控制犯第一类错误（即原假设为真却拒绝 H_0 所犯的错误）的概率（该概率一般取 0.01 或 0.05），这样出现拒绝 H_0 的可能性（概率 α）就很小。从总体中抽取一个样本（一定要强调只抽一个样本），样本统计量的值是一个小概率事件，小概率事件可表示为：$A = |$样本统计量的值$|$。在样本量不大的情况下，样本统计量出现在拒绝域的概率是非常小的。假如统计量的值落入了拒绝域（即尾部），表明小概率事件在一次试验中发生了，这与"小概率事件在一次试验中不可能发生"的原理矛盾。因为只抽一个样本，样本统计量就落入拒绝域，更不要说多抽几次，可以肯定会有更多的样本统计量值落入拒绝域。

在下尾检验中，由样本计算的统计量值落入拒绝域，它肯定小于分位点上的临界值 $-z_\alpha$，当然就更小于总体假设均值 μ_0 对应的 z - score（即 0），说明总体实际均值要比总体假设均值 μ_0（$=1010$）小得多，显然，$\mu = \mu_0$ 不成立，因而，应该拒绝带有等号的零（原）假设。无论是大样本还是小样本，一旦统计量的值落入拒绝域，就应当拒绝原假设。

以上例子是下尾（侧）检验，在抽一个样本计算的统计量值（$z = \dfrac{\bar{x} - \mu_0}{\sigma/\sqrt{n}} =$

$\frac{910-1010}{1600/\sqrt{400}} = \frac{-100}{1600/20} = \frac{-100}{80} = -1.25$）没有落入拒绝域，这表明由样本计算的统计量值大于分位点上的临界值 $-z_\alpha$（$= -z_{0.05} = -1.645$），由此表明样本统计量与总体假设均值 μ_0 对应的 z-score（即 0）没有显著不同。尽管它们二者不完全相等，但是，在允许 1% 或 5% 可能性犯错误的前提下，这一差异是在允许的范围之内。换句话说，样本统计量与总体假设均值 μ_0 对应的 z-score（即 0）没有"两样"，即几乎相等，拥有 99% 或 95% 的把握程度。为此，应该接受相等的假设（$\mu_0 = 1010$）。因为只有原假设才有等号，所以接受原假设（H_0）。

假设检验具有非对称性和偏好性。非对称性是指假设检验对原假设和备择假设的保护力度是不对称的，对于原假设的保护力度（$1-\alpha$）要大于备择假设的保护力度（α）；偏好性是指假设检验更倾向于对原假设的保护，即偏向保守。假设检验的基本原则是"保护原假设"。如果没有充分的证据（Evidence）否定原假设，就要接受它，这如同法律上的"疑罪从无"。原假设是在一次试验中有绝对优势（$1-\alpha$）出现的事件，而备择假设在一次试验中不易发生或几乎不可能发生的（小概率 α）事件。

通常，偏好于将研究者希望否定的现象设定为原假设；将研究者所证明的命题或提出的假设或希望得到样本数据强有力支持的结论设定为备择假设。若需要确定新提出的方法（如新工艺、新材料等）比旧方法先进，则将原方法定为原假设，以便有足够的理由（Evidence）说明过去经常发生的事情是否会有所改变。比如：厂商声称（Claim）产品某种有益成分含量高于规定标准，即为零假设（Null hypothesis）$H_0: \mu \geq \mu_0$，通常对声称（含有贬义）会提出质疑，抽取一个样本试图推翻厂商的声称，即建立备择假设（Alternative hypothesis）$H_a: \mu < \mu_0$。因为对厂商能够起到监督和制衡作用通常只有质量监督局，所以，这相当于质量监督局建立了备择假设，并且通过样本证据希望自己的假设成立。

当样本统计量大于正临界值或小于负临界值，在样本统计量值处作垂线，便得到细尾，细尾的面积（Area）被称为 p-value。p-value 小，表明样本统计量值与峰顶对应的横坐标值存在显著差别，即二者被分位点隔开，不可能相等，而等号是原假设专有，因而必须拒绝原假设。

第二步，选择统计量：

$$t = \frac{r - \rho}{\sqrt{\frac{1-r^2}{T-2}}} \tag{2.31}$$

第三步,导出决定规则:

选择显著性水平,在双侧检验下,临界值为 $t_{\alpha/2}$。因而,决定规则必然是"假如 $-t_{\alpha/2} \leqslant t \leqslant t_{\alpha/2}$,接受 H_0",如图 2-4 所示:

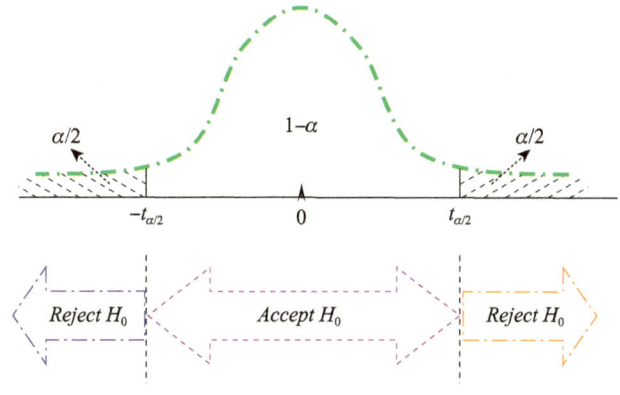

图 2-4 双尾假设检验图

$P(\text{rejecting } H_0 \mid H_0 \text{ is true}) = \alpha = $ significance level of the hypothesis test $= \alpha$ risk

$P(\text{accepting } H_0 \mid H_0 \text{ is true}) = 1 - \alpha = $ confidence level of the hypothesis test

$P(\text{accepting } H_0 \mid H_0 \text{ is false}) = \beta = \beta$ risk

$P(\text{rejecting } H_0 \mid H_0 \text{ is false}) = 1 - \beta = $ power of the hypothesis test

式中:α 表示假设检验的显著性水平,也是犯第一类错误的小概率;

$(1-\alpha)$ 表示假设检验的置信水平,亦称把握程度;

β 表示 β 风险,也是犯第二类错误的小概率;

$(1-\beta)$ 表示假设检验的功效(Power)或假设检验的势,如图 2-5 所示。

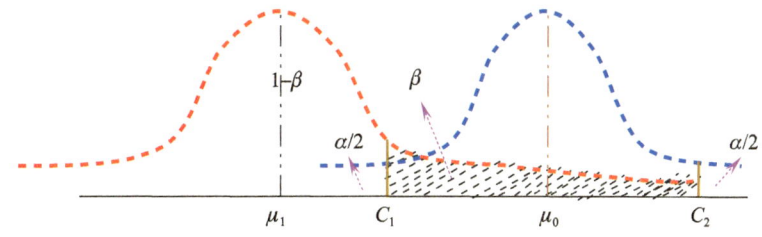

图 2-5 双尾假设检验中 β 错误确定图

下面仅介绍在双尾检验中 β 错误的计算。

$$H_0: \mu_1 = \mu_0 \qquad H_1: \mu_1 \neq \mu_0$$

(1) 先求出临界值 C_1 和 C_2：

$$C_1 = \mu_0 - t_{\alpha/2} \cdot \frac{\sigma_0}{\sqrt{T}} \qquad C_2 = \mu_0 + t_{\alpha/2} \cdot \frac{\sigma_0}{\sqrt{T}} \qquad (2.32)$$

(2) 在 H_1 为真的情况下，假设 $\mu = \mu_1$，$\overline{X}$ 落到区间 (C_1, C_2) 内的概率为 β，即：

$$P(C_1 < \overline{X} < C_2) = P\left[\frac{C_1 - \mu_1}{\sigma_0/\sqrt{T}} < \frac{\overline{X} - \mu_1}{\sigma_0/\sqrt{T}} < \frac{C_2 - \mu_1}{\sigma_0/\sqrt{T}}\right] = \beta \quad (2.33)$$

拓展阅读

威廉·戈塞特（William Sealy Gosset，1876—1937），全名：威廉·希利·戈塞特，1876 年 6 月 13 日生于英国肯特郡坎特伯雷市，求学于曼彻斯特学院和牛津大学，学习化学和数学，成绩优秀，1899 年，进入都柏林市 A·吉尼斯父子酿酒厂担任酿造化学技师，在统计和实验工作中发现，供酿酒的每批麦子质量相差很大，然而，同一批麦子中能抽样供试验的麦子又很少，每批样本在不同的温度下做实验，其结果相差很大，实际上只能取得麦子的小样本，可是，从小样本来分析数据是否可靠？误差有多大？小样本理论就在这样的背景下应运而生。由于提高大麦质量的重要性，因此，最终促使他研究农田试验计划。1904 年，写成第一篇报告《误差法则应用》。1905 年，戈塞特利用酒厂里大量的小样本数据写了第一篇论文《误差法则在酿酒过程中的应用》，在此基础上，1907 年，戈塞特决心把小样本和大样本之间的差别搞清楚，为此，他试图把一个总体中的所有小样本的平均数的分布刻画出来，具体做法：在一个大容器里放了一批纸牌，把它们弄乱，随机地抽若干张，对这一样本做实验，记录观察值，然后再把纸牌弄乱，抽出几张，对相应的样本再做实验观察，记录观察值。大量地记录这种随机抽样的小样本观察值，就可借以获得小样本观察值的分布函数。若观察值是平均数，戈塞特把它叫作 t 分布函数。1906—1907 年，公司派他到伦敦进修，同时在伦敦大学学院生物实验室做研究，也有机会和皮尔逊共同研讨，此后他们经常通信。

由于吉尼斯酿酒厂禁止戈塞特发表有关酿酒过程的研究成果，因此，1908 年，戈塞特不得不以"学生（Student）"为笔名，在《生物计量学》杂志发表了《平均数的规律误差》论文。该成果，不仅不再依靠近似计算，而且能用所谓小样本来进行推断，并且还成为使统计学的对象由"集团"现象转变为随机现象的转机，换句话说，总体应理解为含有未知参数的概率分布（总体分布）所定义的概率空间；要根据样本来推断总体，还必须强调样本要从总体中随机地抽取，也就是说，一定要是随机样本。这篇论文指出：如果是小样本，那么平均数比例对其标准误差的分布不遵循正态曲线（分布）。不过，应该指出，戈塞特推导 t 分布的方法是极不完整的，一时未获承认，后来，费希尔利用 n 维几何方法给出了完整的证明。戈塞特的小样本理论开创了小样本统计理论的先河，为研究样本分布理论奠定了重要基础，被统计学家誉为统计推断理论发展史上的里程碑。1907—1937 年，戈塞特发表了 22 篇统计学论文，这些论文于 1942 年以《"学生"论文集》为书名重新发行。1937 年 10 月 16 日卒于比肯斯菲尔德。

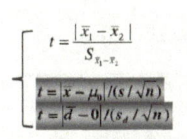

英格兰统计学家戈塞特（William Sealy Gosset，1876—1937）在 1908 年以笔名"学生（Student）"发表论文"The Probable Error of a Mean"，提出了被后人称作"t 分布（student's）"的抽样统计分布。多年来，"学生"发表的这篇论文被认为是罗曼蒂克的，当时仅有少数几个人懂得它真正的内涵，甚至在戈塞特逝世后的较长时间里，广大学者仍然没有读懂它。t 分布，又称"学生分布"，如图 2-6 所示。

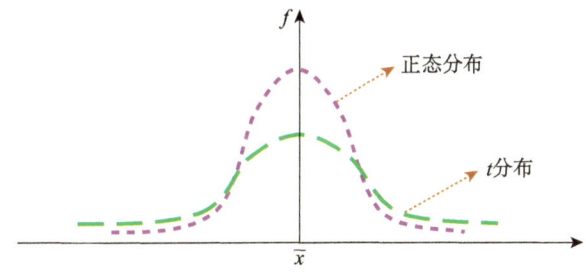

图 2-6　正态分布和 t 分布图

当样本容量 T 逐渐增大时，t 分布便渐近于正态分布。

比如：从岭南学院 2010 级经济学专业 41 位同学中随机抽取了 10 位同学，收集到该样本的高等数学考试成绩与统计学考试成绩资料见表 2-3：

表 2-3　岭南学院 2010 级经济学专业高等数学与统计学成绩表　单位：分

序号	1	2	3	4	5	6	7	8	9	10
高等数学成绩（x_t）	60	63	70	74	78	84	84	90	95	98
统计学成绩（y_t）	62	58	70	85	82	88	79	95	92	97

高等数学考试成绩与统计学考试成绩的相关系数计算见表 2-4：

表 2-4　　高数与统计成绩相关系数计算表　　单位：分

序号	高数（分） x	统计（分） y	x^2	y^2	xy
1	60	62	3600	3844	3720
2	63	58	3969	3364	3654
3	70	70	4900	4900	4900
4	74	85	5476	7225	6290
5	78	82	6084	6724	6396
6	84	88	7056	7744	7392
7	84	79	7056	6241	6636
8	90	95	8100	9025	8550
9	95	92	9025	8464	8740
10	98	97	9604	9409	9506
∑	796	808	64870	66940	65784

$$r = \frac{T\sum_{t=1}^{T} x_t y_t - \left(\sum_{t=1}^{T} x_t\right)\left(\sum_{t=1}^{T} y_t\right)}{\sqrt{T\sum_{t=1}^{T} x_t^2 - \left(\sum_{t=1}^{T} x_t\right)^2}\sqrt{T\sum_{t=1}^{T} y_t^2 - \left(\sum_{t=1}^{T} y_t\right)^2}}$$

$$= \frac{10 \times 65784 - 796 \times 808}{\sqrt{10 \times 64870 - 796^2}\sqrt{10 \times 66940 - 808^2}}$$

$$= 0.929$$

这表明高等数学考试成绩与统计学考试成绩之间存在显著正线性相关。

当显著性水平 α 为 0.05 时，总体相关系数 ρ 是否为零？

第一步，建立两个相反的假设：
$$H_0: \rho = 0 \quad H_1: \rho \neq 0$$

第二步，选择统计量：
$$t = \frac{r - \rho}{\sqrt{\frac{1-r^2}{T-2}}} = \frac{0.929 - 0}{\sqrt{\frac{1-0.929^2}{10-2}}} = 7.1 \qquad (2.34)$$

按自由度 $d_f = T - 2 = 10 - 2 = 8$，显著性水平 $\alpha = 0.05$，查 t 分布表（双尾检验）得：
$$t_{\alpha/2} = t_{0.025} = 2.306$$

第三步，导出决定规则：

由于 $t = 7.1 > t_{\alpha/2} = 2.306$，因此，拒绝原假设 H_0，从而表明样本并非来自总体相关系数 $\rho = 0$ 的总体，总体两变量 X 与 Y 确实存在线性相关，简单相关系数 r 在统计上是显著的。

在线性相关条件下，若 r 服从正态分布，则总体相关系数 ρ 在 95% 的置信度下的估计值为：
$$r - 1.96\sigma_r < \rho < r + 1.96\sigma_r$$

式中：$\sigma_r = \frac{\sqrt{1-r^2}}{\sqrt{n-2}}$ 为样本相关系数 r 的抽样平均误差。

查正态分布面积表：
$$F(x) = 95\%$$
$$z_{\alpha/2} = z_{0.05/2} = z_{0.025} = x = 1.96$$

当样本容量 T 很小时，r 的误差分布不服从正态分布，可能会出现 $|r + 2\sigma_r| > 1$ 的不合理情况，在实际确定 ρ 的估计区间时，将 $|r + 2\sigma_r|$ 大于 1 的数取为 1。

2.5.3 z 检验法

当在 $\rho \neq 0$ 的总体中随机抽样时，样本相关系数 r 并不呈正态分布，若

要测定相关系数与 $\rho \neq 0$ 的数值是否显著，或测定两个相关系数之间的差异是否显著，即从两个已知样本相关系数推断其总体相关系数是否相等的假设，为此，1921 年，费歇（Fisher）提出了如下方法：

$$H_0: \rho_1 = \rho_2 \qquad H_1: \rho_1 \neq \rho_2$$

$$z_r = \frac{1}{2}\ln\frac{1+r}{1-r} \tag{2.35}$$

经过对 r 变化，则 z_r 就接近正态分布。

z_r 的标准差为：

$$\sigma(z_r) = \frac{1}{\sqrt{T-m-1}} \tag{2.36}$$

在简单直线方程式中，只有两个参数，故 $m = 2$，则 $\sigma(z_r) = \dfrac{1}{\sqrt{T-3}}$。

因而，此时可用正态分布方法进行检验。

比如，通用机械厂采用两种方法加工同一种机器零件，现从两种加工方法生产的零件中各抽取一个容器分别为 $T_1 = 28$ 和 $T_2 = 23$ 的样本，对每一个零件均测量其外径和内径，并计算样本零件外径和内径的相关系数，$r_1 = 0.6$，$r_2 = 0.4$，试问从相关系数看，在显著性水平为 5% 时，两种加工方法是否有显著差异？

$$H_0: \rho_1 = \rho_2 \qquad H_1: \rho_1 \neq \rho_2$$

将相关系数 r 变换成 z：

$$z_1 = \frac{1}{2}\ln\frac{1+r_1}{1-r_1} = \frac{1}{2}\ln\frac{1+0.6}{1-0.6} = 0.69314$$

$$z_2 = \frac{1}{2}\ln\frac{1+r_2}{1-r_2} = \frac{1}{2}\ln\frac{1+0.4}{1-0.4} = 0.42364$$

$$\begin{aligned}
\sigma_z = \sigma_{z_1-z_2} &= \sqrt{\sigma_{z_1}^2 + \sigma_{z_2}^2} \\
&= \sqrt{\frac{1}{T_1-3} + \frac{1}{T_2-3}} \\
&= \sqrt{\frac{1}{28-3} + \frac{1}{23-3}} \\
&= 0.3
\end{aligned}$$

选择统计量：

$$z = \frac{z_1 - z_2}{\sigma_z}$$

$$= \frac{z_1 - z_2}{\sigma_{z_1-z_2}}$$

$$= \frac{z_1 - z_2}{\sqrt{\sigma_{z_1}^2 + \sigma_{z_2}^2}}$$

$$= \frac{z_1 - z_2}{\sqrt{\frac{1}{T_1 - 3} + \frac{1}{T_2 - 3}}} \sim N(0,1)$$

因为 z 是正态变量，所以 $z_1 - z_2$ 也是正态变量，其标准化数值仍是正态变量，则：

$$z = \frac{0.69314 - 0.42364}{0.3} = 0.8983$$

显著性水平为 5%，作双尾检验，

$$z_{\alpha/2} = z_{0.025} = 1.96$$

由于 $-z_{\alpha/2} < z < z_{\alpha/2}$，因此，接受原假设 $\rho_1 = \rho_2$，说明两种加工方法对于内外径的相关系数无显著影响。

再比如：从全及总体中抽取样本容量 $n = 20$，$r = 0.9104$，试检验 r 与 $\rho = 0.96739$ 之间是否有显著差异（$\alpha = 0.1$）。

$$H_0: \rho = 0.96739 \qquad H_1: \rho \neq 0.96739$$

经过变换：

$$z_r = \frac{1}{2}\ln\frac{1+r}{1-r} = \frac{1}{2}\ln\frac{1+0.9104}{1-0.9104} = 1.53$$

$$z_\rho = \frac{1}{2}\ln\frac{1+\rho}{1-\rho} = \frac{1}{2}\ln\frac{1+0.96739}{1-0.96739} = 2.05$$

应用正态分布 z 检验：

$$z = \frac{z_r - z_\rho}{1/\sqrt{T-3}} = \frac{1.53 - 2.05}{1/\sqrt{20-3}} = -2.144$$

显著性水平为 0.1，作双尾检验，

$$z_{\alpha/2} = z_{0.05} = 1.645$$

因为 $z = -2.144 \notin (-1.645, 1.645)$ 的接受域内，所以，应该拒绝 H_0，因而可以认为总体相关系数与 0.96739 有显著差异。

2.6　等级相关

等级相关，亦称顺位相关或秩相关，它是把数量标志或品质标志的具体表现按等级次序排列，再测定标志等级与标志等级数列间的相关程度的一种方法。

有时，构成统计数列的各项并不能用精确数值来表现其大小，只能根据判断来排列等级，如：颜色的深浅、才智高低、事态的轻重、艺术水平等，都难以用数字确切计量，对此，怎样才能反映这些现象之间关系的密切程度呢？

可以采用非参数统计方法，根据人的主观判断，将这些变量排列出次序或等级。当然，若给予它们粗略的定量化处理，则可按其数值大小给予相应等级。

等级相关分析也是一种线性相关分析。著名统计学家斯皮尔曼（C·Spearman）推导出了等级差数法，因此，利用该方法计算等级相关数列的相关指标就被命名为斯皮尔曼等级相关系数（r_s），其计算公式为：

$$r_s = 1 - \frac{6\sum_{t=1}^{T} D_t^2}{T(T^2-1)} \tag{2.37}$$

式中：T 表示登记的项数或样本容量；

D 表示等级差，即 $D = x$ 等级 $- y$ 等级。

[证] 设 $\{R_t\}$ 和 $\{S_t\}$ 分别为变量 x 和 y 的顺序登记数列（$t = 1, 2, \cdots, T$）则：

$$r_s = \frac{\sum_{t=1}^{T}(R_t - \overline{R})(S_t - \overline{S})}{\sqrt{\sum_{t=1}^{T}(R_t - \overline{R})^2}\sqrt{\sum_{t=1}^{T}(S_t - \overline{S})^2}}$$

$$= \frac{\sum_{t=1}^{T} R_t S_t - \frac{\sum_{t=1}^{T} R_t \sum_{t=1}^{T} S_t}{T}}{\sqrt{\sum_{t=1}^{T} R_t^2 - \frac{(\sum_{t=1}^{T} R_t)^2}{T}} \sqrt{\sum_{t=1}^{T} S_t^2 - \frac{(\sum_{t=1}^{T} S_t)^2}{T}}}$$

$$= \frac{\sum_{t=1}^{T} R_t S_t - T \frac{\sum_{t=1}^{T} R_t}{T} \frac{\sum_{t=1}^{T} S_t}{T}}{\sqrt{\sum_{t=1}^{T} R_t^2 - T(\frac{\sum_{t=1}^{T} R_t}{T})^2} \sqrt{\sum_{t=1}^{T} S_t^2 - T(\frac{\sum_{t=1}^{T} S_t}{T})^2}}$$

$$= \frac{\sum_{t=1}^{T} R_t S_t - T\overline{R}\overline{S}}{\sqrt{\sum_{t=1}^{T} R_t^2 - T\overline{R}^2} \sqrt{\sum_{t=1}^{T} S_t^2 - T\overline{S}^2}}$$

$\overline{R} = \overline{S} = (1 + 2 + \cdots + T)/T = (T+1)/2$

$\sum_{t=1}^{T} R_t^2 = \sum_{t=1}^{T} S_t^2 = 1^2 + 2^2 + \cdots + T^2 = \frac{T(T+1)(2T+1)}{6}$

若将每一对变量之间的等级的差用 D_i 表示，即：

$D_i = R_i - S_i$

$\sum_{t=1}^{T} D_t^2 = \sum_{t=1}^{T} (R_t - S_t)^2 = \sum_{t=1}^{T} R_t^2 + \sum_{t=1}^{T} S_t^2 - 2\sum_{t=1}^{T} R_t S_t$

$\sum_{t=1}^{T} R_t S_t = (\sum_{t=1}^{T} R_t^2 + \sum_{t=1}^{T} S_t^2 - \sum_{t=1}^{T} D_t^2)/2$

$\qquad = [2T(T+1)(2T+1)/6 - \sum_{t=1}^{T} D_t^2]/2$

$\qquad = T(T+1)(2T+1)/6 - \sum_{t=1}^{T} D_t^2/2$

$\sum_{t=1}^{T} R_t^2 - T\overline{R}^2 = \sum_{t=1}^{T} S_t^2 - T\overline{S}^2 = T(T+1)(2T+1)/6 - T[(T+1)/2]^2$

$\qquad = \frac{T(T^2-1)}{12}$

将其代入相关系数公式中,得:

$$r_s = \frac{T(T+1)(2T+1)/6 - \sum_{t=1}^{T} D_t^2 / 2 - T(T+1)^2/4}{T(T^2-1)/12}$$

$$= 1 - \frac{6\sum_{t=1}^{T} D_t^2}{T(T^2-1)}$$

如果 x_t 数列和 y_t 数列的等级完全一致,并且变动方向相同,那么 $D_t = 0$($t=1,2,\cdots,T$),$r_s = +1$,表示变量 x_t 和 y_t 之间存在正的完全直接关系,见表 2-5。

如果 x_t 数列和 y_t 数列的等级完全一致,不过,变动方向相反,那么 $D_t \neq 0$($t=1,2,\cdots,T$),$r_s = -1$,表示变量 x_t 和 y_t 之间存在负的完全直接关系,见表 2-6。

表 2-5 x_t 和 y_t 正完全直接关系计算表

x_i	R_i	y_i	S_i	D_i	D_i^2
x_1	1	y_1	1	0	0
x_2	2	y_2	2	0	0
x_3	3	y_3	3	0	0
x_4	4	y_4	4	0	0
x_5	5	y_5	5	0	0
$\sum$	—	—	—	—	0

表 2-6 x_t 和 y_t 负完全直接关系计算表

x_i	R_i	y_i	S_i	D_i	D_i^2
x_1	1	y_1	5	-4	16
x_2	2	y_2	4	-2	4
x_3	3	y_3	3	0	0
x_4	4	y_4	2	2	4
x_5	5	y_5	1	4	16
$\sum$	—	—	—	—	40

$$r_s = 1 - \frac{6\sum_{t=1}^{T} D_t^2}{T(T^2-1)} = 1 - \frac{6 \times 0}{5(5^2-1)} = 1 \;,\; r_s = 1 - \frac{6\sum_{t=1}^{T} D_t^2}{T(T^2-1)} = 1 - \frac{6 \times 40}{5(5^2-1)} = -1$$

比如:"世界小姐(Miss World)"选美大赛小组决赛,结果见表 2-7。

表 2-7   世界小姐选美小组决赛成绩表

选手序号	1	2	3	4	5	6	7
容颜成绩	A	B	E	C	G	F	D
智能分数	40	45	55	42	68	63	36

要求了解容颜与智能之间是否有关系，见表2-8。

表2-8　　世界小姐选美小组决赛等级相关计算表

选手序号	容颜		智能		等级差 D_t	D_t^2
	成绩（x_t）	等级（R_t）	分数（y_t）	等级（S_t）		
1	A	7	40	2	5	25
2	B	6	45	4	2	4
3	E	3	55	5	-2	4
4	C	5	42	3	2	4
5	G	1	68	7	-6	36
6	F	2	63	6	-4	16
7	D	4	36	1	3	9
∑	—	—	—	—	0	98

$$r_s = 1 - \frac{6\sum_{t=1}^{T} D_t^2}{T(T^2-1)} = 1 - \frac{6 \times 98}{7(7^2-1)} = -0.75$$

检验 r_s 的显著性：

查《斯皮尔曼相关系数临界值表》，得 $r_{s,0.05,7}^* = 0.714$。

因为 $|r_s| > 0.714$，所以，可以认为等级相关系数 r_s 显著，说明容颜与智能之间在一定程度上有着互补性，二者存在较显著的负相关。

当智能分数有相同数值出现时，见表2-9：

表2-9　　若智能分数有相同数值出现时等级相关计算表

选手序号	1	2	3	4	5	6	7
智能分数	40	40	45	55	55	36	55
等级	2.5	2.5	4	6	6	1	6

第1、2号选手分数都是40分，则它们的等级都是2.5，即第$(\frac{2+3}{2})$名，接下来是第3号选手列第4等级。不过，第4、5、7号选手分数都是55分，因而，他们的等级都是6，即第$(\frac{5+6+7}{3})$名。

2.7 自相关

自相关又称序列自身相关,它是指一个变量随时间的推移而变化,其变量历史值影响着现在值,变量现在值又对未来值产生影响,即相邻期的变量值存在一定的依存关系。

分析一个变量(因变量)受另一个变量(自变量)影响,通常,这两个变量取值都是处于同一时期的,研究这两个变量间的依存关系是从现象的横断面(Cross Section)的角度进行静态相关分析;然而,分析一个变量在不同时期的取值之间的影响,通常,这同一个变量取值却是处于不同时期的,研究各个变量值的依存关系是从现象的纵截面(Longitudinal Section)的角度进行动态相关分析。

呈自相关的现象在社会经济活动中是普遍存在的,如:类似物体运动的惯性那样,过去的运动发展速度直接影响到现在甚至将来的发展水平。如,同一家燃气具公司的产品市场占有率,过去的占有率会直接影响到现在的产品占有率,还有可能影响到未来的产品占有率。

自相关可以用来考察同一变量各时期值的性质,若变量序列各项值是纯随机的,则其相继数值之间的自相关系数会趋近于 0;若变量序列各项值存在明显的季节波动或循环波动,则其相继数值之间的自相关系数不会趋于 0。

博克斯·詹金斯(Box—Jenkins)成功地应用了自相关系数创立了全新的预测模式。

自相关系数公式为:

$$r = \frac{\sum_{t=1}^{T} y_{t-1} y_t - \frac{1}{T}(\sum_{t=1}^{T} y_{t-1})(\sum_{t=1}^{T} y_t)}{\sqrt{\sum_{t=1}^{T} y_{t-1}^2 - \frac{(\sum_{t=1}^{T} y_{t-1})^2}{T}} \sqrt{\sum_{t=1}^{T} y_t^2 - \frac{(\sum_{t=1}^{T} y_t)^2}{T}}} \tag{2.38}$$

式中:y_{t-1}、y_t 分别表示 $\{y_t\}$ 数列第 $t-1$ 期和第 t 期数值。

比如:2020—2026 年,环球冰箱厂(Universal Refrigerator Factory)冰

箱产量资料见表2-10,试计算自相关系数。

表2-10　　2020-2026年环球冰箱厂冰箱产量自相关系数表　　单位:千台

年份	本年产量 y_t	上年产量 y_{t-1}	y_t^2	y_{t-1}^2	$y_t y_{t-1}$
2020	0.5	—	—	—	—
2021	0.4	0.5	0.16	0.25	0.20
2022	0.8	0.4	0.64	0.16	0.32
2023	1.0	0.8	1.00	0.64	0.80
2024	1.8	1.0	3.24	1.00	1.80
2025	2.5	1.8	6.25	3.24	4.50
2026	2.0	2.5	4.00	6.25	5.00
∑	9.0	7.0	15.29	11.29	12.62

因为本年的冰箱产销量直接受上年居民家庭冰箱拥有量的影响,所以,只选取上一年,即第 $t-1$ 年的产量 y_{t-1} 作为自变量,则本年,即第 t 年的产量 y_t 作为因变量。

将表2-10中的资料绘制散点图(如图2-7所示)。散点分布大致呈斜率为正的直线状态。

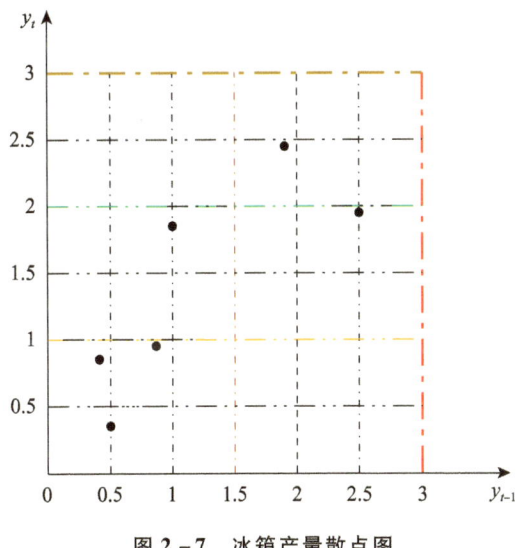

图2-7　冰箱产量散点图

$$r = \frac{\sum_{t=1}^{T} y_{t-1} y_t - \frac{1}{T}(\sum_{t=1}^{T} y_{t-1})(\sum_{t=1}^{T} y_t)}{\sqrt{\sum_{t=1}^{T} y_{t-1}^2 - \frac{(\sum_{t=1}^{T} y_{t-1})^2}{T}} \sqrt{\sum_{t=1}^{T} y_t^2 - \frac{(\sum_{t=1}^{T} y_t)^2}{T}}}$$

$$= \frac{12.62 - \frac{1}{6} \times 9.0 \times 7.0}{\sqrt{11.29 - \frac{7^2}{6}} \sqrt{15.29 - \frac{9^2}{6}}}$$

$$= 0.847$$

检验 r 的显著性：选取显著性水平 $\alpha = 0.05$。由于直线形态的关系式有两个参数，因此 $m = 2$，则自由度 $d_f = T - m = 6 - 2 = 4$，查相关系数临界值表，$r_{0.05}(4) = 0.811$。

由于 $r > r_{0.05}(4)$，所以，在 $\alpha = 0.05$ 的显著性水平上，检验通过。说明该冰箱厂本年产量 y_t 与上年产量 y_{t-1} 之间存在显著自相关。

第 3 章

地下经济实证技术铺垫——回归分析

3.1 引言

3.1.1 回归的范畴

回归分析（Regression analysis）是在一个变量与另一个变量或一组变量之间存在显著相关关系的前提下，依据其相关的类型，拟合恰当的趋势模型，以近似地模拟变量间平均变化趋势的统计分析方法。

"回归"一词可溯源于 19 世纪后半期英国遗传学家弗朗西斯·高尔顿勋爵（Sir Francis Galton F. R. S.，1822—1911）对遗传问题所进行的研究（The statistical methods used in studying the relationship between two variables were first employed by Sir Francis Galton F. R. S. 1822—1911）。在 1877—1889 年，高尔顿得出了一个经典的数学公式，用此公式可较好地度量子女的身高与父母身高之间的关系（Measuring the relationship between a parents' height and the son's height.）。通过对遗传现象的大量观察和公式测算，假如父母的身高是在人类平均身高的水平上，上下波动 x 英寸，则其子女的身高就是在人类平均高度上下波动 $(2/3) \cdot x$ 英寸。他由此发现了一个规律：子女的平均高度有返归于人类总平均高度的倾向，这就是著名的"回归法则"。尽管"$(2/3) \cdot x$"这个数值当时并未被学术界作最后定论，但是"回归（Regression）"这一名词最初用于研究血缘关系，而今它已经成为统计上研究事物现象间相互关系的通用语。

拓展阅读

弗朗西斯·高尔顿勋爵（Sir Francis Galton F. R. S.，1822—1911），1822年2月16日出生于英国伯明翰，外祖父伊拉斯谟斯·达尔文是诗人、医生、进化论理论家，父亲塞缪尔·德丢·高尔顿是银行家。母亲和达尔文的父亲是同父异母的兄妹。在7个兄弟姐妹中，高尔顿排行最末。世袭天才（Hereditary genius），从小就聪颖过人，他的三姐阿黛尔（Adele）是高尔顿的启蒙老师，4岁时，他能写诗。1839年，17岁时，在伦敦国王学院学习医学、生理学、植物学和化学，成绩优秀。1840年，考入剑桥大学三一学院。1844年，获得剑桥大学学士学位，随即在剑桥大学研习医学，不久父亲病逝，不得不放弃学业。继承了巨额遗产后，开始了旅游探险，与险恶自然环境作斗争，获得了大量西南部非洲资源和风土人情的第一手资料。从非洲回国后，患上抑郁症，从此以后不再远游。1853年，当选为英国皇家地理学会会员，同年，他与路易莎·巴特勒（Louisa Butler）结婚，1856年，34岁时，成为皇家学会会员。1857年在伦敦定居。1859年，其表兄查尔斯·达尔文（Charles Darwin）出版了《物种的起源》著作，为此，引起了高尔顿对人类遗传的兴趣，于是，他将达尔文围绕群的平均值的偶发变异原理应用于人类研究，开拓了以个体差异为主题的实验心理学的新领域，开创了优生学。他关于人类官能的研究开辟了个体心理和心理测验研究的新途径。1869年，高尔顿出版了《遗传的天才》专著，在此著作中指出：身高是遗传的，如果每代人的身高服从正态分布，那么一代人的身高与后一代人的身高之间会有什么关系呢？尔后，他发现了父母的身高与他们孩子的身高之间存在线性关系。若父母的身高很高，则孩子的身高一般会高于其平均水平，不过，会矮于他们的父母，高尔顿将其称为"回归律（Law of regression）"。为了描述这一遗传规律，他建立了父母的身高为解释变量（x）、孩子的身高为被解释变量（y）的线性回归模型。1909年，被英国王室授予勋爵（Sir）称号。1911年1月17日，在英格兰南部萨里的庄园逝世，享年89岁。

弗朗西斯·高尔顿

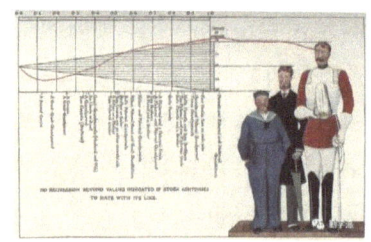

弗朗西斯·高尔顿（Francis Galton）的发现：均值回归

大家纷纷猜测姚明、叶莉所生的孩子是否也会长成巨人，孙逸仙纪念医院（Sun Yat‑sen Memorial Hospital）儿科内分泌专科专家称：孩子的身高 70% 由遗传因素所决定，30% 由营养、运动、睡眠、生活环境等因素决定。睡眠不足、偏食、肥胖、心情压抑等均会影响身体长高。可见，巨人未必都生"小巨人"。医学上预测下一代成年后的身高公式：

$$儿子成年身高(cm) = [父亲身高(cm) + 母亲身高(cm)] \div 2 + 6.5 \tag{3.1}$$

$$女儿成年身高(cm) = [父亲身高(cm) + 母亲身高(cm)] \div 2 - 6.5 \tag{3.2}$$

其实该公式只是预测身高遗传趋势，实际身高可能与公式预测的身高相差 ±5 厘米以上。

3.1.2 回归分析主要解决的问题

1. 确定变量间的回归关系

用一组存在相关变量的样本观察数据来确定这些变量间的回归关系。该关系是以回归方程的形式来描述的，这实际上是相关变量间不确定、不规则的数量关系的一般化和规则化。回归关系，又称广义的相关关系，它是指变量之间存在的主从关系或因果关系。在回归方程中，解释变量 x，即原因因素，称为自变量（Independent variable），被解释变量 y，即结果因素，称为因变量（Dependent variable）。具有回归关系的变量的地位是不对等的，即要准确识别那个变量是自变量，那个变量是因变量，它们间不能易位。自变量 x 是可控制的非随机变量，而因变量 y 除受自变量 x 影响外，同时还受到其他随机因素的干扰，因而 y 是随机变量。

2. 筛选自变量和检验回归系数的显著性

既要选用与因变量关系密切的变量作为回归模型的备选的自变量，又要对这些备选的自变量进一步筛选，最后，只将自变量之间关系不密切的变量引入回归模型中，而剔除自变量之间关系密切的变量，以避免回归模型中出现多重共线性。所谓多重共线性（Multi‑collinearity），就是指在自变量中有两个或两个以上的自变量之间存在着完全线性或几乎完全线性的关系。

回归分析是考察变量间关系的性质，而具体回归分析的统计指标——回归系数，它是说明自变量与因变量之间的变动比例关系。对回归系数的显著性需要进行假设检验。

3. 判断回归内插和外推的有效性

回归模型通常是根据呈回归关系的变量的一组有限的样本数据利用最小二乘法拟合的，在样本数据的取值全距范围内即条件区域内，回归模型所模拟的现象的走势轨迹是最优的，在平均意义上讲，该模型充分体现了回归变量间的数量变化规律性。若将该模型运用于条件区域之外，则会因回归变量间的数量变化形式的改变，而会使得原有回归模型模拟失效。由此可知，回归模型尤其是未引入随机扰动项（即未加上误差项）的回归模型，只是在条件区域内有效，仅适宜内插推算，而不适宜外推预测，即回归模型的推测只能在条件区域内进行。

例如：工龄（年）与工人劳动生产率（件/日）的关系，随着工龄的增长，劳动生产率会相应地逐渐提高的趋势。当工龄接近50岁的老年工人的工龄时，通常随着工龄的继续增长，则劳动生产率可能会呈抛物线型的下降。假如新工人平均25岁上岗，则工龄 x 的条件区域为 0~25 年，即 $x \in [0,25]$。利用工龄 15~25 年的样本资料配合回归方程，可推测 0~25 年中任某一工龄的劳动生产率。

再如：农作物随着施肥量的增加而逐渐会增产，施肥量 x 和农作物产量 y 大致可配合正相关的回归方程。若施肥量 x 超过一定的限度，则产量 y 反而会下降。

又如：树木适度密植会增产林木，若过度密植，则林木会减产。在计量经济学的理论基础上，适当超出变量间的数量变化的条件区域，通过对回归系数等一系列检验，在一定的概率保证程度下，可对仍持续未发生质的变化的变量的关系作近期预测。不过，通常情况下要对原模型进行修正，或重新配合新的模型。

将自变量的数值代入回归方程，可估计因变量的趋势值，趋势值又称估计值或理论值。由于自变量 x 是非随机变量，因此，所建立的回归方程是不能互推，即只能由 x 推算 y，而不能像纯数学方程式那样，由 y 推算 x。因为这样推算没有体现统计学中的定性定量相结合地分析大量社会经济数量方面的特征，从定性的角度分析 y 不是 x 的因，因而 x 也不是 y 的果，因此，y 推算 x，不能表明变量之间的因果对应关系。

3.1.3 回归方程的由来和类别

对呈相关关系的变量之间的数量变化，在二维平面或三维空间的坐标系中的散点分布进行识别，对应自变量 x 的每一个值，因变量 y 会有许多可能的取值，为了反映 x 与 y 之间的数量变化趋势，就取与某一 x 对应的所有可能的 y 值的均值 $E(y_t \mid x_t)$ 作为代表值或趋势值，从而可得到 y_t 倚 x_t 回归关系式：

$$\hat{y}_t = f(x_t) = E(y_t \mid x_t) \tag{3.3}$$

此式说明 y_t 与 x_t 的对应关系是就平均的意义下说的（Write the regression equation as $E(y_t \mid x_t) = \hat{\beta}_0 + \hat{\beta}_1 x_t$ to emphasize that the regression equation provides the mean value of y_t for a given value of x_t）。

在实际应用中，通常依据有关的专业理论知识和经验，或用观察数据作散点图，观察分布形状，确定变量之间变化的关系或类型。

按呈回归关系的变量的多少，回归方程可以分为一元回归方程和多元回归方程；按呈回归关系的变量是否线性，回归方程可以分为线性回归方程和非线性回归方程。

3.2 一元线性回归模型

一元线性回归模型，又称简单直线回归模型，它是指一个因变量只与一个自变量有依从关系，两变量间关系形态表现为直线趋势的模型。

一元线性回归模型：

$$y_t = \beta_0 + \beta_1 x_t + \varepsilon_t \quad (t = 1,2,3,\cdots,T-1,T) \tag{3.4}$$

则，回归直线为：

$$\mu_{y_t \mid x_t} = \hat{\beta}_0 + \hat{\beta}_1 x_t \tag{3.5}$$

式中：x_t 表示变量 x 的第 t 个观察值；

y_t 表示变量 y 的第 t 个观察值；

ε_t 表示第 t 个随机项；

$\mu_{y_t|x_t}$ 表示 y_t 的条件平均数；

β_0、β_1 表示回归参数。

β_0、β_1 的含义为：

β_0 为因变量的初始值，当 $x_t = 0$ 时，它是 y_t 的期望值，即是回归直线在 y 轴上的截距；

β_1 为 y_t 对 x_t 回归系数，它是度量当 x_t 变动一个单位时所引起 y_t 相应平均可能变化的单位量。

当 $\beta > 0$ 时，x_t 与 y_t 为正相关；

当 $\beta < 0$ 时，x_t 与 y_t 为负相关。

通常，x_t 与 y_t 的计量单位是不同的。

为了使利用样本推断总体成为可靠的估计，回归模型的建立必须基于如下基本假设：

[假设 1] x_t 是可控的非随机变量，当 x 取某一个 x_t 值时，相应 y 有许多 y_t 值与之对应，y_t 是随机变量，这些 y_t 构成一个在 x_t 条件下的条件分布，并假设其服从正态分布，且 $E(\varepsilon_t) = 0$（Expected value of zero of ε_t），则所有 y_t 的条件分布的平均值位于给定 x_t 值的回归线上，呈线性关系，如图 3-1 所示。

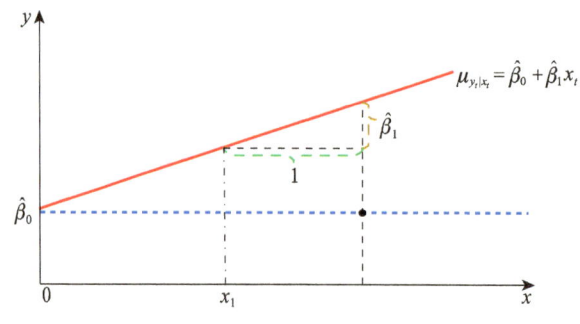

图 3-1 线性回归模型图

[假设 2] 在任意 x_t 值上，所有 y_t 的条件分布的方差是相等的，即具有同方差性（The variance of ε_t, denoted by $\sigma^2_{\varepsilon_t}$, is the same for all values of

x_t)。

$$\text{var}(\varepsilon_t) = \sigma^2 \ (t = 1,2,3,\cdots,T-1,T)\ (如图3-2所示)$$

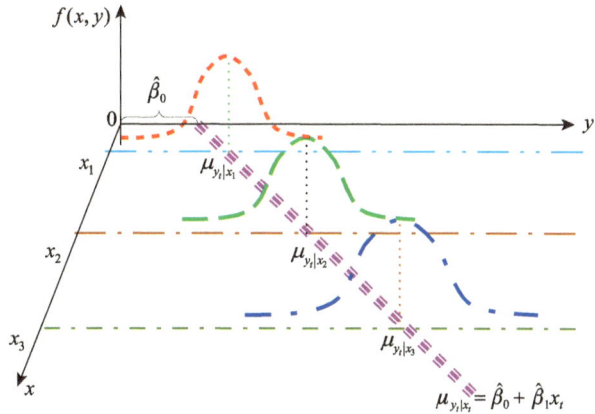

备注：对每一个 x 值，y 分布有同样形状（The y distributions have the same shape at each x value）。

图 3-2 回归模型假设图

Implication：The variance of y_t about the regression line equals σ^2 and is the same for all values of x_t.

e. g. 图 3-3 中，$\varepsilon_i = e_i = (e_{i1}, e_{i2}, \cdots, e_{iT})'$，$\varepsilon_j = e_j = (e_{j1}, e_{j2}, \cdots, e_{jT})'$，$\sigma^2_{\varepsilon_i} = \sigma^2_{\varepsilon_j}$，$(i,j = 1,2,\cdots,T; i \neq j)$ (3.6)

［假设3］随机扰动项 $\varepsilon_t\ [= y_t - (\hat{\beta}_0 + \hat{\beta}_1 x_t)]$ 是相互独立的，不存在序列相关，即 $\text{cov}(\varepsilon_i, \varepsilon_j) = 0$，$(i \neq j)$ (The values of ε are independent.)。

e. g. 图 3-3 中，$E(\varepsilon_i \varepsilon_j) = E(\varepsilon_i) E(\varepsilon_j)\ (i \neq j)$. (3.7)

［假设4］对多元线性回归模型，各自变量是相互独立的，不存在多重共线性，即 $\text{cov}(x_i, x_j) = 0$，$(i \neq j)$。

3.3 一元线性回归模型参数的最小二乘估计

3.3.1 最小二乘法的诠释

实际上,由于总体 x 和 y 的真值是不可能进行全面观察获得的,只能从全及总体中抽取部分资料作为样本,通过样本来推断总体,因此,根据样本的观察值资料拟合的回归模型是对总体模型的估计,如图3-3所示。

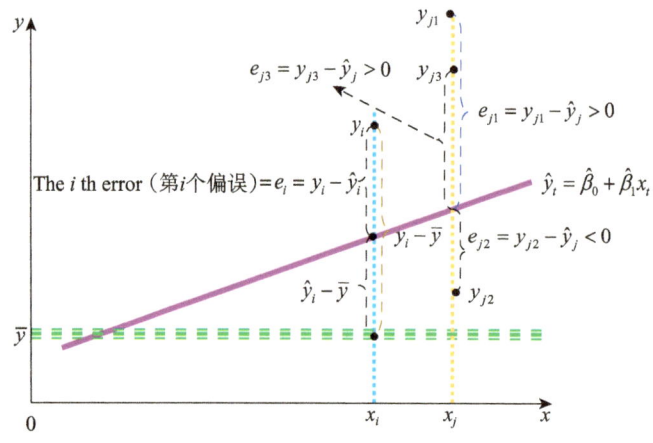

图3-3 观察值与理论值的偏差图

就样本回归线 $\hat{y}_t = \hat{\beta}_0 + \hat{\beta}_1 x_t$ 而言,每输入一个观察值 x_t,计算得到的回归值 $\hat{y}_t$ 往往不一定与实际观察值 y_t 相等,很可能会存在一定的偏差,即:

$$\hat{\varepsilon}_t = \hat{e}_t = y_t - \hat{y}_t \tag{3.8}$$

若要使样本回归线充分代表总体回归线,即 $\hat{\beta}_0$、$\hat{\beta}_1$ 成为总体参数最优估计量,则各个相关点与样本回归线应当是最接近的。换句话说,这样对散点趋势分布所拟合的回归线就会最优。显然,残差 $\hat{e}_t$ 的平方和刻划了全部观察值(相关点)与回归值的偏离程度。无论 $\hat{e}_t$ 是正偏离还是负偏离,

反正都是描绘理论值与实际值的偏差。若要反映总偏差，不能将 $\hat{e}_t$ 直接汇总，而首先应当把 $\hat{e}_t$ 变成非负的形式。要么变成 $|\hat{e}_t|$，要么变成 $\hat{e}_t^2$。前者不易代数运算（Not easy to algebra），故通常采用后者。$\sum \hat{e}_t^2 = \min$（最小值），就是最小二乘法的形式。

所谓最小二乘法（*Note*：Carl Friedrich Gauss (1777 – 1855) proposed the least squares method.），它是依据数学偏导数求极值的原理（Calculus - Based Derivation of Least Squares Formulas），拟合的最优趋势线必须满足以下两个条件：

第一，实际观察值 y_t 与回归方程推算的理论值 $\hat{y}_t$ 的离差之和为零，即

$$\sum_{t=1}^{T}(y_t - \hat{y}_t) = 0;$$

第二，实际观察值 y_t 与回归方程推算的理论值 $\hat{y}_t$ 的离差平方和为最小，即 $\sum(y_t - \hat{y}_t)^2 = \text{minimum}$。

3.3.2 最小二乘法估计参数的机理

实际值（y_t）与拟合值（$\hat{y}_t$）之间的偏误 $\hat{e}_t$：

$$\hat{\varepsilon}_t = \hat{e}_t = y_t - \hat{y}_t = y_t - \hat{\beta}_0 - \hat{\beta}_1 x_t \tag{3.9}$$

T 个观察值所引起的误差的总和组成总离差（Q），则

$$Q = \sum_{t=1}^{T} \hat{e}_t^2 = \sum_{t=1}^{T}(y_t - \hat{y}_t)^2 = \sum_{t=1}^{T}(y_t - \hat{\beta}_0 - \hat{\beta}_1 x_t)^2 = \min \tag{3.10}$$

对该式求关于 $\hat{\beta}_0$ 和 $\hat{\beta}_1$ 的一阶偏导数（Take the partial derivatives with respect to $\hat{\beta}_0$ and $\hat{\beta}_1$, set them equal to zero, and solve.）：

$$\begin{cases} \dfrac{\partial \left(\sum_{t=1}^{T} \hat{e}_t^2\right)}{\partial \hat{\beta}_0} = 2\sum_{t=1}^{T}(y_t - \hat{\beta}_0 - \hat{\beta}_1 x_t)(-1) = 0 \\ \dfrac{\partial \left(\sum_{t=1}^{T} \hat{e}_t^2\right)}{\partial \hat{\beta}_1} = 2\sum_{t=1}^{T}(y_t - \hat{\beta}_0 - \hat{\beta}_1 x_t)(-x_t) = 0 \end{cases} \tag{3.11}$$

该联立方程式（Simultaneous equations）经整理，得到以下规范（正规）方程组（Normal equations）或正规方程：

$$\begin{cases} \sum_{t=1}^{T}(y_t - \hat{\beta}_0 - \hat{\beta}_1 x_t) = 0 \\ \sum_{t=1}^{T}(y_t - \hat{\beta}_0 - \hat{\beta}_1 x_t)x_t = 0 \end{cases}$$

$$\begin{aligned}\sum_{t=1}^{T}(y_t - \hat{\beta}_0 - \hat{\beta}_1 x_t) &= \sum_{t=1}^{T} y_t - \sum_{t=1}^{T} \hat{\beta}_0 - \sum_{t=1}^{T} \hat{\beta}_1 x_t \\ &= \sum_{t=1}^{T} y_t - T\hat{\beta}_0 - \hat{\beta}_1 \sum_{t=1}^{T} x_t \\ &= 0\end{aligned}$$

在上式两边同时除以 T，得：

$$\hat{\beta}_0 = \frac{\sum_{t=1}^{T} y_t}{T} - \hat{\beta}_1 \frac{\sum_{t=1}^{T} x_t}{T} = \bar{y} - \hat{\beta}_1 \bar{x}$$

$$\begin{aligned}\sum_{t=1}^{T}(y_t - \hat{\beta}_0 - \hat{\beta}_1 x_t)x_t &= \sum_{t=1}^{T}[y_t - (\bar{y} - \hat{\beta}_1 \bar{x}) - \hat{\beta}_1 x_t]x_t \\ &= \sum_{t=1}^{T}[(y_t - \bar{y}) - \hat{\beta}_1(x_t - \bar{x})]x_t \\ &= \sum_{t=1}^{T}(y_t - \bar{y})x_t - \hat{\beta}_1 \sum_{t=1}^{T}(x_t - \bar{x})x_t \\ &= 0\end{aligned}$$

$$\hat{\beta}_1 = \frac{\sum_{t=1}^{T} x_t(y_t - \bar{y})}{\sum_{t=1}^{T}(x_t - \bar{x})x_t}$$

由于 $\dfrac{\sum_{t=1}^{T} y_t}{T} = \bar{y}$，$\sum_{t=1}^{T} y_t - T\bar{y} = 0$，

$\sum_{t=1}^{T} y_t - \sum_{t=1}^{T} \bar{y} = 0$，$\sum_{t=1}^{T}(y_t - \bar{y}) = 0$

所以 $\sum_{t=1}^{T} \bar{x}(y_t - \bar{y}) = 0$

同理：

通过 $\dfrac{\sum_{t=1}^{T} x_t}{T} = \bar{x}$,得到 $\sum_{t=1}^{T} \bar{x}(x_t - \bar{x}) = 0$

$$\hat{\beta}_1 = \dfrac{\sum_{t=1}^{T} x_t(y_t - \bar{y}) - 0}{\sum_{t=1}^{T} (x_t - \bar{x}) x_t - 0}$$

$$= \dfrac{\sum_{t=1}^{T} x_t(y_t - \bar{y}) - \sum_{t=1}^{T} \bar{x}(y_t - \bar{y})}{\sum_{t=1}^{T} (x_t - \bar{x}) x_t - \sum_{t=1}^{T} \bar{x}(x_t - \bar{x})}$$

$$= \dfrac{\sum_{t=1}^{T} (x_t - \bar{x})(y_t - \bar{y})}{\sum_{t=1}^{T} (x_t - \bar{x})^2} \tag{3.12}$$

3.3.3 回归系数计算公式的衍生形式

$$\hat{\beta}_1 = r \cdot \dfrac{\sigma_{y_t}}{\sigma_{x_t}} \tag{3.13}$$

[证] $r = \dfrac{T\sum_{t=1}^{T} x_t y_t - \left(\sum_{t=1}^{T} x_t\right)\left(\sum_{t=1}^{T} y_t\right)}{\sqrt{T\sum_{t=1}^{T} x_t^2 - \left(\sum_{t=1}^{T} x_t\right)^2} \sqrt{T\sum_{t=1}^{T} y_t^2 - \left(\sum_{t=1}^{T} y_t\right)^2}}$

$= \dfrac{T\sum_{t=1}^{T} x_t y_t - \left(\sum_{t=1}^{T} x_t\right)\left(\sum_{t=1}^{T} y_t\right)}{T\sum_{t=1}^{T} x_t^2 - \left(\sum_{t=1}^{T} x_t\right)^2} \cdot \dfrac{\sqrt{T\sum_{t=1}^{T} x_t^2 - \left(\sum_{t=1}^{T} x_t\right)^2}}{\sqrt{T\sum_{t=1}^{T} y_t^2 - \left(\sum_{t=1}^{T} y_t\right)^2}}$

$= \dfrac{T\sum_{t=1}^{T} x_t y_t - \left(\sum_{t=1}^{T} x_t\right)\left(\sum_{t=1}^{T} y_t\right)}{T\sum_{t=1}^{T} x_t^2 - \left(\sum_{t=1}^{T} x_t\right)^2} \cdot \dfrac{T\sqrt{\dfrac{\sum_{t=1}^{T} x_t^2}{T} - \left(\dfrac{\sum_{t=1}^{T} x_t}{T}\right)^2}}{T\sqrt{\dfrac{\sum_{t=1}^{T} y_t^2}{T} - \left(\dfrac{\sum_{t=1}^{T} y_t}{T}\right)^2}}$

$$= \hat{\beta}_1 \cdot \frac{\sigma_{x_t}}{\sigma_{y_t}}$$

即 $\hat{\beta}_1 = r \cdot \dfrac{\sigma_{y_t}}{\sigma_{x_t}}$

以矩阵表示参数表达式：

$$\begin{cases} \hat{\beta}_0 T + \hat{\beta}_1 \sum_{t=1}^{T} x_t = \sum_{t=1}^{T} y_t \\ \hat{\beta}_0 \sum_{t=1}^{T} x_t + \hat{\beta}_1 \sum_{t=1}^{T} x_t^2 = \sum_{t=1}^{T} x_t y_t \end{cases} \tag{3.14}$$

$$\begin{bmatrix} T & \sum_{t=1}^{T} x_t \\ \sum_{t=1}^{T} x_t & \sum_{t=1}^{T} x_t^2 \end{bmatrix} \begin{bmatrix} \hat{\beta}_0 \\ \hat{\beta}_1 \end{bmatrix} = \begin{bmatrix} \sum_{t=1}^{T} y_t \\ \sum_{t=1}^{T} x_t y_t \end{bmatrix}$$

$$\begin{bmatrix} \hat{\beta}_0 \\ \hat{\beta}_1 \end{bmatrix} = \begin{bmatrix} T & \sum_{t=1}^{T} x_t \\ \sum_{t=1}^{T} x_t & \sum_{t=1}^{T} x_t^2 \end{bmatrix}^{-1} \begin{bmatrix} \sum_{t=1}^{T} y_t \\ \sum_{t=1}^{T} x_t y_t \end{bmatrix}$$

$$= \left\{ \begin{bmatrix} (-1)^{1+1} \sum_{t=1}^{T} x_t^2 & (-1)^{1+2} \sum_{t=1}^{T} x_t \\ (-1)^{2+1} \sum_{t=1}^{T} x_t & (-1)^{2+2} T \end{bmatrix} \middle/ \begin{vmatrix} T & \sum_{t=1}^{T} x_t \\ \sum_{t=1}^{T} x_t & \sum_{t=1}^{T} x_t^2 \end{vmatrix} \right\} \begin{bmatrix} \sum_{t=1}^{T} y_t \\ \sum_{t=1}^{T} x_t y_t \end{bmatrix}$$

$$= \frac{1}{T \sum_{t=1}^{T} x_t^2 - \left(\sum_{t=1}^{T} x_t \right)^2} \begin{bmatrix} \sum_{t=1}^{T} x_t^2 & -\sum_{t=1}^{T} x_t \\ -\sum_{t=1}^{T} x_t & T \end{bmatrix} \begin{bmatrix} \sum_{t=1}^{T} y_t \\ \sum_{t=1}^{T} x_t y_t \end{bmatrix} \tag{3.15}$$

3.4 回归分析中的显著性检验

3.4.1 回归系数的显著性检验

变量 x 与 y 之间存在线性关系的主要标志是 y 会随着 x 的变化而变化，而两变量是否会依存变化，这可以由回归系数 β 来反映。

可以证得样本回归参数 $\hat{\beta}_0$、$\hat{\beta}_1$ 为总体回归参数的线性无偏估计量。由此推知，样本回归系数 $\hat{\beta}_1$ 是否与 0 有显著差异，也就说明了总体回归系数是否为 0。

若总体回归系数为 0，则表明总体回归直线是一条水平线，x 与 y 之间无线性关系，这样就违背了一元线性回归模型的基本假设；

若总体回归系数不为 0，则表明总体回归直线不是一条水平线，x 与 y 之间有线性关系，这样就符合了一元线性回归模型的基本假设。

回归系数的检验步骤：

第一步：提出假设：

H_0：总体回归系数为 0 H_1：总体回归系数不为 0

零假设 H_0 表明样本是从一个没有线性关系的总体中抽取的；
备择假设 H_1 表明样本是从一个有线性关系的总体中抽取的。

第二步：选择统计量：

$$t_{\hat{\beta}_1} = \frac{\hat{\beta}_1 - 总体回归系数}{S_{\hat{\beta}_1}} \tag{3.16}$$

式中：$t_{\hat{\beta}_1}$ 表示回归系数 $\hat{\beta}_1$ 的临界值。

上式是以总体回归系数为中心，总体回归系数为 0。

回归系数 $\hat{\beta}_1$ 的标准差：

$$S_{\hat{\beta}_1} = \frac{S_{y_t|x_t}}{\sqrt{\sum_{t=1}^{T}(x_t - \bar{x})^2}} \tag{3.17}$$

回归估计标准误差：

$$S_{y_t|x_t} = \sqrt{\frac{\sum_{t=1}^{T}(y_t - \bar{y})^2}{T-2}}$$

$$= \sqrt{\frac{\sum_{t=1}^{T} y_t^2 - \hat{\beta}_0 \sum_{t=1}^{T} y_t - \hat{\beta}_1 \sum_{t=1}^{T} x_t y_t}{T-2}} \quad (3.18)$$

由于回归直线是固定的，它具有两个约束条件：

$$\hat{\beta}_0 T + \hat{\beta}_1 \sum_{t=1}^{T} x_t = \sum_{t=1}^{T} y_t$$

$$\hat{\beta}_0 \sum_{t=1}^{T} x_t + \hat{\beta}_1 \sum_{t=1}^{T} x_t^2 = \sum_{t=1}^{T} x_t y_t$$

因此要减去两个自由度，计算 $S_{y_t|x_t}$ 的公式分母是 $d_f = T - 2$。

为此，统计量 $t_{\hat{\beta}_1}$ 可以改写为：

$$t_{\hat{\beta}_1} = \frac{\hat{\beta}_1 - 0}{\dfrac{S_{y_t|x_t}}{\sqrt{\sum_{t=1}^{T}(x_t - \bar{x})^2}}}$$

第三步：导出决定规则：

通常选择显著性水平 $\alpha = 0.05$。

由于备择假设 H_1：总体回归系数不为 0，而总体回归系数可以大于 0，也可以小于 0，所以须采用双尾检验。

查 t 分布表，得到相应的临界值 $t_{\alpha/2}(T-2)$。

若 $|t_{\hat{\beta}_1}| \leq t_{\alpha/2}(T-2)$，则经过从总体中抽样得到的样本回归系数 $\hat{\beta}_1 = 0$ 的可能性大于 α（=5%），此时应该接受原假设 H_0；

若 $|t_b| > t_{\alpha/2}(n-2)$，则样本回归系数 $\hat{\beta}_1 = 0$ 的可能性小于 α（=5%），此时应拒绝原假设 H_0，否定 H_0：总体回归系数为 0，从而得出变量 x_t 与 y_t 之间存在线性关系。

比如：根据第 2 章表 2-3 数据计算回归系数，$\hat{\beta}_1 = 0.973$，试检验拟合的线性回归方程是否显著。

$$S_{y_t|x_t} = \sqrt{\frac{\sum_{t=1}^{T}(y_t - \overline{y})^2}{T-2}}$$

$$= \sqrt{\frac{\sum_{t=1}^{T} y_t^2 - \hat{\beta}_0 \sum_{t=1}^{T} y_t - \hat{\beta}_1 \sum_{t=1}^{T} x_t y_t}{T-2}}$$

$$= \sqrt{\frac{66940 - 3.349 \times 808 - 0.973 \times 65784}{10 - 2}}$$

$$= 5.317$$

$$\sum_{t=1}^{T}(x_t - \overline{x})^2 = \sum_{t=1}^{T} x_t^2 - \frac{\left(\sum_{t=1}^{T} x_t\right)^2}{T}$$

$$= 64870 - \frac{796^2}{10}$$

$$= 1508.4$$

$$d_f = T - 2 = 10 - 2 = 8$$

由于 $T = 10 < 30$,所以对回归系数 $\hat{\beta}_1$ 的假设检验应选择 t 检验。

第一步:提出假设:

H_0:总体回归系数为 0 H_1:总体回归系数不为 0

第二步:选择统计量:

$$t_{\hat{\beta}_1} = \frac{\hat{\beta}_1 - 总体回归系数}{S_{\hat{\beta}_1}}$$

$$= \frac{\hat{\beta}_1 - 0}{\frac{S_{y_t|x_t}}{\sqrt{\sum_{t=1}^{T}(x_t - \overline{x})^2}}}$$

$$= \frac{0.973}{\frac{5.317}{\sqrt{1508.4}}}$$

$$= 7.107$$

第三步:导出决定规则:

选择显著性水平 $\alpha = 0.05$,

$$t_{\alpha/2}(T-2) = t_{0.05/2}(10-2) = t_{0.025}(8) = 2.306$$

由于 $t_{\hat{\beta}_1} > t_{\alpha/2}(T-2)$，表明回归系数 $\hat{\beta}_1$ 的 t 值大于5%显著性水平上的临界值，因而拒绝零假设 H_0。从样本资料检验到样本回归系数 $\hat{\beta}_1$ 是显著的，从而推知，变量 x 与 y 之间存在线性关系，所以表明高等数学成绩与统计学成绩之间确实存在线性关系，高等数学成绩是影响统计学成绩的显著因素。

3.4.2 拟合优度的检验（Goodness – of – Fit Test）

拟合优度是指依据给定的样本各个观察值 x 与相应观察值 y 之间数量关系的变化趋势所拟合的回归直线的优良程度。

若各相关点紧密分布于回归直线周围，说明直线对这两变量的数量变化关系描述得越好，即回归直线对样本数据点的拟合优度越高。

拟合优度的检验有如下两种方法：

1. 残差图法（Residual plots method）

如果回归直线对相关点的分布趋势拟合优良，那么残差的绝对数值就比较小，所描绘的点会在 $e_t = 0$ 的水平线的上下随机分布，$e_t \sim N(0, \sigma^2)$。

如果回归直线对相关点的分布走势拟合失真（或有一定偏差），那么残差的绝对数值就会比较大，所描绘的点不会在 $e_t = 0$ 的水平线的上下随机分布，而会出现逐渐递增或逐渐递减的系统变动趋势。

2. 可决系数法

可决系数（Coefficient of determination）是总离差平方和中有多大的比例可以用回归直线来解释，反映了回归方程对各实际样本观察值分布走势的拟合优度。

回归分析中定义样本的可决系数为 R^2，其公式形式为：

$$R^2 = \frac{\sum_{t=1}^{T}(\hat{y}_t - \bar{y})^2}{\sum_{t=1}^{T}(y_t - \bar{y})^2} \tag{3.19}$$

式中：子项（Numerator）和母项（Denominator）表示的含义如图3-4所示。

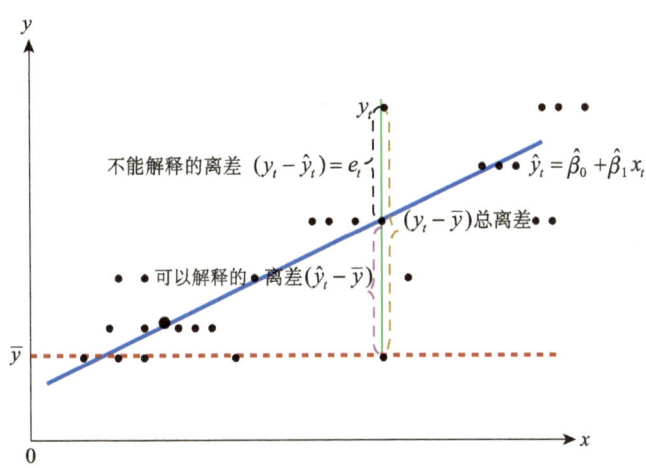

图3-4 离差分解图

下面对可决系数公式进行推导。

从图3-4中可以看出相关点的离差有三种表现：

第一，总离差（total sum of squares）。它是每个观察值 y_t 与各观察值的均值 $\bar{y}$ 的离差，即 $y_t - \bar{y}$。

总离差平方和（Total Sum of Squares）：

$$SST = \sum_{t=1}^{T}(y_t - \bar{y})^2 \qquad (3.20)$$

总离差平方和反映了因变量 y_t 的 T 个观察值的离散程度。

第二，回归离差，又称可用回归直线解释的离差（Explained deviation）。它是每个回归值 $\hat{y}_t$ 与各观察值的均值 $\bar{y}$ 的离差，即 $\hat{y}_t - \bar{y}$。

可以解释的离差平方和（Sum of Squares due to Regression）（SSR can be thought of as the explained portion of SST）：

$$SSR = \sum_{t=1}^{T}(\hat{y}_t - \bar{y})^2 \qquad (3.21)$$

可以解释的离差平方和反映了在 y_t 的总变差中因 x_t 与 y_t 之间的线性回归关系而引起的 y_t 的变化部分。

第三，剩余离差，又称不能用回归直线解释的离差（Unexplained deviation），或称随机（因素）离差、残差。它是每个观察值 y_t 与相应的回归值 $\hat{y}_t$ 的离差，即 $y_t - \hat{y}_t$。

不能解释的离差平方和（Sum of Squares due to Error）（SSE can be thought of as the unexplained portion of SST.）:

$$SSE = \sum_{t=1}^{T} (y_t - \hat{y}_t)^2 \qquad (3.22)$$

不能解释的离差平方和反映了除 x_t 对 y_t 的线性回归关系影响之外的其他随机因素对 y_t 的总变差的影响部分。由于随机因素的干扰，往往理论值与实际值会不等，二者的差值即为随机离差。

图 3-4 中反映出：

总离差 $(y_t - \bar{y})$ = 回归离差 $(\hat{y}_t - \bar{y})$ + 剩余离差 $(y_t - \hat{y}_t)$，$(t = 1,2,3,\cdots,T-1,T)$

剩余离差就是总离差减去回归离差后剩下的离差而得名。

对上式两边平方，再对两边求和，得：

$$\sum_{t=1}^{T}(y_t - \bar{y})^2 = \sum_{t=1}^{T}(\hat{y}_t - \bar{y})^2 + \sum_{t=1}^{T}(y_t - \hat{y}_t)^2 + 2\sum_{t=1}^{T}(\hat{y}_t - \bar{y})(y_t - \hat{y}_t)$$

$$(3.23)$$

式中：$\sum_{t=1}^{T}(\hat{y}_t - \bar{y})(y_t - \hat{y}_t) = 0$，该式有两种证明方法，各证法使用了不同的前提条件，不妨以下给予分别介绍。

[证法一] $\because \hat{y}_t = \hat{\beta}_0 + \hat{\beta}_1 x_t$

$$\hat{\beta}_0 = \bar{y} - \hat{\beta}_1 \bar{x}$$

$$\hat{\beta}_1 = \frac{\sum_{t=1}^{T}(x_t - \bar{x})(y_t - \bar{y})}{\sum_{t=1}^{T}(x_t - \bar{x})^2}$$

$$\therefore \sum_{t=1}^{T}(\hat{y}_t - \bar{y})(y_t - \hat{y}_t)$$

$$= \sum_{t=1}^{T}(\hat{\beta}_0 + \hat{\beta}_1 x_t - \bar{y})(y_t - \hat{\beta}_0 - \hat{\beta}_1 x_t)$$

$$= \sum_{t=1}^{T}[(\bar{y} - \hat{\beta}_1\bar{x}) + \hat{\beta}_1 x_t - \bar{y}][y_t - (\bar{y} - \hat{\beta}_1\bar{x}) - \hat{\beta}_1 x_t]$$

$$= \sum_{t=1}^{T} \hat{\beta}_1 (x_t - \bar{x})[(y_t - \bar{y}) - \hat{\beta}_1 (x_t - \bar{x})]$$

$$= \hat{\beta}_1 \sum_{t=1}^{T} (x_t - \bar{x})(y_t - \bar{y}) - \hat{\beta}_1^2 \sum_{t=1}^{T} (x_t - \bar{x})^2$$

$$= \hat{\beta}_1 [\hat{\beta}_1 \sum_{t=1}^{T} (x_t - \bar{x})^2] - \hat{\beta}_1^2 \sum_{t=1}^{T} (x_t - \bar{x})^2$$

$$= 0$$

[证法二] $\because \hat{e}_t = y_t - \hat{y}_t = y_t - \hat{\beta}_0 - \hat{\beta}_1 x_t$

$$\therefore E(\hat{e}_t) = \frac{1}{T} \sum_{t=1}^{T} \hat{e}_t = 0$$

$$\sum_{t=1}^{T} \hat{e}_t = 0$$

又 $\because \sum_{t=1}^{T} x_t \hat{e}_t = 0$

当由最小二乘法估计参数时，有

$$\frac{\partial (\sum_{t=1}^{T} \hat{e}_t^2)}{\partial \hat{\beta}_1} = 2 \sum_{t=1}^{T} (y_t - \hat{\beta}_0 - \hat{\beta}_1 x_t)(-x_t) = 0$$

$$\therefore \sum_{t=1}^{T} (y_t - \hat{\beta}_0 - \hat{\beta}_1 x_t) x_t = 0$$

因而，$\sum_{t=1}^{T} (\hat{y}_t - \bar{y})(y_t - \hat{y}_t)$

$$= \sum_{t=1}^{T} (\hat{y}_t - \bar{y}) \hat{e}_t$$

$$= \sum_{t=1}^{T} (\hat{\beta}_0 + \hat{\beta}_1 x_t - \bar{y}) \hat{e}_t$$

$$= \hat{\beta}_0 \sum_{t=1}^{T} \hat{e}_t + \hat{\beta}_1 \sum_{t=1}^{T} x_t \hat{e}_t - \bar{y} \sum_{t=1}^{T} \hat{e}_t$$

$$= \hat{\beta}_0 \times 0 + \hat{\beta}_1 \times 0 - \bar{y} \times 0$$

$$= 0$$

由此可得：

$$\sum_{t=1}^{T} (y_t - \bar{y})^2 = \sum_{t=1}^{T} (\hat{y}_t - \bar{y})^2 + \sum_{t=1}^{T} (y_t - \hat{y}_t)^2$$

总离差平方和（SST）= 回归离差平方和（SSR）+ 剩余离差平方和（SSE）

对上式两边同时除以 $\sum_{t=1}^{T}(y_t-\bar{y})^2$，得

$$1 = \frac{\sum_{t=1}^{T}(\hat{y}_t-\bar{y})^2}{\sum_{t=1}^{T}(y_t-\bar{y})^2} + \frac{\sum_{t=1}^{T}(y_t-\hat{y}_t)^2}{\sum_{t=1}^{T}(y_t-\bar{y})^2}$$

$$\frac{\sum_{t=1}^{T}(\hat{y}_t-\bar{y})^2}{\sum_{t=1}^{T}(y_t-\bar{y})^2} = 1 - \frac{\sum_{t=1}^{T}(y_t-\hat{y}_t)^2}{\sum_{t=1}^{T}(y_t-\bar{y})^2}$$

在回归分析中，通常自变量称作解释变量，因变量称作被解释变量，因变量变动可以由自变量来解释，假如可被解释所占的比例越大，则可以认为拟合的回归方程越优。可决系数就是被定义为计量回归方程可以解释程度的指标。

为此，有

$$R^2 = \frac{\sum_{t=1}^{T}(\hat{y}_t-\bar{y})^2}{\sum_{t=1}^{T}(y_t-\bar{y})^2} = 1 - \frac{\sum_{t=1}^{T}(y_t-\hat{y}_t)^2}{\sum_{t=1}^{T}(y_t-\bar{y})^2} \quad (3.24)$$

或

$$R^2 = \frac{SSR}{SST} = 1 - \frac{SSE}{SST} \quad (3.25)$$

若因变量 y 的所有观察值 y_t 都落在回归直线上，则剩余离差为 0，因而 $R^2 = 1$；

若自变量 x 与因变量 y 之间完全不存在线性相关，则 x 完全不能解释 y 的变差，从而 $\sum_{t=1}^{T}\hat{e}_t^2 = \sum_{t=1}^{T}(y_t-\hat{y}_t)^2 = \sum_{t=1}^{T}(y_t-\bar{y})^2$，因此 $R^2 = 0$。

由此可知，$R^2 \in [0,1]$。R^2 越接近于 1，表明各观察点越接近回归直线，用 x 的变化来解释 y 的变差的部分就越多，回归直线的拟合优度就越高。因为 $R^2 \leq R$，所以，在一定程度上说明可决系数比相关系数来反映回归线的拟合效果更为稳妥可靠。

通过可决系数开平方根可求相关系数，$R = \pm \sqrt{\dfrac{\sum_{t=1}^{T}(\hat{y}_t - \overline{y})^2}{\sum_{t=1}^{T}(y_t - \overline{y})^2}}$，$R$ 的正负号的选择应与回归系数 $\hat{\beta}_1$ 的符号一致。

为了计算方便，可以将可决系数子项和母项展开，即

$$R^2 = \frac{\hat{\beta}_0 \sum_{t=1}^{T} y_t + \hat{\beta}_1 \sum_{t=1}^{T} x_t y_t - T\overline{y}^2}{\sum_{t=1}^{T} y_t^2 - T\overline{y}^2} \tag{3.26}$$

不过，在小样本的条件下，可决系数 R^2 会夸大在 y 的总变差中自于回归关系产生的变差所占的比例，为此，通常采用剩余离差和总离差分别除以相应的自由度的形式来给予修正，则修正可决系数 $\overline{R}^2$ 的公式为：

$$\overline{R}^2 = 1 - \frac{\sum_{t=1}^{T}(y_t - \hat{y}_t)^2 / (T - 2)}{\sum_{t=1}^{T}(y_t - \overline{y})^2 / (T - 1)}$$

$$= 1 - (1 - R^2)\frac{T - 1}{T - 2} \tag{3.27}$$

式中：T 表示样本容量，即 x_t 和 y_t 成对出现的数据的数目。

剩余平方和 $\sum_{t=1}^{T}(y_t - \hat{y}_t)^2 = \sum_{t=1}^{T}(y_t - \hat{\beta}_0 - \hat{\beta}_1 x_t)^2$，其中，待估参数 $\hat{\beta}_0$、$\hat{\beta}_1$ 是由正规方程组构成的两个约束条件联立解出的，因而失去了两个自由度，因此，SSE 的自由度 $d_f = T - 2$；

回归平方和 $\sum_{t=1}^{T}(\hat{y}_t - \overline{y})^2$ 是对一个自变量的回归方程而言的，因而 SSR 的自由度 $d_f = 1$（只有一个 x 自由取值，因而，统计量或指标 SSR 的自由度为 1）；

因而总离差平方和 $\sum_{t=1}^{T}(y_t - \overline{y})^2$ 便消失了一个自由度，即

SST 的自由度 $d_f = SSE$ 的自由度 $(T - 2) + SSR$ 的自由度 1

$= T - 1$

比如：根据第 2 章表 2-3 数据，拟合方程为：$\hat{y}_t = 3.349 + 0.973 x_t$，

试求高等数学成绩对统计学成绩回归的可决系数。

$$R^2 = \frac{\sum_{t=1}^{T}(\hat{y}_t - \bar{y})^2}{\sum_{t=1}^{T}(y_t - \bar{y})^2} = \frac{\hat{\beta}_0 \sum_{t=1}^{T} y_t + \hat{\beta}_1 \sum_{t=1}^{T} x_t y_t - T\bar{y}^2}{\sum_{t=1}^{T} y_t^2 - T\bar{y}^2}$$

$$= \frac{3.349 \times 808 + 0.973 \times 65784 - 10\left(\frac{808}{10}\right)^2}{66940 - 10 \times \left(\frac{808}{10}\right)^2}$$

$$= 0.8632$$

因此,可以说在统计学成绩变差中有 86.32% 能够用高等数学成绩与统计学成绩之间的回归关系来解释。换而言之,还有 13.68% 是由于同学学习努力等个体差异的随机因素影响的。

3.5 估计标准误差

估计标准误差,又称剩余标准差或回归标准差,它是指样本各数据点 y 的观察值与相应回归直线的回归值的离差的平均数,说明了各观察值与估计值之间的平均离散程度,反映回归直线代表性高低的统计测度指标。其计算公式为:

$$S_{y_t} = \sqrt{\frac{\sum_{t=1}^{T} \hat{e}_t^2}{T-2}} = \sqrt{\frac{\sum_{t=1}^{T}(y_t - \hat{y}_t)^2}{T-2}} \tag{3.28}$$

若估计标准误差越小,则样本变量 y 的所有观察点越接近回归直线,从而说明变量 x 与 y 之间的线性回归关系越密切;若估计标准误越大,则样本变量 y 的所有观察点越远离回归直线,从而说明变量 x 与 y 之间的线性回归关系越不密切。

另外,估计标准误差还有如下的衍生形式:

(1)子项展开的未分组的形式

$$S_{y_t} = \sqrt{\frac{\sum_{t=1}^{T} y_t^2 - \hat{\beta}_0 \sum_{t=1}^{T} y_t - \hat{\beta}_1 \sum_{t=1}^{T} x_t y_t}{T-2}} \tag{3.29}$$

(2) 子项展开的分组的形式

$$S_{y_t} = \sqrt{\frac{\sum_{t=1}^{T} y_t^2 f_t - \hat{\beta}_0 \sum_{t=1}^{T} y_t f_t - \hat{\beta}_1 \sum_{t=1}^{T} x_t y_t f_t}{\sum_{t=1}^{T} f_t - 2}} \quad (3.30)$$

(3) 总体资料估计总体回归模型的估计标准误差的形式

$$S_{y_t} = \sqrt{\frac{\sum_{t=1}^{T}(y_t - \hat{y}_t)^2}{T}} \quad (3.31)$$

(4) 由可决系数导出的估计标准误差的形式

$$S_{y_t} = \sigma_{y_t}\sqrt{1 - R^2} \quad (3.32)$$

式中：σ_{y_t} 表示样本因变量 y_t 的标准差，其计算公式为：

$$\sigma_{y_t} = \sqrt{\frac{\sum_{t=1}^{T}(y_t - \bar{y})^2}{T - 1}} \quad (3.33)$$

因为修正可决系数为：

$$\overline{R}^2 = 1 - \frac{\sum_{t=1}^{T}(y_t - \hat{y}_t)^2/(T-2)}{\sum_{t=1}^{T}(y_t - \bar{y})^2/(T-1)}$$

则

$$R^2 = 1 - \frac{S_{y_t}^2}{\sigma_{y_t}^2}$$

因此，

$$S_{y_t} = \sigma_{y_t}\sqrt{1 - R^2} \quad (3.34)$$

比如：根据第 2 章表 2-3 数据，拟合方程为：$\hat{y}_t = 3.349 + 0.973x_t$，试求 y 对 x 的最小二乘回归的估计标准误差。

$$S_{y_t} = \sqrt{\frac{\sum_{t=1}^{T} y_t^2 - \hat{\beta}_0 \sum_{t=1}^{T} y_t - \hat{\beta}_1 \sum_{t=1}^{T} x_t y_t}{T - 2}}$$

$$= \sqrt{\frac{66940 - 3.349 \times 808 - 0.937 \times 65784}{10 - 2}}$$

$$= 5.317（分）$$

这说明统计学成绩的实际值与估计值的平均误差为 5.317 分。

3.6 估计标准误差公式证明

试证：$S_{y_t} = \sqrt{\dfrac{\sum\limits_{t=1}^{T} \hat{e}_t^2}{T-2}} = \sqrt{\dfrac{\sum\limits_{t=1}^{T} (y_t - \hat{y}_t)^2}{T-2}} = \sqrt{\dfrac{\sum\limits_{t=1}^{T} y_t^2 - \hat{\beta}_0 \sum\limits_{t=1}^{T} y_t - \hat{\beta}_1 \sum\limits_{t=1}^{T} x_t y_t}{T-2}}$

证明：$\hat{y}_t = \hat{\beta}_0 + \hat{\beta}_1 x_t$

$$\begin{aligned}
\sum_{t=1}^{T} (y_t - \hat{y}_t)^2 &= \sum_{t=1}^{T} (y_t - \hat{\beta}_0 - \hat{\beta}_1 x_t)^2 \\
&= \sum_{t=1}^{T} (y_t - \hat{\beta}_0 - \hat{\beta}_1 x_t)(y_t - \hat{\beta}_0 - \hat{\beta}_1 x_t) \\
&= \sum_{t=1}^{T} y_t^2 - \hat{\beta}_0 \sum_{t=1}^{T} y_t - \hat{\beta}_1 \sum_{t=1}^{T} x_t y_t - \hat{\beta}_0 \sum_{t=1}^{T} y_t + T\hat{\beta}_0^2 \\
&\quad + \hat{\beta}_0 \hat{\beta}_1 \sum_{t=1}^{T} x_t - \hat{\beta}_1 \sum_{t=1}^{T} x_t y_t + \hat{\beta}_0 \hat{\beta}_1 \sum_{t=1}^{T} x_t + \hat{\beta}_1^2 \sum_{t=1}^{T} x_t^2 \\
&= \sum_{t=1}^{T} y_t^2 - 2\hat{\beta}_0 \sum_{t=1}^{T} y_t - 2\hat{\beta}_1 \sum_{t=1}^{T} x_t y_t + 2\hat{\beta}_0 \hat{\beta}_1 \sum_{t=1}^{T} x_t + T\hat{\beta}_0^2 + \\
&\quad \hat{\beta}_1^2 \sum_{t=1}^{T} x_t^2
\end{aligned} \tag{3.35}$$

实际值（y_t）与拟合值（$\hat{y}_t$）之间的偏误 $\hat{e}_t$：

$$\hat{\varepsilon}_t = \hat{e}_t = y_t - \hat{y}_t = y_t - \hat{\beta}_0 - \hat{\beta}_1 x_t \tag{3.36}$$

T 个观察值所引起的误差的总和组成总离差（Q），则

$$Q = \sum_{t=1}^{T} \hat{e}_t^2 = \sum_{t=1}^{T} (y_t - \hat{y}_t)^2 = \sum_{t=1}^{T} (y_t - \hat{\beta}_0 - \hat{\beta}_1 x_t)^2 = \min \tag{3.37}$$

对该式求关于 $\hat{\beta}_0$ 和 $\hat{\beta}_1$ 的一阶偏导数：

$$\begin{cases} \dfrac{\partial \left(\sum\limits_{t=1}^{T} \hat{e}_t^2 \right)}{\partial \hat{\beta}_0} = 2\sum\limits_{t=1}^{T}(y_t - \hat{\beta}_0 - \hat{\beta}_1 x_t)(-1) = 0 \\ \dfrac{\partial \left(\sum\limits_{t=1}^{T} \hat{e}_t^2 \right)}{\partial \hat{\beta}_1} = 2\sum\limits_{t=1}^{T}(y_t - \hat{\beta}_0 - \hat{\beta}_1 x_t)(-x_t) = 0 \end{cases} \quad (3.38)$$

该联立方程式（Simultaneous equations）经整理，得到以下规范（正规）方程组（Normal equations）或正规方程：

$$\begin{cases} \sum\limits_{t=1}^{T}(y_t - \hat{\beta}_0 - \hat{\beta}_1 x_t) = 0 \\ \sum\limits_{t=1}^{T}(y_t - \hat{\beta}_0 - \hat{\beta}_1 x_t)x_t = 0 \end{cases} \quad (3.39)$$

$$\begin{cases} \sum\limits_{t=1}^{T} y_t - T\hat{\beta}_0 - \hat{\beta}_1 \sum\limits_{t=1}^{T} x_t = 0 \\ \sum\limits_{t=1}^{T} x_t y_t - \hat{\beta}_0 \sum\limits_{t=1}^{T} x_t - \hat{\beta}_1 \sum\limits_{t=1}^{T} x_t^2 = 0 \end{cases} \quad (3.40)$$

在 $\sum\limits_{t=1}^{T} y_t - T\hat{\beta}_0 - \hat{\beta}_1 \sum\limits_{t=1}^{T} x_t = 0$ 两边同时乘以 $\hat{\beta}_0$，得到

$$\hat{\beta}_0 \sum\limits_{t=1}^{T} y_t = T\hat{\beta}_0^2 + \hat{\beta}_0 \hat{\beta}_1 \sum\limits_{t=1}^{T} x_t \quad (3.41)$$

于是 $\quad T\hat{\beta}_0^2 = \hat{\beta}_0 \sum\limits_{t=1}^{T} y_t - \hat{\beta}_0 \hat{\beta}_1 \sum\limits_{t=1}^{T} x_t \quad (3.42)$

因为 $\quad \sum\limits_{t=1}^{T} x_t y_t - \hat{\beta}_0 \sum\limits_{t=1}^{T} x_t - \hat{\beta}_1 \sum\limits_{t=1}^{T} x_t^2 = 0 \quad (3.43)$

所以 $\quad \sum\limits_{t=1}^{T} x_t y_t = \hat{\beta}_0 \sum\limits_{t=1}^{T} x_t + \hat{\beta}_1 \sum\limits_{t=1}^{T} x_t^2 \quad (3.44)$

对上式两边同时乘以 $\hat{\beta}_1$，得到

$$\hat{\beta}_1 \sum\limits_{t=1}^{T} x_t y_t = \hat{\beta}_0 \hat{\beta}_1 \sum\limits_{t=1}^{T} x_t + \hat{\beta}_1^2 \sum\limits_{t=1}^{T} x_t^2 \quad (3.45)$$

于是 $\hat{\beta}_1^2 \sum\limits_{t=1}^{T} x_t^2 = \hat{\beta}_1 \sum\limits_{t=1}^{T} x_t y_t - \hat{\beta}_0 \hat{\beta}_1 \sum\limits_{t=1}^{T} x_t \quad (3.46)$

因而，将 $T\hat{\beta}_0^2 = \hat{\beta}_0 \sum_{t=1}^{T} y_t - \hat{\beta}_0\hat{\beta}_1 \sum_{t=1}^{T} x_t$ 和 $\hat{\beta}_1^2 \sum_{t=1}^{T} x_t^2 = \hat{\beta}_1 \sum_{t=1}^{T} x_t y_t - \hat{\beta}_0\hat{\beta}_1 \sum_{t=1}^{T} x_t$ 代入

$$\sum_{t=1}^{T} (y_t - \hat{y}_t)^2 = \sum_{t=1}^{T} y_t^2 - 2\hat{\beta}_0 \sum_{t=1}^{T} y_t - 2\hat{\beta}_1 \sum_{t=1}^{T} x_t y_t + 2\hat{\beta}_0\hat{\beta}_1 \sum_{t=1}^{T} x_t + T\hat{\beta}_0^2 + \hat{\beta}_1^2 \sum_{t=1}^{T} x_t^2 \tag{3.47}$$

得到：

$$\begin{aligned}\sum_{t=1}^{T} (y_t - \hat{y}_t)^2 &= \sum_{t=1}^{T} y_t^2 - 2\hat{\beta}_0 \sum_{t=1}^{T} y_t - 2\hat{\beta}_1 \sum_{t=1}^{T} x_t y_t + 2\hat{\beta}_0\hat{\beta}_1 \sum_{t=1}^{T} x_t \\ &\quad + (\hat{\beta}_0 \sum_{t=1}^{T} y_t - \hat{\beta}_0\hat{\beta}_1 \sum_{t=1}^{T} x_t) \\ &\quad + (\hat{\beta}_1 \sum_{t=1}^{T} x_t y_t - \hat{\beta}_0\hat{\beta}_1 \sum_{t=1}^{T} x_t) \\ &= \sum_{t=1}^{T} y_t^2 - \hat{\beta}_0 \sum_{t=1}^{T} y_t - \hat{\beta}_1 \sum_{t=1}^{T} x_t y_t \end{aligned} \tag{3.48}$$

由此可见 $S_{y_t} = \sqrt{\dfrac{\sum_{t=1}^{T} \hat{e}_t^2}{T-2}} = \sqrt{\dfrac{\sum_{t=1}^{T}(y_t - \hat{y}_t)^2}{T-2}} = \sqrt{\dfrac{\sum_{t=1}^{T} y_t^2 - \hat{\beta}_0 \sum_{t=1}^{T} y_t - \hat{\beta}_1 \sum_{t=1}^{T} x_t y_t}{T-2}}$ 成立，证毕。

3.7 回归方程的显著性检验

变量 x 与 y 之间是否存在线性关系，还可以以方差分析方法为基础进行 F 检验，以检验线性回归方程的显著性。其步骤如下：

第一步：建立假设

$H_0: \rho^2 = 0$ （表示总体无线性关系）

$H_1: \rho^2 \neq 0$ （表示总体有线性关系）

第二步：选择统计量

$$F = \frac{SSR/1}{SSE/(T-2)} = \frac{MSR}{MSE} \quad (3.49)$$

$$F = \frac{\sum_{t=1}^{T}(\hat{y}_t - \overline{y})^2/1}{\sum_{t=1}^{T}(y_t - \hat{y}_t)^2/(T-2)}$$

$$= \frac{(\hat{\beta}_0 \sum_{t=1}^{T} y_t + \hat{\beta}_1 \sum_{t=1}^{T} x_t y_t - T\overline{y}^2)/1}{(\sum_{t=1}^{T} y_t^2 - \hat{\beta}_0 \sum_{t=1}^{T} y_t - \hat{\beta}_1 \sum_{t=1}^{T} x_t y_t)/(T-2)}$$

(3.50)

利用样本观察值计算得到的 F 值，还可以在表 3-1 中直接计算。

表 3-1　　　　　　　　样本观察值 F 值计算表

变差来源	平方和	自由度	均方和	F 值
回归（x 因素）	SSR	1	$MSR = \dfrac{SSR}{1}$	$F = \dfrac{MSR}{MSE}$
剩余（随机因素）	SSE	$T-2$	$MSE = \dfrac{SSE}{T-2}$	
合计	SST	$T-1$	—	

第三步：导出决定规则

依据给定的显著性水平 α（通常 $\alpha = 0.05$）和两个自由度 $d_{f_1} = 1$，$d_{f_2} = T-2$，查 F 分布表，得临界值 $F_\alpha(1, T-2)$。

若 $F > F_\alpha$，则拒绝 H_0，说明总体变量 x 与 y 存在线性关系，即回归方程显著；

若 $F < F_\alpha$，则不能拒绝 H_0，说明总体变量 x 与 y 不存在线性关系，即回归方程不显著。

比如：根据第 2 章表 2-3 数据，拟合方程为：$\hat{y}_t = 3.349 + 0.973 x_t$，试检验该回归方程的显著性。

第一步：建立假设

$$H_0: \rho^2 = 0 \quad H_1: \rho^2 \neq 0$$

第二步：选择统计量

$$F = \frac{\sum_{t=1}^{T}(\hat{y}_t - \overline{y})^2/1}{\sum_{t=1}^{T}(y_t - \hat{y}_t)^2/(T-2)}$$

$$= \frac{(\hat{\beta}_0\sum_{t=1}^{T}y_t + \hat{\beta}_1\sum_{t=1}^{T}x_t y_t - T\overline{y}^2)/1}{(\sum_{t=1}^{T}y_t^2 - \hat{\beta}_0\sum_{t=1}^{T}y_t - \hat{\beta}_1\sum_{t=1}^{T}x_t y_t)/(T-2)}$$

$$= \frac{[3.349 \times 808 + 0.973 \times 65784 - 10(\frac{808}{10})2]/1}{(66940 - 3.349 \times 808 - 0.973 \times 65784)/(10-2)}$$

$$= 50.493$$

第三步：导出决定规则

根据自由度 $d_{f_1} = 1$，$d_{f_2} = T - 2$，显著性水平 $\alpha = 0.05$，查 F 分布表，得到临界值 $F_\alpha = F_{0.05} = 5.32$，$F = 50.493 > 5.32 = F_{0.05}$，拒绝 H_0。F 检验表明高等数学成绩 x 与统计学成绩 y 之间存在显著线性关系。

值得注意的是：在两个变量的情况下，t 检验与 F 检验是等价的，当变量在两个以上时，t 检验和 F 检验的等价就不成立。t 检验是检验回归系数的显著性，而 F 检验是检验整个回归关系的显著性。

3.8 一元线性回归方程的预测

若样本回归方程 $\hat{y}_t = \hat{\beta}_0 + \hat{\beta}_1 x_t$ 经过检验为显著的，就可以用来进行预测。由于从全及总体中选取的样本不同，或者说多次重复试验的结果不同，依据最小二乘法所拟合的回归方程也就可能不同，这样就会得到一系列 $\hat{y}_0$，这些数值是服从总体回归方程中，$\mu_{y_0|x_0}$ 为中心，$\text{var}(y_0) = \sigma^2$ 为方差的正态分布，则：

$$E(y_0 - \hat{y}_0) = 0 \tag{3.51}$$

$$\text{var}(y_0 - \hat{y}_0) = [1 + \frac{1}{T} + \frac{(x_0 - \overline{x})^2}{\sum_{t=1}^{T}(x_t - \overline{x})^2}]\sigma^2 \tag{3.52}$$

通常总体标准差 σ 是未知的，因而可以用样本估计标准误差 S_y 来替代。

自变量 x 每取一值 x_0，由回归方程可相应得到估计值 $\hat{y}_0$，然而由于其他未考虑的因素及随机因素的影响，往往实际值 y_0 与估计值 $\hat{y}_0$ 之间存在偏差，因此，对实际值 y_0 进行预测时，就应当在一定的置信水平 $1-\alpha$ 下估计 y_0 的置信区间，即：

$$P\left\{\left|(y_0-\hat{y}_0)\bigg/\sigma\sqrt{1+\frac{1}{T}+\frac{(x_0-\bar{x})^2}{\sum_{t=1}^{T}(x_i-\bar{x})^2}}\right|\leqslant z_{\alpha/2}\right\}=1-\alpha \quad (3.53)$$

（1）当 $T>30$ 时，即为大样本，上式分母中的根式接近 1。由于 σ 未知，可用 S_y 作为 σ 的估计值。依据正态分布原理，可得 y_0 的预测区间：

如：
$$P\{\hat{y}_0-u_{\alpha/2}S_y\leqslant y_0\leqslant \hat{y}_0+u_{\alpha/2}S_y\}=1-\alpha \quad (3.54)$$
$$P\{\hat{y}_0-1\cdot S_y\leqslant y_0\leqslant \hat{y}_0+1\cdot S_y\}=62.87\%$$
$$P\{\hat{y}_0-2\cdot S_y\leqslant y_0\leqslant \hat{y}_0+2\cdot S_y\}=95.45\%$$
$$P\{\hat{y}_0-3\cdot S_y\leqslant y_0\leqslant \hat{y}_0+3\cdot S_y\}=99.73\%$$

（2）当 $T<30$ 时，即为小样本，依据 t 分布原理，可得 y_0 的预测区间：

$$P\left\{\hat{y}_0-t_{\alpha/2}S_y\sqrt{1+\frac{1}{T}+\frac{(x_0-\bar{x})^2}{\sum_{t=1}^{T}(x_i-\bar{x})^2}}\leqslant\right.$$
$$\left. y_0\leqslant \hat{y}_0+t_{\alpha/2}S_y\sqrt{1+\frac{1}{T}+\frac{(x_0-\bar{x})^2}{\sum_{t=1}^{T}(x_i-\bar{x})^2}}\right\}=1-\alpha$$

(3.55)

式中：$t_{\alpha/2}(T-2)$ 可查 t 分布表得到其临界值。

以上两种预测区间可用图 3-5、图 3-6 来反映。

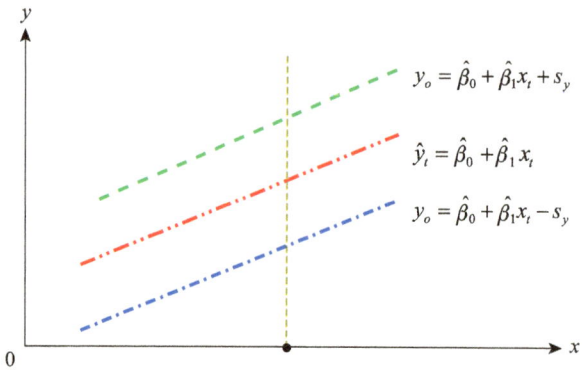

图 3-5 大样本预测区间（在 62.87% 的置信水平下）

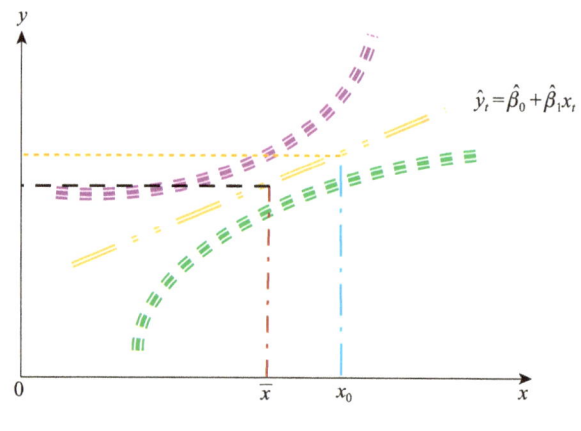

图 3-6 小样本预测区间

从图 3-6 可以看出，若 x_0 的取值越接近 $\bar{x}$，则预测区间越窄，相应地，预测精度越高，不过，把握程度就会降低；若 x_0 的取值越远离 $\bar{x}$，则预测区间越宽，相应地，预测精度越低，然而，把握程度会提高。

比如：道琼斯工业股价平均数和交通运输业股价平均数能够互证，由此进一步说明在国民经济中工业总产值与货运量存在密切的相关关系。表 3-2 是美国某地 2014—2021 年的货运量与工业总产值的统计资料，其散点图如图 3-7 所示。试观察两变量之间的回归关系类型后，配合回归方程，并以 $\alpha = 0.05$ 的显著性水平预测 2022 年工业总产值为 250 亿美元时的货运量的置信区间。

表 3-2　　2014—2021 年货运量与工业产值的回归统计表

年份	工业总产值 x_i（10 亿美元）	货运量 y_i（亿吨）	x_i^2	y_i^2	$x_i y_i$	$\hat{y}_i$
2014	10	1.2	100	1.44	12.0	1.2370
2015	12	1.3	144	1.69	15.6	1.3426
2016	14	1.6	196	2.56	22.4	1.4482
2017	17	1.6	289	2.56	27.2	1.6066
2018	19	1.8	361	3.24	34.2	1.7122
2019	21	1.6	441	2.56	33.6	1.8178
2020	20	1.7	400	2.89	34.0	1.7650
2021	24	2.1	576	4.41	50.4	1.9762
Σ	137	12.9	2507	21.35	229.4	12.9000

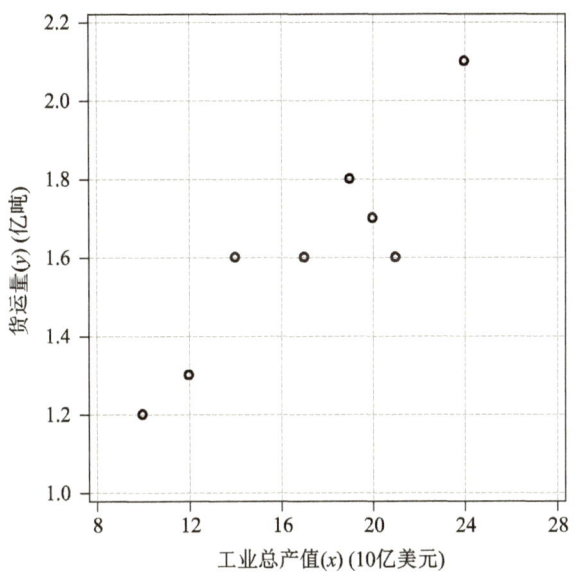

图 3-7 货运量与工业总产值散点图

根据变量 x 和 y 的观察值构成的相关点大致呈直线分布趋势，因此，可设趋势方程为：

$$\hat{y}_t = \hat{\beta}_0 + \hat{\beta}_1 x_t$$

$$\hat{\beta}_1 = \frac{\sum_{t=1}^{T}(x_t - \bar{x})(y_t - \bar{y})}{\sum_{t=1}^{T}(x_t - \bar{x})^2} = \frac{T\sum_{t=1}^{T}x_t y_t - (\sum_{t=1}^{T}x_t)(\sum_{t=1}^{T}y_t)}{T\sum_{t=1}^{T}x_t^2 - (\sum_{t=1}^{T}x_t)^2}$$

$$= \frac{8 \times 229.4 - 137 \times 12.9}{8 \times 2507 - 137^2} = 0.0528$$

$$\hat{\beta}_0 = \bar{y} - \hat{\beta}_1 \bar{x} = \frac{\sum_{t=1}^{T}y_t}{T} - \hat{\beta}_1 \frac{\sum_{t=1}^{T}x_t}{T}$$

$$= \frac{12.9}{8} - 0.0528 \times \frac{137}{8} = 0.709$$

$$\hat{y}_t = 0.709 + 0.0528 x_t$$

$$S_{y_t} = \sqrt{\frac{\sum_{t=1}^{T}y_t^2 - \hat{\beta}_0 \sum_{t=1}^{T}y_t - \hat{\beta}_1 \sum_{t=1}^{T}x_t y_t}{T - 2}}$$

$$= \sqrt{\frac{21.35 - 0.709 \times 12.9 - 0.0528 \times 229.4}{8 - 2}}$$

$$= 0.1235$$

假设2022年工业总产值为250亿美元，即 $x_0 = 25$，则：

$$\hat{y}_0 = 0.709 + 0.0528 \times 25 = 2.029$$

$$(x_0 - \bar{x})^2 = \left(25 - \frac{137}{8}\right)^2 = 62.016$$

$$\sum_{t=1}^{T}(x_t - \bar{x})^2 = \sum_{t=1}^{T}x_t^2 - \frac{(\sum_{t=1}^{T}x_t)^2}{T}$$

$$= 2507 - \frac{137^2}{8} = 160.875$$

因为 $T = 8 < 30$，所以在小样本情况下，查 t 分布表：

$$t_{\alpha/2}(T - 2) = t_{0.025}(6) = 2.447$$

$$t_{0.025}(6) \times S_y \times \sqrt{1 + \frac{1}{T} + \frac{(x_0 - \bar{x})^2}{\sum_{t=1}^{T}(x_i - \bar{x})^2}}$$

$$= 2.447 \times 0.1235 \times \sqrt{1 + \frac{1}{8} + \frac{62.016}{160.875}} = 0.3714$$

$$P\left\{\hat{y}_0 - t_{\alpha/2}S_y\sqrt{1 + \frac{1}{T} + \frac{(x_0 - \bar{x})^2}{\sum_{t=1}^{T}(x_i - \bar{x})^2}} \leq \right.$$

$$\left. y_0 \leq \hat{y}_0 + t_{\alpha/2}S_y\sqrt{1 + \frac{1}{T} + \frac{(x_0 - \bar{x})^2}{\sum_{t=1}^{T}(x_i - \bar{x})^2}}\right\} = 1 - \alpha$$

$P\{2.029 - 0.3714 \leq y_0 \leq 2.029 + 0.3714\} = 95\%$

即： $P\{1.6576 \leq y_0 \leq 2.4004\} = 95\%$

假如2022年工业总产值为250亿美元时，那么有95%的把握预计2022年的货运量在1.6576亿吨至2.4004亿吨之间。

必须指出的是：$\hat{y}_0$作为估计值，既可对总体某值进行估计，同时，也可以对总体均值$E(y_0)$进行估计，此时标准差为$S_y \cdot \sqrt{\frac{1}{T} + \frac{(x_0 - \bar{x})^2}{\sum_{t=1}^{T}(x_i - \bar{x})^2}}$。

3.9 一元非线性相关与回归

一元非线性相关，又称曲线相关，它是指变量y与变量x的对应观察值的散布点在坐标平面上的分布形状呈曲线型的数量变化关系。

一元非线性回归方程是依据呈曲线相关的两变量的散点分布趋势所拟合的回归方程。常见的一元非线性回归方程及变换后的方程形式：

(1) 双曲线回归方程： $\hat{y} = a + b\frac{1}{x}$ (3.56)

令$x' = \frac{1}{x}$，则该方程经过线性变换后，得：

$$\hat{y} = a + bx'$$

(2) 对数曲线回归方程： $\hat{y} = a + b\ln x$ (3.57)

令$x' = \ln x$，则该方程经过线性变换后，得：

$$\hat{y} = a + bx'$$

(3) 幂函数曲线回归方程： $\hat{y} = ax^b$ (3.58)

对该方程两边同时取对数：
$$\ln\hat{y} = \ln a + b\ln x$$
令 $\hat{y}' = \ln\hat{y}$，$x' = \ln x$，$A = \ln a$

则该方程经过线性变换后，得：
$$\hat{y}' = A + bx'$$

（4）指数曲线回归方程： $\hat{y} = ab^x$ （3.59）

对该方程两边同时取对数：
$$\ln\hat{y} = \ln a + x\ln b$$
令 $\hat{y}' = \ln\hat{y}$，$A = \ln a$，$B = \ln b$

则该方程经过线性变换后，得：
$$\hat{y}' = A + Bx$$

（5）高次曲线方程：
$$\hat{y} = b_0 + b_1 x + b_2 x^2 + b_3 x^3 + \cdots + b_n x^n \quad (3.60)$$

令 $x_1 = x$，$x_2 = x^2$，$x_3 = x^3$，$\cdots$，$x_n = x^n$

则该方程经过线性变换后，得：
$$\hat{y} = b_0 + b_1 x_1 + b_2 x_2 + b_3 x_3 + \cdots + b_n x_n$$

第 4 章

地下经济实证技术铺垫——抽样技术

4.1 抽样技术的概述

4.1.1 抽样技术的概念及随机原则

为了了解和掌握统计总体全貌,在多数场合下,人们不必要或不可能对全及总体进行全面调查,只要或只能利用样本资料对总体数量特征和分布特征进行推断,这样就有了抽样技术(Sampling Techniques)这种非全面调查的方法产生。事实上,我们对事物的认识从理论上讲通常只限于整个事物的一个缩影,假如这个缩影能用数据来描述,那么该缩影即为统计样本。

抽样技术是遵循随机原则从全及总体中抽选部分单位构成样本,用样本特征值对全及总体的数量特征和分布特征做出具有一定可靠性的估计和判断的统计调查方法。

所谓随机原则(Random principle),亦称随机化原则(Randomized principle)、又称等可能性原则(Principle of equal possibility/feasibility)、机会均等原则(Fair equality of opportunity),它是指从调查对象中抽选部分单位,总体中每个单位都有均等的中选或不中选的机会,抽中或未抽中那个单位纯粹是偶然性事件,完全排除了调查者的主观意识的影响。

抽样技术只有遵循随机原则,才能增强被抽中单位对总体的代表性,一旦抽选了足够多的单位，被抽中单位的次数分布就会趋近于总体分布，这样才可以利用概率论中的大数定律进行分析推断；另外，只有遵循随机原则，才能预先计算出抽样误差而达到估计总体特征的目的。

4.1.2 概率选样与非概率选样的区别

按照选取调查单位的方式划分，选样调查分概率选样和非概率选样。概率选样又称随机选样、或然率选样，它主要包括抽样调查；非概率选样又称非随机选样（Non - probabilistic sampling, also known as non - random sampling），它主要包括重点调查、典型调查。这两类选样的区别在于：

第一，概率选样是按照随机原则无意识地选取调查单位，而非概率选样是按照主观意志有意识地选取调查单位。

第二，概率选样中的抽样调查可以利用部分单位的特征值去估计和推断总体特征，故抽样调查又称抽样推断。然而，非概率选样中的重点调查目的在于通过对重点单位的调查来了解认识总体的基本情况；典型调查主要着眼于通过对典型单位的观察，以解剖麻雀的方式来了解和掌握现象总体的结构和发展规律，以总结经验教训。

第三，概率选样能事前计算抽样误差并将其控制住一定的范围内，从而达到最优的抽样效果。然而，非概率选择不能计算误差，也不能说明估计的准确程度和可靠程度。

由此可知，相对于非概率选样，概率选样的显著优点在时效性更强；准确性更高；应用范围更广；调查费用更省。

4.2 抽样推断中的基本概念

4.2.1 全及总体和样本总体

1. 全及总体

全及总体，又称母体，它是统计所研究对象的全体，它由若干个相同性质的调查单位所构成的集合体。全及总体单位数体现了总体的容量，通常用 N 表示。

按照总体容量的大小可分为有限总体（Finite population）和无限总体（Infinite population）。

有限总体是指总体单位数是有限可数的；无限总体是指总体单位数是无限不可数的。对于有限总体既可以进行全面调查，又可以进行抽样调查；而对于无限总体则无法进行全面调查，只能进行抽样调查。

无论是有放回的抽选（Replacement sampling），还是无放回的抽选（Without replacement sampling），每一次从无限总体中抽取样本单位都可以看作是相互独立的，这为数学处理提供了便利；无放回的从有限总体中抽取样本单位，每一次抽选不是相互独立的，前一次的抽选结果会直接影响到以后的抽选结果。当有限总体的容量很大，而抽取的样本单位相对地很少时，即使是无放回地抽选，每一次抽选所带来的影响被视为微不足道，基本上可以忽略不计，这样有限总体就可以看作无限总体来处理。

柯赫伦（W・G・Cochran）认为：凡样本单位数占母体单位数5%以上的可视为有限母体，不够5%的就按无限母体处理。

2. 样本总体

样本总体，又称子样，简称样本，它是指按照随机原则从全及总体中抽取的部分单位所构成的集合体。样本总体单位数体现了样本的容量，通常用 n 表示或者 T。

按照样本容量的大小可分为大样本和小样本。

当 $n \geqslant 30$ 时，则为大样本；

当 $n < 30$ 时，则为小样本。

对于一个完全唯一确定的全及总体，随着样本容量和抽样方式的不同，可以从中抽选多个不同的样本。样本中包含着总体的有关信息。

4.2.2　全及指标和样本指标

1. 全及指标

全及指标，又称总体参数，它是描述全及总体特征的综合指标。因为

全及总体是唯一确定的,所以,各全及指标值也是唯一确定的。总体参数是未知的,它是抽样推断的对象。主要的全及指标有:

(1) 全及平均数($\bar{x}$),又称总体平均数。

总体未分组:
$$\bar{x} = \frac{\sum_{i=1}^{N} x_i}{N} \quad (4.1)$$

总体已分组:
$$\bar{x} = \frac{\sum_{i=1}^{k} x_i f_i}{\sum_{i=1}^{k} f_i} \quad (4.2)$$

(2) 全及成数(P),又称总体成数。

$$P = \frac{N_1}{N} \quad (4.3)$$

式中:N_1 表示全及总体中具有相同标志表现的单位数。

(3) 总体标准差(σ)。

总体未分组:
$$\sigma = \sqrt{\frac{\sum_{i=1}^{N}(x_i - \bar{x})^2}{N}} \quad (4.4)$$

总体已分组:
$$\sigma = \sqrt{\frac{\sum_{i=1}^{k}(x_i - \bar{x})^2 f_i}{\sum_{i=1}^{k} f_i}} \quad (4.5)$$

(4) 总体是非标志标准差(σ_P)。

$$\sigma_P = \sqrt{P(1-P)} \quad (4.6)$$

2. 样本指标

样本指标,又称统计量,它是描述样本特征的综合指标。由于从全及总体中可以抽取多个可能样本,这样不同的样本就会有不同的指标值,因而样本指标是样本变量的函数,它是随机变量,也即由样本观测值所决定的统计量是随机变量。样本指标是用来推断总体数量特征的依据。主要的样本指标有:

(1) 样本平均数（$\bar{x}$）。

样本未分组： $$\bar{x} = \frac{\sum_{i=1}^{n} x_i}{n} \tag{4.7}$$

样本已分组： $$\bar{x} = \frac{\sum_{i=1}^{k} x_i f_i}{\sum_{i=1}^{k} f_i} \tag{4.8}$$

(2) 样本成数（p）。

$$p = \frac{n_1}{n} \tag{4.9}$$

式中：n_1 表示样本中具有相同标志表现的单位数。

(3) 样本标准差（s）。

样本未分组： $$s = \sqrt{\frac{\sum_{i=1}^{n}(x_i - \bar{x})^2}{n}} \tag{4.10}$$

样本已分组： $$s = \sqrt{\frac{\sum_{i=1}^{k}(x_i - \bar{x})^2 f_i}{\sum_{i=1}^{k} f_i}} \tag{4.11}$$

(4) 总体是非标志标准差（s_p）。

$$s_p = \sqrt{p(1-p)} \tag{4.12}$$

4.2.3 重置抽样与不重置抽样

1. 重置抽样

重置抽样，又称有放回的抽样，它是指从全及总体 N 个单位中随机抽取一个容量为 n 的样本，每次抽中的单位经登录其有关标志表现后又放回总体中重新参加下一次的抽选。每次从总体中抽取一个单位，可看作是一次试验，连续进行 n 次试验就构成了一个样本。可见，重置抽样的样本是经 n 次相互独立的连续试验形成的。每次试验均是在相同的条件下完全按照随机原则进行的。

2. 不重置抽样

不重置抽样,又称无放回的抽样,它是指从全及总体 N 个单位中随机抽取一个容量为 n 的样本,每次抽中的单位登录其有关标志表现后不再放回总体中参加下一次的抽选。经过连续 n 次不重置抽选单位构成样本,实质上相当于一次性同时从总体中抽中 n 个单位构成样本。上一次的抽选结果会直接影响到下一次抽选,因此,不重置抽样的样本是经 n 次相互联系的连续试验形成的。

4.2.4 抽样框与样本数

1. 抽样框

抽样框,又称抽样结构,它是指对可以选择作为样本的总体单位列出名册或排序编号,以确定总体的抽样范围和结构。设计出了抽样框后,便可采用抽签的方式或按照随机数表来抽选必要的单位数。若没有抽样框,则不能计算样本单位的概率,从而也就无法进行概率选样。

2. 样本数

样本数,又称样本的可能数目,它是指从总体 N 个单位中随机抽选 n 个单位构成样本,通常有多种抽选方法,每一种抽选方法实际上是 n 个总体单位的一种排列组合,一种排列组合便构成一个可能的样本,n 个总体单位的排列组合总数,称为样本的可能数目。

(1) 重置抽样并考虑样本单位构成顺序差异,则:

$$可能的样本数 = \underbrace{N \cdot N \cdot \cdots \cdot N}_{n 个} = N^n \quad (4.13)$$

(2) 重置抽样然而不考虑样本单位构成顺序差异,则:

$$可能的样本数 = C_{N+n-1}^n \quad (4.14)$$

(3) 不重置抽样然而考虑样本单位构成顺序差异,则:

$$可能的样本数 = A_N^n = \frac{N!}{(N-n)!} \quad (4.15)$$

(4) 不重置抽样且不考虑样本单位构成顺序差异,则:

$$可能的样本数 = C_N^n = \frac{N!}{n!(N-n)!} \tag{4.16}$$

4.3 抽样推断的方法论基础

抽样推断的方法论基础是马克思主义认识论和概率论的极限定理中大数定律与中心极限定理。

4.3.1 马克思主义认识论的逻辑思维路径：演绎推理和归纳推理

马克思主义认识论认为，一切科学研究都必须运用到归纳和演绎的逻辑思维方法，即认识论指出人们认识客观事物的逻辑思维路径有两条：

一是由一般到特殊的演绎推理；

二是由特殊到一般的归纳推理。

1. 演绎推理

所谓演绎推理（Deductive reasoning），它是在封闭的系统中从一般命题导出特殊结论的逻辑方法。

从一般性的前提出发，通过推导即"演绎"，得出具体或个别结论。

演绎推理的形式有三段论、假言推理和选言推理。演绎推理是严格的逻辑推理，一般表现为大前提、小前提、结论的三段论模式；即从两个反映客观世界对象的联系和关系的判断中得出新的判断的推理形式。

三段论是演绎推理的一般模式，包含三部分：

大前提——已知的一般原理；

小前提——所研究的特殊情况；

结论——根据一般原理对特殊情况作出判断。

希腊古代先哲亚里士多德（Aristotle，公元前384—公元前322），用三段论形式表述的演绎法用于构建实际知识体系；

古希腊数学家欧几里得（Euclid，公元前325—公元前265）的《几何原本》正是一门严密的演绎体系，从公理出发推导出一系列定理，再用这些定理去解决实际问题。

笛卡尔（Réné Descartes，1596—1650）的演绎推理成为西方近代科学发展的重要推理形式，

从三段论中的大前提、小前提下得出结论，结论的正确已全部包含在前提的正确性之中，换而言之，只要前提正确，结论就必定正确。

2. 归纳推理

所谓归纳推理（Inductive reasoning），它是在开放的系统中从研究个别命题而达到一般性的结论，结论的内容大于前提。

前提正确未必导致结论正确，在一定情况下，它还可能有错误的结论。

中国古代形式类比得到广泛运用。

春秋时期，伟大的思想家和教育家孔子创立的儒家学说，提出了"仁"和"礼"的主张，深刻影响了中华文明2000多年。在儒家学说/派的基础上，发展起来了儒家思想，它成为了中国传统文化的主流思想，构建和塑造了汉民族文化心理结构。

孟子和荀子继承了孔子的学说，孟子政治思想的核心是仁政学说，他的学说和孔子的学说被后人称为"孔孟之道"。

西汉时期，董仲舒为适应"强化中央集权/大一统"的时代要求，建立了以"天人感应"学说为基础的新儒学体系，确立了儒学在中国传统文化中的主流地位。

孔子通过区分学生的"上智"与"下愚"，即智商的高低，特别注意"因材施教"。

在教学中，孔子《论语·为政》："温故而知新，可以为师矣。"(Confucius's Analects for the government: "review the past and learn from the new, you can be a teacher.")。

其意思是：广泛地熟读典籍，复习所学的知识，进而从中获得新的领悟。

孔子《论语·述而》："举一隅不以三隅反，则不复也。"(Confucius, Analects of Confucius, said, "if one corner is not reversed by three corners, it will not be repeated. " That's, drawing inferences about other cases from one instance.）。

其意思是：若列举一个方面，则能够灵活地类推到另外几个方面，否则，不再教。后人，将其演变成"举一反三"成语。

《礼记·大学》指出：致知在格物，物格而后至知。可见，格物就是形式类比法的具体运用，儒家是专门研究物之理的学科。

老子言"以身观身，以家观家，以乡观乡，以邦观邦，以天下观天下。吾何以知天下然哉？以此。"

这是非常典型的质料类比。质料类比是科学归纳推理的基础。《易经》是中华民族文化的经典，其中主要思维方法也是质料类比。

科学归纳的实质是形式归纳和因果归纳的联合运用。科学理论总是从认识个别事件、个别现象开始，通过科学归纳总结出普遍联系和一般规律。归纳推理的结论的正确性决定于前提以外的许多事实，因而，结论必须经过事实检验。

抽样（估计）推断是运用归纳推理的逻辑思维方式，由对个别样本的研究结论归纳推理出总体的结论。

4.3.2 大数定律

大数定律（Law of large numbers），又称大数法则，它是关于大量随机现象的平均水平的稳定性的一系列定理的总称。

通过对随机现象的多次试验和大量观察，得到总体大量相互独立的随机变量，对这些随机变量值综合平均，使正负作用于随机现象的偶然性偏差趋于相互抵消，从而使总体呈现出稳定的统计规律性，即随机现象趋向于事物固有平均水平。

比如：对部分年轻已婚妇女出生的婴儿的性别观察，可能是男孩居多或女孩居多，具有很大的偶然性。如果对大量已婚年轻妇女出生婴儿的性别观察，那么男孩、女孩的比率几乎稳定在1:1。

下面仅介绍与抽样估计有联系的大数法则中的切比雪夫定理（Chebyshev's theorem）。

拓展阅读

切比雪夫（Chebyshev，1821—1894），俄文全名：П. Л. Чебышев（ПафНутий Львович Чебышев），译名：帕夫努季·利沃维奇·切比雪夫，1821年5月26日生于卡卢加省奥卡托沃，出身于贵族家庭，左脚生来有残疾。1832年，切比雪夫全家迁往莫斯科。1837年，年方16岁的切比雪夫进入莫斯科大学，成为哲学系下属的物理数学专业学生。1845年，在莫斯科大学完成了硕士论文《试论概率论的基础分析》（Опыт елементарногоанализа теории вероятностей，1845），次年夏天通过了答辩。1846年，切比雪夫接受了彼得堡大学的助教职务，从此开启了大学教书与研究生涯。1849年5月27日，他的博士论文"论同余式"（Теория сравнений，1849）在彼得堡大学通过了答辩，数天之后，他被告知荣获彼得堡科学院的最高数学荣誉奖。1850年评上副教授，1860年晋升为教授。1872年，在彼得堡大学任教25周年之际，被校方授予功勋教授称号。1882年，在彼得堡大学执教35年之际，光荣退休。切比雪夫是彼得堡数学学派的奠基人和领袖。19世纪以前，俄国的数学相当落后。在彼得大帝去世当年，建立了科学院，早期在数学领域院士都是外国人，比如：L. Euler（欧拉）、尼古拉·伯努利（Bernoulli, Nikolaus Ⅲ）、丹尼尔·伯努利（Bernoulli, Daniel）和C. Goldbach（哥德巴赫），等等。此间，俄罗斯没有自己的数学家、没有大学。切比雪夫终身未娶，日常生活十分简朴，仅有的一点积蓄全部用来购买图书和制造机器。1894年12月8日上午9时，这位杰出的数学家、力学家在彼得堡自己的书桌前溘然长逝。在19世纪末，俄国数学大体跟上了世界先进的潮流。切比雪夫证明了贝尔特兰公式、自然数列中素数分布定理、大数定律的一般公式，以及中心极限定理。

设 x_1，x_2，$\cdots$，x_n 为相互独立的随机变量序列，服从同一概率分布，且具有相同的期望值 μ 和方差 σ^2，则对于任意给定的小正数 ε，有

$$\lim_{n\to\infty}P\left\{\left|\frac{1}{n}\sum_{i=1}^{n}x_i - \mu\right| < \varepsilon\right\} = \lim_{n\to\infty}P\{|\bar{x} - \mu| < \varepsilon\} = 1 \qquad (4.17)$$

式中：$\bar{x}$ 表示抽样平均数；

$\mu = E(x_i)$ 表示总体平均数；

n 表示抽样单位数。

上式表明，当样本容量 n 足够大时，样本平均数（$\bar{x}$）与总体平均数（μ）的偏差小于 ε 的可能性趋近于 1 的概率，亦即此时，所有观察结果的算术平均数 $\bar{x}$ 依概率收敛于期望值（μ）——被观察值的真值的事件几乎成为必然事件。在概率上，必然事件是百分之百发生的事件。几乎成为

必然就是无限接近百分之百。

大数法则论证了抽样平均数趋近于总体平均数的条件及趋势。

4.3.3 中心极限定理

中心极限定理是指在某些条件下，即使原来并不服从正态分布的一些独立的随机变量，当随机变量个数无限增加时，随机变量之和的分布会趋于正态分布。多轮抽样可得到多个样本，相应就有多个样本值，所有样本值随样本不同而不同，因而，样本值是一个随机变量。所有样本值之和除以样本个数得抽样平均数，因而，抽样平均数实际上是一种随机变量和的分布。若总体变量 x_i 存在有限的平均数和方差，则不论总体分布如何，当样本容量 n 趋于无穷大时，抽样平均数的极限分布是正态分布。

比如：某一时刻城市用电量是大量用户用电量的总和。

中心极限定理的重要定理之一的李雅普诺夫定理，该定理详见如下：

在一定条件下，随机变量之和的极限分布渐近地服从正态分布。

拓展阅读

李雅普诺夫（Aleksandr Mikhailovich Lyapunov，1857—1918），俄文全名：Алекса́ндр Миха́йлович Ляпуно́в，1857 年 6 月 6 日生于雅罗斯拉夫尔，1918 年 11 月 3 日卒于敖德萨。俄国数学家、力学家。1876 年，中学毕业时，因成绩优异而获金质奖章，同年，考上圣彼得堡大学物理数学系。由于被切比雪夫渊博学识所吸引，因此，申请转入切比雪夫所在的数学系学习。在切比雪夫、佐洛塔廖夫影响下，在大学四年级时，李雅普诺夫写出富有创见的论文，为此，获得金质奖章。1880 年，圣彼得堡大学毕业，随即留校任教力学。1885 年，在圣彼得堡大学获得硕士学位。1892 年，在莫斯科大学获得博士学位。其博士论文题目为《论运动稳定性的一般问题》。自 1892 年起，在哈尔科夫大学担任教授。1901 年初，当选圣彼得堡科学院通信院士，同年底，当选为院士。1902 年起，在圣彼得堡科学院工作。1909 年，当选意大利国立琴科学院外籍院士；1916 年，当选为巴黎科学院外籍院士。19 世纪以前，俄国的数学相当落后，直到切比雪夫创立了圣彼得堡数学学派以后，才使俄罗斯数学摆脱了落后境地。李雅普诺夫与师兄马尔科夫是切比雪夫的两个最著名、最有才华的学生，他们都是彼得堡数学学派的重要成员。在常微分方程定性理论和天体力学领域，李雅普诺夫的成就被学界推崇。在概率论领域,李雅普诺夫引入了特征函数,以全新视角探究中心极限定理,为此,被堪称数学方法上的革命。

李雅普诺夫

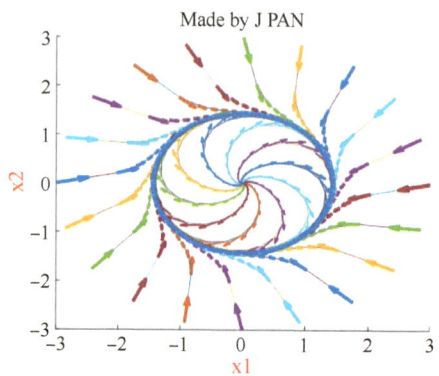

李雅普诺夫稳定性是指在扰动下稳定点的稳定性。从轨迹图中可看出,无论是小扰动(初始点在稳定零点附近),还是大扰动,状态轨迹最终都趋向一个固定的圆。

设随机变量序列 x_1, x_2, $\cdots$, x_n 相互独立且同分布,其存在共同的期望值 μ 和方差 σ^2,对一切实数 t,有

$$\lim_{n\to\infty} P\left\{\frac{Y_n - E(Y_n)}{\sigma_{Y_n}} < t\right\} = \lim_{n\to\infty} P\left\{\frac{\sum_{i=1}^{n} x_i - n\bar{x}}{\sqrt{n}\sigma} < t\right\}$$

$$= \lim_{n\to\infty} P\left\{\frac{\frac{\sum_{i=1}^{n} x_i}{n} - \bar{x}}{\frac{\sigma}{\sqrt{n}}} < t\right\} = \lim_{n\to\infty} P\left\{\frac{\bar{x}_i - \mu}{\sigma_{\bar{x}}} < t\right\}$$

$$= \frac{1}{\sqrt{2\pi}} \int_{-\infty}^{x} e^{-t^2/2} dt = \Phi(x) \qquad (4.18)$$

式中:$Y_n = x_1 + x_2 + \cdots + x_n = \sum_{i=1}^{n} x_i$

$$E(Y_n) = E(x_1 + x_2 + \cdots + x_n)$$
$$= E(x_1) + E(x_2) + \cdots + E(x_n) = n\bar{x} = n\mu \qquad (4.19)$$

$$\sigma_{Y_n}^2 = \sigma_{x_1}^2 + \sigma_{x_2}^2 + \cdots + \sigma_{x_n}^2 = n\sigma^2 \qquad \sigma_{Y_n} = \sqrt{n}\sigma \qquad (4.20)$$

由上述结论可知，只要 n 比较大，随机变量 $\dfrac{\sum_{i=1}^{n} x_i - n\mu}{\sqrt{n}\sigma}$ 就近似服从标准正态分布 $N(0,1)$，因而 $\sum_{i=1}^{n} x_i$ 近似服从正态分布 $N(n\mu, n\sigma^2)$。

可见，该定理是大样本统计推断的理论基础。

4.4 样本的概率分布

所谓概率，它是衡量随机事件出现可能性大小的尺度。

设随机变量 x 的可能取值为 $x_1, x_2, \cdots, x_n$，其相应的概率 $p(x=x_1) = p_1, p(x=x_2) = p_2, \cdots, p(x=x_n) = p_n$，将其列入表 4 - 1 中：

表 4 - 1　　　　　　　　　　x 的概率分布表

x	x_1	x_2	x_3	$\cdots$	x_k	$\cdots$	x_{n-1}	x_n
$p(x)$	p_1	p_2	p_3	$\cdots$	p_k	$\cdots$	p_{n-1}	p_n

该表称为 x 的概率分布表。

$$\mu = E(x) = \sum_{i=1}^{n} x_i p_i \tag{4.21}$$

$$\sigma^2 = E(x_i - \bar{x})^2 = \sum_{i=1}^{n} (x_i - \bar{x})^2 p_i \tag{4.22}$$

4.4.1 重置抽样的概率分布

在一次试验中，A 事件出现的概率为 p，$\overline{A}$ 出现（或 A 不出现）的概率为 q。连续 n 次独立试验，样本中包含 A 事件的个数 x 是一个随机变量，则 A 事件在样本中共出现 k 次的概率为：

$$b(k,n,p) = p(x=k) = C_n^k p^k q^{n-k} \quad (k = 0,1,2,\cdots,n) \tag{4.23}$$

将其列入表 4 - 2 中：

表4-2　　　　　　　　　　　二项分布

x	0	1	2	$\cdots$	k	$\cdots$	n
$p(x)$	q^n	$C_n^1 p q^{n-1}$	$C_n^2 p^2 q^{n-2}$	$\cdots$	$C_n^k p^k q^{n-k}$	$\cdots$	p^n

由于这一分布的概率和二项式 $(p+q)^n$ 的展开式各项相同，故称二项分布，该分布属于离散型随机变量的分布。

$$\mu = E(x) = \sum x p(x) = \sum_{x=0}^{n} x C_n^x p^x q^{n-x} = np \qquad (4.24)$$

$$\sigma^2 = \sum (x - \bar{x})^2 p(x) = \sum_{x=0}^{n} (x - \bar{x})^2 C_n^x p^x q^{n-x} = npq \qquad (4.25)$$

其中，$C_n^k = \dfrac{n!}{(n-k)!k!} = \dfrac{n \times (n-1) \times \cdots \times (n-k+1)}{k \times (k-1) \times \cdots \times 1}$

以上组合公式的计算结果还可以直接查图4-1至图4-3的杨辉三角形，每一行的数字是上一行相邻两个数字的和。在图4-1中，每一行表达的是二项式 $(p+q)^n$ 的展开式各项系数，图4-1列出了当 $n = 0, 1, 2, \cdots, 15$ 时展开式中各项的系数。

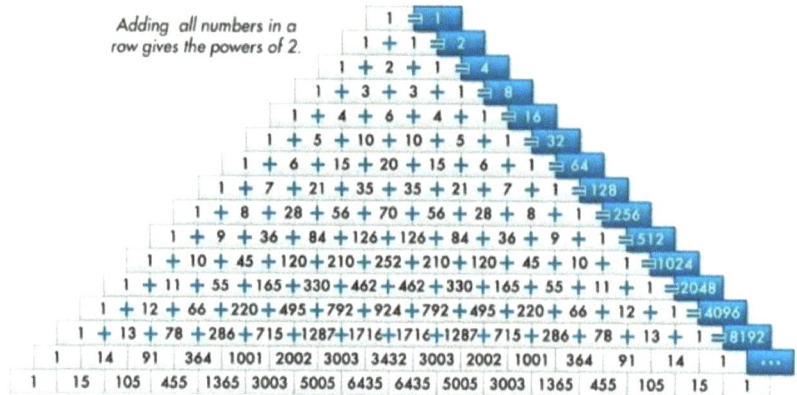

图4-1　杨辉三角形

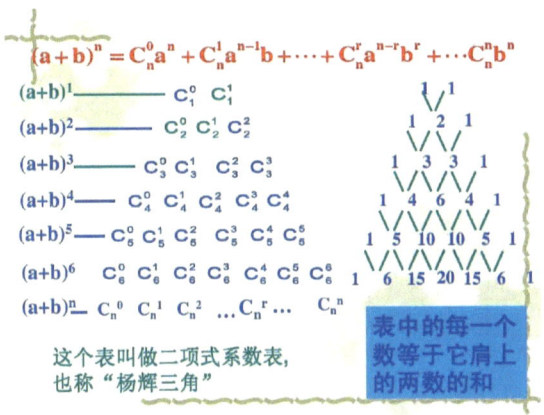

图 4-2　杨辉三角形①

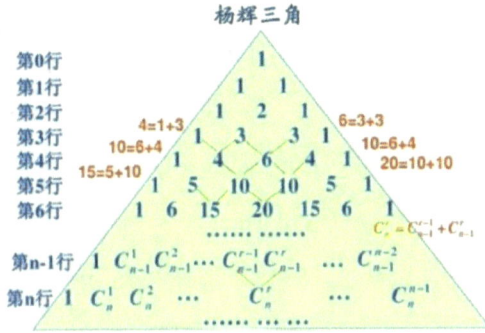

图 4-3　杨辉三角形

---

① 约公元 1050 年，北宋人贾宪率先使用"贾宪三角"进行高次开方运算。

杨辉，字谦光，南宋时期杭州人。1261 年，他所著的《详解九章算法》一书中，辑录了如上所示的三角形数表，称之为"开方作法本源"图，并说明此表引自 11 世纪中叶（约公元 1050 年）贾宪的《释锁算术》，并绘画了"古法七乘方图"，故称杨辉三角（外文名：Pascal's Triangle，别称：贾宪三角形、帕斯卡三角形），它是二项式系数图形化，在三角形中的几何排列。将组合数内在的代数性质直观地从图形中展现出来，它是离散型的数与形的结合。

元朝数学家朱世杰在《四元玉鉴》（1303 年）扩充了"贾宪三角"成"古法七乘方图"。

意大利人称之为"塔塔利亚三角形"（Triangolo di Tartaglia），以纪念在 16 世纪发现一元三次方程解的塔塔利亚。

B·帕斯卡（1623—1662），法国数学家，在《论算术三角形》（1654）中揭示了此三角形的规律。布莱士·帕斯卡的著作 *Traité du triangle arithmétique*（1655 年）介绍了"帕斯卡三角"，Pierre Raymond de Montmort（1708 年）和亚伯拉罕·棣·美弗（1730 年）都用帕斯卡来称呼这种三角形。

21 世纪以来，国外逐渐承认这项成果属于中国，因而，一些书上称"中国三角形（Chinese triangle）"。

4.4.2 不重置抽样的概率分布

从总体 N 个单位中每次不重复抽取 1 个单位，共抽选 n 个单位构成样本，共有 C_N^n 种取法，样本中包含 A 事件的个数 x 是一个随机变量，则 A 事件在样本中共出现 k 次的取法有 $C_n^k C_{N-n}^{n-k}$，因此

$$p(x=k) = \frac{C_n^k C_{N-n}^{n-k}}{C_N^n} \quad (k=0,1,2,\cdots,n) \tag{4.26}$$

将其列入表 4-3 中：

表 4-3 超几何分布

x	0	1	2	...	k	...	n
$p(x)$	$\dfrac{C_{N-n}^n}{C_N^n}$	$\dfrac{C_n^1 C_{N-n}^{n-1}}{C_N^n}$	$\dfrac{C_n^2 C_{N-n}^{n-2}}{C_N^n}$	...	$\dfrac{C_n^k C_{N-n}^{n-k}}{C_N^n}$	...	$\dfrac{1}{C_N^n}$

该分布称为超几何分布（Hypergeometric distribution），它属于离散型随机变量的分布。

$$\mu = E(x) = \sum x p(x) = \frac{1}{C_N^n} \sum_{x=0}^n x C_N^x C_{N-n}^{n-x} = np \tag{4.27}$$

$$\sigma^2 = \sum (x-\bar{x})^2 p(x) = \frac{1}{C_N^n} \sum_{x=0}^n (x-\bar{x})^2 C_N^x C_{N-n}^{n-x}$$

$$= n\left(\frac{n}{N}\right)\left(\frac{N-n}{N}\right)\left(\frac{N-n}{N-1}\right) = npq\left(\frac{N-n}{N-1}\right) \tag{4.28}$$

4.4.3 正态分布

它是属于连续型随机变量的分布。

1. 正态分布的密度函数

$$f(x) = \frac{1}{\sqrt{2\pi}\,\sigma} e^{-(x-\bar{x})^2/2\sigma^2} \tag{4.29}$$

式中：$\bar{x}$ 表示正态分布的平均数；

σ 表示正态分布的标准差；

通常以 $N(\bar{x},\sigma)$ 表示正态分布。

参数 σ 的作用：若 $\bar{x}$ 固定不变，由于密度函数曲线对 x 轴的面积不随 σ 改变，永远等于1，所以 σ 的不同取值，则有隆起和平坦等形状的密度曲线，如图4-4所示。

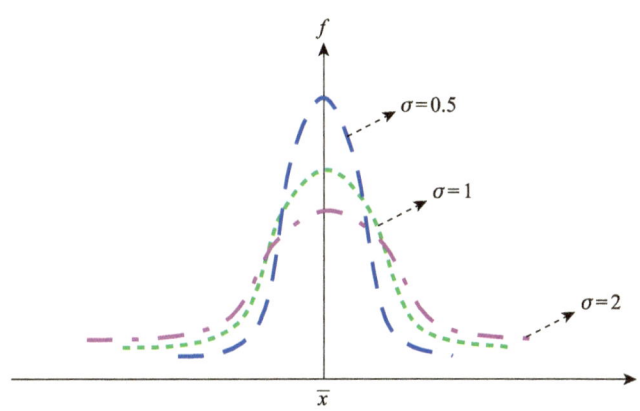

图4-4 正态分布图

2. 正态分布的标准化

正态分布函数：

$$F(x) = \frac{1}{\sqrt{2\pi}\sigma}\int_{-\infty}^{x} e^{-(x-\bar{x})^2/2\sigma^2} dx \qquad (4.30)$$

$$P(\bar{x}-\sigma \leqslant x \leqslant \bar{x}+\sigma) = \frac{1}{\sqrt{2\pi}\sigma}\int_{\bar{x}-\sigma}^{\bar{x}+\sigma} e^{-(x-\bar{x})^2/2\sigma^2} dx \qquad (4.31)$$

直接利用 $F(x)$ 对各类正态分布求某点或某区间的概率是相当困难的。因为不同现象的随机变量可能有不同的平均数和方差，甚至各平均数和方差的特征值的单位还会有所不同，这样对于不同的问题，就会有不同的正态分布，所以要将一般正态分布标准化，使不同的正态分布变换为期望值都为0、方差都为1的标准正态分布。

下面对随机变量 x 变换为新的随机变量 t：

$$t = \frac{x-\bar{x}}{\sigma} \qquad (4.32)$$

$$\mu = E(t) = E\left(\frac{x-\bar{x}}{\sigma}\right) = \frac{E(x)-\bar{x}}{\sigma} = 0 \qquad (4.33)$$

$$\sigma_t^2 = E\left[\frac{x-\bar{x}}{\sigma} - E\left(\frac{x-\bar{x}}{\sigma}\right)\right]^2 = E\left(\frac{x-\bar{x}}{\sigma}\right)^2$$

$$= \frac{1}{\sigma^2}E(x-\bar{x})^2 = \frac{\sigma^2}{\sigma^2} = 1 \tag{4.34}$$

因此，标准正态分布 $N(0,1)$ 的密度函数和分布函数分别为：

$$f(t) = \frac{1}{\sqrt{2\pi}}e^{-t^2/2} \tag{4.35}$$

$$F(t) = \frac{1}{\sqrt{2\pi}}\int_{-\infty}^{t} e^{-t^2/2}dt \tag{4.36}$$

利用标准正态分布函数可计算 $(\bar{x}-a, \bar{x}+a)$ 区间的概率：

$$p(\bar{x}-a \leqslant x \leqslant \bar{x}+a) = p(|x-\bar{x}| \leqslant a) = \frac{2}{\sqrt{2\pi}}\int_0^t e^{-t^2/2}dt \tag{4.37}$$

4.5 抽样估计的优良标准

抽样指标作为统计量，它是随机变量，随着抽得的样本不同，便有不同的估计值。为此，要判断某一估计量的优劣，不能仅以某一次试验的结果来衡量，而应当经过多次重复试验后，才能判断该种估计量是否充分趋近被估计参数的真值。

从直观意义上来衡量，抽样指标对于总体指标是否具有良好的代表性，应当从样本的分布结构和总体的分布结构是否一致，抽选的变量是否都充分接近于总体的平均数来考察。

从理论上归纳，若抽样指标估计总体指标能满足以下四个标准，通常认为该估计量为最优。

4.5.1 无偏性

它是指各次抽样指标的平均数等于被估计的总体指标。

换而言之，尽管单次抽样指标可能与未知的总体指标存在一定的偏差，但是，经过多次从总体中抽取的所有可能的样本指标，要求其数学期望应该等于总体参数的真值,即:就所有可能的抽样指标平均而言,对总体指标的估计是无偏误的。

无偏性的数学表达式为:

$$E(\hat{\theta}) = \theta \tag{4.38}$$

式中:$\hat{\theta}$ 表示样本指标;

θ 表示总体指标。

若 $E(\hat{\theta}) > \theta$,将会产生正偏差($E(\hat{\theta}) - \theta > 0$),如图 4-5 所示;

若 $E(\hat{\theta}) < \theta$,将会产生负偏差($E(\hat{\theta}) - \theta < 0$),如图 4-6 所示。

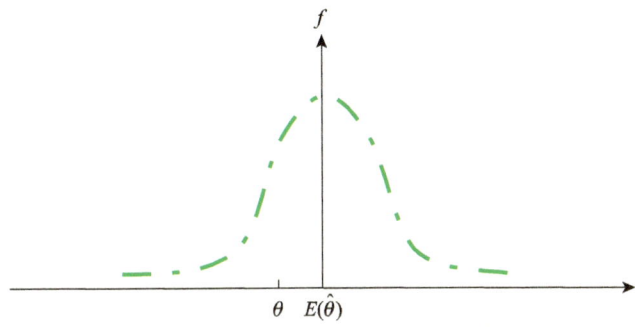

图 4-5 正态分布图

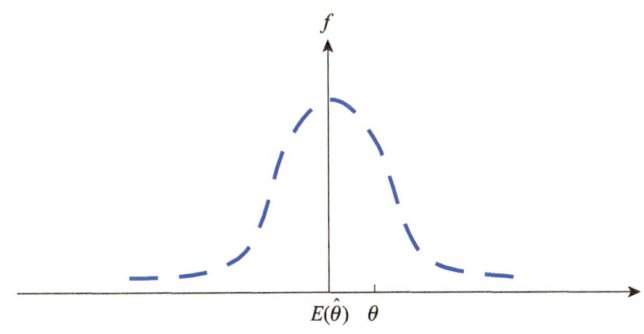

图 4-6 正态分布图

证明:样本平均数 $\bar{x}$ 是总体均值 μ 的无偏估计量,或者,$E(\bar{x}) = \mu$

[证] $E(\bar{x}) = E\left(\dfrac{1}{n}\sum\limits_{i=1}^{n} x_i\right) = \dfrac{1}{n}\sum\limits_{i=1}^{n} E(x_i) = \dfrac{1}{n} n\mu = \mu$

或者

$$E(\bar{x}) = E(\frac{x_1 + x_2 + \cdots + x_n}{n})$$

$$= \frac{1}{n}\sum_{i=1}^{n} E(x_i)$$

$$= \frac{1}{n}[E(x_1) + E(x_2) + \cdots + E(x_n)]$$

$$= \frac{1}{n}(\mu + \mu + \cdots + \mu)$$

$$= \mu$$

证明：样本成数 p 是总体成数 P 的无偏估计量。

[证] 设容量为 n 的样本中各样本单位的标志值 x_i（$i = 1, 2, \cdots, n$）的取值为：

$$x_i = \begin{cases} 1, & 第 i 单位具有某一标志 \\ 0, & 第 i 单位不具有某一标志 \end{cases}$$

$p = \bar{x} = \frac{1}{n}\sum_{i=1}^{n} x_i$，由此可知，抽样成数 p 是 $(0,1)$ 分布平均数的表现形式。

则：
$$E(p) = E(\bar{x}) = E\left(\frac{1}{n}\sum_{i=1}^{n} x_i\right) = \frac{1}{n}\sum_{i=1}^{n} E(x_i)$$

$$= \frac{1}{n}n[1 \times p + 0 \times (1 - p)] = p$$

证明：样本方差 s^2 是总体方差 σ^2 的无偏估计量，即 $E(s^2) = \sigma^2$

$$[证] E(s^2) = E\left[\frac{1}{n-1}\sum_{i=1}^{n}(x_i - \bar{x})^2\right]$$

$$= \frac{1}{n-1}E\left\{\sum_{i=1}^{n}[(x_i - \mu) - (\bar{x} - \mu)]^2\right\}$$

$$= \frac{1}{n-1}E\left[\sum_{i=1}^{n}(x_i - \mu)^2 + \sum_{i=1}^{n}(\bar{x} - \mu)^2 - 2\sum_{i=1}^{n}(x_i - \mu)(\bar{x} - \mu)\right]$$

$$= \frac{1}{n-1}E\left[\sum_{i=1}^{n}(x_i - \mu)^2 + \sum_{i=1}^{n}(\bar{x} - \mu)^2 - 2(\bar{x} - \mu)\sum_{i=1}^{n}(x_i - \mu)\right]$$

$$= \frac{1}{n-1}E\left[\sum_{i=1}^{n}(x_i - \mu)^2 + \sum_{i=1}^{n}(\bar{x} - \mu)^2 - 2(\bar{x} - \mu)n\sum_{i=1}^{n}\left(\frac{x_i}{n}\right.\right.$$

$$-\frac{\mu}{n})]$$

$$=\frac{1}{n-1}E[\sum_{i=1}^{n}(x_i-\mu)^2+\sum_{i=1}^{n}(\bar{x}-\mu)^2-2(\bar{x}-\mu)n(\frac{\sum_{i=1}^{n}x_i}{n}-\frac{\sum_{i=1}^{n}\mu}{n})]$$

$$=\frac{1}{n-1}E[\sum_{i=1}^{n}(x_i-\mu)^2+\sum_{i=1}^{n}(\bar{x}-\mu)^2-2(\bar{x}-\mu)n(\bar{x}-\frac{n\mu}{n})]$$

$$=\frac{1}{n-1}E[\sum_{i=1}^{n}(x_i-\mu)^2+n(\bar{x}-\mu)^2-2n(\bar{x}-\mu)^2]$$

$$=\frac{1}{n-1}E[\sum_{i=1}^{n}(x_i-\mu)^2-n(\bar{x}-\mu)^2]$$

$$=\frac{1}{n-1}\{\sum_{i=1}^{n}[E(x_i-\mu)^2]-nE(\bar{x}-\mu)^2\}$$

$$=\frac{1}{n-1}[\sum_{i=1}^{n}\sigma^2-n(\frac{\sigma^2}{n})]$$

$$=\frac{1}{n-1}(n\sigma^2-\sigma^2)$$

$$=\sigma^2$$

4.5.2 一致性

它是指抽样指标与总体指标的绝对离差小于任意给定的小正数 ε 的极限概率等于1。换而言之，当样本容量 n 无限增大时，样本指标非常趋近未知的总体指标真值且几乎成为必然事件。一致性的数学表达式为：

$$\lim_{n\to\infty}P(|\hat{\theta}-\theta|<\varepsilon)=1 \tag{4.39}$$

当 $n\to\infty$，若估计量 $\hat{\theta}$ 依概率收敛于（Convergence in probability）总体指标真值 θ，则称 $\hat{\theta}$ 为 θ 的一致估计量，即 $\hat{\theta}$ 具有一致性。

证明：样本平均数 $\bar{x}$ 是总体均值 $\bar{X}$ 的一致估计量

[证] 大数法则中的切比雪夫不等式为：

$$P\{|\bar{x} - \overline{X}| \geq \varepsilon\} \leq \frac{1}{\varepsilon^2} \cdot V(\bar{x}) = \frac{1}{\varepsilon^2} \frac{\sigma^2}{n} \qquad (4.40)$$

因而有：

$$P\{|\bar{x} - \overline{X}| < \varepsilon\} > 1 - P\{|\bar{x} - \overline{X}| \geq \varepsilon\} > 1 - \frac{1}{\varepsilon^2} \frac{\sigma^2}{n} \qquad (4.41)$$

当 $n \to \infty$ 时，$\frac{1}{\varepsilon^2} \cdot \frac{\sigma^2}{n} \to 0$，由概率性质知，概率 $P\{|\bar{x} - \overline{X}| < \varepsilon\}$ 是不能超过 1 的，故：

$$\lim_{n \to \infty} P\{|\bar{x} - \overline{X}| < \varepsilon\} = 1 \qquad (4.42)$$

证明：样本成数 p 是总体成数 P 的一致估计量。

[证] $P\{|p - P| < \varepsilon\} > 1 - \frac{1}{\varepsilon^2} \cdot V(p) = 1 - \frac{1}{\varepsilon^2} \cdot \frac{p(1-p)}{n}$

则：

$$\lim_{n \to \infty} P\{|p - P| < \varepsilon\} = 1$$

4.5.3 有效性

它是指在 θ 的一切无偏估计量 $\hat{\theta}_i$（$i = 1, 2, \cdots, n$）中，$\hat{\theta}$ 的方差最小，则 $\hat{\theta}$ 称为 θ 的有效估计量。

就总体参数的无偏估计量而言，通常不止一个，况且无偏性仅仅表明 $\hat{\theta}_i$ 所有可能取值平均等于 θ，它的取值也许大多数与真值 θ 相差很大。为了确保 $\hat{\theta}$ 的取值能充分逼近 θ，必须要求 $\hat{\theta}$ 的方差越小越好。

有效性的数学表达式为：

$$V(\hat{\theta}) < V(\hat{\theta}_i) \quad (i = 1, 2, \cdots, n) \qquad (4.43)$$

证明：简单随机抽样的抽样平均数 $\bar{x}$ 是总体期望值的有效估计量。

[证] 简单随机抽样的抽样平均数 $\bar{x}$ 的方差为：

$$V(\bar{x}) = \frac{\sigma^2}{n}$$

从总体中任取一个单位 x_i 为总体均值的估计量，则：

$$V(x_i) = \sigma^2 \quad (\sigma^2 \text{ 为总体方差})$$

显然 $V(\bar{x}) = \dfrac{\sigma^2}{n} < V(x_i) = \sigma^2$

证明：抽样成数 p 是总体成数 P 的有效估计量。

［证］$V(p) = \dfrac{p(1-p)}{n} < V(x_i) = P(1-P)$

可见，使用样本平均数 $\bar{x}$ 与利用单个观察值 x_i 估计总体均值相比，$\bar{x}$ 是更加有效的估计量。

换句话说，在一次抽样中，$\bar{x}$ 比单个 x_i 离 μ 值近的可能性更大。

4.5.4 充分性

它是指估计量能够充分地利用样本提供的所有相关未知总体参数的信息资源，该估计量为充分估计量。

比如：样本平均数是总体期望值的充分估计量，而样本众数、中位数均不是充分估计量。

总之，若样本估计量不满足无偏性，则应该引入修正因子或改变抽样方式；样本容量充分大时才能满足一致性，一般要求样本容量 $n > 30$，即抽取大样本来估计总体；通常有效性和充分性不作为不同统计量的取舍标准。

4.6 抽样误差

4.6.1 抽样误差的概念

抽样误差是指抽样估计值与被估计的总体参数的未知真值之间的偏差。

比如：抽样平均数 $\bar{x}$ 与总体平均数 $\bar{X}$ 之差 $\bar{x} - \bar{X}$；

抽样成数 p 与总体成数 P 之差 $p - P$。

在统计调查过程中，产生统计误差的原因主要有两类：

一类是登记性误差,它是指统计调查中进行的登记、过录、汇总、计算时出现的重复遗漏、瞒报、虚报、口径不一致等主客观原因所导致的调查误差。全面调查和非全面调查均会产生登记性误差。该类误差只有通过提高调查技术人员的素质和严格执行统计法规来将其降低到最低限度。

二类是代表性误差,它是指样本不能真正成为总体的缩影,样本单位结构分布与总体单位结构分布不一致。代表性误差又可以再细分为:

系统性误差和随机性误差。

系统性误差是指违反随机原则抽选样本单位而导致的偏差。

如经随机抽选的单位被主观放回若干个单位进行任意调换而产生人为的偏差。

随机性误差是指遵循随机原则抽选样本单位,由于偶然性或随机性因素的影响,使样本结构分布与总体结构分布不尽一致,所导致的代表性的随机误差。

全面调查不存在代表性误差,然而,由于重点调查和典型调查不要求推断总体,因此,通常它们也没有代表性误差。

严格意义上讲,抽样调查的代表性,既要求以样本作为一个整体来代表总体,又要求每一个样本单位对相应类型组均具有代表性。

登记性误差和代表性误差中的系统性误差均属于统计调查的组织问题,可以采取措施避免或将其降低到最低限度。

从理论上讲,抽样误差是在没有登记性误差的前提下,严格按照随机原则,因不同的随机样本得到的相应不同的估计量与总体参数未知真值之间的偏误,因而,抽样误差是专指代表性误差中的随机误差。

从总体中抽取部分代表单位构成样本,再利用样本指标推断总体指标,就免不了存在抽样误差,该误差是抽样调查固有的。

虽然随机性因素和部分代表因素使抽样误差无法避免,但是,可以运用大数定律加以计算,确定其数量界限,并通过抽样设计程序加以控制。

是不是非全面调查中的抽样调查不如全面调查准确?回答是否定的。至少可认为这种看法是片面的。

尽管全面调查不存在抽样误差,但是,由于调查面广,调查人员相对地多,且水平不均,因此这样非抽样误差就在所难免,有时甚至还可能较大。

然而,虽然抽样调查也会产生非抽样误差,但是,由于调查单位少,人力集中，且一般要求较高统计素质的人员参加，因此，非抽样误差可以大大地降低。更何况抽样调查所独有的抽样误差可预先控制，可以根据需要将其降低到尽可能低的限度；

值得一提的是，全面调查的非抽样误差远远大于抽样调查，通常该误差难以衡量，也不易控制。

4.6.2 影响抽样误差的因素

1. 样本容量（n）

通常，样本越大，样本越能反映总体的特征，其代表性也就越高，因而，抽样误差就会越小。

若全及总体单位全部抽取作为样本，则抽样调查就变成了全面调查，这样随之就不存在抽样误差了；

反之，样本越小，则抽样误差就会越大。然而，抽样调查的目的本来就是为了尽量降低费用和节省时间从而少调查一些单位，以达到准确推断总体数量特征的目的。

若无止境地对样本扩容，就会违背初愿。

由此可见，不能认为样本越大越好。样本尽可能地缩小，只能在允许的抽样误差范围内进行。

2. 总体被研究标志的变异程度（σ）

若总体单位间的差异程度（σ）较小，任意抽取的单位构成样本，这些样本单位对总体均会有较高的代表性，样本能充分地反映总体特征。

反之，若总体单位间的差异程度（σ）较大，从总体中抽选的单位构成样本，这些样本单位的分布有可能与总体单位分布不尽一致，从而会降低样本单位对总体所有单位的代表性，从而导致抽样误差增大。

3. 抽样组织形式和抽样方式

采用不同的抽样组织形式，所抽出的样本对于总体的代表性会不尽相同，相应地就会有不同的抽样误差。

就抽样方式而言，在不重复抽样中，每抽一次总体单位，总体单位就会相应减少，单位间的差异可能会随之变小，因而，从差异程度不断变小的动态总体中抽选出的单位构成的样本具有较高的代表性。

然而，重复抽样不会使总体逐渐缩小，因而，每次抽选出的单位对总体所有单位的代表性与第一次抽选的单位的代表性基本相同。

对静态的总体来说，若总体变异程度较大，则所有的样本单位的代表性就较低，则抽样误差就会较大。

对同一总体抽样，不重复抽样误差小于重复抽样误差。

4.6.3 抽样平均误差

抽样误差可以从绝对差额和平均差额分别度量。

（一）从绝对差额角度是测定抽样实际误差

抽样实际误差是指某一样本指标与总体参数的偏差。某一被估计的总体指标值是唯一确定的，不过，由于不同的抽样所得到的样本值却不尽相同，因此，抽样实际误差也就成为随机变量，它有不确定的值。

因为总体指标是未知的，正是需要估计的，所以，抽样实际误差实际上是测定不到的。

（二）从平均差额角度是测定抽样平均误差

抽样平均误差是指从同一总体中抽取的所有可能样本的指标值的平均离散程度，也就是所有可能的抽样实际误差的平均数。

在抽样推断中，通常以平均误差作为确定误差范围的尺度。

样本指标主要指抽样平均数和抽样成数。下面就这两种样本指标的平均误差的测定分别给予介绍：

1. 抽样平均数的平均误差

抽样平均数的平均误差，简称抽样平均误差，它是指抽样平均数的标准差。抽样平均数的平均误差通常用 $\mu_{\bar{x}}$ 表示。其公式因抽样方式不同又有如下两种形式：

（1）重置抽样的抽样平均数的平均误差。

$$\mu_{\bar{x}} = \frac{\sigma}{\sqrt{n}} \tag{4.44}$$

式中：σ 表示总体标准差；
n 表示所抽中的某一样本容量。

证明：$\mu_{\bar{x}} = \frac{\sigma}{\sqrt{n}}$

[证] 设从总体中抽选的所有容量均为 n 的可能样本对应的随机变量分别为 $x_1, x_2, \cdots, x_k$，它们是相互独立且与总体变量 $\overline{X}$ 同分布，则：

$$\mu_{\bar{x}}^2 = E[\bar{x}_i - E(\bar{x})]^2$$

$$= E(\bar{x}_i - \bar{\bar{x}})^2$$

$$= E\left(\frac{\sum_{j=1}^{n} x_{ij}}{n} - \overline{X}\right)^2$$

$$= E\left(\frac{\sum_{j=1}^{n} x_{ij} - n\overline{X}}{n}\right)^2$$

$$= \frac{1}{n^2} E\left(\sum_{j=1}^{n}(x_{ij} - \overline{X})\right)^2$$

$$= \frac{1}{n^2} E[(x_{i1} - \overline{X}) + (x_{i2} - \overline{X}) + \cdots + (x_{in} - \overline{X})]^2$$

$$= \frac{1}{n^2} E\left[\sum_{j=1}^{n}(x_{ij} - \overline{X})^2 + 2\sum_{\substack{u,v=1 \\ u \neq v}}^{n}(x_{iu} - \overline{X})(x_{iv} - \overline{X})\right]$$

$$= \frac{1}{n^2} \cdot \frac{1}{k} \sum_{i=1}^{k}\left[\sum_{j=1}^{n}(x_{ij} - \overline{X})^2 + 2\sum_{\substack{u,v=1 \\ u \neq v}}^{n}(x_{iu} - \overline{X})(x_{iv} - \overline{X})\right]$$

$$= \frac{1}{n} \cdot \left[\frac{1}{nk}\sum_{i=1}^{k}\sum_{j=1}^{n}(x_{ij} - \overline{X})^2 + 2 \cdot \frac{1}{nk}\sum_{i=1}^{k}\sum_{\substack{u,v=1 \\ u \neq v}}^{n}(x_{iu} - \overline{X})(x_{iv} - \overline{X})\right]$$

因为是对总体重置抽样，每次抽选的单位 x_i（$i = 1,2,\cdots,N$）是独立的，所以，在抽选中构成的变量序列 $\{x_{iu}\}$、$\{x_{iv}\}$ 是互不相关，其相关系数 $\rho = 0$，$\rho = \frac{\text{cov}(x_{iu}, x_{iv})}{\sigma_{x_{iu}}\sigma_{x_{iv}}}$，因而 $\text{cov}(x_{iu}, x_{iv}) = 0$。

其中，$\mathrm{cov}(x_{iu}, x_{iv}) = \dfrac{1}{nk} \sum\limits_{i=1}^{k} \sum\limits_{\substack{u,v=1 \\ u \neq v}}^{n} (x_{iu} - \overline{X})(x_{iv} - \overline{X})$

$= 0$

因而：$\mu_{\bar{x}}^2 = \dfrac{1}{n}\left[\dfrac{1}{nk}\sum\limits_{i=1}^{k}\sum\limits_{j=1}^{n}(x_{ij}-\overline{X})^2\right] = \dfrac{1}{n}\sigma^2$

$$\mu_{\bar{x}} = \dfrac{1}{\sqrt{n}}\sigma$$

应当指出的是，利用原始公式 $\mu_{\bar{x}}^2 = E[\bar{x}_i - E(\overline{X})]^2 = \sqrt{\dfrac{\sum\limits_{i=1}^{k}(x_i - \overline{X})^2}{k}}$ 计算抽样平均数的平均误差是不现实的。

第一，若从一个总体抽选的单位可构成众多样本，这样就要计算许多样本值，这为本来被视为科学简捷的抽样调查添了许多麻烦。实际操作中，通常只抽选一个样本来计算抽样误差。

第二，总体均值是未知的，正是需要推断估计的对象，预先是没有占有 $\overline{X}$ 的已知数值。

（2）不重置抽样的抽样平均数的平均误差。

$$\mu_{\bar{x}} = \sqrt{\dfrac{\sigma^2}{n}\left(1 - \dfrac{n}{N}\right)} \tag{4.45}$$

式中：N 表示总体单位数。

证明：$\mu_{\bar{x}} = \sqrt{\dfrac{\sigma^2}{n}\left(1-\dfrac{n}{N}\right)}$

[证] 设样本变量 $x_1, x_2, \cdots, x_k$ 不是相互独立的，则

$\mu_{\bar{x}}^2 = E[\bar{x}_i - E(\bar{x})]^2$

$= E(\bar{x}_i - \bar{x})^2$

$= E\left(\dfrac{\sum\limits_{j=1}^{n} x_{ij}}{n} - \overline{X}\right)^2$

$= E\left(\dfrac{\sum\limits_{j=1}^{n} x_{ij} - n\overline{X}}{n}\right)^2$

$$= \frac{1}{n^2}E\left[\sum_{j=1}^{n}(x_{ij}-\overline{X})\right]^2$$

$$= \frac{1}{n^2}E\left[(x_{i1}-\overline{X})+(x_{i2}-\overline{X})+\cdots+(x_{in}-\overline{X})\right]^2$$

$$= \frac{1}{n^2}E\left[\sum_{j=1}^{n}(x_{ij}-\overline{X})^2+\underbrace{\sum_{\substack{u,v=1\\u\ne v}}^{n}(x_{iu}-\overline{X})(x_{iv}-\overline{X})}_{\text{共有}n(n-1)\text{个乘积}}\right]$$

$$= \frac{1}{n^2}\sum_{j=1}^{n}E(x_{ij}-\overline{X})^2+\frac{1}{n^2}\sum_{\substack{u,v=1\\u\ne v}}^{n}E(x_{iu}-\overline{X})(x_{iv}-\overline{X})$$

$$E(x_{ij}-\overline{X})^2 = \sum_{i=1}^{k}\sum_{j=1}^{n}(x_{ij}-\overline{X})^2 \cdot p_{ij}$$

$$= \sum_{i=1}^{k}\sum_{j=1}^{n}(x_{ij}-\overline{X})^2 \cdot \frac{1}{nk}$$

$$= \sum_{i=1}^{k}\sum_{j=1}^{n}(x_{ij}-\overline{X})^2 \cdot \frac{1}{N}$$

$$= \frac{1}{N}\sum_{i=1}^{k}\sum_{j=1}^{n}(x_{ij}-\overline{X})^2 = \sigma^2$$

$$E(x_{iu}-\overline{X})(x_{iv}-\overline{X}) = \sum_{i=1}^{k}\sum_{\substack{u,v=1\\u\ne v}}^{n}(x_{iu}-\overline{X})(x_{iv}-\overline{X}) \cdot p_{iu,iv}$$

$$= \sum_{i=1}^{k}\sum_{\substack{u,v=1\\u\ne v}}^{n}(x_{iu}-\overline{X})(x_{iv}-\overline{X})\frac{1}{N(N-1)}$$

$$= \frac{1}{N(N-1)}\sum_{i=1}^{k}\sum_{\substack{u,v=1\\u\ne v}}^{n}(x_{iu}-\overline{X})(x_{iv}-\overline{X})$$

第 iu 次抽中的单位取值为 x_{iu} 的概率 $p_{iu}=\frac{1}{N}$，则第 iv 次抽中的单位取值为 x_{iv} 的概率 $p_{iv}=\frac{1}{N-1}$。二者联合概率：$p_{iu,iv}=\frac{1}{N}\cdot\frac{1}{N-1}=\frac{1}{N(N-1)}$。

由于样本变量 $x_1,x_2,\cdots,x_k$ 不是相互独立的，因此

$$\sum_{i=1}^{k}\sum_{\substack{u,v=1\\u\ne v}}^{n}(x_{iu}-\overline{X})(x_{iv}-\overline{X})\ne 0$$

$$\therefore \sum_{i=1}^{k}\sum_{\substack{u,v=1\\u\ne v}}^{n}(x_{iu}-\overline{X})(x_{iv}-\overline{X})$$

$$= \left[\sum_{i=1}^{k}\sum_{j=1}^{n}(x_{ij}-\overline{X})\right]^2 - \sum_{i=1}^{k}\sum_{j=1}^{n}(x_{ij}-\overline{X})^2$$

$$= 0^2 - N\sigma^2 = -N\sigma^2$$

$$\therefore E(x_{iu}-\overline{X})(x_{iv}-\overline{X}) = \frac{1}{N(N-1)}(-N\sigma^2) = \frac{-\sigma^2}{N-1}$$

$$\mu_{\bar{x}}^2 = \frac{1}{n^2}\sum_{j=1}^{n}E(x_{ij}-\overline{X})^2 + \frac{1}{n^2}\sum_{\substack{u,v=1\\u\neq v}}^{n}E(x_{iu}-\overline{X})(x_{iv}-\overline{X})$$

$$= \frac{1}{n^2}\sum_{j=1}^{n}\sigma^2 + \frac{1}{n^2}\sum_{\substack{u,v=1\\u\neq v}}^{n}\frac{-\sigma^2}{N-1}$$

$$= \frac{1}{n^2}n\sigma^2 + \frac{1}{n^2}n(n-1)\frac{-\sigma^2}{N-1}$$

$$= \frac{\sigma^2}{n} + \frac{-(n-1)\sigma^2}{n(N-1)}$$

$$= \frac{\sigma^2}{n}\left(\frac{N-n}{N-1}\right)$$

$$\mu_{\bar{x}} = \sqrt{\frac{\sigma^2}{n}\left(\frac{N-n}{N-1}\right)}$$

当总体很大时，$N-1 \approx N$。通常使用的抽样平均误差公式是如下形式：

$$\mu_{\bar{x}} = \sqrt{\frac{\sigma^2}{n}\frac{N-n}{N}} = \sqrt{\frac{\sigma^2}{n}\left(1-\frac{n}{N}\right)} \tag{4.46}$$

由于不重置抽样的平均误差的校正因子 $\left(1-\frac{n}{N}\right)$ 总是小与 1 的，因此，对同一总体而言，不重置抽样平均误差总是小于重置抽样平均误差。

当抽样单位数占总体单位数的比重很小时，即 $\frac{n}{N} \to 0$ 时，$1-\frac{n}{N} \to 1$，因而，在实际抽样误差测算中，对抽样单位数相对于总体单位数小得多的情况，通常采用重置抽样公式进行近似计算抽样误差。

当总体是有限总体，若 $\frac{n}{N} < 0.05$，则将总体当作无限总体；

当总体是有限总体，若 $\frac{n}{N} > 0.05$，则

$$E(\bar{x}) = \mu \tag{4.47}$$

$$Var(\bar{x}) = \frac{N-n}{N-1} \cdot \frac{\sigma^2}{n} \tag{4.48}$$

式中，$\frac{N-n}{N-1}$ 是有限总体修正因子；

当总体容量较小时，若利用抽样估计总体方差，则会引起误差，因而必须利用修正因子 $\frac{N-n}{N-1}$ 进行修正。

2. 抽样成数的平均误差

它是指抽样成数的标准差。抽样成数的平均误差通常用 μ_p 表示。其公式因抽样方式不同又可分为如下两种形式：

（1）重置抽样的抽样成数的平均误差。

$$\mu_p = \frac{\sigma}{\sqrt{n}} = \sqrt{\frac{P(1-P)}{n}} \qquad (4.49)$$

式中：P 表示总体成数；

$P(1-P)$ 表示总体是非标志的方差 σ^2；

n 表示所抽中的某一样本的容量。

（2）不重置抽样的抽样成数的平均误差。

$$\mu_p = \sqrt{\frac{\sigma^2}{n}\left(1-\frac{n}{N}\right)} = \sqrt{\frac{P(1-P)}{n}\left(1-\frac{n}{N}\right)} \qquad (4.50)$$

式中：N 表示总体单位数。

须说明的问题：从以上公式发现，计算抽样平均误差需要掌握总体标准差 σ，然而，总体标准差只有通过全面调查才能获得。

对抽样调查而言，总体标准差是未知的，它也正是抽样估计的目标。

在没有掌握总体标准差的资料的情况下，通常采用如下替代方式：

第一，用抽样平均数的标准差 s 和抽样成数的标准差 $\sqrt{p(1-p)}$ 替代相应总体标准差 σ 和 $\sqrt{P(1-P)}$。

只要所选择的抽样组织形式合适，且总体 N 偏大和样本容量 n 足够大，这样的替代效果是良好的。

第二，用过去同类现象的全面调查或抽样调查标准差历史资料替代现在未知的真正标准差资料。若有几个不同总体的标准差历史资料，则应当选用标准差偏大的。

第三，在正式抽样调查之前，先组织试验性的抽样，用试验样本资料替代现在未知的标准差。

第四,用预先估计的标准差材料代替现在未知的标准差。

比如:深圳雷城电子有限公司对一天生产的 2500 件电子元件的耐用时间进行全面检测,尔后又抽取 4% 的电子元件进行抽样复检,检测资料见表 4-4。

表 4-4　　深圳雷城电子有限公司电子元件检测资料表

耐用时间(小时)	全面检测(支)	抽样复测(支)
3000 以下	50	2
3000~4000	550	22
4000~5000	1200	48
5000 以上	700	28
∑	2500	100

质检条例规定耐用时间在 3000 小时以下的产品为不合格品,根据以上资料,试按重置抽样和不重置抽样方法计算该电子元件平均耐用时间的抽样平均误差和抽样成数(合格率)的平均误差。

[解] 根据题意,整理资料见表 4-5:

表 4-5　　电子元件平均耐用时间的抽样平均误差和抽样成数的
平均误差计算表

耐用时间 (小时)	组中值 x_i	全面检测(支) f_i	$x_i f_i$	$x_i^2 f_i$
3000 以下	2500	50	125000	312500000
3000~4000	3500	550	1925000	6737500000
4000~5000	4500	1200	5400000	24300000000
5000 以上	5500	700	3850000	21175000000
∑	—	2500	11300000	52525000000

全部元件(总体)的平均耐用时间:

$$\bar{x} = \frac{\sum x_i f_i}{\sum f_i} = \frac{11300000}{2500}$$

$$= 4520 \text{(小时)}$$

$$\overline{x^2} = \frac{\sum x_i^2 f_i}{\sum f_i} = \frac{5252500000}{2500}$$

$$= 21010000 \text{（小时）}$$

全部元件（总体）的耐用时间的方差：

$$\sigma^2 = \overline{x^2} - \overline{x}^2 = 21010000 - 4520^2 = 579600 \text{（小时）}$$

抽样复测共 100 支，故样本容量 $n = 100$（支），则平均耐用时间的抽样平均误差：

重置抽样条件下：

$$\mu_{\overline{x}} = \frac{\sigma}{\sqrt{n}} = \sqrt{\frac{\sigma^2}{n}}$$

$$= \sqrt{\frac{579600}{100}}$$

$$= 76.13 \text{（小时）}$$

不重置抽样条件下：

$$\mu_{\overline{x}} = \sqrt{\frac{\sigma^2}{n}\left(1 - \frac{n}{N}\right)}$$

$$= \sqrt{\frac{579600}{100}\left(1 - \frac{100}{2500}\right)}$$

$$= \sqrt{\frac{579600}{100}(1 - 4\%)}$$

$$= 74.59 \text{（小时）}$$

全部元件（总体）的合格率：

$$p = \frac{2500 - 50}{2500} = 98\%$$

抽样合格率的平均误差：

重置抽样条件下：

$$\mu_p = \sqrt{\frac{p(1-p)}{n}}$$

$$= \sqrt{\frac{98\%(1 - 98\%)}{100}}$$

$$= 1.40\%$$

不重置抽样的条件下：

$$\mu_p = \sqrt{\frac{p(1-p)}{n}\left(1-\frac{n}{N}\right)}$$
$$= \sqrt{\frac{98\%(1-98\%)}{100}(1-40\%)}$$
$$= 1.37\%$$

4.6.4 抽样极限误差

抽样极限误差，又称置信区间和抽样允许误差范围，它是指在一定的把握程度（P）下保证样本指标与总体指标之间的抽样误差不超过某一给定的最大可能范围，记作 Δ。作为样本的随机变量——抽样指标值（$\bar{x}$ 或 p），它是围绕以未知的唯一确定的全及指标真值（$\bar{X}$ 或 P）为中心上下波动，它与全及指标值可能会产生正或负离差，这些离差均是抽样指标的随机变量，因而难以避免，只能将其控制在预先要求的误差范围（$\Delta_{\bar{x}}$ 或 Δ_p）内。

$$|\bar{x} - \bar{X}| \leq \Delta_{\bar{x}} \qquad (4.51)$$
$$|p - P| \leq \Delta_p \qquad (4.52)$$

或

$$\bar{X} - \Delta_{\bar{x}} \leq \bar{x} \leq \bar{X} + \Delta_{\bar{x}} \qquad (4.53)$$
$$P - \Delta_p \leq p \leq P + \Delta_p \qquad (4.54)$$

因为 $\Delta_{\bar{x}}$ 和 Δ_p 是预先给定的抽样方案中所允许的误差范围，所以，利用 $\Delta_{\bar{x}}$ 和 Δ_p 可以反过来估计未知的全及指标的取值可能的范围。

解上述两个绝对值不等式便可得：

$$\bar{x} - \Delta_{\bar{x}} \leq \bar{X} \leq \bar{x} + \Delta_{\bar{x}} \qquad (4.55)$$
$$p - \Delta_p \leq P \leq p + \Delta_p \qquad (4.56)$$

4.6.5 抽样估计的概率度、精度和可靠程度

1. 抽样估计的概率度

抽样极限误差 Δ 是单个样本值与总体指标值之间的绝对离差；

抽样平均误差 μ 是所有可能样本值与总体指标值之间的平均离差。

将抽样极限误差与抽样平均误差相比,从而使由单一样本值得到的抽样极限误差标准化,因而,可称为抽样标准极限误差,不过,通常称其为概率度或相对误差范围。

$$t = \frac{\Delta_x}{\mu_x} = \frac{|\bar{x} - \bar{X}|}{\sigma/\sqrt{n}} \quad (4.57)$$

$$t = \frac{\Delta_p}{\mu_p} = \frac{|p - P|}{\sqrt{\frac{P(1-P)}{n}}} \quad (4.58)$$

由此可知,标准正态分布变量 t 服从标准正态概率分布。

2. 抽样估计的精度

为了比较不同现象总体的抽样误差程度,必须消除总体规模大小悬殊的影响,通常还需计算抽样误差系数,抽样误差系数记作 Δ',反映了抽样误差的相对程度。其计算公式为:

$$\Delta'_x = \frac{\Delta_x}{\bar{x}} \quad (4.59)$$

$$\Delta'_p = \frac{\Delta_p}{p} \quad (4.60)$$

则抽样估计精度(Accuracy)(A)公式为:

$$A_x = 1 - \Delta'_x \quad (4.61)$$

$$A_p = 1 - \Delta'_p \quad (4.62)$$

3. 抽样估计的可靠程度

置信区间的测定总是在一定的概率保证程度下进行的。既然抽样误差是一个随机变量,就不能指望抽样指标落在置信区间内成为必然事件,只能视为一个可能事件,因而,就必定要用一定的概率来给予保证。

抽样误差的可能范围是估计的准确性问题,不过,保证抽样指标落在抽样误差的可能范围之内则是估计的可靠性问题。

抽样估计可靠程度又称置信度。

具体地说,置信区间是以一定的概率把握程度确定总体指标所在的区间。置信度是总体指标落在某个区间的概率把握程度。

抽样估计的可靠程度用概率 P 表示，P 是 t 的函数。然而，$P = F(t)$ 表明概率分布是概率度 t 的函数。

确定抽样估计的可靠程度，就是要确定抽样平均数（$\bar{x}$）或抽样成数（p）落在置信区间（$\bar{x} - \Delta_{\bar{x}}, \bar{x} + \Delta_{\bar{x}}$）或（$P - \Delta_p, P + \Delta_p$）中的概率 P。

$F(t)$ 的函数形式为：

$$P(|\bar{x} - \overline{X}| \leq t\mu_x) = F(t) \tag{4.63}$$

$$P(|p - P| \leq t\mu_p) = F(t) \tag{4.64}$$

由此可知，t 增大，Δ 也增大，即 $t\mu$ 增大，这表明所要求的误差范围增大，说明从总体中随机抽取一个样本，其样本值落在这个较大的置信区间内可能性或把握性 P 越大；反之 t 减小，Δ 也减小，即 $t\mu$ 减小，这表明所要求的误差范围减小，说明从总体中随机抽取一个样本，其样本值落在这个较小的置信区间内的可能性或把握性越小。

查标准正态分布概率积分表，可以得出抽样指标落在置信区间内的置信度。

$$F(1) = P\{|\bar{x} - \overline{X}| \leq 1\mu_{\bar{x}}\} = 68.27\% \tag{4.65}$$

$$F(2) = P\{|\bar{x} - \overline{X}| \leq 2\mu_{\bar{x}}\} = 95.45\% \tag{4.66}$$

$$F(3) = P\{|\bar{x} - \overline{X}| \leq 3\mu_{\bar{x}}\} = 99.73\% \tag{4.67}$$

下面将常用的概率保证程度即概率面积与对应的概率度列入表 4-6 中：

表 4-6　　　　　　　概率面积与对应的概率度表

概率面积 $F(t)$	概率度 t	概率面积 $F(t)$	概率度 t
0.6827	1.00	0.954500	2.00
0.7995	1.28	0.990000	2.58
0.8664	1.50	0.997300	3.00
0.9000	1.64	0.999940	4.00
0.9500	1.96	0.999999	5.00

置信度即概率积分面积与 Δ、t 的关系还可通过图 4-7 表示：

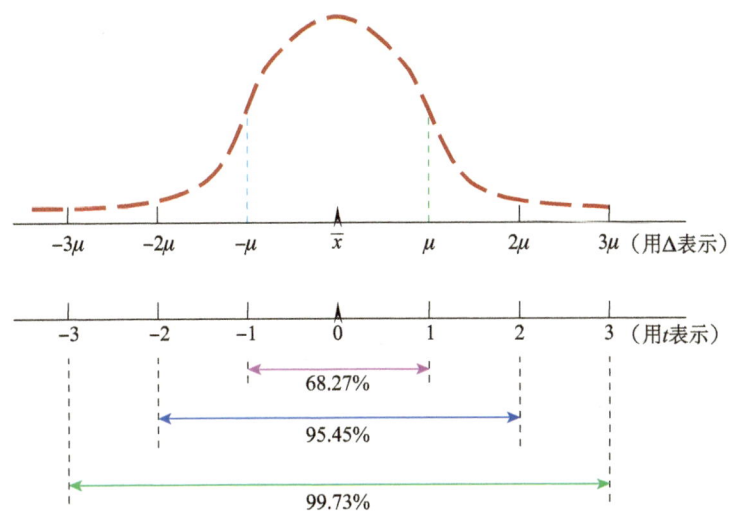

图 4-7 置信度即概率积分面积与 Δ、t 的关系图

如图 4-7 所示，正态分布曲线与横轴所围成的面积等于 1。随着概率度 t 逐渐增大，概率 P 也随之增大，以致使 P 无限趋近于 1，这样抽样推断估计就达到了完全可靠的程度。

4.7 必要样本容量的确定与全及总体指标的推断

4.7.1 必要样本容量的确定

1. 最大抽样效果

只有严格遵守最大抽样效果原则，才能合理地确定必要的样本容量。

所谓最大抽样效果原则，它是指在一定的抽样误差和可靠程度的要求下力求调查费用和时间最省。

在通常情况下，提高精度和节省费用往往不能两全其美，它们是一对矛盾，欲使抽样误差尽量降低，一般是通过多抽选样本单位来达到的，这样做则必然要多投入人力、物力和财力,造成调查费用增加。

事实上,并非抽样误差最小即精度最高的抽样方案一定是最优的方案。因为有一些调查要求精度高一点,然而,有一些调查并不需要那么高的精度,所以,在抽样方案设计上要具体问题具体分析。

当然,过多地减少抽样单位数会大大节省费用,不过,却难以保证样本对总体的代表性,从而导致抽样误差加大。

从理论和实践中均证实,使偏误尽量缩小,以得到较高的精度;又从较高的精度上再上台阶,得到非常高的精度,显然,前者的精度增幅远远大于后者,然而,为了后者这一点点精度的提高需投入的成本很可能会不低于前者,甚至远远超过前者。

下面以图示来解释,通常,调查费用和精度是呈非线性关系,如图4-8所示。

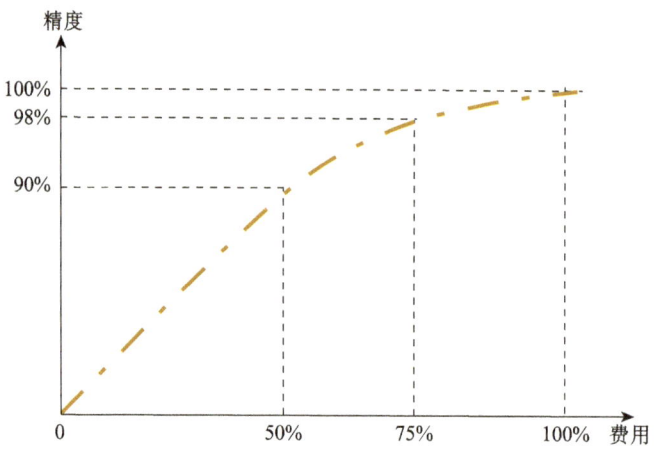

图 4-8 调查费用和精度的非线性关系图

从图 4-8 中可知,用 100% 的费用可以达到 100% 的精度,不过若用 75% 的费用就能达到 98% 的精度,且 98% 的精度已经满足需要时,就没有必要再花 25% 的费用去换来剩余的 2% 的精度了。

2. 必要样本容量的影响因素分析

为了避免样本容量的过大或过小,就必须确定必要的样本容量。以下就样本容量的主要影响因素进行分析:

（1）总体单位标志的变异程度。若被调查事物总体标识之间差异程度越大，说明总体分布越不均匀，则需要抽取的样本单位越多；反之，若被调查事物总体标识之间差异程度越小，说明总体分布越均匀，则抽取的样本单位越少。

（2）抽样推断的可靠程度。要求估计的把握程度高，则抽取的单位数就应增多；反之，要求估计的把握程度低，则抽取的单位数就应减少。

（3）容许误差。容许误差要求越小，抽样单位数就应越多；反之，容许误差越大，抽样单位数可适当多一些。

（4）抽样方式和方法。在相同条件下，重置抽样比不重置抽样要抽取多一些样本单位；一般情况下，纯随机抽样比类型抽样和机械抽样需要抽取的样本单位数多；有关标识排队的等距抽样方式比无关标识排队的等距抽样方式所抽取的样本单位少；整群抽样比单个抽样需要抽取的样本单位要多。

（5）人力、物力和财力的可能条件。调查方案要求很高精度，则应组织较强的调查力量，备足经费，多抽取样本单位；反之，调查方案要求的精度不很高，则可组织一般的调查力量，适当的经费，少抽取样本单位。

3. 必要样本容量的计算公式

所谓必要样本单位数，它是指既能达到一定的抽样精度又能降低抽样费用的要求下所必须抽取的样本单位数。

下面分别就纯随机抽样、类型抽样、等距抽样和整群抽样组织形式分别介绍必要样本容量的计算公式：

（1）纯随机抽样的必要样本容量。

重置抽样条件下：

$$\because \Delta_{\bar{x}} = t\mu_x = t\sqrt{\frac{\sigma^2}{n}} \quad , \quad \therefore \quad n_{\bar{x}} = \frac{t^2\sigma^2}{\Delta_{\bar{x}}^2} \qquad (4.68)$$

$$\because \Delta_p = t\mu_p = t\sqrt{\frac{P(1-P)}{n}} \quad , \quad \therefore \quad n_p = \frac{t^2 P(1-P)}{\Delta_p^2}$$

$$(4.69)$$

不重置抽样条件下：

$$\because \Delta_{\bar{x}} = t\mu_x = t\sqrt{\frac{\sigma^2}{n}\left(1-\frac{n}{N}\right)} \qquad (4.70)$$

$$\therefore n_{\bar{x}} = \frac{Nt^2\sigma^2}{N\Delta_{\bar{x}}^2 + t^2\sigma^2} \tag{4.71}$$

$$\therefore \Delta_p = t\mu_p = t\sqrt{\frac{P(1-P)}{n}\left(1 - \frac{n}{N}\right)} \tag{4.72}$$

$$\therefore n_p = \frac{Nt^2P(1-P)}{N\Delta_p^2 + t^2P(1-P)} \tag{4.73}$$

（2）类型抽样的必要样本容量。

重置抽样条件下：

$$\therefore \Delta_{\bar{x}} = t\mu_x = t\sqrt{\frac{\overline{\sigma^2}}{n}} \tag{4.74}$$

$$\therefore n_{\bar{x}} = \frac{t^2\overline{\sigma^2}}{\Delta_{\bar{x}}^2} \tag{4.75}$$

$$\therefore \Delta_p = t\mu_p = t\sqrt{\frac{\overline{P(1-P)}}{n}} \tag{4.76}$$

$$\therefore n_p = \frac{t^2\overline{P(1-P)}}{\Delta_p^2} \tag{4.77}$$

不重置抽样条件下：

$$\therefore \Delta_{\bar{x}} = t\mu_x = t\sqrt{\frac{\overline{\sigma^2}}{n}\left(1 - \frac{n}{N}\right)} \tag{4.78}$$

$$\therefore n_{\bar{x}} = \frac{Nt^2\overline{\sigma^2}}{N\Delta_{\bar{x}}^2 + t^2\overline{\sigma^2}} \tag{4.79}$$

$$\therefore \Delta_p = t\mu_p = t\sqrt{\frac{\overline{P(1-P)}}{n}\left(1 - \frac{n}{N}\right)} \tag{4.80}$$

$$\therefore n_p = \frac{Nt^2\overline{P(1-P)}}{N\Delta_p^2 + t^2\overline{P(1-P)}} \tag{4.81}$$

式中，$\overline{\sigma^2}$ 和 $\overline{P(1-P)}$ 分别为在分类基础上计算的总体平均数指标和成数指标的平均差异程度，待后一节将会详细介绍。

（3）等距抽样的必要样本容量。

等距抽样可以看成是将总体分成 n 个类型，与类型抽样不同的是每个类型只抽一个单位。

当事先掌握了总体指标 σ_i 和 P_i 时，则可采用类型抽样公式计算等距抽样的必要样本容量；

当事先没有掌握总体指标 σ_i 和 P_i 时，则就采用纯随机抽样公式计算等距抽样的必要样本容量。

（4）整群抽样的必要样本容量。

重置抽样条件下：

$$\because \Delta_{\bar{x}} = t\mu_x = t\sqrt{\frac{\overline{\sigma_R^2}}{n}} \tag{4.82}$$

$$\therefore n_{\bar{x}} = \frac{t^2 \overline{\sigma_R^2}}{\Delta_{\bar{x}}^2} \tag{4.83}$$

$$\because \Delta_p = t\mu_p = t\sqrt{\frac{P_R(1-P_R)}{n}} \tag{4.84}$$

$$\therefore n_p = \frac{t^2 P_R(1-P_R)}{\Delta_p^2} \tag{4.85}$$

不重置抽样条件下：

$$\because \Delta_{\bar{x}} = t\mu_x = t\sqrt{\frac{\sigma_R^2}{n}\left(1-\frac{n}{N}\right)} \tag{4.86}$$

$$\therefore n_{\bar{x}} = \frac{Nt^2 \sigma_R^2}{N\Delta_{\bar{x}}^2 + t^2 \sigma_R^2} \tag{4.87}$$

$$\because \Delta_p = t\mu_p = t\sqrt{\frac{P_R(1-P_R)}{n}\left(1-\frac{n}{N}\right)} \tag{4.88}$$

$$\therefore n_p = \frac{Nt^2 P_R(1-P_R)}{N\Delta_p^2 + t^2 P_R(1-P_R)} \tag{4.89}$$

式中，σ_R^2 和 $P_R(1-P_R)$ 的计算方法待后一节介绍。

4. 必要样本容量的确定应当注意的问题

（1）计算必要样本容量需要总体方差资料，然而，总体方差 σ^2 和 $P(1-P)$ 是未知的，在实际计算时常常利用有关资料替代。

对于寻找总体未知成数 P 的替代资料来说，通常应选用其中最接近 0.5 的数值。即使缺乏备选的成数替代资料，也可以假设 $P = 0.5$。原因是：

$$\sigma(P) = P(1-P) \tag{4.90}$$

$$\sigma'(P) = 1 - 2P \tag{4.91}$$

令 $\sigma'(P) = 0$，则 $1 - 2P = 0$

$$P = 0.5$$

而： $\sigma''(P) = -2 < 0$

所以 $P = 0.5$ 时，$\sigma(P)$ 可取到最大值，

即： $\sigma(P) = 0.5(1-0.5) = 0.25 \tag{4.92}$

取替代资料中的偏大方差，就如同我们设计行动方案时作好将来可能会遇到最坏情况的准备一样，从而在现在创造条件以便攻克未来可能出现的最大艰难险阻。

（2）同一次抽样调查计算的样本容量 $n_{\bar{x}}$ 和 n_p 往往不相等，为了使同一样本既能满足总体平均数的推断需要，又能满足总体成数的推断需要，通常要求从这两个样本容量中选择其中较大的一个。

（3）通过必要样本容量的计算公式得出的结果有可能带有小数，一般取比该计算结果大的相邻的整数作为必要样本容量。

比如：泛美电子有限公司一月生产 J 型号电子元件 9800 只，质检员对其耐用性进行检测，根据以往的抽样检测算得的元件合格率为 93% 和耐用时数的标准差为 49.2 小时，试问：

①概率保证为 68.27%，元件平均耐用时数的误差范围不超过 8 小时，则按重置抽样方法需要抽取多少元件检测？

②若将抽样误差范围扩大到原来的 $\frac{4}{3}$ 倍，概率把握程度提高到 95.45%，则按不重置抽样方法需要抽取多少元件检测？

③若将抽样误差范围压缩到原来的一半，概率把握程度提高到 99.73%，则按重置抽样方法需要抽取多少元件检测？

④若在 95% 概率保证下，抽样允许误差不超过 3.5%，则按不重置抽样方法需要抽取多少元件检测？

解：① $\because F(t) = 68.27\%$ $\therefore t = 1$

总体 σ 未知可用过去样本资料 s 来替代，$\sigma = s = 49.20$

$\Delta_{\bar{x}} = 8$

$$n_{\bar{x}} = \frac{t^2 \sigma^2}{\Delta_{\bar{x}}^2} = \frac{1^2 \times (49.20)^2}{8^2} = 37.82 \approx 38 \text{（个）}$$

② $\because F(t) = 95.45\%$　$\therefore t = 2$

$\sigma = s = 49.20$, $N = 9800$, $\Delta_{\bar{x}} = 8 \times \dfrac{4}{3} = \dfrac{32}{3}$

$n_{\bar{x}} = \dfrac{Nt^2\sigma^2}{N\Delta_{\bar{x}}^2 + t^2\sigma^2}$

$\quad = \dfrac{9800 \times 2^2 \times (49.20)^2}{9800 \times \left(\dfrac{32}{3}\right)^2 + 2^2 \times (49.20)^2}$

$\quad = 82.37 \approx 85$（个）

③ $\because F(t) = 99.73\%$　$\therefore t = 3$

$\sigma = s = 49.20$, $\Delta_{\bar{x}} = 8 \times \dfrac{1}{2} = 4$

$n_{\bar{x}} = \dfrac{t^2\sigma^2}{\Delta_{\bar{x}}^2}$

$\quad = \dfrac{3^2 \times (49.20)^2}{4^2}$

$\quad = 1361.61 \approx 1362$（个）

④ $\because F(t) = 95\%$　$\therefore t = 1.96$

总体 $P(1-P)$ 未知，可用过去样本资料 $p(1-p)$ 来替代，

$P(1-P) = p(1-p) = 93\%(1-93\%) = 6.51\%$

$N = 9800$, $\Delta_p = 3.5\%$

$n_p = \dfrac{Nt^2P(1-P)}{N\Delta_p^2 + t^2P(1-P)}$

$\quad = \dfrac{9800 \times 1.96^2 \times 6.51\%}{9800 \times (3.5\%)^2 + 1.96^2 \times 6.51\%}$

$\quad = 199.9874 \approx 200$（个）

4.7.2　必要样本容量的确定全及总体的推断

1. 抽样指标的代表性检查

抽样指标的代表性检查，就是将某一样本指标值与根据过去的资料推

算的全及总体指标值对比,用以反映抽样指标的代表性程度,其公式如下:

$$抽样平均数的代表性检查指标 = \frac{抽样平均数}{全及总体平均数} \times 100\% \quad (4.93)$$

$$抽样成数的代表性检查指标 = \frac{抽样成数}{全及成数} \times 100\% \quad (4.94)$$

若代表性检查指标落在 [95%,105%] 内,则可以认为该抽样指标的代表性高;否则,该指标落在此区间之外,则可以认为该抽样指标的代表性低。

改变抽样指标代表性低的途径主要有:再次进行新的一轮抽样,若新的样本指标仍未达到要求,则只有加大样本容量。

2. 点估计和区间估计

(1) 点估计。亦称定值估计,它是以抽样指标值作为相应全及总体参数的估计值。

虽然定值估计不考虑误差范围和估计的可靠程度,但是,进行该种估计时,可同时给出抽样极限误差和估计的保证概率,以便检验它的代表性和可行性。

点估计方法又分直接点估计和间接点估计。

第一,直接点估计。它是运用样本指标值对总体特征进行直接推断。

总体均值 μ 的直接点估计:

$$\mu = \bar{x} = \frac{1}{n}\sum_{i=1}^{n} x_i \quad (4.95)$$

式中:x_i 表示样本中各单位标识值。

总体成数 P 的直接点估计:

$$P = p = \frac{n_1}{n} \quad (4.96)$$

式中:n_1 表示样本中具有某一标识表现的单位数。

直接点估计的重要办法之一是极大似然估计法。

若总体 $X \sim N(\mu, \sigma^2)$,μ 未知,某样本观察值为 $x_1, x_2, \cdots, x_n$,采用极大似然估计法可估计总体均值 μ。

该总体的似然函数为:

$$L(x_1,x_2,\cdots,x_n;\mu) = \prod_{i=1}^{n} f(x_i,\mu)$$

$$= \prod_{i=1}^{n} \frac{1}{\sqrt{2\pi}\sigma} e^{-(x_i-\mu)^2/2\sigma^2}$$

$$= \frac{1}{(\sqrt{2\pi}\sigma)^n} e^{-\frac{1}{2\sigma^2}\sum_{i=1}^{n}(x_i-\mu)^2} \tag{4.97}$$

对上式两边取对数，得：

$$\ln L = -\frac{n}{2}\ln(2\pi) - n\ln\sigma - \frac{1}{2\sigma^2}\sum_{i=1}^{n}(x_i-\mu)^2 \tag{4.98}$$

再对 $\ln L$ 求关于变量 μ 的偏导，得：

$$\frac{\partial \ln L}{\partial \mu} = 0 + 0 + 2 \cdot \left[-\frac{1}{2\sigma^2}\sum_{i=1}^{n}(x_i-\mu)\right](-1) = \frac{1}{\sigma^2}\sum_{i=1}^{n}(x_i-\mu) = 0$$

$$\hat{\mu} = \frac{1}{n}\sum_{i=1}^{n} x_i = \bar{x}$$

这表明，正态总体的特征值 μ 是以样本特征值 $\bar{x}$ 作为极大似然估计量。

当对总体参数进行点估计时，主要根据某个样本统计量的优良性标准来选择总体参数的估计量。极大似然估计量是有效和一致的估计量，然而，不一定是无偏估计量。

第二，间接点估计。它是运用样本指标值及其他有关统计资料对总体特征进行间接推断。

总体均值 μ 的间接点估计：

$$\mu_1 = \mu_0 \times \frac{\bar{x}_1}{\bar{x}_0} \tag{4.99}$$

式中：$\bar{x}_0$，μ_0 是该现象过去或同类似现象的平均指标值。

总体成数 p 的间接点估计：

$$P_1 = P_0 \times \frac{p_1}{p_0} \tag{4.100}$$

式中：p_0，P_0 是该现象过去或同类似现象成数。

比如：去年和今年某地区对所辖区职工收入进行了抽样调查两次调查的样本容量均相同。调查结果是：去年样本人均收入 7000 元，总体实际人均收入 6700 元；今年样本人均收入 7200 元，试根据以上资料估计今年全地区职工实际人均收入。

[解] ①直接点估计

今年全地区职工实际人均收入 $\overline{X}_1 = \bar{x} = 7200$（元）

②间接点估计

今年全地区职工实际人均收入

$$\overline{X}_1 = \overline{X}_0 \times \frac{\bar{x}_1}{\bar{x}_0} = 6700 \times \frac{7200}{7000} = 6891.43 \text{（元）}$$

（2）区间估计。亦称区间推断，它是用一定的概率保证程度以样本指标值推断全及总体参数的可能置信区间。

设总体 x 的分布函数为 $F(x;\theta)$，其中 θ 为未知参数，找出样本 $(x_1, x_2, \cdots, x_n)$ 的两个统计量的估计值 $\hat{\theta}_1$ 和 $\hat{\theta}_2$（假定 $\hat{\theta}_1 < \hat{\theta}_2$），对于给定的 α（$0 < \alpha < 1$），有

$$P\{\hat{\theta}_1(x_1, x_2, \cdots, x_n) \leq \theta \leq \hat{\theta}_2(x_1, x_2, \cdots, x_n)\} = 1 - \alpha \tag{4.101}$$

则称 $(\hat{\theta}_1, \hat{\theta}_2)$ 为参数 θ 在置信水平 $(1-\alpha)$ 下的估计区间或置信区间。

- $1-\alpha$ 亦称区间估计的置信度，它说明由全部样本观察值确定的所有估计区间 $(\hat{\theta}_1, \hat{\theta}_2)$ 中有 $100(1-\alpha)\%$ 的估计区间包括了 θ 的真值；

换言之，对由某一样本观察值所确定的具体估计区间 $(\hat{\theta}_1, \hat{\theta}_2)$ 而言，其包含 θ 的可能性为 $100(1-\alpha)\%$。

- α 称为估计的显著性水平，它说明由全部样本观察值确定的所有估计区间 $(\hat{\theta}_1, \hat{\theta}_2)$ 中，另有 $100\alpha\%$ 的区间没有包括 θ 的真值；

换言之，不包含 θ 的可能性为 $100\alpha\%$，如图 4-9 所示：

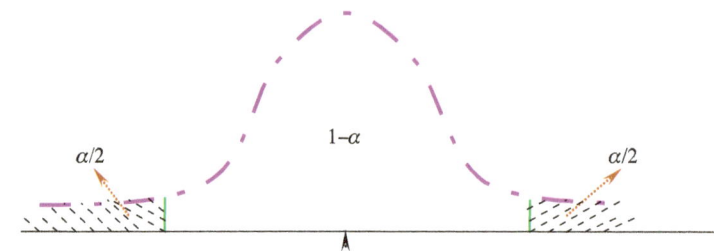

图 4-9 置信概率与区间示意图

第一,总体平均数的区间估计。

相对误差范围:
$$t = \frac{\Delta_{\bar{x}}}{\mu_{\bar{x}}} = \frac{|\bar{x} - \bar{X}|}{\frac{\sigma}{\sqrt{n}}} \tag{4.102}$$

抽样估计的概率
$$P\{|\bar{x} - \bar{X}| \leq t\mu_x\} = F(t) \tag{4.103}$$

$$\bar{x} - t\mu_{\bar{x}} \leq \bar{X} \leq \bar{x} + t\mu_{\bar{x}} \tag{4.104}$$

置信区间:
$$[\bar{x} - t\mu_{\bar{x}}, \bar{x} + t\mu_{\bar{x}}] \tag{4.105}$$

第二,总体成数的区间估计。

相对误差范围:
$$t = \frac{\Delta_p}{\mu_p} = \frac{|p - P|}{\sqrt{\frac{P(1-P)}{n}}} \tag{4.106}$$

抽样估计的概率:
$$P\{|p - P| \leq t\mu_p\} = F(t) \tag{4.107}$$

$$p - t\mu_p \leq P \leq p + t\mu_p \tag{4.108}$$

置信区间:
$$[p - t\mu_p, p + t\mu_p] \tag{4.109}$$

比如:宇宙饮料厂抽检一大批各种饮料,结果其平均有效使用期为360天,抽样平均误差为10天,问:在95.45%的概率保证下估计这批饮料的有效使用期限为多少天?

[解] $\bar{x} = 360$ 天,$\mu_{\bar{x}} = 10$ 天

$F(t) = 95.45\%$,$t = 2$

$\Delta_{\bar{x}} = t\mu_{\bar{x}} = 2 \times 10 = 20$(天)

$\bar{x} - \Delta_{\bar{x}} \leq \bar{X} \leq \bar{x} + \Delta_{\bar{x}}$

$360 - 20 \leq \bar{X} \leq 360 + 20$

即 340(天)$\leq \bar{X} \leq 380$(天)

因此,在95.45%的概率保证下,这批饮料的有效使用期限为340天~380天。

比如:赛勒皮鞋厂从1000双皮鞋中抽检5%的皮鞋进行质检,结果发现有两双次品,试问在99.73%的把握程度下估计全部皮鞋的次品率和次品数?

[解] ∵ $N = 1000$ 双,$n = 1000 \times 5\% = 50$ 双,$n_1 = 2$ 双

∴ $p = \frac{n_1}{n} = \frac{2}{50} = 0.04 = 4\%$

$$\mu_p = \sqrt{\frac{p(1-p)}{n}\left(1-\frac{n}{N}\right)} = \sqrt{\frac{0.04(1-0.04)}{50}(1-5\%)}$$
$$= 0.0068 = 0.68\%$$
$$F(t) = 99.73\%, \ t = 3$$
$$\Delta_p = t\mu_p = 3 \times 0.0068 = 0.0204 = 2.04\%$$
$$p - \Delta_p \leqslant P \leqslant p + \Delta_p$$
$$4\% - 2.04\% \leqslant P \leqslant 4\% + 2.04\%$$

即 $1.96\% \leqslant P \leqslant 6.04\%$

$$N(p - \Delta_p) \leqslant NP \leqslant N(p + \Delta_p)$$
$$1000(4\% - 2.04\%) \leqslant NP \leqslant 1000(4\% + 2.04\%)$$
$$19.6 \leqslant NP \leqslant 60.4$$

因此，在99.73%的把握程度下，全部皮鞋的次品率为1.96%~6.04%，次品数为20双~61双。

比如：渡头乡种水稻7000亩，收割前夕随机抽取3‰亩进行实割实测，结果平均亩产400千克，标准差为30千克，试确定全乡水稻的平均亩产落在380千克至420千克之间的概率。

[解] $\because \bar{x} = 400$ 千克，$s = 30$ 千克，$N = 7000$ 亩

$n = 7000 \times 3‰ = 21$ 亩，$\sigma = s = 30$ 千克

$$\mu_{\bar{x}} = \sqrt{\frac{\sigma^2}{n}\left(1-\frac{n}{N}\right)} = \sqrt{\frac{30^2}{21}(1-3‰)} = 6.54 \text{（千克）}$$

$$t = \frac{\Delta_{\bar{x}}}{\mu_{\bar{x}}} = \frac{|\bar{x} - \bar{X}|}{\mu_{\bar{x}}} = \frac{|380-400|}{6.54} = 3$$

$$P(400 - 20 \leqslant \bar{X} \leqslant 400 + 20) = F(3) = 0.9973 = 99.73\%$$

因此，这种推断的极限误差不超过20千克的置信度为99.73%。

综上所述，即使是具有优良标准的统计量，仅用某一次观察值直接用来作为总体参数的点估计值，难免存在一定的偏差。同时，定值估计又没有顾及点估计值与总体参数、未知真值之间客观上存在的误差，概率保证程度也难以确保点估计值的可靠性，为此，从估计准确性角度考察，区间估计正好可以弥补点估计的不足。

严格地讲，$\sigma^2 = \frac{n}{n-1}s^2$，因为样本方差 $s^2 = \frac{1}{n}\sum_{i=1}^{n}(x_i - \bar{x})^2$ 不是总体

方差的无偏估计量，而样本修正方差 $\frac{n}{n-1} \cdot \frac{1}{n} \sum_{i=1}^{n} (x_i - \bar{x})^2$ 才是总体方差的无偏估计量。

3. 修正系数法

修正系数法是用抽样指标去修正全面调查的偏误，该方法主要使用差错率指标对全面调查资料进行修复。

$$差错率 = \frac{抽样复查登记数 - 全面调查登记数}{全面调查登记数}$$

$$= \frac{遗漏登记数 - 重复登记数}{全面调查登记数} = 遗漏比率 - 重复比率 \quad (4.110)$$

修正以后全面调查数 = 全面调查数 × （1 ± 差错率） $\quad (4.111)$

比如：2021年1月10日某地全面调查各村养猪情况，计存栏生猪3万头，6月17日对15%的村进行抽样复查，计存栏生猪1万头，与1月10日全面调查所登记的9千头不同。另外，这些接受复查的村1月10日至6月17日存栏生猪发生过如下变动：购进小猪700头，被政府统购900头。试根据这些资料对该地区1月10日存栏生猪头数进行修正。

[解] 将6月17日抽样复查数还原为1月10日的数：

10000 + 900 - 700 = 10200（头）

修正后的该地1月10日存栏生猪头数：

$$3 \times \left(1 + \frac{10200 - 9000}{9000}\right)$$

$$= 3 \times (1 + 13.3\%)$$

$$= 3.4（万头）$$

4.8　随机抽样的组织形式

抽样调查主要环节是：

立项→搜集总体的有关资料，编制抽样框→设计抽样调查方案→调查方案实施，搜集样本单位的数据，对样本的准确性和代表性进行检查→进行数据处理→推断总体,并予以论证→开发利用抽样调查结果,同时对结果的可靠性给予说明。

根据研究的目的、抽样对象的性质和调查具备的条件,随机抽样通常采用的组织形式有:纯随机抽样、类型抽样、等距抽样、整群抽样和阶段抽样。

此外,还有多相抽样、穿插抽样和目录抽样的组织形式。

虽然后三种抽样形式不及以上五种抽样组织形式应用普遍,但是对资料的搜集,还是有一定的实用价值。

针对不同的调查总体,选择恰当的随机抽样的组织形式,往往会大大增强样本对总体的代表性,可以降低抽样误差。

4.8.1 纯随机抽样

1. 纯随机抽样的概述

纯随机抽样(Pure random sampling),亦称简单随机抽样(Simple random sampling),它是遵循随机原则直接从全及总体中抽取调查单位以构成样本。

纯随机抽样是一种最简单易行的抽样组织形式,在理论上,它最符合随机原则,理由有二:

一是总体中各个单位被抽中的机会相同,如:总体由 N 个单位组成,各单位被抽中的概率均为 $1/N$;

二是总体中各个样本被抽中的机会相同,如:从总体 N 中抽取容量为 n 的样本,总共可能抽取 C_N^n 个样本,在每一轮抽选中,各个样本被抽中的概率均为 $1/C_N^n$。

2. 纯随机抽样的适用性和局限性

(1) 纯随机抽样的适用性:

它适用于较小的均匀总体。

所谓均匀总体,它是指具有某种特征的单位均匀地分布于总体的各个部分或总体各单位的标志值之间无显著的差异。

(2) 纯随机抽样的局限性：

一是对大总体抽样框编码困难，像对连续生产的产品编号有时甚至办不到；

二是未能充分利用总体的有关信息，从而增大了抽样误差。

3. 纯随机抽样的抽取单位的方法

进行纯随机抽样首先必须对总体中全部单位无一遗漏地编码，中选的数码所代表的单位即为样本单位。

利用纯随机抽样形式抽取样本单位的方法有：

（1）抽签法。它是将每一个单位编上 $1, 2, \cdots, N$ 序号，并把号码写在质地均匀的签上，搅拌均匀后，从其中随机抽选，依次抽中 n 支签，签上的号码所对应的总体单位即为样本单位。

（2）摇珠法。它是在摇珠机上的容器中盛有若干个编有 $1, 2, \cdots, N$ 序号的同样大小的球。每摇一轮，滚出一珠，摇出的球上的号码所对应的总体单位即为样本单位。

（3）计算机模拟法。它是利用计算机中的随机数字发生器所产生的随机数字，确定相应已编码的总体单位即为样本单位。

（4）随机数表法。所谓随机数表法，它是指由一系列随机数字所构成的表格。

表中出现的数字及其排列顺序均是随机的，构成这些随机数组的 $0, 1, 2, 3, \cdots, 9$ 出现的机会均等，概率都是 $1/10$，并且各随机数组出现的概率也相等。

国际上，通用的随机数表有四种：

第一，蒂配特 1927 年编制的四位一组的随机数表；

第二，费歇（Fisher）和耶茨（Yates）1938 年编制的十位一组的随机数表；

第三，肯德尔（Cendall）和史密斯（Smith）1939 年编制的五位一组的随机数表；

第四，兰德公司（Rand Co.）1955 年出版的五位一组的随机数表。

4. 随机数表法的取样过程

下面就纯随机抽样中最常用的方法——随机数表法给予介绍。

随机数表法取样过程为：对已编号码的全部总体单位，按编号的最大位数确定使用相应位数的随机数表，然后，从表的任意行列交叉项开始，向右或向下取数，遇到属于总体单位编号范围内的数字，就取该总体单位作为样本单位。

若不重置抽样，则遇到重复的数字就舍弃；

若重置抽样，则遇到重复的数字所对应的编号的总体单位仍要登记，重复作为样本单位，这样一直抽到预定的样本单位数为止。

比如：总体 $N = 45$ 个单位，现按附录一（R. A. Fisher 随机数表）随机重置地从总体中抽取 8 个单位构成一个样本。

[解] 第一步：将总体单位分别编 01、02、…、43、44、45 号。

第二步：从随机数表中随机选取某个数字开始依次取数，凡不大于 45 的数即可取出，相对应的编号总体单位即为被抽中的样本单位。

若随机确定第 11 列第 1 行开始向下依次取数：42、32、05、31、17、07、42、13，因此，第 42 号，第 32 号，第 05 号，第 31 号，第 17 号，第 07 号，第 42 号，第 13 号总体单位即为样本单位。

5. 纯随机抽样的估计量及其抽样平均误差

（1）纯随机抽样的估计量。在纯随机抽样中，样本的平均数和样本的成数均是总体参数的无偏估计量，它们可以分别作为总体平均数和总体成数的估计量。

$$\hat{\bar{X}} = \bar{x} = \frac{1}{n}\sum_{i=1}^{n} x_i \tag{4.112}$$

$$\hat{P} = p = \frac{n_1}{n} \tag{4.113}$$

式中：$\hat{\bar{X}}$ 表示总体均值 $\bar{X}$ 的估计值；

$\bar{x}$ 表示某一样本均值；

x_i 表示某一样本中的第 i 个单位的标志值；

$\hat{P}$ 表示总体成数 P 的估计值；

p 表示某一样本成数；

n 表示样本单位数，表示样本中具有某种特征的单位数。

（2）纯随机抽样的抽样平均误差。

重置抽样条件下：

$$\hat{\mu}_{\bar{x}} = \frac{\sigma}{\sqrt{n}} = \frac{s}{\sqrt{n}} \quad (4.114)$$

$$\hat{\mu}_p = \sqrt{\frac{P(1-P)}{n}} = \sqrt{\frac{\hat{P}(1-\hat{P})}{n}} \quad (4.115)$$

不重置抽样条件下：

$$\hat{\mu}_{\bar{x}} = \sqrt{\frac{s^2}{n}\left(1-\frac{n}{N}\right)} \quad (4.116)$$

$$\hat{\mu}_P = \sqrt{\frac{\hat{P}(1-\hat{P})}{n}\left(1-\frac{n}{N}\right)} \quad (4.117)$$

式中：$\hat{\mu}_{\bar{x}}$ 表示抽样平均数的平均误差 $\mu_{\bar{x}}$ 的估计值；

$\hat{\mu}_P$ 表示抽样成数的平均误差 μ_p 的估计值；

s 表示样本标准差；

N 表示总体单位数。

比如：东方集团公司欲搞好考勤制度，对全公司 500 位员工一天内上班迟到时数抽取 8% 的人进行统计分析，据样本资料 $\bar{x}=5$ 分钟，$s=1.2$ 分钟，试以 95% 的概率保证程度估计该公司全体员工一天内的平均每人迟到的时数，并计算估计精度。

[解] $N = 500$ 人，$n = 500 \times 8\% = 40$ 人

$F(t) = 95\%$，$t = 1.96$

而 $n > 30$，该样本属于大样本，因而可以用样本标准差（s）作为总体标准差 σ 的估计值。

$$\hat{\mu}_{\bar{x}} = \sqrt{\frac{\sigma^2}{n}\left(1-\frac{n}{N}\right)} = \sqrt{\frac{s^2}{n}\left(1-\frac{n}{N}\right)}$$

$$= \sqrt{\frac{1.2^2}{40}(1-8\%)} = 0.182$$

$\Delta_{\bar{x}} = t\hat{\mu}_{\bar{x}} = 1.96 \times 0.182 = 0.357$

$\bar{x} - \Delta_{\bar{x}} \leqslant \overline{X} \leqslant \bar{x} + \Delta_{\bar{x}}$

$5 - 0.357 \leqslant \overline{X} \leqslant 5 + 0.357$

4.643（分钟）$\leqslant \overline{X} \leqslant 5.357$（分钟）

估计精度：$\Delta_{\bar{x}} = 1 - \Delta'_{\bar{x}} = 1 - \dfrac{\Delta_{\bar{x}}}{\bar{x}}$

$$= 1 - \dfrac{0.357}{5} = 0.9286$$

因此，以95%的概率保证该公司全体员工一天的平均每人迟到4.643分钟至5.357分钟，估计精度为0.9286。

4.8.2 类型抽样

1. 类型抽样的概述

类型抽样（Type sampling），亦称分层抽样（Stratified sampling），它是先将全及总体按其一标志分成若干个类型组，尽量使各组内各单位标志值较接近，不过，在各组内按随机原则分别抽取若干单位共同构成一个样本。

类型抽样有两个显著优点：

一是大大提高了样本对总体的代表性。

因为全及总体分类是将标志值差异较小的一些单位归并为一类，所以，从各个单位差异较小的均匀分布的类型内分别抽选部分单位，使样本单位的分布与总体单位分布更趋一致，从而会大大地提高样本的代表性，缩小抽样误差；

二是降低了影响抽样平均误差的总体方差。

在总体分组情况下，总体方差（σ^2）是由组间方差（δ^2）和组内方差（$\overline{\sigma_i^2}$）两部分组成，即 $\sigma^2 = \overline{\sigma_i^2} + \delta^2$。

组间方差是各类型组之间的平均差异程度；组内方差是各组内单位标志值之间的平均差异程度。

由于每一个类型均需抽取或多或少的样本单位，而不是从选定的哪几个类型中来抽选样本单位，因此，对每一个类型均需调查，这就相当于对各类型组进行全面调查。

然而，尽管类型组之间平均差异程度存在，但是，由于对各类型要进行全面调查，所以类型组之间的差异就可以不考虑。

由此可知，实际上，影响抽样误差的总方差只有组内方差，即 $\sigma^2 = \overline{\sigma_i^2}$。

通常，由于总体方差（σ^2）是一个固定的参数，不过，类型抽样中总方差只受组内方差（$\overline{\sigma_i^2}$）的影响，与组间方差（δ^2）无关，因此，为了提高类型抽样的效果，就要尽可能地降低组内标志值的变异程度，最大限度地提高组间的变异程度。

2. 类型抽样的适用性和局限性

（1）类型抽样的适用性：

该抽样形式尤其适用于各单位标志值差异程度较大，甚至悬殊的总体。

（2）类型抽样的局限性：

事先要对总体有一定的认识，并还应占有分类资料，选准分类主要标志。

3. 类型抽样的抽取单位的方法

作为分类的标志应当是与所调查研究的指标有密切关系，或是决定着调查指标值变化的主要标志。

如：工人技术等级与工资水平有显著的关系，因而，在调查工人工资水平时就可以按技术等级来作为分类标志。

由此可知，分类是按有关的主要标志来划分的，因而，各类的变异程度和单位数都可能不相同，那么从各个彼此间存在显著差异的类型中怎样确定抽选的单位数呢？通常使用的方法有等比例分配法、适度分配法和经济分配法。

假设总体单位数为 N，按某一有关主要标志将总体划分为 k 个类型组。

各类型组所含单位数分别为 $N_1, N_2, \cdots, N_k$，则 $N = \sum_{i=1}^{k} N_i$；

从各类型组中随机分别抽选出 $n_1, n_2, \cdots, n_k$ 个样本单位，则样本容量 $n = \sum_{i=1}^{k} n_i$；

各类型组内均方差分别为 $\sigma_1, \sigma_2, \cdots, \sigma_k$；

各类型中每一单位的调查费用分别为 C_1, C_2, $\cdots$, C_k。

下面具体介绍各类型组分配抽样单位数的方法。

（1）等比例分配法。等比例分配法是按总体各类型组的单位数所占总体单位数的比例来分配各组抽选样本单位数目的方法。

保持各类型组的应抽样本单位数（n_i）同相应类型组的单位数（N_i）的比例相等，并且等于样本容量（n）同全及总体单位数（N）的比例。

即
$$\frac{n_1}{N_1} = \frac{n_2}{N_2} = \cdots = \frac{n_i}{N_i} = \cdots = \frac{n_k}{N_k} = \frac{n}{N} \quad (4.118)$$

则各类型组应抽选的样本单位数为：
$$n_i = n \cdot \frac{N_i}{N} \quad (i = 1, 2, \cdots, k) \quad (4.119)$$

（2）适度分配法。适度分配法是按照总体各类型组内部差异程度大小来确定各类型组应抽选样本单位数目的方法。

欲降低抽样代表性误差的办法之一是多抽样本单位。

对于组内标志变异程度较大的不均匀类型，则抽选相对多的样本单位；然而，对于组内标志差异程度较小的均匀类型，则抽选相对较少的样本单位。

类型中被抽选的单位数应与相应类中的变异程度成正比例变化，才可能使抽样误差达到最小。

保持各类型组的应抽样本单位数（n_i）同相应类型组的单位数（N_i）和组内均方差（σ_i）乘积的比例相等，并且等于样本容量（n）同所有类型组的单位数（N_i）和组内均方差（σ_i）乘积的和的比例，即：

$$\frac{n_1}{N_1\sigma_1} = \frac{n_2}{N_2\sigma_2} = \cdots = \frac{n_i}{N_i\sigma_i} = \cdots = \frac{n_k}{N_k\sigma_k} = \frac{n}{\sum_{i=1}^{k} N_i\sigma_i} \quad (4.120)$$

则各类型组应抽选的样本单位数为：

$$n_i = n \cdot \frac{N_i\sigma_i}{\sum_{i=1}^{k} N_i\sigma_i} \quad (i = 1, 2, \cdots, k) \quad (4.121)$$

（3）经济分配法。经济分配法，亦称奈曼分配法（Neyman allocation approach），它是在兼顾各类型组单位数所占总体单位数的比例和各类型组内各单位标志值变异程度的前提下，秉着尽可能节约各类型组的单位调查费用来确定各类型组应抽选的样本单位数目的方法。

对于单位调查费用较高的类型，便相对少分配一些抽样数目；然而，单位调查费用较低的类型，便相对多分配一些抽样数目。

据推导（利用 $C = C_0 + \sum_{i=1}^{k} n_i C_i$，$C_0$ 是如同宣传费、培训费等与抽选样本单位多少无直接关系的固定费用，推导过程略！）样本单位数与费用的平方根成反比关系，才可能达到在一定的调查费用下抽样误差最小，在一定的抽样误差下调查费用最省。

保持各类型组的应抽样本单位数（n_i）同相应类型组的单位数（N_i）和组内均方差（σ_i）乘积再除以每单位调查费用的平方根的比例相等，并且等于样本容量（n）同所有类型组的单位数（N_i）和组内均方差（σ_i）乘积再乘以每单位调查费用的平方根的比例，

即：

$$\frac{n_1}{N_1\sigma_1/\sqrt{C_1}} = \frac{n_2}{N_2\sigma_2/\sqrt{C_2}} = \cdots = \frac{n_i}{N_i\sigma_i/\sqrt{C_i}} = \cdots$$

$$= \frac{n_k}{N_k\sigma_k/\sqrt{C_k}} = \frac{n}{\sum_{i=1}^{k} N_i\sigma_i/\sqrt{C_i}} \quad (4.122)$$

则各类型组应抽选的样本单位数为：

$$n_i = n \cdot \frac{N_i\sigma_i/\sqrt{C_i}}{\sum_{i=1}^{k} N_i\sigma_i/\sqrt{C_i}} \quad (i = 1, 2, \cdots, k) \quad (4.123)$$

4. 类型抽样的抽选单位方法的应用

可将总体划分成更细的类型组，这有助于缩小组内方差，从而降低抽样误差，不过，若分类过多势必会增大样本容量，增加调查工作量，可见，分类要适宜。

下面列举一个总体分成两大类、利用三种确定分配样本单位数的方法的实例。

比如，厚田乡共有粮食耕地600亩，按地形条件分层（类）的有关资料见表4-7，现拟从中抽选60亩作为样本来进行农作物产量调查，试按不同的样本单位分配方法确定应抽选的各类耕地的亩数。

表 4－7　厚田乡粮食耕地按地形条件分层（类）资料表

总体类型	亩数（亩）N_i	亩产均方差（千克）σ_i	每亩调查费用（元）C_i
平原	500	20	30
坡地	100	30	10
Σ	600	—	—

[解] 设抽选平原田亩数为 n_1，旱地田亩数为 n_2。

（1）按等比例分配法抽样：

$$n_1 = n \cdot \frac{N_1}{N} = 60 \cdot \frac{500}{600} = 50（亩）$$

$$n_2 = n \cdot \frac{N_2}{N} = 60 \cdot \frac{100}{600} = 10（亩）$$

（2）按适度分配法抽样：

$$n_1 = n \cdot \frac{N_1 \sigma_1}{\sum_{i=1}^{2} N_i \sigma_i}$$

$$= 60 \times \frac{500 \times 20}{500 \times 20 + 100 \times 30} = 46.15 \approx 46（亩）$$

$$n_2 = n \cdot \frac{N_2 \sigma_2}{\sum_{i=1}^{2} N_i \sigma_i}$$

$$= 60 \times \frac{100 \times 30}{500 \times 20 + 100 \times 30} = 13.85 \approx 14（亩）$$

（3）按经济分配法抽样：

$$n_1 = n \cdot \frac{N_1 \sigma_1 / \sqrt{C_1}}{\sum_{i=1}^{2} N_i \sigma_i / \sqrt{C_i}}$$

$$= 60 \times \frac{500 \times 20 / \sqrt{30}}{500 \times 20 / \sqrt{30} + 100 \times 30 / \sqrt{10}} = 39.49 \approx 39（亩）$$

$$n_2 = n \cdot \frac{N_2 \sigma_2 / \sqrt{C_2}}{\sum_{i=1}^{2} N_i \sigma_i / \sqrt{C_i}}$$

$$= 60 \times \frac{100 \times 30/\sqrt{10}}{500 \times 20/\sqrt{30} + 100 \times 30/\sqrt{10}} = 20.50 \approx 21 \text{（亩）}$$

5. 类型抽样的估计量及其抽样平均误差

（1）类型抽样的估计量。在类型抽样中，样本的平均数和样本的成数只有在等比例分配类型抽样时才是总体参数的无偏估计量，这两种样本统计量在适度分配类型抽样和经济分配类型抽样时均不是总体参数的无偏估计量。

各类抽选的样本单位的平均数：

$$\bar{x}_i = \frac{\sum_{j=1}^{n_i} x_{ij}}{n_i} \quad (i = 1, 2, \cdots, k) \tag{4.124}$$

式中：x_{ij} 表示第 i 类第 j 个样本单位的标志值。

各类抽选的样本单位的成数：

$$p_i = \frac{\sum_{j=1}^{n_i} x_{ij}}{n_i} \quad (i = 1, 2, \cdots, k) \tag{4.125}$$

式中：x_{ij} 表示是否标志，只能去 0 和 1 两个值；

$x_{ij} = 1$ 表示第 i 类第 j 个样本单位具有某特征；

$x_{ij} = 0$ 表示第 i 类第 j 个样本单位不具有某特征。

$$\hat{\bar{X}} = \bar{x} = \frac{\sum_{i=1}^{k} \bar{x}_i n_i}{\sum_{i=1}^{k} n_i} = \frac{\sum_{i=1}^{k} \bar{x}_i n_i}{n} \tag{4.126}$$

$$\hat{P} = p = \frac{\sum_{i=1}^{k} p_i n_i}{\sum_{i=1}^{k} n_i} = \frac{\sum_{i=1}^{k} p_i n_i}{n} \tag{4.127}$$

若按等比例分配各类型组所抽选的样本单位数时，则：

$$\frac{\sum_{i=1}^{k} \bar{x}_i n_i}{n} = \frac{\sum_{i=1}^{k} \bar{x}_i N_i}{N} \tag{4.128}$$

$$\frac{\sum_{i=1}^{k} p_i n_i}{n} = \frac{\sum_{i=1}^{k} p_i N_i}{N} \tag{4.129}$$

（2）类型抽样的抽样平均误差。各类型组内所抽选的样本单位之间的平均差异程度 [s^2 或 $p(1-p)$] 的加权平均，可得到样本各组标志平均组内方差 [$\overline{s^2}$ 或 $\overline{p(1-p)}$]，即：

$$\overline{s_i^2} = \frac{\sum_{i=1}^{k} s_i^2 n_i}{\sum_{i=1}^{k} n_i} = \frac{\sum_{i=1}^{k} s_i^2 n_i}{n} \tag{4.130}$$

$$\overline{p(1-p)} = \frac{\sum_{i=1}^{k} p_i(1-p_i) n_i}{\sum_{i=1}^{k} n_i} = \frac{\sum_{i=1}^{k} p_i(1-p_i) n_i}{n} \tag{4.131}$$

尽管样本方差 $\overline{s^2}$ 或 $\overline{p(1-p)}$ 是总体方差 $\overline{\sigma^2}$ 或 $\overline{P(1-P)}$ 的有偏估计量，但是，在实际运用中，当 $\overline{\sigma^2}$ 或 $\overline{P(1-P)}$ 未知时，通常用 $\overline{s^2}$ 或 $\overline{p(1-p)}$ 来直接作为 $\overline{\sigma^2}$ 或 $\overline{P(1-P)}$ 的估计量。

在等比例分配样本单位数的情况下，总体各组标志平均组内方差：

$$\overline{\sigma^2} = \frac{\sum_{i=1}^{k} \sigma_i^2 n_i}{\sum_{i=1}^{k} n_i} = \frac{\sum_{i=1}^{k} \sigma_i^2 n_i}{n} \tag{4.132}$$

$$\overline{p(1-p)} = \frac{\sum_{i=1}^{k} p_i(1-p_i) N_i}{\sum_{i=1}^{k} N_i} = \frac{\sum_{i=1}^{k} p_i(1-p_i) n_i}{\sum_{i=1}^{k} n_i} = \frac{\sum_{i=1}^{k} p_i(1-p_i) n_i}{n} \tag{4.133}$$

重置抽样条件下：

$$\hat{\mu}_{\bar{x}} = \sqrt{\frac{\overline{\sigma^2}}{n}} = \sqrt{\frac{\overline{s^2}}{n}} \tag{4.134}$$

$$\hat{\mu}_p = \sqrt{\frac{\overline{P(1-P)}}{n}} = \sqrt{\frac{\overline{p(1-p)}}{n}} \tag{4.135}$$

不重置抽样条件下：

$$\hat{\mu}_{\bar{x}} = \sqrt{\frac{\sigma^2}{n}(1-\frac{n}{N})} = \sqrt{\frac{\overline{s^2}}{n}(1-\frac{n}{N})} \qquad (4.136)$$

$$\hat{\mu}_p = \sqrt{\frac{P(1-P)}{n}(1-\frac{n}{N})} = \sqrt{\frac{p(1-p)}{n}(1-\frac{n}{N})} \qquad (4.137)$$

比如：美雅公司有员工 3000 人，分管理干部、技术人员和工人三种类型，按不重置抽样从各类员工中抽选 4% 的等比例样本数，以调查其平均收入，已测算的样本指标见表 4-8，试以 99.73% 的置信度来估计该公司人均收入和总收入。

表 4-8　美雅公司员工按不重置抽样测算的样本指标表

员工类型	各类员工人数（人）N_i	各类分配的样本单位数（人）n_i	各类样本单位人均收入（元）$\bar{x}_i$	每类样本单位收入标准差（元）s_i
管理干部	500	20	800	40
技术人员	750	30	700	50
工人	1750	70	500	30
Σ	3000	120	2000	—

根据题意，将资料整理见表 4-9。

表 4-9　美雅公司员工按不重置抽样测算的样本指标表

分类	$\bar{x}_i n_i$	s_i^2	$s_i^2 n_i$
管理干部	16000	1600	32000
技术人员	21000	2500	75000
工人	35000	900	63000
Σ	72000	—	170000

［解］$N = 3000$ 人，$n = 3000 \times 4\% = 120$ 人

$F(t) = 99.73\%$，$t = 3$

由于是等比例分配样本单位数，则

样本单位平均数：

$$\bar{x} = \frac{\sum_{i=1}^{k} \bar{x}_i n_i}{\sum_{i=1}^{k} n_i}$$

$$= \frac{72000}{120} = 600 \,(元)$$

总体各类型组单位标志，平均组内方差：

$$\overline{\sigma^2} = \frac{\sum_{i=1}^{k} \sigma_i^2 N_i}{\sum_{i=1}^{k} N_i} = \frac{\sum_{i=1}^{k} s_i^2 n_i}{\sum_{i=1}^{k} n_i} = \frac{170000}{120} = 1416.67$$

不重置抽样条件下平均误差：

$$\hat{\mu}_{\bar{x}} = \sqrt{\frac{\overline{\sigma^2}}{n}\left(1 - \frac{n}{N}\right)} = \sqrt{\frac{1416.67}{120}(1 - 4\%)} = 3.37 \,(元)$$

抽样极限误差：

$$\Delta_{\bar{x}} = t\mu_{\bar{x}} = 3 \times 3.37 = 10.1 \,(元)$$

人均收入置信区间：

$$\bar{x} - \Delta_{\bar{x}} \leqslant \bar{X} \leqslant \bar{x} + \Delta_{\bar{x}}$$

$$600 - 10.1 \leqslant \bar{X} \leqslant 600 + 10.1$$

$$589.9\,(元) \leqslant \bar{X} \leqslant 610.1\,(元)$$

全公司员工总收入：

$$N(\bar{x} - \Delta_{\bar{x}}) \leqslant N\bar{X} \leqslant N(\bar{x} + \Delta_{\bar{x}})$$

$$3000 \times 589.9 \leqslant N\bar{X} \leqslant 3000 \times 610.1$$

$$1769700\,(元) \leqslant N\bar{X} \leqslant 1830300\,(元)$$

因此，拥有 99.73% 的把握推断该公司员工人均收入在 589.9 元至 610.1 元之间；全公司员工总收入在 1769700 元至 1830300 元之间。

4.8.3 等距抽样

1. 等距抽样的概述

等距抽样（Interval sampling），又称机械抽样（Mechanical sampling），

亦称系统抽样（Systematic sampling），它是实现将全及总体所有单位按某一标志排序，并在序号靠前的范围内随机抽取第一个单位，然后依次按固定间隔抽取其他若干单位，以构成样本。

从等距抽样的形式可知，它是一种不重复抽样，通常可以保证被抽出的样本较均匀地分布在总体中，以提高样本单位的代表性，从而降低了抽样误差。

用作总体各单位排序的标志分为无关标志和有关标志。

（1）无关标志。它是指用于排序的标志与所调查的项目指标没有直接关系或者排序标志对调查指标不起主要影响作用。

如：进行居民户的家计调查时，按门牌号码的顺序排队，这个排序标志是无关标志。

由此可知，采用无关标志排队的总体实质上是一个随机总体，这种按无关标志排序、随机确定起点（第一个单位的抽选位置）的等距抽样组织形式是完全符合随机原则的，且在抽样效果上与纯随机不重置抽样相当，因而，它可用纯随机抽样公式估计总体参数和计算抽样误差。

（2）有关标志。它是指用于排序的标志与所调查的项目指标有着显著的相关性。

如：进行居民户的家计调查时，按收入多少的顺序排序，这个排序标志是有关标志。

依据有关标识将总体单位按大小或高低的顺序形成一个递增或递减的序列的等距抽样，可以视为类型抽样的特殊形式。

等距抽样和类型抽样的区别：

一是类型抽样组分的较少，然而，等距抽样组分的较多；

二是类型抽样在每一类中要抽若干个单位，然而，等距抽样在每一段中只抽一个单位；

三是类型抽样从每一类型组中都是随机抽样单位，然而，等距抽样仅第一个单位的抽选是完全遵循随机原则，抽样起点一旦随机确定，其他的样本单位就随之自然确定下来了。

由于等距抽样在每个顺序组中只抽选一个单位，因此，就可以均匀地抽取总体各部分的单位构成样本，使样本能更充分地代表总体。

然而，在各个顺序组中，等距抽样组织形式都抽取了单位，这就相当于对所有顺序组进行全面调查。

与类型抽样相似，影响抽样误差的只是各顺序组的组方差，不过，各顺序组的组间方差可以不考虑，因而，按有关标志排序的等距抽样可以用类型抽样的公式来估计总体参数和计算抽样误差。

在一定程度上，既然能够按有关标志排序，说明进行等距抽样之前已经初步掌握了总体各单位标志值的资料。

在理论上，等距抽样的每一顺序组只抽一个单位，这样也无法由抽样资料来计算组内方差，因而，可以直接用方差而不必用样本方差来计算抽样误差。

2. 等距抽样的适用性和局限性

（1）等距抽样的适用性：
第一，适用于总体现成的各种排列的抽样调查；
第二，当总体规模较大或参加抽样调查的人员较多时的大规模抽样调查；
第三，统计素质不太高的抽样调查人员参加的调查。

（2）等距抽样的局限性：
第一，当各类型组内各单位标识值是按有关标识排序时，第一个随机起点抽选单位确定后，其余抽选单位随之就确定了；
第二，若总体各单位标志值呈线性变动趋势，一旦第一个随机起点值偏高或偏低，则以后各样本单位值也很可能偏高或偏低，从而会导致系统性偏差。
第三，若抽样间隔与现象的周期性节奏相重合时，则系统性因素会对抽样估计带来偏差。如图 4-10 所示。

图 4-10　周期性波动等距抽样示意图

"⊙"表示抽样点。

3. 等距抽样的抽取单位的方法

等距抽样按抽选样本单位的方法不同，可分为随机起点等距抽选法、对称等距抽选法和循环等距抽选法。

（1）随机起点等距抽选法。设全及总体单位数为 N，样本容量为 n，则抽样间隔（距离）为 $k = N/n$（假设能整除）。实际上是将总体单位分成 n 段，每段中有 k 个单位。

若在第一段 k 个有序单位中随机抽中第 i 号单位（$0 < i < k$），则在第二段中将必定抽中第 $i + k$ 号单位，……，第 n 段中将必定抽中第 $i + (n-1)k$ 号单位，如图 4-11 所示。

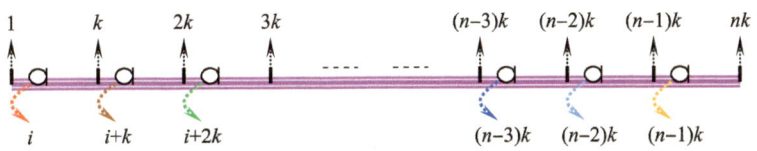

图 4-11　随机起点等距抽选法示意图

比如：某街办所辖 30 家企业，要抽选 6 家企业进行样本调查。

[解] $N = 30$，$n = 6$

$k = N/n = 30/6 = 5$，在第一段 1-5 号企业中随机抽选一家企业，假设抽中 2 号，那么其余 5 家样本单位的编号分别为（2+5）号，（2+2×5）号，（2+3×5）号，（2+4×5）号，即：第 2 号、第 7 号、第 12 号、第 17 号、第 22 号企业作为调查样本。

（2）对称等距抽选法。设全及总体单位数为 N，样本容量为 n，则抽样间隔（距离）$k = N/n$（假设能够整除）。

若在第一段随机抽中第 i 号单位（$0 < i < k$），以分段点第 k 号为对称中心点，则在第二段中将抽中第 $2k - i + 1$ 号单位，第三段中将抽中第 $2k + i$ 号单位，……，第 n 段中将抽中第 $nk - i + 1$ 号单位。总之，第一、三、五、……段（奇数段），分别抽中第（$mk + i$）号单位（$m = 0,2,4,6,…$），第二、四、六、……段（偶数段），分别抽中第（$mk - i + 1$）号单位（$m = 2,4,6,…$）如图 4-12 所示。

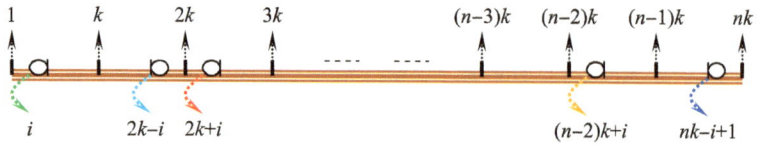

图 4-12 对称等距抽选法示意图

比如：设总体 30 个单位，采用对称等距抽选方法抽取 5 个单位构成样本。

[解] 设以 x 作为总体单位的排序标志，则总体各单位标志值由小到大依次排列，其中抽样距离 $k = \dfrac{N}{n} = \dfrac{30}{5} = 6$，表明全部总体单位被等分为 6 部分（段），每部分（段）有 6 个单位组成，如图 4-13 所示。

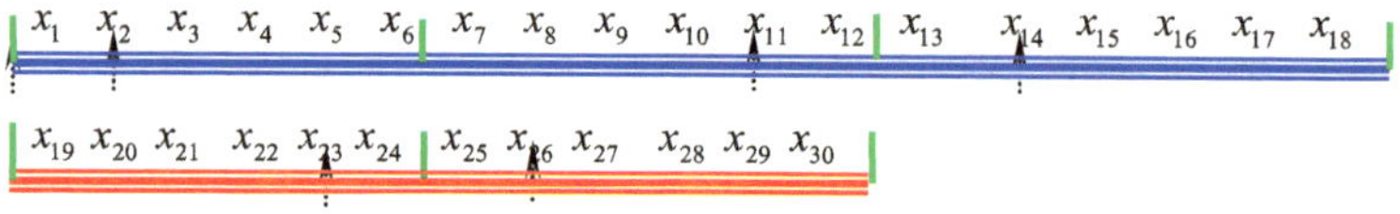

图 4-13 对称等距抽选法示意图

各部分（段）应抽选的单位序号为：

第一部分（段）：随机起点，假设为第 2 号单位，即 $i = 2$

第二部分（段）：$mk - i + 1 = 2 \times 6 - 2 + 1 = 11$

第三部分（段）：$mk + i = 2 \times 6 + 2 = 14$

第四部分（段）：$mk - i + 1 = 4 \times 6 - 2 + 1 = 23$

第五部分（段）：$mk + i = 4 \times 6 + 2 = 26$

因此，第 2 号、第 11 号、第 14 号、第 23 号、第 26 号单位构成样本，即样本为 $\{x_2, x_{11}, x_{14}, x_{23}, x_{26}\}$。

（3）循环等距抽选法。设全及总体单位数为 N，样本容量为 n，抽样间隔距离 $k = \left[\dfrac{N}{n}\right] + 1$（假设 $\dfrac{N}{n}$ 不能整除，$\left[\dfrac{N}{n}\right]$ 表示不大于 $\dfrac{N}{n}$ 的最大的整数）。在 $1 \sim N$ 中选一个随机起点，然后沿着圆周每隔 k 个单位抽取一个单位，直到取足 n 个单位位置，如图 4-14 所示。

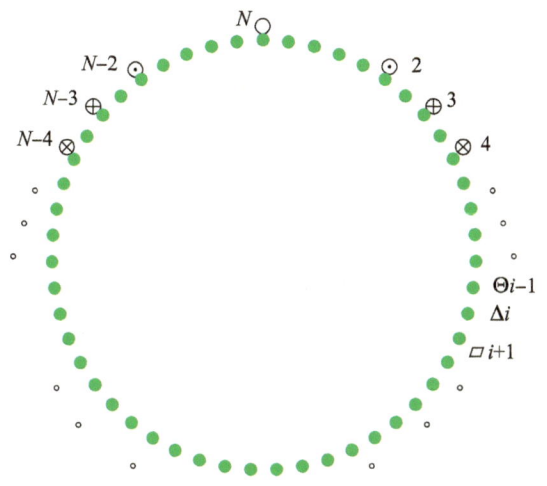

图 4-14 循环等距抽选法示意图

比如：设总体 17 个单位，采用循环等距抽选方法抽取 4 个单位构成样本。

[解] $N = 17$，$n = 5$

抽样间隔（距离）：$k = \left[\dfrac{N}{n}\right] + 1 = \left[\dfrac{17}{5}\right] + 1 = 3 + 1 = 4$ 在 1~17 中任取一个单位作为随机起点，假设抽中了第 9 号单位，于是沿圆周顺时针依次抽取其余单位为（如图 4-15 所示）：第 13 号，第 17 号，第 4 号，第 8 号。

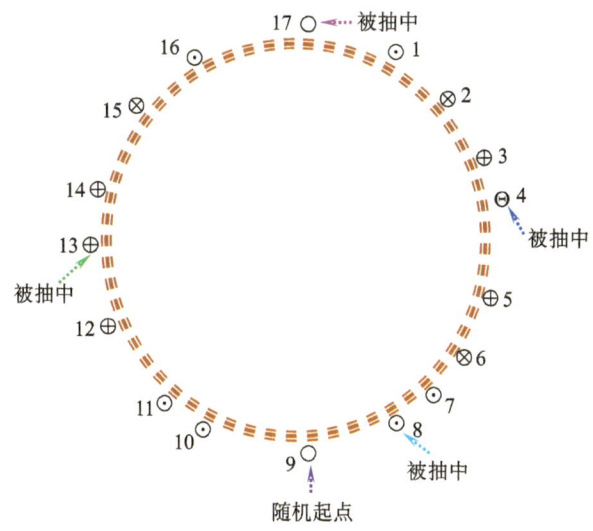

图 4-15 循环等距抽选法示意图

4. 等距抽样的估计量及其抽样平均误差

全及总体单位按无关标志排序,此时,等距抽样效果相当于纯随机抽样;

全及总体单位按有关标志排序,此时,等距抽样效果相当于类型抽样。

(1) 等距抽样的估计量。在等距抽样中,样本的平均数和样本的成数均是总体参数的无偏估计量,它们可以直接分别作为总体平均数和总体成数的估计量。

$$\hat{\bar{X}} = \bar{x}_j = \frac{1}{n}\sum_{i=1}^{n} x_{ij} \quad (j = 1,2,\cdots,k) \tag{4.138}$$

$$\hat{P} = p = \frac{n_1}{n} \tag{4.139}$$

式中:$\bar{x}_j$ 表示经过第 j 轮等距抽样后得到的样本平均数;

x_{ij} 表示第 i 部分(段)第 j 个单位的标志值;

n_1 表示某 j 个样本中具有某种特征的单位数。

(2) 等距抽样的抽样平均误差。等距抽样是不重置抽样。

第一,无关标志排队的总体,可以采用纯随机抽样误差公式近似地计算等距抽样误差,即

$$\hat{\mu}_{\bar{x}} = \sqrt{\frac{\sigma^2}{n}(1 - \frac{n}{N})} \approx \sqrt{\frac{s_j^2}{n}(1 - \frac{n}{N})} \tag{4.140}$$

$$\hat{\mu}_p = \sqrt{\frac{P(1-P)}{n}(1 - \frac{n}{N})} \approx \sqrt{\frac{p_j(1-p_j)}{n}(1 - \frac{n}{N})} \tag{4.141}$$

式中:s_j 表示第 j 个样本的标准差,$s_j^2 = \frac{1}{n}\sum_{i=1}^{n}(x_{ij} - \bar{x}_j)^2$;

p_j 表示第 j 个样本中具有某种特征的单位数(n_1)占样本容量(n)的比重。

第二,有关标志排队的总体,可以采用类型抽样误差公式近似地计算等距抽样误差,

即

$$\hat{\mu}_{\bar{x}} = \sqrt{\frac{\sigma^2}{n}(1 - \frac{n}{N})} \tag{4.142}$$

$$\hat{\mu}_p = \sqrt{\frac{P(1-P)}{n}\left(1-\frac{n}{N}\right)} \tag{4.143}$$

$$\overline{\sigma^2} = \frac{\sum_{i=1}^{n}\sigma_i^2 N_i}{\sum_{i=1}^{n} N_i} \quad (N_1 = N_2 = \cdots = N_i = \cdots N_n = k)$$

$$= \frac{\sum_{i=1}^{n}\sigma_i^2 \cdot k}{\sum_{i=1}^{n} k} = \frac{k \cdot \sum_{i=1}^{n}\sigma_i^2}{k \cdot n} = \frac{\sum_{i=1}^{n}\sigma_i^2}{n} \tag{4.144}$$

$$\overline{P(1-P)} = \frac{\sum_{i=1}^{n}P_i(1-P_i)N_i}{\sum_{i=1}^{n} N_i} = \frac{\sum_{i=1}^{n}P_i(1-P_i)k}{\sum_{i=1}^{n} k}$$

$$= \frac{k \cdot \sum_{i=1}^{n}P_i(1-P_i)}{n \cdot k}$$

$$= \frac{\sum_{i=1}^{n}P_i(1-P_i)}{n} \tag{4.145}$$

注：能按主要有关指标排序的总体，可以说已经基本上占有了总体有关计算方差的资料，可以直接用总体资料计算 $\overline{\sigma^2}$ 和 $\overline{P(1-P)}$。

比如：某块麦地长720尺，宽200尺，地块上共有100条垄，现从这块麦地中按等距抽样的方式，抽取25个10尺长的垄为样本。

[解] 每条垄长为720尺，则抽样间隔：

$$k = \frac{720 \times 100}{25} = 2880（尺）$$

现实中各垄的产量是不规则的，即不可能是依次递增或递减，可参照纯随机抽样进行抽样估计。

在第一部分（段）随机起点设在距始点1000尺的位置，则第一个样本单位的位置为 [995, 1005] 尺；第二个样本单位的位置为 [2880 + 995, 2880 + 1005] 尺，即 [3875, 3885] 尺；其余类推，一直抽足25个单位为止。通过对各样本单位的实割实测，得到表4 – 10的数据。

表 4 – 10　　　　　　各样本单位的实割实测数据表

样本单位序号	1	2	3	4	5	6	7	8	9	10	11	12	13
实测产量（千克）	1.4	1.2	1.6	0.6	0.6	0.8	0.8	0.6	1.0	1.0	1.0	1.2	1.0
样本单位序号	14	15	16	17	18	19	20	21	22	23	24	25	
实测产量（千克）	0.8	1.2	1.0	1.2	1.0	0.8	1.0	1.0	1.4	1.0	0.8	1.0	

将表 4 – 10 的资料整理，见表 4 – 11。

表 4 – 11　　　　　　各样本单位的实割实测数据表

样本序号（i）	样本单位标志值（x_{ij}）	$x_{ij} - \bar{x}_j$	$(x_{ij} - \bar{x}_j)^2$
1	1.4	0.4	0.16
2	1.2	0.2	0.04
3	1.6	0.6	0.36
4	0.6	– 0.4	0.16
5	0.6	– 0.4	0.16
6	0.8	– 0.2	0.04
7	0.8	– 0.2	0.04
8	0.6	– 0.4	0.16
9	1.0	0.0	0.00
10	1.0	0.0	0.00
11	1.0	0.0	0.00
12	1.2	0.2	0.04
13	1.0	0.0	0.00
14	0.8	– 0.2	0.04
15	1.2	0.2	0.04
16	1.0	0.0	0.00
17	1.2	0.2	0.04
18	1.0	0.0	0.00
19	0.8	– 0.2	0.04
20	1.0	0.0	0.00
21	1.0	0.0	0.00
22	1.4	0.4	0.16
23	1.0	0.0	0.00
24	0.8	– 0.2	0.04
25	1.0	0.0	0.00
Σ	25.0	—	1.52

样本平均数：
$$\bar{x}_j = \frac{1}{n}\sum_{i=1}^{n} x_{ij} = \frac{1}{25} \times 25 = 1\,(千克)$$

样本方差：
$$s^2 = \frac{1}{n}\sum_{i=1}^{n}(x_{ij} - \bar{x}_j)^2 = \frac{1}{25} \times 1.52 = 0.0608\,(千克)$$

抽样误差：
$$\mu_{\bar{x}} = \sqrt{\frac{s^2}{n}\left(1 - \frac{n}{N}\right)} = \sqrt{\frac{0.0608}{25}\left(1 - \frac{25}{7200}\right)} = 0.049\,(千克)$$

每一条垅宽 $= \frac{200\,尺}{100\,条} = 2(尺/条)$，每一样本单位的面积 $= 10 \times 2 = 20\,(尺^2)$，每亩地面积 $= 6000\,(尺^2)$。

则：每亩平均产量 = 样本平均产量 × 每亩地样本单位数
$$= 1 \times \frac{6000}{20} = 300\,(千克)$$

在概率保证程度为95%下，得到抽样极限误差，$F(t) = 95\%$，$t = 1.96$。

每一样本抽样极限误差为：
$$\Delta_{\bar{x}} = t\mu_{\bar{x}} = 1.96 \times 0.049 = 0.098\,(千克)$$

每亩平均极限误差 $= 300 \times 0.098 = 29.4\,(千克/亩)$

该地块小麦的平均亩产 $\bar{X}$ 为：

$\bar{x} - \Delta_{\bar{x}} \leqslant \bar{X} \leqslant \bar{x} + \Delta_{\bar{x}}$

$300 - 29.4 \leqslant \bar{X} \leqslant 300 + 29.4$

即： $270.6\,(千克) \leqslant \bar{X} \leqslant 329.4\,(千克)$

该地块总亩数 $= \frac{720 \times 200}{6000} = 24\,(亩)$

该地块小麦总产量 μ：

$270.6 \times 24 \leqslant 25\bar{X} \leqslant 329.4 \times 24$

即： $6494.4\,(千克) \leqslant \mu \leqslant 7905.6\,(千克)$

抽样估计精度：$A_{\bar{x}} = 1 - \Delta'_{\bar{x}} = 1 - \dfrac{\Delta_{\bar{x}}}{\bar{x}}$

$$= 1 - \frac{29.4}{300} = 90.2\%$$

因此,以 95% 的置信度,可以推断小麦亩产在 270.6 千克至 329.4 千克之间,地块小麦总产量在 6494.4 千克至 7905.6 千克之间,抽样估计精度为 90.2%。

比如:设有 12 亩稻田,亩产量资料分别为(千克):500、400、350、440、380、300、340、320、350、410、500、390,按有关标志排序的等距抽样,从中抽取 4 亩作样本调查,以推断 12 亩稻田的平均亩产量。

[解] 抽样间隔 $k = \dfrac{N}{n} = \dfrac{12}{4} = 3$

根据题意,将资料整理在表 4-12 中。

表 4-12　按有关标志排序的等距抽样抽取 4 亩作样本资料表　　单位:千克

部分(段)	单位序号	总产量 x_{ij}	每段平均亩产 $\bar{x}_i$	离差 $x_{ij} - \bar{x}_i$	$(x_{ij} - \bar{x}_i)^2$	$\sigma_i^2 = \sum\limits_{j=1}^{N_i}(x_{ij} - \bar{x}_i)^2 / N_i$
I	1	300		-20	400	
	2	320	320	0	0	266.7
	3	340		20	400	
小计		960		—	800	
II	4	350		-10	100	
	5	350	360	-10	100	200.0
	6	380		20	400	
小计		1080		—	600	
III	7	390		-10	100	
	8	400	400	0	0	66.7
	9	410		10	100	
小计		1200		—	200	
IV	10	440		-40	1600	
	11	500	480	20	400	800.0
	12	500		20	400	
小计		1440		—	2400	
总计		—		—	—	1333.4

平均组(段)内方差:

$$\overline{\sigma^2} = \frac{\sum_{i=1}^{n}\sigma_i^2 N_i}{\sum_{i=1}^{n}N_i} = \frac{\sum_{i=1}^{n}\sigma_i^2 k}{\sum_{i=1}^{n}k} = \frac{k\sum_{i=1}^{n}\sigma_i^2}{nk}$$

$$= \frac{\sum_{i=1}^{n}\sigma_i^2}{n} = \frac{1333.4}{4} = 333.35$$

（其中，$N_1 = N_2 = \cdots = N_i = \cdots N_n = k$）

抽样平均误差：

$$\mu_{\bar{x}} = \sqrt{\frac{\overline{\sigma^2}}{n}\left(1 - \frac{n}{N}\right)} = \sqrt{\frac{333.35}{4}\left(1 - \frac{4}{12}\right)}$$

$$= 7.45（千克）$$

在第一部分（段），确定随机起点，若 $i = 2$，则其余被抽中的单位序号为（3 + 2）号，（2×3 + 2）号，（3×3 + 2）号，

即：第 2 号、第 5 号、第 8 号、第 11 号构成样本。

样本的平均亩产量：$\bar{x} = \dfrac{x_{I,2} + x_{II,5} + x_{III,8} + x_{IV,11}}{4}$

$$= \frac{320 + 350 + 400 + 500}{4}$$

$$= 392.5（千克）$$

在 99.73% 的置信度下，可估计出稻田亩产量：

$F(t) = 99.73\%$，$t = 3$

$\Delta_{\bar{x}} = t\mu_{\bar{x}} = 3 \times 7.45 = 22.35（千克）$

$\bar{x} - \Delta_{\bar{x}} \leqslant \overline{X} \leqslant \bar{x} + \Delta_{\bar{x}}$

$392.5 - 22.35 \leqslant \overline{X} \leqslant 392.5 + 22.35$

$370.15（千克）\leqslant \overline{X} \leqslant 414.85（千克）$

抽样估计精度：$\Delta_{\bar{x}} = 1 - \dfrac{\Delta_{\bar{x}}}{\bar{x}} = 1 - \dfrac{22.35}{392.5}$

$$= 94.3\%$$

因此，以 99.73% 的把握程度，可推断稻田的平均亩产量在 370.15 千克至 414.85 千克之间，抽样估计精度为 94.3%。

4.8.4 整群抽样

1. 整群抽样的概述

整群抽样（Cluster sampling），亦称集群抽样，它是将全及总体单位按某种标志划分小群体，然后成群地从中随机抽取若干个样本群，对中选群内的所有单位进行全面调查的抽样组织形式。

整群抽样的主要优点：

一是可使用现实中许多现存群（组）的抽样框，不必收集总体的分群的辅助信息，设计和组织相对比较方便；

二是抽选的单位集中在部分群体单元内，实施起来可相对节省人力、调查费用和调查人员的往返时间。

从理论上分析，决定整群抽样的误差的总方差（σ^2）可分解为群间方差（δ^2）和群内方差（$\overline{\sigma_i^2}$）两部分，即 $\sigma^2 = \overline{\sigma_i^2} + \delta^2$。

群间方差是各群体间的平均差异程度；

群内方差是各群内单位标志值的平均差异程度。

由于对中选的群内所有单位进行全面调查，因而群内单位差异不影响抽样误差，对此，群内方差就可以不考虑。

由此可知，实际上，影响整群抽样误差的总方差只是群间方差，即 $\sigma^2 = \delta^2$。

通常，由于总体方差（σ^2）是一个固定的参数，不过，整群抽样中总方差主要来自群间差异，与群内差异无关，因此，为了提高整群抽样的效果，就要尽可能地降低群间变异程度，最大限度地提高群内标志值的变异程度。

鉴于整群抽样的目的主要是为了方便易行，节约费用和时间，因而通常采用现象本身自然存在的群，而不是人为地把各个单位重新构成群，可见，人为地提高整群抽样效果往往会违背采用整群抽样的目的。

比如：调查某高校的大学生学习生活情况，可以以班为群；调查各省、市、自治区的经济发展状况，可以以行政管辖区为群。

为了达到预定的抽样精度，就需要多抽一些群。一般来说，抽的群越多，精度就越高，然而，群抽得太多又不满足节省人力、费用、时间的要求。

2. 整群抽样的适用性的局限性

（1）整群抽样的适用性：当缺乏全部总体单位的可靠的等级资料，用所有总体单位的名单或地图难于编号形成明确的总体单位的抽样框，且总体单位数很多、分布很广时，若直接对这些单位进行抽样调查，势必使样本的分布十分分散，调查时所需人力和费用较大，在这种情况下，可以将总体按某种标志划分成多个群，利用整群抽样抽选样本单位。当总体是由一些情况相同、结构类似的较复杂群体所组成，也适宜采用整群抽样。利用整群抽样对普查结果复查，提供修正系数的资料。

（2）整群抽样的局限性：整群抽样成群地抽选样本单位，使得样本单位仅集中在有限的几个群中，影响抽样单位在全及总体中的均匀分布。然而，就某一个群而言，其中各单位之间的差异常常比较小，且群间差异往往比较大，可见，整群抽样误差主要来自群间。

在同等样本单位数的条件下，整群抽样误差通常大于纯随机抽样、类型抽样、等距抽样。

为了降低整群抽样误差，提高抽样估计的准确程度，整群抽样一般要比其他抽样组织形式抽取更多的样本单位，不过，过多地抽取样本单位，又违背了整群抽样要节约人力、费用和时间的目的。

3. 整群抽样的抽取单位的方法

在进行整群抽样中，首先要对所研究的全及总体按某种标志或一定的要求划分若干群，多数情况是按照社会经济现象中现存的各组织形态、集团、区域作为群体，然后将总体中所有的群根据时间顺序或空间顺序编号排列，最后采用纯随机抽样或等距抽样的组织形式抽选样本群。

4. 整群抽样的估计量及其抽样平均误差

设全及总体单位划分成 R 群，每群包含的单位数为 M，现在从总体 R 群中随机抽取 r 个样本群。

（1）整群抽样的估计量。在整群抽样中，样本的平均数和样本的成数均是总体参数的无偏估计量,它们可以直接分别作为总体平均数和总体成数的估计量。

$$\hat{\bar{X}} = \bar{x} = \frac{1}{r}\sum_{i=1}^{r}\bar{x}_i = \frac{1}{r}\sum_{i=1}^{r}\left(\frac{1}{M_i}\sum_{j=1}^{M_i}x_{ij}\right)$$

$$= \frac{1}{rM_i}\sum_{i=1}^{r}\sum_{j=1}^{M_i}x_{ij} \tag{4.146}$$

式中:x_{ij} 表示第 i 个样本群中第 j 个单位的标志值;

$\bar{x}_i$ 表示第 i 个样本群的单位平均数;

M_i 表示第 i 个样本群中的单位数。

$$\hat{p} = p = \frac{1}{r}\sum_{i=1}^{r}p_i = \frac{1}{r}\sum_{i=1}^{r}\left(\frac{1}{M_i}\sum_{j=1}^{M_i}x_{ij}\right) = \frac{1}{rM_i}\sum_{i=1}^{r}\sum_{j=1}^{M_i}x_{ij} \tag{4.147}$$

式中:$x_{ij} = \begin{cases} 1, \text{当第 } i \text{ 样本群的第 } j \text{ 个单位具有某种特征} \\ 0, \text{当第 } i \text{ 样本群的第 } j \text{ 个单位不具有某种特征} \end{cases}$

p_i 表示第 i 个样本群的成数。

(2)整群抽样的抽样平均误差。整群抽样无论是采用纯随机抽样或等距抽样来抽选样本群,通常都是采用不重置抽样方式。

$$\hat{\mu}_{\bar{x}} = \sqrt{\frac{\delta_{\bar{X}}^2}{r}\left(\frac{R-r}{R-1}\right)} \approx \sqrt{\frac{\delta_{\bar{x}}^2}{r}\left(\frac{R-r}{R-1}\right)} \tag{4.148}$$

$$\hat{\mu}_p = \sqrt{\frac{\delta_P^2}{r}\left(\frac{R-r}{R-1}\right)} \approx \sqrt{\frac{\delta_p^2}{r}\left(\frac{R-r}{R-1}\right)} \tag{4.149}$$

式中:$\delta_{\bar{X}}^2$ 表示总体平均数群间方差;

$\delta_{\bar{x}}^2$ 表示样本平均数群间方差;

δ_P^2 表示总体成数群间方差;

δ_p^2 表示样本成数群间方差。

其中,$\delta_{\bar{X}}^2 = \dfrac{\sum_{i=1}^{R}(\bar{X}_i - \bar{X})^2}{R}$ ($\bar{X}_i$ 表示总体各群平均数)

$\delta_{\bar{x}}^2 = \dfrac{\sum_{i=1}^{r}(\bar{x}_i - \bar{x})^2}{r}$ ($\bar{x}_i$ 表示样本各群平均数)

$\delta_P^2 = \dfrac{\sum_{i=1}^{R}(P_i - P)^2}{R}$ (P_i 表示总体各群成数)

$$\delta_p^2 = \frac{\sum_{i=1}^{r}(p_i - p)^2}{r}$$ （p_i 表示样本各群成数）

比如：天际茶厂流水线昼夜连续生产袋装茶，每分钟产量为 100 袋。现采用整群抽样来检验一昼夜生产的茶叶每袋的重量和包装的一级品率。每 144 分钟抽取 1 分钟生产的全部袋装茶进行检查，共抽 10 分钟的袋装茶叶，抽检结果见表 4-13。

表 4-13　天际茶厂流水线昼夜连续生产袋装茶抽检结果表

分钟编号	1	2	3	4	5	6	7	8	9	10
平均袋重（千克）（$\bar{x}_i$）	50.0	49.8	50.2	48.8	49.5	50.5	50.7	49.5	50.5	50.0
包装一级品率（%）（p_i）	72	80	92	85	89	78	68	98	84	88

试以 95.45% 的概率保证程度估计该厂一昼夜生产的茶叶平均袋重和一级品率。

[解] 将资料整理到表 4-14 中：

表 4-14　一昼夜生产的茶叶平均袋重和一级品率计算表　　　单位：千克

样本群序号 r	各群平均每袋重量 $\bar{x}_i$	$\bar{x}_i - \bar{\bar{x}}$	$(\bar{x}_i - \bar{\bar{x}})^2$	各群一级品率 p_i	$p_i - p$	$(p_i - p)^2$
1	50.0	0.05	0.0025	0.72	-0.114	0.012996
2	49.8	-0.05	0.0225	0.80	-0.034	0.001156
3	50.2	0.25	0.0625	0.92	0.086	0.007396
4	48.8	-1.15	1.3225	0.85	0.016	0.000256
5	49.5	-0.45	0.2025	0.89	0.056	0.003136
6	50.5	0.55	0.3025	0.78	-0.054	0.002916
7	50.7	0.75	0.5625	0.68	-0.154	0.023716
8	49.5	-0.45	0.2025	0.98	0.146	0.021316
9	50.5	0.55	0.3025	0.84	0.006	0.000036
10	50.0	0.05	0.0025	0.88	0.046	0.002116
Σ	499.5	—	2.9850	8.34	—	0.075040

因为 1 分钟抽一群（100 袋），一昼夜为 1440 分钟（24×60），所以将一昼夜划分成 1440 群。

$$R = 1440, r = 10$$
$$F(t) = 95.45\%, t = 2$$

样本平均数：
$$\bar{x} = \frac{1}{r}\sum_{i=1}^{r}\bar{x}_i = \frac{1}{10} \times 499.5 = 49.95（千克）$$

样本群间方差：
$$\delta_{\bar{x}}^2 = \frac{\sum_{i=1}^{r}(\bar{x}_i - \bar{x})^2}{r} = \frac{2.985}{10} = 0.2985$$

$$\mu_{\bar{x}} = \sqrt{\frac{\delta_{\bar{x}}^2}{r}\left(\frac{R-r}{R-1}\right)} = \sqrt{\frac{0.2985}{10}\left(\frac{1440-10}{1440-1}\right)} = 0.172（千克）$$

$$\Delta_{\bar{x}} = t\mu_{\bar{x}} = 2 \times 0.172 = 0.3445（千克）$$

$$\bar{x} - \Delta_{\bar{x}} \leq \overline{X} \leq \bar{x} + \Delta_{\bar{x}}$$

$$49.95 - 0.3445 \leq \overline{X} \leq 49.95 + 0.3445$$

$$49.61（千克）\leq \overline{X} \leq 50.29（千克）$$

茶叶平均袋重在 49.61 千克至 50.29 千克之间。

样本成数：
$$p = \frac{1}{r}\sum_{i=1}^{r}p_i = \frac{1}{10} \times 8.34 = 0.834$$

样本群间方差：
$$\mu_p = \sqrt{\frac{s_p^2}{r}\left(\frac{R-r}{R-1}\right)} = \sqrt{\frac{0.007504}{10}\left(\frac{1440-10}{1440-1}\right)} = 0.027$$

$$\Delta_p = t\mu_p = 2 \times 0.027 = 0.054$$

$$p - \Delta_p \leq P \leq p + \Delta_p$$

$$0.834 - 0.054 \leq P \leq 0.834 + 0.054$$

$$78.0\% \leq P \leq 88.8\%$$

茶叶包装一级品率在 78.0% 至 88.8% 之间。

4.8.5 阶段抽样

1. 阶段抽样的概述

阶段抽样（Multi-stage sampling）是指对全及总体单位的整个抽样程序分阶段进行，先从总体中抽选若干样本群，再从样本群中抽选若干样本组，类似这样层层抽选下去，直到抽取样本单位的抽样组织形式。

阶段抽样的主要优点：

一是可对大规模或小规模总体按地理区域和行政区域系统来确定抽样框，从而有利于抽样的设计和组织实施；

二是阶段抽样灵活性大，对于方差偏大的阶段，可以多抽选样本群（组），对于方差偏小的阶段，可以少抽选样本群（组），这样有利于降低抽样误差，提高抽样估计精度；

三是对各阶段抽样调查资料都可开发利用，以提供相应层次的部门需要。

我国农村调查队和城市调查队常采用阶段抽样组织形式。若对我国某年的农产量采用阶段抽样调查，则

第一阶段，从全国抽选若干省作为第一阶段的样本群；

第二阶段，从中选的省中抽选若干县作为第二阶段的样本类；

第三阶段，从中选的县中抽选若干村作为第三阶段的样本组；

第四阶段，从中选的村中抽选若干地块作为第四阶段的样本单位。

对抽中的地块，进行实割实测，以计算地块样本的平均亩产量，然后逐级网上综合估算平均亩产量，最后推算出全国总产量。

在抽中样本单位之前的若干阶段均类似于整群抽样，最后一个阶段则类似于纯随机抽样、类型抽样、等距抽样，每一个阶段都存在代表性误差。

通常，应相对多抽选第一阶段的群，不过，对群间差异相对大的阶段，要适当多抽一些。

决定阶段抽样误差的总方差主要取决于各阶段的群（组、类）间方差和最后抽中的群的各群内方差。

2. 阶段抽样的适用性和局限性

（1）阶段抽样的适用性：

第一，当调查对象中调查单位很多，分布面很广，直接抽选样本单位很困难时，通常采用阶段抽样。

第二，对于大批量生产的产品检验，一般难以或甚至无法对每个产品进行编码，这样给编制总体抽样框带来了困难，在这种情况下，往往采用阶段抽样的组织形式。

第三，阶段抽样还广泛应用于总体单位可按区域或系统划分的场合。

（2）阶段抽样的局限性：

第一，阶段抽样在各个阶段都会产生抽样误差，从而，不但使决定抽样误差的方差出现了逐渐增大的可能，而且也给整个抽样过程的抽样平均误差的计算增大了难度。

第二，若阶段抽样在第一阶段抽取的群数与整群抽样的群数相同，则阶段抽样方差大于整群抽样方差。

第三，同等条件下，阶段抽样的效率一般要低于其他形式的随机抽样的效率。

3. 阶段抽样的抽取单位的方法

阶段抽样具体分二阶段抽样和多阶段抽样形式。

每一阶段抽取样本的方法，可以采用纯随机抽样或等距抽样。各个阶段可以采用相同或不相同的抽样方式。

一般来说，各阶段的抽样单元差异不十分显著，因而不宜采用类型抽样形式。

另外，除最后阶段是直接抽选基本调查单位外，前面各阶段都需要进一步抽样，所以，通常不宜采用整群抽样方式对各阶段样本群抽选。

4. 阶段抽样的估计量及其抽样平均误差

下面仅介绍二阶段抽样形式。在组织技术上，二阶段抽样可视为整群抽样和类型抽样的结合。

全及总体单位数为 N，分成 R 群，每群包含 M_i 个单位。

第一阶段抽样：从 R 群中随机抽取 r 个群（$R > r$）；

第二阶段抽样：从中选的 r 群，各群内分别随机抽取 m_i（$i = 1,2,\cdots,r$）个单位，以构成样本，该样本容量 $n = m_1 + m_2 + \cdots + m_r$。

为了简化问题，假设总体各群的单位数都相等，即 $M_1 = M_2 = \cdots = M_R = M$，则 $RM = N$；假设中选的群各群被抽取的单位数亦都相等，即 $m_1 = m_2 = \cdots = m_R = m$，则 $rm = n$。

（1）阶段抽样的估计量。

$$\bar{x}_i = \frac{1}{m}\sum_{j=1}^{m} x_{ij} \quad (i = 1,2,\cdots,r) \tag{4.150}$$

$$\hat{\bar{X}} = \bar{x} = \frac{1}{r}\sum_{i=1}^{r}\bar{x}_i = \frac{1}{r}\sum_{i=1}^{r}\left(\frac{1}{m}\sum_{j=1}^{m} x_{ij}\right) = \frac{1}{rm}\sum_{i=1}^{r}\sum_{j=1}^{m} x_{ij} \tag{4.151}$$

式中：x_{ij} 表示中选的第 i 群第 j 个单位的标志值；

$\bar{x}_i$ 表示中选的第 i 群中抽取的 m 个样本单位的平均数；

$\bar{x}$ 表示最后抽中的所有单位构成样本的平均数。

$$p_i = \frac{1}{m}\sum_{j=1}^{m} x_{ij} \quad (i = 1,2,\cdots,r) \tag{4.152}$$

$$\hat{P} = p = \frac{1}{r}\sum_{i=1}^{r}\bar{x}_i = \frac{1}{r}\sum_{i=1}^{r}\left(\frac{1}{m}\sum_{j=1}^{m} x_{ij}\right) = \frac{1}{rm}\sum_{i=1}^{r}\sum_{j=1}^{m} x_{ij} \tag{4.153}$$

式中：x_{ij} 表示的是非标志值；

p_i 表示中选的第 i 群中抽取的 m 个样本单位具有某种特征的成数；

p 表示最后抽中的所有单位构成样本的成数。

（2）阶段抽样的抽样平均误差。由于二阶段抽样可视为整群抽样和类型抽样的结合，因此，二阶段抽样通常是采用不重置抽样的方式。

$$\hat{\mu}_{\bar{x}} = \sqrt{\frac{\delta_{\bar{X}}^2}{r}\left(\frac{R-r}{R-1}\right) + \frac{\overline{\sigma_i^2}}{rm}\left(\frac{M-m}{M-1}\right)}$$

$$\approx \sqrt{\frac{\delta_{\bar{x}}^2}{r}\left(\frac{R-r}{R-1}\right) + \frac{\overline{s_i^2}}{rm}\left(\frac{M-m}{M-1}\right)} \tag{4.154}$$

$$\hat{\mu}_p = \sqrt{\frac{\delta_P^2}{r}\left(\frac{R-r}{R-1}\right) + \frac{\overline{P(1-P)}}{rm}\left(\frac{M-m}{M-1}\right)}$$

$$\approx \sqrt{\frac{\delta_p^2}{r}\left(\frac{R-r}{R-1}\right) + \frac{\overline{p_i(1-p_i)}}{rm}\left(\frac{M-m}{M-1}\right)} \tag{4.155}$$

式中：$\delta_{\bar{X}}^2$ 表示总体平均数群间方差；

$\delta_{\bar{x}}^2$ 表示样本平均数群间方差；

$\overline{\sigma_i^2}$ 表示总体各群平均群内方差；

$\overline{s_i^2}$ 表示样本各群平均群内方差；

δ_P^2 表示总体成数群间方差；

δ_p^2 表示样本成数群间方差；

$\overline{P(1-P)}$ 表示总体是非标志的平均群内方差；

$\overline{p_i(1-p_i)}$ 表示样本是非标志平均群内方差。

其中，$\delta_{\bar{X}}^2 = \dfrac{\sum_{i=1}^{R}(\bar{X}_i - \bar{X})^2}{R}$ （$\bar{X}_i$ 表示总体各群平均数）

$\delta_{\bar{x}}^2 = \dfrac{\sum_{i=1}^{r}(\bar{x}_i - \bar{x})^2}{r}$ （$\bar{x}_i$ 表示样本各群平均数）

$\delta_P^2 = \dfrac{\sum_{i=1}^{R}(P_i - P)^2}{R}$ （P_i 表示总体各群成数）

$\delta_p^2 = \dfrac{\sum_{i=1}^{r}(p_i - p)^2}{r}$ （p_i 表示样本各群成数）

$\overline{\sigma_i^2} = \dfrac{\sum_{i=1}^{R}\sigma_i^2}{R}$ （σ_i^2 表示总体各群群内方差）

$\overline{s_i^2} = \dfrac{\sum_{i=1}^{r}s_i^2}{r}$ （s_i^2 表示样本群各群内方差）

比如：对岭南学院学生每周文体活动时间进行抽样调查，该学院有30个班，每班学生50名，现采用二阶段抽样的组织形式，从30个班中随机抽取6个班，并从中选的班中个抽选5人组成样本，样本资料见表4-15。试以95.45%的置信度估计该院学生每周文体活动的时间。

表 4−15　岭南学院学生每周文体活动时间抽样调查样本资料表　　单位：小时

中选班编号	x_{ij}	$\bar{x}_i$	$(x_{ij}-\bar{x}_i)^2$	$s_i^2=\dfrac{1}{m-1}\sum\limits_{j=1}^{m}(x_{ij}-\bar{x}_i)^2$	$(\bar{x}_i-\bar{x})^2$
Ⅰ	10	7.8	4.84	2.2	0.01
	6		3.24		
	7		0.64		
	8		0.04		
	8		0.04		
小计	39		8.80		
Ⅱ	7	7.0	0.00	4.0	0.81
	5		4.00		
	5		4.00		
	9		4.00		
	9		4.00		
小计	35		16.00		
Ⅲ	10	8.8	1.44	1.2	0.81
	8		0.64		
	8		0.64		
	8		0.64		
	10		1.44		
小计	44		4.80		
Ⅳ	9	8.2	0.64	3.7	0.09
	8		0.04		
	7		1.44		
	11		7.84		
	6		4.84		
小计	41		14.80		
Ⅴ	5	6.8	3.24	1.7	1.21
	8		1.44		
	6		0.64		
	7		0.04		
	8		1.44		
小计	34		6.80		

续表

中选班编号	x_{ij}	$\bar{x}_i$	$(x_{ij} - \bar{x}_i)^2$	$s_i^2 = \dfrac{1}{m-1}\sum_{j=1}^{m}(x_{ij}-\bar{x}_i)^2$	$(\bar{x}_i - \bar{x})^2$
Ⅵ	9 10 6 10 9	8.8	0.04 1.44 7.84 1.44 0.04	2.7	0.81
小计	44		10.80		
总计	237	47.4		15.5	3.74

注：x_{ij} 表示中选学生每周文体活动时间；

$\bar{x}_i$ 表示第 i 班样本单位平均活动时间。

[解] $R = 30$，$r = 6$，$M = 50$，$m = 5$

$F(t) = 95.54\%$，$t = 2$

各样本班中样本单位平均数：

$$\bar{x}_i = \frac{1}{m}\sum_{j=1}^{m} x_{ij} \quad (i = 1,2,\cdots,5,6)$$

如：$\quad \bar{x}_1 = \dfrac{1}{5}\sum_{j=1}^{5} x_{1j} = \dfrac{1}{5} \times 39 = 7.8$（小时）

各样本班中样本单位方差：

$$s_i^2 = \frac{1}{m-1}\sum_{j=1}^{m}(x_{ij}-\bar{x}_i)^2 \quad (i = 1,2,\cdots,5,6)$$

如：$\quad s_6^2 = \dfrac{1}{5-1}\sum_{j=1}^{5}(x_{6j}-\bar{x}_6)^2 = \dfrac{1}{4} \times 10.80 = 2.7$

样本平均数：

$$\bar{x} = \frac{1}{r}\sum_{i=1}^{r}\bar{x}_i = \frac{1}{6} \times 47.4 = 7.9 \text{（小时）}$$

样本平均数群间方差：

$$\delta_{\bar{x}}^2 = \frac{\sum_{i=1}^{n}(x_i - \bar{x})^2}{r} = \frac{3.74}{6} = 0.623$$

样本各群平均群内方差：

$$\overline{s_i^2} = \frac{\sum_{i=1}^{r} s_i^2}{r} = \frac{15.5}{6} = 2.58$$

二阶段抽样的样本平均数的抽样平均误差：

$$\mu_{\bar{x}} = \sqrt{\frac{\delta_{\bar{x}}^2}{r}\left(\frac{R-r}{R-1}\right) + \frac{\overline{s_i^2}}{rm}\left(\frac{M-m}{M-1}\right)}$$

$$= \sqrt{\frac{0.623}{6}\left(\frac{30-6}{30-1}\right) + \frac{2.58}{6 \times 5}\left(\frac{50-5}{50-1}\right)}$$

$$= 0.4061（小时）$$

$$\Delta_{\bar{x}} = t\mu_{\bar{x}} = 2 \times 0.4061 = 0.8122（小时）$$

$$\bar{x} - \Delta_{\bar{x}} \leq \overline{X} \leq \bar{x} + \Delta_{\bar{x}}$$

$$7.9 - 0.8122 \leq \overline{X} \leq 7.9 + 0.8122$$

$$7.0878（小时）\leq \overline{X} \leq 8.7122（小时）$$

因此，该院学生每周文体活动的时间在 7.09 小时至 8.71 小时之间。

4.8.6 多相抽样

1. 多相抽样的概述

多相抽样（Multi-phase sampling），亦称多重抽样（Multiple sampling），它是指从全及总体中随机抽选一个相对非常大的第一相初级样本，从该样本获取信息资料后再从第一相样本中随机抽选第二相样本，如此抽选下去，一直可以抽选第 n 相样本的抽样组织形式。

多相抽样的目的是对所选样本的所有单位针对一个目的进行研究，尔后又可以对原来的全部样本单位或部分样本单位针对另一个目的进行研究。

多相抽样的特点：

一是可以节约费用；

二是前一相样本的调查结果，可以作为设计抽选后一相样本的辅助依据，这会使抽样取得较好的效果。

2. 多相抽样的适用性和局限性

(1) 多相抽样的适用性：

当总体单位数无限多或虽有限但却非常庞大，并且不占有过去的历史资料时，为了研究总体的情况，通常采用多相抽样的组织形式。

(2) 多相抽样的局限性：

第一，第一相样本的取得带有一定的盲目性，很难保证其充分的代表性，因而，抽样误差偏大。

第二，用第一相样本的辅助信息资料来抽选第二相样本，对这类辅助信息资料作为抽样的依据，很勉强。

3. 多相抽样的抽取单位的方法

当进行多相抽样时，首先要选择全及总体单位的主要有关标志，然后按纯随机抽样的形式从总体中抽选第一相样本，将从该样本中获得的调查资料作为第二相样本抽选的辅助信息资料，采用纯随机抽样、等距抽样或类型抽样，从第一相样本中抽选第二相样本，以此类推，可以抽选第 n 相样本。

4. 多相抽样的估计量及其抽样平均误差

就各相抽样具体所选择的抽样组织形式来确定采用相应的估计量形式和影响抽样误差的方差形式。

从总体 N 中采用纯随机抽样形式抽取第一相样本，其容量为 n'，对这个样本各单位进行分层，各样本层单位数为 n'_i ($i = 1, 2, \cdots, k$)，再从容量为 n' 的第一相样本中采用类型抽样形式抽取第二相样本，其容量为 n，各层第二相样本容量为 n_i。

(1) 多相抽样的平均估计量：

$$\bar{x}_i = \frac{1}{n'_i} \sum_{j=1}^{n'_i} x_{ij} \tag{4.156}$$

$$\hat{\bar{X}} = \bar{x} = \frac{\sum_{i=1}^{k} n'_i \bar{x}_i}{n'} \tag{4.157}$$

式中：x_{ij} 表示第 i 层第 j 个单位的是非标志值。

$$p_i = \frac{1}{n'_i}\sum_{j=1}^{n'_i} x_{ij} \qquad (4.158)$$

$$\hat{P} = p = \frac{\sum_{i=1}^{k} n'_i p_i}{n'} \qquad (4.159)$$

式中：x_{ij} 表示第 i 层第 j 个单位的是非标志值。

（2）多相抽样的抽样平均误差：

$$\mu_{\bar{x}} = \sqrt{\frac{\sigma^2}{n'}\left(1 - \frac{n}{N'}\right) + \frac{\overline{\sigma_i^2}}{n}\left(1 - \frac{n}{n'}\right)} \qquad (4.160)$$

$$\mu_p = \sqrt{\frac{P(1-P)}{n'}\left(1 - \frac{n'}{N}\right) + \frac{\overline{p_i(1-p_i)}}{n}\left(1 - \frac{n}{n'}\right)} \qquad (4.161)$$

式中：σ^2 表示总体方差；

$\overline{\sigma_i^2}$ 表示平均各层内方差；

$P(1-P)$ 表示总体成数方差；

$\overline{p_i(1-p_i)}$ 表示平均各层内成数方差。

采用纯随机抽样抽取第一相样本，则第一相样本抽样误差为：

$$\mu_{1\bar{x}} = \frac{\sigma^2}{n'}\left(1 - \frac{n'}{N}\right) \qquad (4.162)$$

采用类型抽样抽取第二相样本，则第二相样本抽样误差为：

$$\mu_{2\bar{x}} = \frac{\overline{\sigma_i^2}}{n}\left(1 - \frac{n}{n'}\right) \qquad (4.163)$$

$$\overline{\sigma_i^2} = \frac{\sum n'_i \sigma_i^2}{n'} \qquad (4.164)$$

实际抽样中，用样本值替代 σ_i^2 和 σ^2。

$$\frac{\sum_{i=1}^{k}(\bar{x}_i - \bar{x})^2 n'_i}{\sum_{i=1}^{k} n'_i} = \frac{\sum_{i=1}^{k}(\bar{x}_i - \bar{x})^2 n'_i}{n'} \approx \sigma^2 \qquad (4.165)$$

$$s_i^2 = \frac{1}{n'_i - 1}\sum_{j=1}^{n'_i}(x_{ij} - \bar{x}_i)^2 \approx \sigma_i^2 \qquad (4.166)$$

5. 多相抽样的应用

采用二相抽样对我国城乡居民的家计抽样调查效果显著。为了研究家庭的收入、收入来源以及消费构成情况，首先采用纯随机抽样的形式抽选 10000 户家庭，以调查其家庭收入情况，然后再从中抽取 1000 户家庭，以调查其收入来源及消费构成情况。

6. 多相抽样与多阶段抽样的区别

（1）若总体范围较大，进而不便于直接抽取最终调查单位，则采用多阶段抽样；

（2）若为适应不同调查项目的要求，以便达到节省人力、物力、财力的目的，则采用多重抽样；

（3）多阶段抽样的每个阶段，抽样单位的大小是不同的；它是从大单位中抽取小单位。从小单位中抽取更小的单位；

（4）多重抽样每次抽取的单位大小是相同的；后一次抽取的单位是上一次抽取的单位中的一部分。

7. 多相抽样优缺点

优点：在一套样本中，根据对调查标志的不同要求，进行几个大小不同样本的调查，便于组织和节约费用。

缺点：抽样误差较大。

4.8.7 穿插抽样

1. 穿插抽样的概述

穿插抽样（Alternate sampling），亦称交叉抽样，它是指从全及总体中随机抽选容量为 n 的样本，再将该样本随机地分成若干个独立的子样本，每个子样本由一个或一组调查员调查，然后单独计算样本指标，分析比较各子样本指标的抽样组织形式。

提高穿插抽样效果的主要途径是将穿插样本分成更多的子样本，然而，在实际工作中，子样本划分过多，会增大调查费用和增加工作量。为此，子样划分不宜过多，一般划分为二、三个子样就能达到应有的效果。

2. 穿插抽样的适用性和局限性

（1）穿插抽样的适用性：在有限的人力和调查费用条件下，当需要检查基层调查工作有无系统性偏差时，可以采用穿插抽样的组织形式。

（2）穿插抽样的局限性：很难保证二次抽选得到的子样本能反映总体特征。子样本对样本可以满足较高的代表性，不过，子样本对总体的代表性可能降低，因而，二次抽选会提高抽样平均误差。

3. 穿插抽样的抽取单位的方法

从全及总体 N 个单位中随机抽取 n 个单位作为样本，再将 n 个单位随机地分成若干个独立子样本，每个子样本的容量为 n_i，$\sum_i n_i = n$。

每位或每组调查员单独专门负责调查一个子样，分析比较各子样的调查结果，若它们的调查结果偏差彼此不大，则说明调查工作中的系统性偏差可能较小，可用其中任一子样的样本指标值估计总体参数；若它们的调查结果彼此偏差较大，则说明调查工作中可能存在系统性偏差。纠正系统性偏差的方法通常是将各子样的调查员对调，然后对子样重新调查。假如调查员对调后对子样的调查结果与原调查结果一致，则说明调查工作不存在系统性偏差，因此，可以认为子样的样本指标间的偏差可能是由于样本划分时没有遵循随机原则所致。

4. 穿插抽样的估计量及其抽样平均误差

当抽取容量为 n 的样本和 n_i 的子样本时，所采用的随机抽样组织形式来确定相应的估计量和影响抽样平均误差的方差。

4.8.8　目录抽样[①]

目录抽样（Category sampling）是指对大多数较小单位实行抽样调查，对少数大单位进行全面调查，并通过建立数学模型定量地找出二者最优的

---

① 黄良文、卢宋辉,《目录抽样浅议》[J],《统计与咨询》,1994 年第 4 期。

分界点。

它是抽样调查与全面调查相结合的抽样调查方法。

若以标志变量为横坐标，以相应单位数为纵坐标，则对于变量离散程度较大的"关键的少数和次要的多数"的频（数）率分布呈高度偏态分布，针对这种调查对象，采用目录抽样具有显著的优越性。

事实证明，这种抽样组织形式比常用的抽样方式可以节省75%的样本单位。

1. 目录抽样的基本思路

在社会经济现象总体结构中，通常存在"关键的少数和次要的多数"的局面。换句话说，尽管总体中只有少数单位，但是其标志值却占总体所有单位的标志总值很大份额，然而，多数单位的标志总值只占所有单位标志总值的很小份额。

对此，目录抽样以如下思路进行：

第一，按照标志顺序编制目录抽样框；

第二，将总体单位分成两部分：少数重点单位和多数非重点单位；

第三，对少数重点单位进行全面调查；对多数非重点单位进行抽样调查。

2. 目录抽样益处

第一，花费相对少的费用，对少数重点单位进行全面调查，可以使大部分的标志总值的统计避免抽样误差；

第二，多数非重点单位构成了容量大的总体，这样的总体会趋近于正态分布，对此总体进行抽样调查，更能够降低抽样误差。

3. 目录抽样的步骤

第一，根据总体单位目录，按有关标志值 x 的大小将总体单位编排成频数分布表，见表4-16；

表 4-16　总体的频数分布——按有关标志值 x 分成 k 组

组序号（i）	组距式分组	总体单位数（f_i）	组中值（$\bar{x}_i$）
1	$x_{1,1} - x_{1,f_1}$	f_1	$\bar{x}_1$
2	$x_{2,1} - x_{2,f_2}$	f_2	$\bar{x}_2$
…	…	…	…
$k-1$	$x_{k-1,1} - x_{k-1,f_{k-1}}$	f_{k-1}	$\bar{x}_{k-1}$
k	$x_{k,1} - x_{k,f_k}$	f_k	$\bar{x}_k$
Σ	-	N	-

备注：①若能够取得各组所有单位标志值，则直接计算各组算术平均数，与计算组中值相比更为准确。

②表中为非连续的分组序列，仅针对本表分组约定不遵循"上限不在内原则"，即，各组上限仍属于相应组。

第二，按不同的抽样百分比计算出总体的不同样本量 n_1、n_2、…

第三，对第一样本量 n_1，以各组下限 $x_{k,1}$、$x_{k-1,1}$、…、$x_{2,1}$ 作为对总体的不同分割点。所谓分割点，就是据此划分全面调查范围和抽样调查范围的某个有关标志值，标志值大于或等于该标志值的所有单位（即所有重点单位）就是要全面调查的单位，反之，就是要抽样调查的单位（即所有非重点单位）。

在各分割点下，总体有关标志总值 x 的估计量 $\hat{x}$ 及其抽样方差 $V(\hat{x})$ 和相应的相对标准误 $RSE(\hat{x})$：

$$\hat{x} = x_1 + \frac{N_2}{n_2}\sum_{i=1}^{n_2} x_{2i} \qquad (4.167)$$

$$V(\hat{x}) = N_2^2 \frac{N_2 - n_2}{N_2 - 1} \frac{\sigma_2^2}{n_2} \qquad (4.168)$$

$$RSE(\hat{x}) = \frac{\sqrt{V(\hat{x})}}{x} \qquad (4.169)$$

式中，n_2 为抽取的非重点单位数；

N_2 为非重点单位总数；

x_1 为所有重点单位的有关标志总值；

$\sum_{i=1}^{n_2} x_{2i}$ 为抽取的非重点单位的有关标志总值；

σ_2^2 为所有非重点单位的总方差。

因为在某一范围之内相对标准误将随分割点的下降而下降,然而,过了某一范围之后,又会上升,所以,在不同分割点中,可以找出一个相对标准误最小的分割点作为该样本量下的最优分割点。

假设计算出的最小相对标准误为 E_1,那么,对应的分割点为 x_1,就是第一个样本量 n_1 下的最优分割点。

同理,再求出样本量 n_2、n_3、$\cdots$ 下的最优分割点 x_2、x_3、$\cdots$ 和相应的最小相对标准误 E_2、E_3、$\cdots$。

第四,在不同样本量下,求得的最优分割点和相应的最小相对标准误,将其列表,见表 4-17:

表 4-17 不同样本量下的最优分割点和最小相对标准误

样本序号 (i)	全部样本量 (n_i)	最优分割点 (x_i)	最小相对标准误 (E_i)
1	n_1	x_1	E_1
2	n_2	x_2	E_2
3	n_3	x_3	E_3
…	…	…	…

从表 4-17 中选定一个适当的相对标准误,并以其相应的全部样本量和最优分割点分别作为目录抽样的全部样本量和最优分割点,划分全面调查范围和抽样调查范围,分别进行调查。

第五,根据调查结果,将调查所得的标志值代入式(4.167)、式(4.168)相应的 x 中,便计算出总体有关总值的估计值及其相应的抽样方差。

4.9 统计量 $\dfrac{(n-1)s^2}{\sigma^2}$ 的抽样分布

定理 4.1 假如随机变量 $z_1, z_2, \cdots, z_n$ 相互独立且服从标准正态分布,那么

$$z_1^2 + z_2^2 + \cdots + z_n^2 = \sum_{i=1}^{n} z_i^2 \sim \chi^2(n) \tag{4.170}$$

推理 4.1 假设 $\{x_1, x_2, \cdots, x_n\}$ 是取自正态分布总体 $x_i \sim N(\mu, \sigma^2)$ 的样本，那么

$$\frac{\sum_{i=1}^{n}(x_i - \mu)^2}{\sigma^2} \sim \chi^2(n) \tag{4.171}$$

[证] $\dfrac{x_i - \mu}{\sigma} \sim N(0, 1)$

$$\frac{\sum_{i=1}^{n}(x_i - \mu)^2}{\sigma^2} = \sum_{i=1}^{n}\left(\frac{x_i - \mu}{\sigma}\right)^2 = \sum_{i=1}^{n} z_i^2 \sim \chi^2(n)$$

推理 4.2 假设 $\{x_1, x_2, \cdots, x_n\}$ 是取自正态分布总体 $x_i \sim N(\mu, \sigma^2)$ 的样本，那么

$$\frac{\sum_{i=1}^{n}(x_i - \bar{x})^2}{\sigma^2} = \frac{(n-1)s^2}{\sigma^2} \sim \chi^2(n-1) \tag{4.172}$$

式中，样本方差 $s^2 = \dfrac{1}{n-1}\sum_{i=1}^{n}(x_i - \bar{x})^2$。

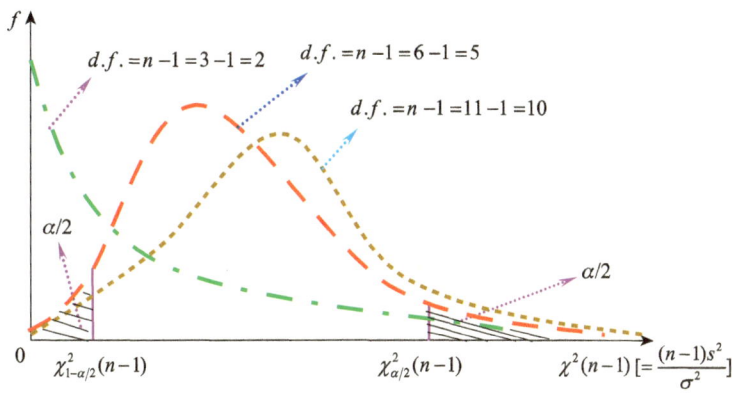

图 4-16 χ^2 分布对应的置信区间图

$$\chi_{1-\alpha/2}^2(n-1) \leqslant \frac{(n-1)s^2}{\sigma^2} \leqslant \chi_{\alpha/2}^2(n-1) \tag{4.173}$$

或者 $\dfrac{(n-1)s^2}{\chi^2_{\alpha/2}(n-1)} \leq \sigma^2 \leq \dfrac{(n-1)s^2}{\chi^2_{1-\alpha/2}(n-1)}$ （总体方差区间估计）   (4.174)

因为 χ^2 分布表是按照 $P\{\chi^2(n) > \chi^2_\alpha(n)\} = \alpha$ 制作的，即，

$$\text{短竖线右边面积} = \alpha/2 \tag{4.175}$$

$$\text{长竖线右边面积} = 1 - \alpha/2 \tag{4.176}$$

所以，

$$P\{\chi^2(n-1) > \chi^2_{\alpha/2}(n-1)\} = \alpha/2 \tag{4.177}$$

$$P\{\chi^2(n-1) > \chi^2_{1-\alpha/2}(n-1)\} = 1 - \alpha/2 \tag{4.178}$$

［证］推理 4.2

$$\begin{aligned}
\sum_{i=1}^{n}(x_i - \mu)^2 &= \sum_{i=1}^{n}[(x_i - \bar{x}) + (\bar{x} - \mu)]^2 \\
&= \sum_{i=1}^{n}(x_i - \bar{x})^2 + \sum_{i=1}^{n}(\bar{x} - \mu)^2 + 2\sum_{i=1}^{n}(x_i - \bar{x})(\bar{x} - \mu) \\
&= \sum_{i=1}^{n}(x_i - \bar{x})^2 + \sum_{i=1}^{n}(\bar{x} - \mu)^2 + 2(\bar{x} - \mu)\sum_{i=1}^{n}(x_i - \bar{x})
\end{aligned}$$

因为 $\sum\limits_{i=1}^{n}(x_i - \bar{x}) = 0$，所以，

$$\begin{aligned}
\sum_{i=1}^{n}(x_i - \mu)^2 &= \sum_{i=1}^{n}(x_i - \bar{x})^2 + n(\bar{x} - \mu)^2 + 2(\bar{x} - \mu) \cdot 0 \\
&= \sum_{i=1}^{n}(x_i - \bar{x})^2 + n(\bar{x} - \mu)^2
\end{aligned}$$

上式两边同时除以 σ^2，得

$$\begin{aligned}
\dfrac{\sum\limits_{i=1}^{n}(x_i - \mu)^2}{\sigma^2} &= \dfrac{\sum\limits_{i=1}^{n}(x_i - \bar{x})^2}{\sigma^2} + \dfrac{n(\bar{x} - \mu)^2}{\sigma^2} \\
&= \dfrac{\sum\limits_{i=1}^{n}(x_i - \bar{x})^2}{\sigma^2} + \left(\dfrac{\bar{x} - \mu}{\sigma/\sqrt{n}}\right)^2
\end{aligned}$$

$$\dfrac{\sum\limits_{i=1}^{n}(x_i - \bar{x})^2}{\sigma^2} = \dfrac{\sum\limits_{i=1}^{n}(x_i - \mu)^2}{\sigma^2} - \left(\dfrac{\bar{x} - \mu}{\sigma/\sqrt{n}}\right)^2$$

$$\sum_{i=1}^{n}\left(\dfrac{x_i - \bar{x}}{\sigma}\right)^2 = \sum_{i=1}^{n}\left(\dfrac{x_i - \mu}{\sigma}\right)^2 - \left(\dfrac{\bar{x} - \mu}{\sigma/\sqrt{n}}\right)^2$$

根据推理 4.1，有

$$\frac{\sum_{i=1}^{n}(x_i-\mu)^2}{\sigma^2} \sim \chi^2(n)$$

依据中心极限定理，样本平均数 $\bar{x}$ 近似服从正态分布，即

$$\bar{x} \sim N(\mu, \frac{\sigma^2}{n})$$

因而

$$\frac{\bar{x}-\mu}{\sigma/\sqrt{n}} \sim N(0,1)$$

根据定理 4.1，得

$$\left(\frac{\bar{x}-\mu}{\sigma/\sqrt{n}}\right)^2 \sim \chi^2(1)$$

由于 n 个随机变量 $\left(\frac{x_1-\bar{x}}{\sigma}\right)^2$、$\left(\frac{x_2-\bar{x}}{\sigma}\right)^2$、$\cdots$、$\left(\frac{x_n-\bar{x}}{\sigma}\right)^2$ 与 $\bar{x}$ 相互独立，且服从 χ^2 分布的统计量具有可加性，因此

$$\sum_{i=1}^{n}\left(\frac{x_i-\bar{x}}{\sigma}\right)^2 = \sum_{i=1}^{n}\left(\frac{x_i-\mu}{\sigma}\right)^2 - \left(\frac{\bar{x}-\mu}{\sigma/\sqrt{n}}\right)^2$$

$$\sum_{i=1}^{n}\left(\frac{x_i-\mu}{\sigma}\right)^2 \sim \chi^2(n), \left(\frac{\bar{x}-\mu}{\sigma/\sqrt{n}}\right)^2 \sim \chi^2(1)$$

$$\sum_{i=1}^{n}\left(\frac{x_i-\bar{x}}{\sigma}\right)^2 \sim \chi^2(n-1)$$

$$\sum_{i=1}^{n}\left(\frac{x_i-\bar{x}}{\sigma}\right)^2 = \frac{\sum_{i=1}^{n}(x_i-\bar{x})^2}{\sigma^2}$$

$$= \frac{(n-1)[\sum_{i=1}^{n}(x_i-\bar{x})^2/(n-1)]}{\sigma^2}$$

$$= \frac{(n-1)s^2}{\sigma^2} \sim \chi^2(n-1)$$

4.10 样本比率 $\bar{p}$ 的抽样分布

假如在容量为 N 的总体中，具有某种性质的个体数为 M，那么，在总体中具有此性质的个体数占总体数的比率为：

$$p = \frac{M}{N} \tag{4.179}$$

假如从容量为 N 的总体中抽取容量为 n 的样本，具有该种性质的个体数为 m，那么，在样本中具有此性质的个体数占样本容量的比率为：

$$\bar{p} = \frac{m}{n} \tag{4.180}$$

在重置抽样下，

若 $m = x_1 + x_2 + \cdots + x_n$ 为 n 个伯努利（Bernoulli）变量之和，则

$$m \sim B(n,p)\ (m\ 服从二项分布),\ m = 0,1,2,\cdots,n \tag{4.181}$$

拓展阅读

老尼古拉·伯努利（Nicolaus Bernoulli, 1623—1708 年）生于巴塞尔（德：Basel，法：Bâle，意：Basilea；仅次苏黎世和日内瓦的瑞士第三大城市），在当地政府和司法部门任高级职务。其长子雅各布（Jocob, 1654—1705 年）和第三个儿子约翰（Johann, 1667—1748 年）成为著名的数学家，第二个儿子丹尼尔（Daniel, 1662—1716 年）在成为彼得堡科学院数学界的一员之前，他是伯尔尼的第一个法律学教授。伯努利家族三代人中产生了 8 位科学家，出类拔萃的至少有 3 位。

雅各布·伯努利（Jocob Bernoulli），1654 年 12 月 27 日生于巴塞尔，毕业于巴塞尔大学，1671 年，17 岁时，获艺术硕士学位，此艺术泛指"自由艺术"，包括算术、几何学、天文学、数理音乐和文法、修辞、雄辩术 7 大门类。遵照父亲的愿望，1676 年，22 岁时，又获得神学硕士学位。然而，他也违背父亲的意愿，自学了数学和天文学。1676 年，他到日内瓦做家庭教师。

1678 年和 1681 年，雅各布·伯努利两次外出旅行学习，到过法国、荷兰、英国和德国，接触和交往了许德、玻意耳、胡克、惠更斯等科学家，写有关于彗星理论（1682 年）、重力理论（1683 年）方面的科技文章。1687 年，雅各布在

> 《教师学报》上发表数学论文《用两相互垂直的直线将三角形的面积四等分的方法》，同年，在巴塞尔大学任数学教授，直至 1705 年 8 月 16 日逝世。
> 　　1699 年，雅各布当选为巴黎科学院外籍院士；1701 年被柏林科学协会（后为柏林科学院）接纳为会员。
> 　　许多数学成果与雅各布的名字相联系，比如：悬链线问题（1690 年），曲率半径公式（1694 年），"伯努利双纽线"（1694 年），"伯努利微分方程"（1695 年），"等周问题"（1700 年）等。
> 　　雅各布对数学最重大的贡献是在概率论研究方面。从 1685 年起，他发表关于赌博游戏中输赢次数问题的论文，后来写成巨著《猜度术》，在去世后 8 年，即 1713 年，这本书才得以出版。
> 　　在他去世后的第 8 年（1713 年），他侄子尼克拉斯出版了伯努利的著作《推测术》。在书中，雅各布·伯努利指出：如果这样的试验次数足够大，那么，成功次数所占的比例以概率 1 接近 p。

　　二项分布（Binomial Distribution），指的是重复 n 次独立的伯努利试验（Bernoulli Experiment），在 n 次独立的是/非试验中，成功的次数的离散概率分布。

　　其中，每次试验的成功（注："成功"表示抽中具有某种性质的个体）概率都是 p，即事件发生与否（注：表示抽中具有某种性质的个体与否）的概率在每一次独立试验中都保持不变。

　　单次成功/失败试验又称为伯努利试验。实际上，当 $n = 1$ 时，二项分布就是伯努利分布，二项分布是显著性差异的二项试验的基础。

　　试验中，事件发生的次数 x 为一随机事件，它服从二项（次）分布。当试验次数为 1 时，二项分布服从 0-1 分布。

　　x（抽中具有某性质的个体数）的概率分布为：

$$p(x = m) = \binom{n}{m} p^m (1-p)^{n-m}$$
$$= C_n^m p^m (1-p)^{n-m}$$
$$= B(m;n,p), \quad m = 0,1,2,\cdots,n \tag{4.182}$$

由于 $\bar{p}$ 是 m 的线性函数，因此，$\bar{p}$ 也是服从二项分布，有：

$$p(\bar{p}) = \binom{n}{n\bar{p}} p^{n\bar{p}} (1-p)^{n-n\bar{p}}$$

$$= C_n^{n\bar{p}} p^{n\bar{p}} (1-p)^{n-n\bar{p}}, \bar{p} = 0, \frac{1}{n}, \frac{2}{n}, \cdots, 1 \quad (4.183)$$

因为 $\bar{p} = \dfrac{m}{n} = \dfrac{1}{n}m$ \hfill (4.184)

$m = x_1$ [在第 1 次试验中具有某种性质的个体被抽中（事件发生）]

$\qquad + x_2$ [在第 2 次试验中具有某种性质的个体被抽中（事件发生）]

$\qquad \cdots$

$\qquad + x_n$ [在第 n 次试验中具有某种性质的个体被抽中（事件发生）]

$x_i = 1$，表示在第 i 次试验中具有某种性质的个体被抽中（事件发生）；

$x_i = 0$，表示在第 i 次试验中具有某种性质的个体没有被抽中（事件没有发生）。

若事件出现/发生的次数记为 x_i，则 x_i 仅取 0 或 1，因而，相应的概率分布为：

$$b_k = p(x_i = k) = p^k (1-p)^{(1-k)}, k = 0, 1 \quad (4.185)$$

$$\begin{aligned}
E(m) &= E(x_1 + x_2 + \cdots + x_n) \\
&= E(x_1) + E(x_2) + \cdots + E(x_n) \\
&= \underbrace{[1 \times p + 0 \times (1-p)] + [1 \times p + 0 \times (1-p)] + \cdots + [1 \times p + 0 \times (1-p)]}_{n \text{ terms}} \\
&= \underbrace{p + p + \cdots + p}_{n \text{ terms}} \\
&= np \quad (4.186)
\end{aligned}$$

$$\begin{aligned}
Var(m) &= Var(x_1 + x_2 + \cdots + x_n) \\
&= Var(x_1) + Var(x_2) + \cdots + Var(x_n) \\
&= \sum_{i=1}^{2}(x_1^{(i)} - \bar{x}_1)^2 p_1^{(i)} + \sum_{i=1}^{2}(x_2^{(i)} - \bar{x}_2)^2 p_2^{(i)} + \cdots + \sum_{i=1}^{2}(x_n^{(i)} - \bar{x}_n)^2 p_n^{(i)} \\
&= \underbrace{[(1-p)^2 \times p + (0-p)^2 \times (1-p)] + [(1-p)^2 \times p + (0-p)^2 \times (1-p)] + \cdots}_{n-1 \text{ terms}} \\
&\quad + [(1-p)^2 \times p + (0-p)^2 \times (1-p)] \\
&= \underbrace{[(1-p)^2 \times p + p^2 \times (1-p)] + [(1-p)^2 \times p + p^2 \times (1-p)] + \cdots}_{n-1 \text{ terms}} \\
&\quad + [(1-p)^2 \times p + p^2 \times (1-p)] \\
&= \underbrace{[p(1-p) + p(1-p) + \cdots p(1-p)]}_{n \text{ terms}} \\
&= np(1-p) \quad (4.187)
\end{aligned}$$

因为这一分布的概率和二项式 $(p+q)^n$ 的展开式各项相同，所以称为二项分布。

该分布属于离散型随机变量的分布，通常，采用以下计算形式求期望和方差：

$$\mu = E(x) = \sum xp(x) = \sum_{x=0}^{n} xC_n^x p^x q^{n-x} = np \tag{4.188}$$

$$\sigma^2 = \sum (x-\bar{x})^2 p(x) = \sum_{x=0}^{n} (x-\bar{x})^2 C_n^x p^x q^{n-x} = npq = np(1-p) \tag{4.189}$$

因而

$$E(\bar{p}) = \frac{1}{n}E(m) = \frac{1}{n}np = p \tag{4.190}$$

$$Var(\bar{p}) = \frac{1}{n^2}Var(m) = \frac{1}{n^2}np(1-p) = \frac{p(1-p)}{n} \tag{4.191}$$

4.11 盖洛普民意测验

4.11.1 乔治·盖洛普

乔治·盖洛普（Gallup, George Horace, 1901—1984），1901 年 11 月 18 日，出生于美国艾奥瓦州（Iowa，别名：爱荷华州）杰佛森镇贫穷农民家庭，1918 年，入读艾奥瓦大学，1923 年，获得学士学位；1925 年，获得硕士学位；1928 年，获得博士学位。数学家、抽样调查方法创始人。尽管他从事总统大选民意测验工作，但是，他从不参与投票，也不为任何党派候选人助选。1984 年 7 月 26 日，因心脏病突发在其瑞士的消夏别墅中溘然长逝。

4.11.2 盖洛普民意测验机构

1935 年，盖洛普民意测验机构由 G·盖洛普创办而得名，总部位于普林斯顿,它是民意测验和商业调查/咨询公司,美国民意调查机构——美国舆论研究所进行的调查项目之一。

每年举行 20~25 次民意测验,总统大选年略增加测验次数。

调查内容包括社会、政治、经济等。

用科学方法测量和分析选民、消费者和员工的意见、态度和行为,并据此为客户提供营销和管理咨询。

在全球 25 个主要国家设有分公司,涵盖全世界 60% 的人口和 70% 的总产值。

盖洛普共有 3000 名分析、咨询和培训专家。10 年来,其营业额平均年增长 25%。中国盖洛普咨询有限公司是盖洛普公司与中方投资者在华合资企业,于 1993 年经中国中央政府批准成立,旨在为国内外客户提供高质量的商业和管理调查、研究、咨询和培训服务。公司共有 80 名学有专长和经验丰富的全职雇员和 3000 余名兼职人员。总部设在北京,并在上海和广州设有办事处。

中国盖洛普公司拥有全国 50 多个城市和部分农村地区的消费者抽样框,能精确进行各种全国或地区性消费者调查。

公司还拥有全国主要行业的企业抽样框,能根据客户需要进行各种行业和企业调查。

近来,公司根据市场发展,建立了先进的大型电话采访中心,大大提高了调查效率。

中国盖洛普公司使用经过严格挑选和培训的督导和访员队伍自行搜集数据,并由其资深分析师根据盖洛普的研究方法和质量标准,对调查数据进行深层分析,继而为客户提供进行营销和管理决策的可靠依据和咨询建议。

1999 年,公司完成了第三次调查,共使用 4000 多个全国范围的随机样本,用数据准确而生动地描述了近两年中国社会和经济生活的深刻变化。调查所提供的有关中国消费者和市场的丰富信息对广告商、营销人员、商务咨询人员、媒体、学术界和企业领导者有重大价值。

4.11.3 盖洛普民意测验标准和方法

20 世纪 30 年代,盖洛普设计出盖洛普民意测验(Gallup poll)。

测验标准：年龄、性别、教育程度、职业、经济收入、宗教信仰。

采用抽样调查方法，在全国各州按比例选择测验对象，派调查员面访，然后，统计调查结果，分析并作出说明，提供给用户。

在美国各州进行抽样问卷调查或者电话访谈，然后对所得材料进行统计分析。

盖洛普民意测验是调查民众的看法、意见和心态的测试方法，几乎成为民意调查活动的代名词。它是一种观点的民意测验，常常被各大媒体用于代表民意的一种表现方式。

在美国总统竞选民意测验中，1936年，乔治·盖洛普（George Gallup）使用的配额抽样法（the Quota Method of Sampling），获得了巨大成功，从此开创了民意测验的先河。

配额抽样法，力求调查对象在州、市、镇、村的规模，以及年龄、性别、人种和社会阶层等方面，都能够准确地代表美国选区及其选民。

4.11.4　盖洛普民意测验机构的穿插抽样设计范例（源自《1985年盖洛普公告》）[①]

1. 盖洛普民意测验抽样目的

取得居住在美国（50个州和哥伦比亚特区）的所有成年人（18岁及18岁以上者）对于一些社会问题的意见的抽样估计量，其中包括：军事基地的军人、医院患者、监狱的囚犯等机构暂住的人员。

2. 盖洛普民意测验抽样方法

由调查地区构成的全国性概率抽样样本，分层两阶段抽样。

按照地理位置、都市化程度和社区规模对全美各地区进行分层。

根据1980年人口普查资料，按照地区的人口规模和都市化程度进行分层，将全美各地区划分为七类：

(1) 100万人及100万人以上人口的中心城市；

[①] 卢小广译，《1985年盖洛普公告》，《国外社会学》，1988年第2期。

（2）25万人至100万人之间人口的中心城市；

（3）5万人至25万人之间人口的中心城市；

（4）人口规模低于以上三组，不过，其地理位置处在（人口普查局确认的）都市化地区；

（5）人口在2500人至49999人之间的（人口密集地区和人口普查标识地区）城市和乡镇；

（6）人口数在2500人以下的（人口密集地点和人口普查标识地点）乡镇和村庄；

（7）其他地区。

另外，盖洛普抽样将全美划分为：

新英格兰地区、大西洋中部地区、中东部地区、中西部地区、东南部地区、山区和太平洋沿海地区。

按照社区规模、都市化程度和地理区域逐次分层之后，全美被划分为人口规模相等的若干地区，并且将这些地区按照各自的地理位置呈螺旋状的带状排列，以便可以根据与人口规模等比例的原则，从此带状分布的地区中抽出调查地区。

抽取调查地区。以多阶段概率抽样方式，分阶段抽取地区样区。

将抽中的调查地区进一步分成数个分区，然后，仍然按照各分区的人口规模，等比例地抽取分区样本。倘若缺少分区的人口资料，并且各分区的地理面积差异又不大时，亦可采取等概率方式抽取分区样本。

当进行入户调查时，若能取得分区中各街道的有关资料，则应按照与住宅数目等比例的抽样概率，抽取街道或街区样本。在那些缺少有关统计资料的分区中，可按照等概率的原则抽取街区或街段。

从调查地区中抽取家庭和个人。在城市以街区为单位，在乡村以乡（或者同等大小面积的地区）为单位，抽取入户调查点。

在进行全国性调查时，大约需要300个这样的调查点。在每一个由街区或街段构成的调查点上，都要根据该地区的地图，随机地确定出抽样的起点。调查员将从这一点开始，顺着一条事先定好的访问路线，挨家挨户地进行调查。直到面访的男性和女性的被调查者人数达到任务规定的数额时，这次入户调查方告结束。

调整调查点。盖洛普抽样依据美国人口普查局（US Census Bureau）

最新公布的各地区人口结构抽样数据,定期地校正各地区抽样前分层的人口结构,使之与人口普查局的最新资料一致。

比如:根据人口普查局的抽样数据,对样本中的受教育程度、年龄、性别等人口结构进行一些小的调整。

3. 调查方法:派员入户调查

调查一般在周末或者周末的晚上进行。因为这些时间段成年人大多喜欢待在家里,正适合进行入户调查。

盖洛普抽样是一种以人们"出行规律"进行加权的抽样设计,它考虑人们外出的情况,具有比回访方式更高的效率。

由于种种原因,一些人平时很少待在家里,因此,采用这一方法有助于减少因缺少这类样本而引起的抽样误差。

4.11.5 盖洛普民意测验应用

随着女性地位崛起,男女同工同酬、晋升机会均等的女权浪潮席卷全球。

在日本,为了解决高龄化造成的劳动市场人力资源短缺问题,一直试图扭转男主外女主内的传统习俗,正鼓励女性步入职场。

不过,即便女权运动风起云涌,盖洛普民意调查显示:无论男女员工仍然偏好男主管甚于女主管。

Gallup 为期一周的女性职场系列调查表明,33% 的受访者较喜欢男性主管,20% 选择女性主管,更为有趣的是,女性受访者特别钟爱男主管,39% 选男主管,相比之下,男性当中只有 26% 选男主管。

在女性受访者中只有 25% 选女主管,然而,男性只有 14%。

出于对"女王蜂症候群"的恐惧,在女上司底下工作的女性员工,特别容易出现忧郁、失眠、头痛、胃灼痛的症状,有些人甚至会不孕。

调查发现,女性主管特别会欺负女性下属,且女性员工表示她们在女性主管下面工作的压力大于男主管。

此外,调查还发现,那些大声疾呼争取多元员工结构的女性主管绩效表现比较低。

然而,调查结果对女性主管也有正面的评价:

第一,女主管比男主管更愿意指导与培养人才。

第二,女主管比男主管要求更细,不过,容易情绪化,女主管比较无法掌握大方向。当然,也有上班族认为女主管比男主管体贴且照顾员工。

第三,调查职场角色显示,受访者多数不在乎主管性别,只在乎主管的能力与公平。

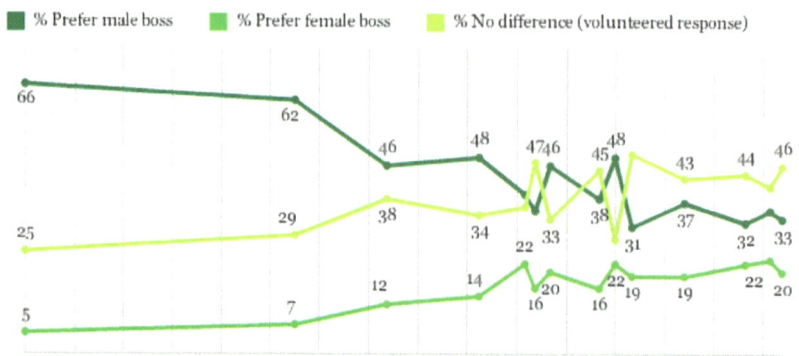

图 4-17 受访者对上司性别偏爱走势图

4.11.6 盖洛普民意测验优点

采用穿插样本,可以进行任何特定的研究。

从一个完整的盖洛普抽样的抽样框中抽出的每一组调查点,都可以提供一个独立的、具有充分代表性的全国性样本。能够取得每一个独立子样的总体参数估计量和通过样本资料计算出估计量的标准误差,这是盖洛普抽样设计时的突出特点。

计算出由抽样资料取得的比率数据的估计量标准误差,有助于确定"典型的"盖洛普抽样误差置信区间。经过对大量估计量的数量分析,在

95%的置信水平下，由1500个全国性标准样本资料得出的估计量的置信区间，大约为±3%。比率数据的抽样误差界限（比如：对于某一观点或态度的比率，反映为90%：10%或者80%：20%），一般可以比置信区间稍小一些。然而，当估计量是由部分样本资料取得时（例如，仅仅从男子样本中取得的数据），抽样误差界限略大于置信区间才是合理的。

抽样误差置信区间是一个存在于抽样过程的随机变量，抽样设计效率要取决于分层技术、加权技术、调查登记和数据处理过程中的种种随机因素。此外，抽样误差置信区间并没有考虑非抽样误差和其他一些可能的偏误因素。因而，当试图减少偏误时，仅仅依靠置信区间是不够的，它不能反映调查研究中导致偏误的全部根源。

4.11.7 美国总统大选，民意调查 vs. 义乌"神秘大数据"

1. "胜者全得（Winner – take – all）"

根据美国总统选举制度（American presidential election system），总统由选举人团选举产生，并非由选民直接选举产生，获得半数以上选举人票者当选总统。在大选日投票时，不仅选民要在总统候选人当中选择，而且要选出代表50个州和华盛顿特区的538名选举人，以组成选举人团。绝大多数州和华盛顿特区均实行"胜者全得"（winner – take – all，又译作赢者通吃）规则，即把本州或特区的选举人票全部给予在本州或特区获得相对多数选民票的总统候选人。

2. 民调又称民意调查、民意测验或舆论调查（Poll/Opinion Poll/Public Opinion Poll）

民调又称民意调查、民意测验或舆论调查（Poll/Opinion Poll/Public Opinion Poll），它是一种了解公众对某些政治、经济、社会问题与政策的意见和态度，由专业民调公司、媒体或者政府单位进行的调查方法，其目的在于通过网路、电话、书面等媒介对大量样本的问卷调查抽样，以便在统计学上较为客观、精确地推论社会舆论或民意动向。

主要民调机构：盖洛普（Gallup）、克罗斯利（Crossley）、罗波尔

(Roper)、萨凡塔（Savanta ComRes，英国）以及舆观（YouGov）。

随着时代演进，生活形态转变，依靠拨打住宅电话的抽样方式涵盖率缩小且拒访率上升，导致民调较难接触到年轻族群。未来将会采用移动电话与社交媒体的多元调查方法，旨在涵盖更多民众，以提高民调的准确率。

3. 义乌"神秘大数据（Mysterious big data of Yiwu）"

义乌市，隶属于浙江省金华市，古称"乌伤"。义乌国际商贸城被中国国家旅游局授予中国首个AAAA级购物旅游区。义乌是全球最大的小商品集散中心，被联合国、世界银行等国际权威机构确定为世界第一大市场。

2016年，美国第58届总统选举，希拉里在美国国内媒体和精英中呼声最高，向世界传递出的信号，希拉里一定获胜，成为美国首位女总统。美国民调结果，希拉里的胜选率72%，并且，各大媒体更是都押宝在希拉里身上，然而，在义乌国际商贸城，有关特朗普的竞选产品充斥着各个档口。义乌的"神秘大数据"显示，希拉里人气远不如特朗普。

从义乌发货的特朗普竞选产品，包括应援旗帜、帽子、T恤衫，其订单量远远超过希拉里，当时，义乌老板们就"逆天"预测，特朗普会担任美国第45任总统。

义乌几乎成了国际形势预测基地，甚至还出现了"义乌指数"。义乌老板和亚马逊卖家，预测结果要比民调准得多。民调可能会撒谎，媒体可能会撒谎，然而，义乌的商品订单却不会说谎，购买应援品却很诚实。

在新型冠状病毒肺炎（Corona Virus Disease 2019，COVID-19）疫情迅速在美国蔓延之际，义乌"神秘大数据"预测，2020年美国大选，共和党人特朗普一定会连任。不过，预期越一致，越有可能出现戏剧性反转。

盖洛普民调数据显示，特朗普的总体支持率上升了6个百分点，主要原因是独立选民支持率的上升。在共和党人中，93%的人赞同特朗普继续在白宫工作，然而，在民主党人中，只有8%的人支持特朗普。

4. 民调机构与美国大选

1824年美国大选中，宾夕法尼亚哈里斯堡报（The Harrisburg Pennsylvanian）询问行人是否给候选人亚当斯（John Quincy Adams）或杰克逊（Andrew Jackson）投票，成为民调滥觞[①]。20世纪60年代以来，民意调查机构数量大幅度增加。

1936年、1948年美国总统选举，民调结果和实际选举相去甚远，1948—2012年，美国总统大选民调都准确地预测出实际的投票结果。

1936年，美国《文学文摘》（Literary Digest）杂志所办的全国调查，该杂志社利用订户名册作为抽样底册，寄出1000万份问卷，只回收了240万份问卷。调查结果认为共和党候选人阿尔夫·兰登（Alfred M. Landon）可以高票当选，事实上，民主党候选人罗斯福（Franklin Delano Roosevelt）获得了压倒性的胜利——在48个州中胜出46个，普选票也拿到了60%以上。

不过，样本数仅是《文学文摘》2%的盖洛普公司却成功预测了。盖洛普公司采用"配额抽样"（分层随机抽样）方式，每位面访员被给定一定数量的受访者，其中，住所、性别、年龄、教育程度、种族、兵役状态、是否属于工会等类别都有一定配额，从而最大限度地控制住样本选择偏误。

《文学文摘》寄发的问卷是该杂志社的订户、电话簿以及一些俱乐部会员，基本上属于经济状况较好的族群，样本出现了选择性偏差；"自愿回复"问卷，意味着问卷渗透着意识形态。

1948年，共和党候选人杜威（Thomas Edmund Dewey）与寻求连任的民主党候选人杜鲁门（Harry S. Truman）竞选，民调公司盖洛普、克罗斯科（Crossley）和罗波（Roper），在投票前均宣布杜威至少会胜出5个百分点，然而，杜鲁门却以接近50%的得票率，杜威只有45%的得票率，杜鲁门反而胜出了5个百分点左右，这与选前预测的民调大相径庭。

从此以后，在抽样方法上，民调公司进行了修正，从原先的方便抽样改为随机抽样。

1952年起，盖洛普公司仅使用3000～8000左右的样本数，就使民调准确度显著的提升，说明概率抽样，配上良好的调查设计，可以提高民调精准度。

[①] 滥觞（shāng）江河发源之处水极浅小，比喻事物的起源和发端。

1988年以来，从成本效率以及社会民风的角度考量，民调公司渐渐减少面访调查，取而代之的是电话调查。2013年，美国四成的家庭没有安装家用电话，六成安装了电话的家庭，接听电话者大多数是退休的老年人或失业者，可见，选样偏误很大。

　　民调应该与社会学、心理学、传播学相结合，灵活使用沉默螺旋理论，所谓沉默螺旋理论，它是指如果人们觉得自己的观点是公众中的少数派，那么他们将不愿意传播自己的看法，届时只能默默地以"脚"投票。沉默者占绝大多数，拒访率大约90%。

第 5 章

毒品使国民意志和国家经济安全丧失

5.1 毒品诠释和种类

18世纪中叶,西方列强妄图瓜分中国,向中国大肆倾销鸦片。到19世纪初,由于鸦片烟毒祸害,结果使中国经济陷于崩溃境地。当时,中国每年因种植罂粟和进口鸦片就要耗费4亿两白银,加上全国有2500万人染上毒瘾,为此,每年损失4.5亿两白银,仅此两项就造成中国每年损失8.5亿两白银。

1839年6月3日至25日,在广东虎门,1000多吨鸦片被倒进化烟池。林则徐"虎门销烟"的壮举,向全世界昭示了中国人民将鸦片毒品拒于国门之外的决心。

中华人民共和国成立之初,在党和政府的领导下,全国人民展开了一场规模宏大的围剿毒品的斗争。到20世纪50年代,基本禁绝了横行中国大陆100余年的烟毒灾害,当时,中国作为"无烟国"而享誉全球(曹凤,1997)。时至今日,在中华人民共和国成立初期灭绝了的毒害又死灰复燃,并且制毒、贩毒和吸毒人数像滚雪球式的不断增多。

1997年3月14日,第八届全国人民代表大会第五次会议对《中华人民共和国刑法》第357条规定进行了修订,将鸦片、海洛因、冰毒、吗啡、大麻、可卡因以及国家规定管制的其他能够使人形成瘾癖的麻醉药品和精神药品归并为毒品。

毒品，人称"白色瘟疫"，它是指滥用于非医疗、科研和教学方面，人用后会对其产生依赖性的药品。

当今流行的冰毒其实早在 100 多年前就已经出现，它是属于中枢神经兴奋剂苯丙胺的衍生物，学名叫甲基苯丙胺，它最初取自麻黄素，即中药麻黄中的一种生物碱麻黄素，在其化学结构上去掉一个羟基，生成物称去氧麻黄素。这是一种作用十分强烈的兴奋剂，早期在临床上曾被用来医治昏睡症和抑郁症。由于服后有后遗症，现在一般不使用。

冰毒对人体的损害比海洛因要大得多，3 克纯量的冰毒就足以把一个人致死。冰毒吸食时，可以发出一种类似青苹果的气味，吸食一颗米粒大小的冰毒只需几分钟就会迅速出现忘乎所以的兴奋，并且可令吸食者 2~3 天不睡觉。世界卫生组织指出，目前吸食冰毒的人数上升势头仅次于大麻。

进入 21 世纪以来，摇头丸、摇脚丸和 K 仔逐渐在一些青少年中时兴起来。

（1）摇头丸，又称"忘我"，它是 20 世纪 90 年代初流行于欧美，属于高素质品种，含有高纯度亚甲双氧甲基安非他命，一种能致幻性苯丙胺类毒品，为人工合成的兴奋剂，对中枢神经系统有很强的兴奋作用。服用后会过度活动，嗜舞、偏执、妄想，自我约束力下降，情感冲动，性欲亢进，以及有幻觉和暴力倾向，对社会有很大的危害性，被认为是未来最具危险的毒品。

（2）摇脚丸，只有沙粒一样大，然而，它的毒性却是摇头丸的 5 倍以上，服用后会危及泌尿系统和中枢神经系统。

（3）K 仔，即氯胺酮（Ketamine），1963 年首次合成，自 20 世纪 70 年代以来，已经成为国际临床上常用的麻醉剂。氯胺酮能够阻断脑内携带传入感觉的化学信使，可使脑内充满空虚的幻觉。过量用它可导致极强的感觉剥夺，对周围环境不再敏感，研究工作者将其与濒于死亡的经历相提并论。一些青少年出于好奇，为了寻求刺激、趋于"前卫"，而对其滥用。在一些公共娱乐场所，青少年对这类新潮的东西趋之若鹜，目前，21 岁以下的青少年滥用这类药物的人数急增。

5.2 毒品经济的衍生过程

从 1930 年至今将近 90 年的发展，毒品产业从生产到运输、销售已经形成了一个完整的产业链。

根据联合国毒品和犯罪问题办公室发表的《2005 年度世界禁毒报告》显示，2003 年全球毒品交易额在生产端为 130 亿美元，批发环节为 940 亿美元，零售端则高达 3320 亿美元，销售环节获得了绝大部分的利润。

毒品从生产到消费往往经历远距离、长时间的多次转手交易，从而造就了 2003 年 4390 亿美元的巨大产值。多次、大量、长战线的交易，却鲜少被各国警方查处，足以证明这一产业的发达程度。

在生产端，部分非法组织将毒品生产工业化，并成为其支柱产业。

在运输过程，随着现代运输工具的发展，毒品主要运输工具正在发生缓慢的变化，运输路线也在逐渐改变，变得更为隐蔽、难以追查。

在消费端，随着新型毒品的出现，正逐步改变毒品使用的格局，其中，合成毒品已经成为异军突起的黑马。比起主要由天然植物提炼而来的海洛因、鸦片制剂等传统毒品，化学合成的新型毒品可获得性更强，部分材料可以合法获得，具备相关知识甚至可以自行制造，这使消费端进一步扩大，警方的追查难度进一步加大。

在我国，据统计，毒品消费量呈现逐渐增加趋势，同时，吸毒人数也相应上升。

2015 年，我国吸毒者达 234.5 万人，吸毒者查获数量攀升，其中，发现新吸毒者高达 51.3 万人，与 2014 年相比增加了 14.6%；吸毒者年龄结构以 18 岁到 35 岁为主，其吸食人数高达 142.2 万人，占总登记吸毒人数 60.6%；吸毒人员引发刑事案件 17.4 万起，占刑事案件数 14%，毒品危害性之大可见一斑。

毒品，不仅严重危害着吸毒者的身心健康，而且还会滋生盗窃、抢劫、杀人等刑事犯罪行为。

联合国毒品和犯罪问题办公室发布的《2017 年世界毒品问题报告》中

指出，截至 2015 年，全球 73 亿总人口中大约有 2.5 亿人接触过一次毒品，约占全球总人口的 3.5%，这些吸毒者中约有 2950 万人患有吸毒所带来的疾病。毒品造成全球大量劳动力丧失。据统计，吸毒引起的死亡和伤残造成的提早丧失工作能力。

目前，世界毒品产业的发展主要包括三个环节：生产——运输——销售。

在生产环节，以可卡因为例，2013—2015 年，全球可卡因的产量呈现整体上升趋势，究其原因，这是因为在此期间哥伦比亚古柯树种植增加了 30%。2015 年，可卡因的全球总产量为 1125 吨，比 2013 年增长了 25%。2015 年，世界各国登记的可卡因缉获量为 864 吨，同比增长了 30%，堪称历史之最。

在运输环节，随着现代交通运输工具的发展，毒品主要运输工具变得多样化，运输路线变得更为隐蔽，运输方式更是采用邮寄托运、夹带藏毒、体内藏毒等进行走私。多种多样的毒品走私，使缉查难度日益增大。

在销售环节，毒品市场表现出多元化的特点，毒品市场仍然是主力军，新型精神活性物质异军突起。在合成毒品上，法律规定尚未完善，种植加工对环境依赖性较低，从而导致毒品经济规模不断增大。

在我国，尽管自新中国成立以来对毒品进行了严格和有效的遏制，但是，禁毒的形势依然不容乐观。

根据《2017 年中国毒品形势报告》，截至 2017 年，全国现有登记在册的吸毒人数为 234.5 万人，其中，不满 18 岁的未成年人有 4.3 万，占 1.8%；18 岁到 35 岁的有 142.2 万人（与 2015 年持平），占吸毒人数的 60.6%，吸毒年轻化趋势不断加强。我国共破获毒品相关的刑事案件 16.5 万起，比 2016 年同期增长 13.2%；抓获毒品犯罪嫌疑人 19.4 万名，同比增长 15%；缴获各类毒品数量合计 102.5 吨，比 2016 年同期增长了 48.7%（钟杰维，2018），如图 5-1 所示。

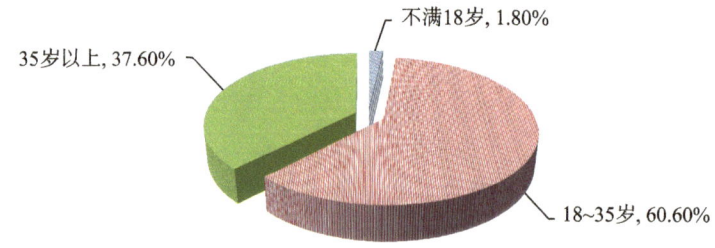

图 5-1 截至 2017 年底我国登记在册吸毒人员结构

5.3 毒品经济现状

毒品作为一种特殊消费品，吸毒者对毒品的需求是刚性的，需求弹性无限接近于零。可以说，毒品市场是一个卖方市场。尽管各国一直致力于禁毒，但是，毒品生产、交易和消费都屡禁不止。

从经济产值来看，毒品产业属于地下经济，因其特殊性故而无法纳入GDP统计范围，然而其产值之庞大不容忽视。

从社会安全角度来看，尽管毒品产业的纯经济效益巨大，但是，它却对社会百害而无一利。除了《刑法》中规定的非法持有毒品罪、容留他人吸毒等直接犯罪，吸毒这一行为本身往往促使吸毒人员进行非刑法规定的毒品犯罪的违法行为。为了筹集毒资，大多数自身可获得资产无法承担长期毒品费用的吸毒人员会通过盗窃、暴力抢劫、诈骗、涉黄等犯罪行为来获取非法经济利益。部分吸毒人员甚至会通过以贩养吸的方式，进入毒品零售环节。同时，由于毒品整个生产到销售的产业链很长，从产地到消费地往往经过了远距离的运输和多层级的转手，加之整个产业链处于灰色地带，往往同时被用于洗钱等国际犯罪。

毒品产业的存在影响社会安全，不过，社会安全也影响毒品产业的发展。毒品的四大生产基地都是长期社会动荡地区，毒品的运输路线也往往是社会安全度不高、政府和军方对国境出入情况掌控力不足的国家。社会动荡促使毒品产业发展，毒品产业的发展反过来加剧社会动荡，如此存在于哥伦比亚等国家的负面循环成为了无解之题（谢灏，2018）。

由于毒品经济在我国经济中的特殊性与隐蔽性，其产业规模、对经济各个要素的贡献和影响是无法得到准确数据的，因此，对中国毒品经济规模测算有着重大的研究意义。

从经济学的角度上看，毒品是一种特殊的商品，因而也无法逃离供求市场，毒品具有很大的成瘾性，吸毒者一旦成瘾对毒品的需求就会变成刚性，不会因为毒品价格和收入的变化而产生很显著的影响。此外，毒品需求具有棘轮效应，一旦成瘾后对毒品的消费具有不可逆性，因而毒品的需求更倾向于不断扩大，市场上永远属于卖方市场。

从经济产值的角度上看，毒品产业属于地下经济，无法算入 GDP 统计范畴，然而毒品经济产值之庞大不容忽视。早在 20 世纪，就有学者统计，在拉美地区，哥伦比亚全国有 6 万~9 万公顷的土地用于毒品种植，玻利维亚年产古柯叶 4.9 万吨，非法外销的可卡因每年在 10 亿~15 亿美元之间。① 近年来，欧洲很多国家已经开始把地下经济纳入 GDP 的核算范围，见表 5-1，2014 年英国宣布将毒品经济和卖淫交易的产值纳入 GDP 统计范围时，预计可使 GDP 提升 5%。② 而在我国，早在民国时期就把鸦片相关的收入列入财政收入，主要包含烟亩罚款（指专门组织人员丈量烟亩，按亩纳税或罚款）、违禁罚款和禁烟局罚款等。据估计，1935 年 3 月至 12 月，甘肃省鸦片相关收入为 2619550 元，占当期政府财政收入的 33%，而同期田赋收入占政府财政收入 31%；1936 年 1 月至 10 月，鸦片相关收入为 3272041 元，占当期政府财政收入 38%，而同期田赋收入仅占政府财政收入 12%③，由此可见毒品经济纳入 GDP 核算在中外早有历史可循（钟杰维，2018）。

表 5-1　　2014 年欧洲部分国家毒品产业占 GDP 比例

国家	GDP（亿欧元）	毒品对 GDP 贡献额（亿欧元）	毒品产业占 GDP 比例（‰）
英国	18225	123.0	6.7
意大利	16815	140.0	8.3
法国	22271	30.0	1.3
荷兰	6628	26.5	4.0

备注：英国和意大利统计的毒品贡献额为毒品和性产业的合计值。

从社会影响的角度上看，尽管毒品经济能带来庞大的经济产值，但是，对整个社会而言是百害而无一利的。首先，毒品危害人们的身心健康，特别是青少年，一旦染上毒品，性格会变得孤僻，对学习和工作就会失去兴趣，把宝贵的青春消磨在毒品上，更有甚者会因为没钱购买毒品而滋生抢劫、盗窃、诈骗、涉黄等违法犯罪行为。其次，毒品的滋生、泛滥

---

① 戴超武，《毒品对当代世界经济的影响》[J]，《世界经济与政治论坛》，1991 年第 11 期。
② 王忠会，《英国将贩毒和性交易纳入 GDP 统计》[N/OL]，中国日报网，2014 年 5 月 30 日，http://caijing.chinadaily.com.cn/2014-05/30/content_17553553.htm。
③ 尚季芳，《论民国时期甘肃省的毒品经济与社会变迁》[J]，《中国经济史研究》，2011 年第 3 期，第 151-160 页。

和蔓延，严重地破坏了社会风气，因毒品而家破人亡、走投无路的情况比比皆是，不利于我国社会主义价值体系的建设。最后，在毒品巨大利益面前，人们铤而走险，诱发腐败、洗钱等严重危害社会安全的违法犯罪行为（钟杰维，2018）。

5.4 毒源地及其大毒枭

"金三角""金新月"和南美亚马逊河冲积平原是世界三大毒品发源地。

5.4.1 "金三角"及其大毒枭

"金三角（Golden Triangle）"，位于亚洲南部，它是与缅甸、泰国和老挝三国接壤的三角形山区地带，面积约为 20 万平方公里，大小村镇 3000多个，种罂粟（Opium poppy）是当地的主要经济来源，年产鸦片 2500 吨～3000 吨，它是东南亚最大的海洛因产地。

"金三角"地区一直由"瓦地方联军"控制，"瓦地方联军"原先是一个地方叛乱组织，1989 年向政府投降，该组织与政府达成联军得以保留武器和继续控制"金三角"地区的协议，后来，该组织又转向生产一种利润丰厚的名叫脱氧麻黄碱的毒品。

"瓦地方联军"一直被指控为贩毒集团，曾被美国国务院称为世界上最大的贩毒组织之一。缅甸最大毒枭坤萨[①]，曾多次以逐步停止毒品交易的方式，在 8 年时间里换取了国际社会每年 3 亿美元的经济援助。国际社会一直指责缅甸政府对国内毒品生产打击不力，不过缅甸政府认为，由于国际社会在过去 30 年里对缅甸的援助少得可怜，因而，缅甸无法像泰国那样有效制止罂粟种植和加工，况且缅甸一些山区只适合种植罂粟，种其他经济作物当地山民只能半饥半饱。

[①] 2000 年 3 月，据泰国《曼谷邮报》报道，当年 67 岁的坤萨健康每况愈下，他向缅政府军投降主要是迫于国际社会的压力，也是为今后东山再起所作的"诈降"。

目前，缅甸政府正在实施"金三角"大迁徙的计划，准备把臭名昭著的"金三角"地区以种植罂粟为生的5万多当地居民异地安置。

缅甸"上帝军"是"金三角"另一个非常有影响的组织，其领袖约翰尼和路德两小兄弟已经结束多年的丛林生涯，并于2001年赴美国开始新生活。

老挝是世界上最贫穷的国家之一，因此，该国尚没有形成庞大的吸食海洛因群体。

1990年以前，老挝一向得到苏联的帮助，尽管美国曾试图通过中央情报局干预老挝，不过，收效甚微。自苏联解体后，美国毒品控制委员会迅速扮演起国际警察的角色，开始向老挝政府施加强大压力。与邻国缅甸和泰国泛滥的毒品交易相比，老挝无论在毒品交易的数量还是在金额上都远远不及以上两国。

5.4.2 "金新月"

"金新月（Golden Crescent）"位于伊朗、巴基斯坦和阿富汗三国的交界地带，因地域形状近似新月，又因盛产利润极高的鸦片，故称其"金新月"。2005年，阿富汗用于种植罂粟的土地面积达到20.67万公顷，鸦片年产量4100吨，罂粟种植业收入5.6亿美元，约占国内生产总值的52%，鸦片走私收入21亿美元。

5.4.3 南美亚马逊河冲积平原及其大毒枭

南美亚马逊河冲积平原（South America Amazon River flood plain），它是亚洲以外一个主产毒品的地带，美国市场上90%的可卡因以及东海岸地区三分之二的海洛因都来自哥伦比亚。

世界上最有钱有势的毒枭应当首推哥伦比亚的麦德林毒品卡特尔集团的头目们，仅"毒王"埃斯科瓦尔就拥有200多亿美元。被称为"绅士贩毒分子"的奥乔亚，工于心计，1999年每月向美国和欧洲走私多达30吨的可卡因。绰号"蜗牛"的哥伦比亚毒枭奥兰德斯，被美国指控自1997年以来共向美国走私了850千克毒品，其在黑市上的市值超过1.7亿美元。

2005年11月21日，墨西哥政府宣布，绰号"博士"的华雷斯贩毒集团头目里卡多·加西亚上月被捕，在美国大街上从墨西哥走私来的毒品五分之一是经他之手，每月至少将5吨可卡因贩运到美国。

此外，菲律宾黑社会分子为争夺冰毒"出口控制权"，经常发生仇杀事件。2004年2月，中国警方和菲律宾警方联手在菲律宾破获两国毒贩毒品交易案，缴获冰毒304千克。

应当指出的是，毒源并非都是起自境外，20世纪90年代，我国南方、北方的少数贫困地区，比如：云南、贵州、四川、广西、青海、宁夏、新疆、内蒙古、吉林、黑龙江、甘肃以及陕西等省、自治区，就不同程度地存在罂粟的非法零星种植的现象，它们有的还以此作为脱贫途径。自1992年起，中国政府在东北大兴安岭和西北的莲花山等原始森林地区组织了航测查毒缉毒行动。目前中国境内已基本禁绝了非法种植毒品原植物。

5.5 国际贩毒集团毒品走私的主要路线和特点

因为我国位于两大国际毒源地的交汇处，所以，早自1989年起，毒品生产、交易和消费就呈现出由南向北扩散态势，现在制贩毒品活动已经由沿海、沿边扩散到了内地。

5.5.1 "金三角"地区生产的海洛因输出的两大动脉

一是经老挝、越南等国，再由海路贩运至广东，然后分销至中国香港和澳大利亚；

二是通过云南、广东，再分销到中国香港、日本、澳大利亚、加拿大和东南亚。

5.5.2 "金新月"地区的阿富汗生产的毒品贩运路线

一是南线,由伊朗、土库曼斯坦、乌兹别克斯坦和土耳其等国,运抵欧洲东部和中南部,再转向南方抵达非洲,向西越过大洋,到达南美洲、北美洲;

二是北线,经巴基斯坦、中亚和俄罗斯,分成两路,一部分经印度和蒙古国、中国到达亚太地区;另一部分经俄罗斯抵达北欧、中欧、西欧,然后转运到南美洲、北美洲。

5.5.3 南美亚马逊河冲积平原地区生产的毒品走私线路

哥伦比亚生产的毒品,从墨西哥运送到美国销售;或者,直接从生产地贩售到南美洲和欧洲。有些可卡因经中国广东、福建中转至境外。

5.5.4 "金三角"毒品取道贵州、云南、广西和广东过境,转运到香港

由于我国贵州省与缅甸、泰国接壤,产于"金三角"的毒品,一部分取道贵州;另一部分在贵州就地消费。

"金三角"还毗邻我国云南省,早在清朝,云南就是鸦片烟毒最严重的省份之一。

国际贩毒集团利用4060公里长的无天然地理屏障的边境,把境外部分毒品偷运到云南省,将云南省作为毒品主要集散地之一。当地许多毒品被偷运到全国各地,不过,大量的毒品却是经云南、广西和广东过境,转运到香港,然后从香港再输出到欧美等地区。

5.5.5 "金新月"毒品渗透至新疆

与我国新疆相邻的"金新月"地区毒品对我国渗透势头不减。

5.5.6 我国毒品走私特点

一是中国内地贩毒团伙与港、澳、台毒贩相互勾结。他们利用内地各省、市的制药厂和化工厂，打着"制药"的名义非法生产冰毒，从而在内地与香港之间形成一股规模不小的地下贩毒暗流。

二是毒品走私正日趋国际化。一条线是由西北地区通向俄罗斯和中亚国家，再就是由墨西哥一些公司通过合法途径从中国进口用于药品、化妆品、染料、色素和润滑油生产的制毒化学前体，然后再出口到美国秘密生产毒品（Guilhem fabre，1999）。

5.6 毒品经济规模与交易价格

5.6.1 世界上毒品经济规模与交易价格

根据联合国和国际货币基金组织估计，早在1996年全世界"犯罪生产总值"就高达1万亿美元，约占世界国内生产总值的4%，其中，每年全球仅毒品销售总额就达5000多亿美元，相当于世界贸易总额的13%，其规模超过石油贸易，仅次于军火贸易。有资料显示，2005年毒品交易额仍维持在1万亿美元水平上。

按照国际惯用的毒品统计方法，一个地区每缴获1克毒品，同时，便有9克毒品流入社会，缴获率只有1/10；然而，每发现1名显性吸毒者，实际上，就有10名隐形吸毒者存在。

据不完全统计，地球上50多亿人口中竟有5000多万人吸毒。联合国禁毒署1997年度报告指出，世界人口的10%卷入了毒品的生产和消费。

在缅甸北部，一包价值170美元的鸦片经过成本不高的加工，在欧美市场上可以获利200多万美元。1987年缅甸出口海洛因65吨。全球海洛因近一半是被欧美国家的瘾君子消费，其余部分则是被生产国和转运国的瘾君子消费。

据估计，海洛因和可卡因的增加值的85%~90%是在欧美等西方国家中实现的，因为这里的毒品价格相当于转运国的40~100倍。

美国缉毒总署认为，1981年输入美国的毒品约为33~60吨，价格为每千克4万美元；然而，1987年输入美国毒品增加到80吨，价格却跌到每千克1.5万美元，在美国的进口商品和劳务中名列首位。

哥伦比亚出口大麻和可卡因为主的麻醉品增值达300亿美元，仅1983年该国与美国的贸易顺差就为30亿美元。据统计，1985年，美国毒品利润高达250亿美元，比全美8家最大公司的净收入还要高。1988年，美国麻醉品销售额在600亿美元~1200亿美元，其中，200亿美元被转移到国外以支付费用，剩下部分，有一半被用于美国境外投资，另一半留作投资于国内合法实业和证券市场（英格·沃尔特，1994）。

每年，美国用于打击毒品犯罪的费用达到100多亿美元；

每年，美国通用汽车公司因毒品问题所造成的损失超过1亿美元；

每年，全美国因毒品问题造成的工业生产损失将近1000亿美元。

通常，贩毒团伙通过向境外毒贩购买高纯度海洛因，便私设地下加工点，将毒品勾兑加工后，再批发给其他毒贩，或者，雇用他人将毒品贩卖到全国各地，以赚取巨大的非法利润。

1997年，一个台湾毒品生产者在国内分别将自制的冰毒12千克和13千克以每千克2.5万元~2.7万元的价格销售给毒品贩子，毒贩以每克25~27元批发价购得毒品后，便以5~10倍于批发价转手卖给吸毒者。

在我国各地，毒品的地下交易价格存在较大差异，像海洛因价格，福州每克约为217元，广东梅州每克为125元~137元，广州每克仅为110元人民币。

由于香港警方集中打击制毒贩毒核心组织，从而使香港海洛因价格上升，由1998年的每克371港元上升到现在386港元。

在深圳，杂货店出售的罂粟壳也卖到每市斤65元。摇头丸，在东莞虎门迪厅售价每粒为100元，在香港售价每粒约为300元，然而，在台湾售价每粒为1000元新台币。

2000年，香港警方拘捕了一名华裔荷兰人，起获世界上最大宗市值高达9600万元港币的高纯度"忘我"毒品32万粒。

5.6.2 29个国家海洛因批发与零售价格

2013年,29个样本国家海洛因批发和零售价格如图5-2所示。

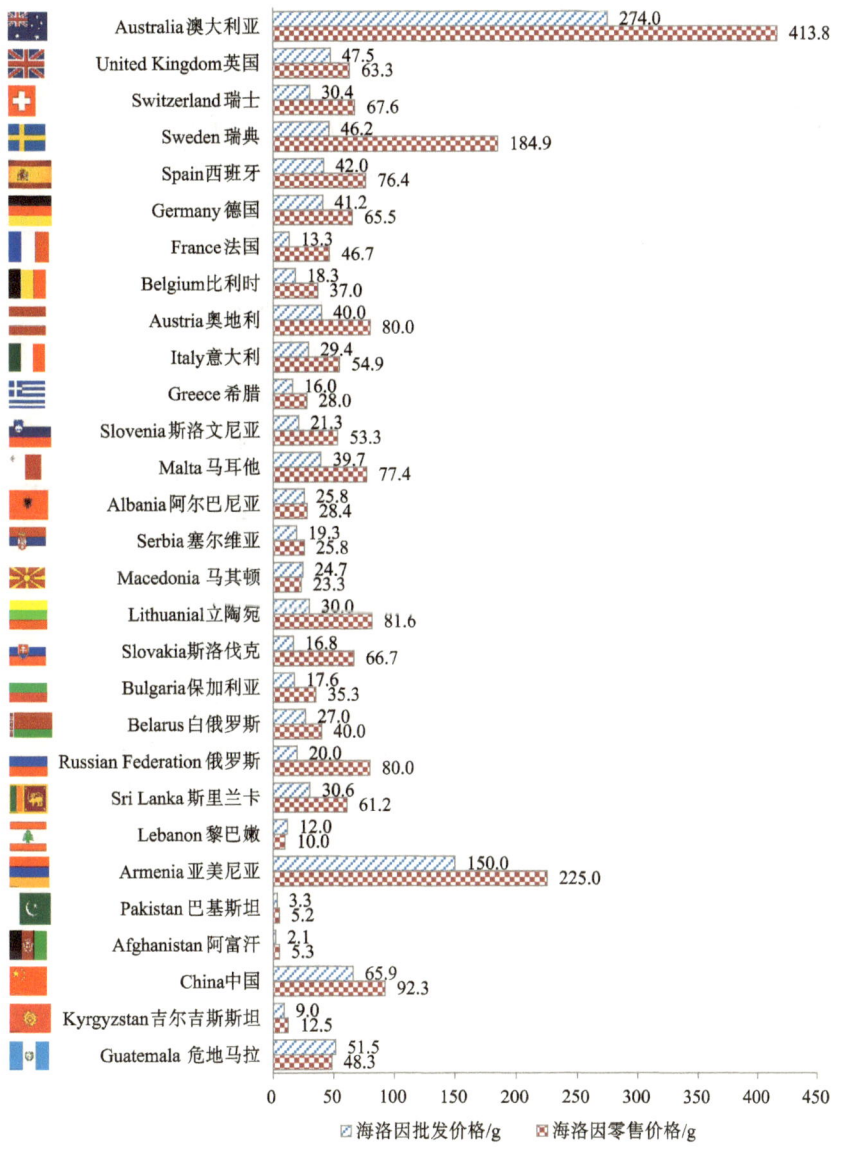

图5-2 29国海洛因批发与零售价格对比图(谢灏,2018)(美元)

从图5-2中可以看出，澳大利亚、亚美尼亚和瑞典的毒品价格远远高于其他国家，巴基斯坦和阿富汗的毒品价格远低于其他国家。

澳大利亚的零售和批发价格都是最高，分别为：零售413.8美元/克和批发273.99美元/克，其零售价格大约是瑞士的5倍，批发价格大约是瑞士的11倍。澳大利亚的毒品价格高的原因可能是澳大利亚在地理位置上与任何一个毒品生产基地都有较远的距离，澳大利亚西北沿岸与巴基斯坦和阿富汗交界处的直线距离超过8000千米，然而，澳大利亚东北沿岸与哥伦比亚西南沿岸的直线距离超过14300千米。况且，澳大利亚几乎独占一个大洲，无法通过毒品贩卖网中最常利用的铁路和道路进行运输，只能进行空运及海运，显然，空运和海运的管控力度和成本更高（谢灏，2018）。

次高为亚美尼亚，零售价格为225美元/克，批发价格为150美元/克，零售价格大约是俄罗斯的3倍，批发价格大约是俄罗斯的6倍。亚美尼亚位于亚欧交界的外高加索区，地理位置上离金新月最近，然而，海洛因价格偏高的原因可能是社会文化。亚美尼亚是世界上第一个基督教国家，在公元4世纪波斯萨珊帝国时期确立基督教为国教，并修建了世界上第一座基督教教堂。尽管经历了土耳其的大屠杀，但是，亚美尼亚依然坚定信仰基督教。宗教文化使得亚美尼亚社会公众对毒品的容忍程度低，因而，亚美尼亚的毒品价格偏高（谢灏，2018）。

然而，排第三位的却是瑞典，零售价格为184.9美元/克，批发价格为46.23美元/克，零售价格大约是法国的4倍，批发价格大约为法国的3倍。瑞典海洛因价格偏高的原因很可能是瑞典对毒品的零容忍政策。相对于部分地区吸食一定数量大麻合法的美国以及葡萄牙，从1965年颁布的《麻醉药物法案》开始，瑞典逐渐加强对毒品的打击力度和法制支持，不仅加大了吸毒、贩毒的惩罚力度，更从文化教育等各方面开展禁毒工作。2002年，瑞典提出了国家禁毒行动计划，2002—2005年，瑞典投入了超过5000万美元，从学校教育项目、对弱势群体的扶持、对毒品上瘾者的治疗和追踪，以及社会计划等方面入手，最大限度地降低毒品消费者数量[1]。法制、警方以及社会文化上的打击，使贩卖和吸食毒品的违法成本偏高，

---

[1] 联合国犯罪与毒品办公室, SWEDEN'S SUCCESSFUL DRUG POLICY: A REVIEW OF THE EVIDENCE [J/OL], 2007, http://www.unodc.org/pdf/research/Swedish_ drug_ control.pdf。

因而,瑞典的毒品价格偏高(谢灏,2018)。

不过,阿富汗和巴基斯坦的毒品批发和零售价格都远比其他国家低,其零售和批发价格分别是 5.3 美元/克和 2.12 美元/克、5.2 美元/克和 3.34 美元/克,其中,阿富汗的毒品零售价格大概是瑞士的 7.8%,批发价格大概是瑞士的 7%。阿富汗和巴基斯坦的低价显然是因为两国地处"金新月"地区,为毒品生产大国,且长期社会动荡,毒品的生产和运输成本极低,因而,毒品的价格偏低(谢灏,2018)。

另外,黎巴嫩的零售和批发价格也相对较低,原因可能是地处西亚,离"金新月"较近。

其他 23 个国家的毒品零售价格基本在 26 美元/克至 80 美元/克之间,批发价格基本在 16 美元/克至 42 美元/克之间。

5.6.3 吸毒流行率

29 个样本国家的吸毒流行率如图 5-3 所示。

超过 1% 的一共有 2 个国家,分别为 2.29% 的俄罗斯和 1.11% 的白俄罗斯,其中,俄罗斯的吸毒率大约是次高的白俄罗斯的 2 倍。在 0.6%~1% 的区间中的有三个国家,分别是吉尔吉斯斯坦 0.74%、马其顿 0.68%、瑞士 0.65%。吸毒率最低的 2 个国家为斯里兰卡 0.01% 和危地马拉 0.03%。其余国家的吸毒率大部分处于 0.1%~0.5% 的区间。

5.6.4 毒品查获数

在 29 个样本国家中,西班牙、巴基斯坦和阿富汗查获的毒品数量远高于其他国家(如图 5-4 所示),分别为 383 千克、369 千克和 192 千克,其中,西班牙更是比利时的 10 倍有余。

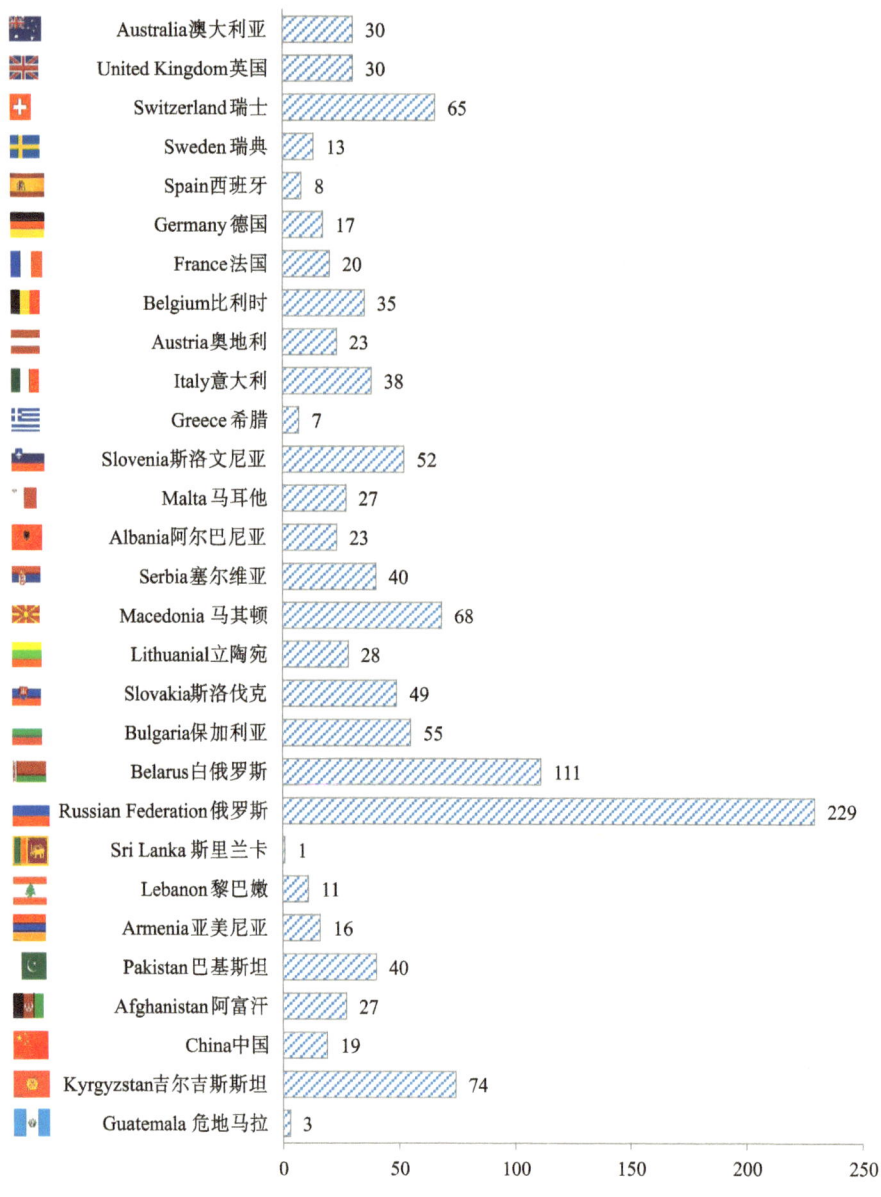

图 5-3 29 国吸毒流行率对比图（谢灏，2018）（%）①

---

① 数据来源：联合国毒品与犯罪办公室，"People Who Inject Drugs"，https://data.unodc.org/。

第5章 毒品使国民意志和国家经济安全丧失

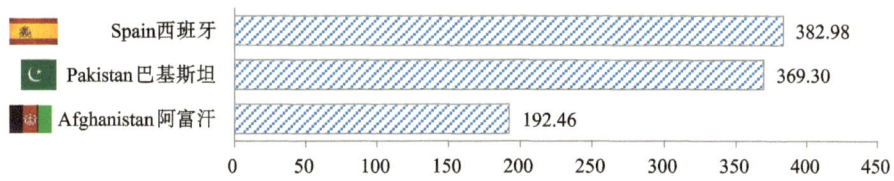

图 5-4 2013 年西班牙、巴基斯坦和阿富汗查获毒品数量图
（谢灏，2018）（千克）①

巴基斯坦和阿富汗作为毒品生产大国，查获毒品数量多属正常现象，不过，这两国的查获毒品数量比西班牙低的原因如下：

巴基斯坦和阿富汗在毒品产业链中主要承担种植原材料和部分毒品提炼生产的工作，国内流通的以毒品原材料和半成品为主。

然而，此处选取的数据是毒品成品，由于查获的原材料植株数和种植田地数难以与其他非生产国进行比较，因而未被计入。

位于伊比利亚半岛的西班牙，在毒品产业链中，承担着欧洲的重要运毒通道的角色，当地流通的毒品成品，不仅供当地零售消费，而且更是输往欧洲腹地，且数量非常多（谢灏，2018）。

其余 26 个国家中，2013 年，有 3 个国家查获毒品数量超过 40 千克，分别为斯里兰卡的 82.3 千克、意大利的 71 千克和中国的 44 千克。其余 23 个国家中有 8 个国家位于 10 千克到 40 千克之间，剩余 15 国均位于 0 千克至 10 千克之间，其中，亚美尼亚、斯洛伐克和塞尔维亚最少，分别为 99 克、101 克和 112 克，如图 5-5 所示。欧洲地区中东欧、北欧和南欧都有查获毒品量小于 220 克的国家，相比之下西欧地区查获毒品数量最少的国家为法国的 619 克，平均查获毒品数量在各地区中排行第一。

---

① 数据来源：联合国毒品与犯罪办公室，"Seizure Report"，2017，https：//data.unodc.org/．

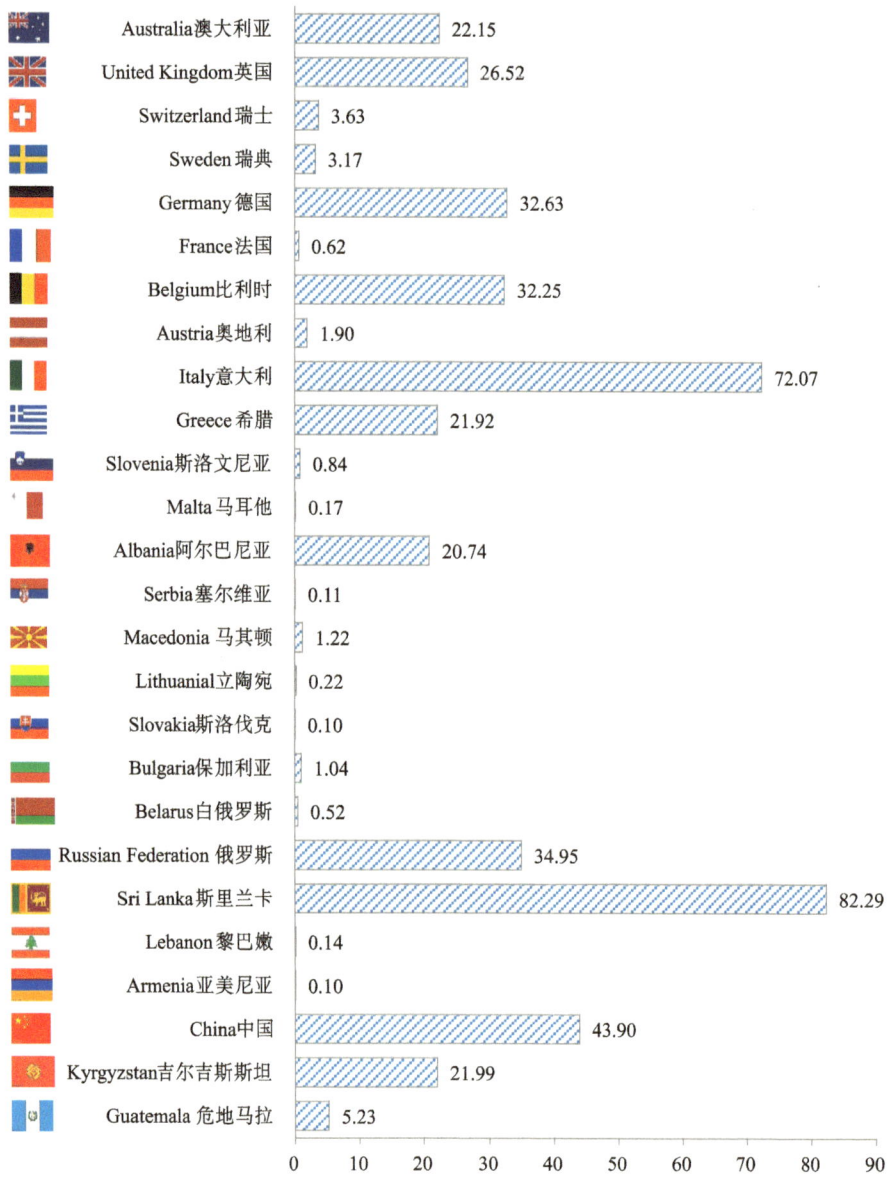

图 5-5 2013 年 26 国查获毒品数量对比图（谢灏，2018）①

---

① 数据来源：联合国毒品与犯罪办公室，"Seizure Report"，2017，https：//data.unodc.org/。

5.6.5 毒品产业总体规模测算

毒品产业的总体规模没有直接数据，此处使用以下公式进行估计：

毒品产业总体规模 = 吸毒人数 × 每人每日吸毒量 × 365 天 × 毒品市场价格　　　　　　　　　　　　　　　　　　　　　　　　　　(5.1)

部分样本国家的吸毒人数无直接数据，以吸毒率中值与 15 岁至 64 岁人口数相乘计算。海洛因的每人每日吸毒数量国际惯例为 1 克至 5 克，为此，假设平均为 2 克（谢灏，2018）。

毒品的市场价格用海洛因的市场价格为代表。

毒品产业总体规模越大，说明消费端越大，毒品产业发展程度越高。

表 5 – 2 毒品产业整体规模测算（谢灏，2018）

地区/国家	海洛因零售价格（美元/克）①	吸毒人数（人）②	每人每日吸毒量（克）③	毒品产业整体规模（千万美元）④ = ①×②×③×365
危地马拉	48.30	2500	1	4.41
吉尔吉斯斯坦	12.50	25000	1	11.41
中国	92.30	1930000	1	6502.07
阿富汗	5.30	40900	1	7.91
巴基斯坦	5.20	430000	1	81.61
亚美尼亚	225.00	3310	1	27.18
黎巴嫩	10.00	3000	1	1.10
斯里兰卡	61.20	994	1	2.22
俄罗斯	80.00	2350591	1	6863.73
白俄罗斯	40.00	76281	1	111.37
保加利亚	35.30	25500	1	32.86
斯洛伐克	66.70	18841	1	45.87
立陶宛	81.60	5415	1	16.13
马其顿	23.30	10200	1	8.67
塞尔维亚	25.80	20000	1	18.83
阿尔巴尼亚	28.40	5000	1	5.18
马耳他	77.40	744	1	2.10
斯洛文尼亚	53.30	7310	1	14.22
希腊	28.00	5284	1	5.40

续表

地区/国家	海洛因零售价格 (美元/克) ①	吸毒人数 (人) ②	每人每日吸毒量(克) ③	毒品产业整体规模 (千万美元) ④=①×②×③×365
意大利	54.90	147119	1	294.80
奥地利	80.00	13000	1	37.96
比利时	37.00	25673	1	34.67
法国	46.68	81000	1	138.00
德国	65.50	93792	1	224.23
西班牙	76.40	23620	1	65.87
瑞典	184.90	8021	1	54.13
瑞士	67.60	31653	1	78.10
英国	63.30	122894	1	283.94
澳大利亚	413.80	60000	1	906.22

从图5-6可看出，在29个国家中，中国、俄罗斯和澳大利亚三个国家的毒品产业总体规模遥遥领先，分别为6502.07千万美元、6863.73千万美元和906.22千万美元。

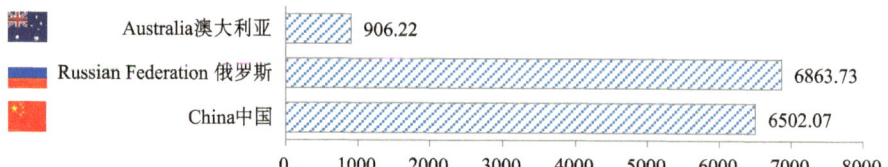

图5-6 中国、俄罗斯、澳大利亚毒品产业总体规模对比图（千万美元）（谢灏，2018）

在中间的23个国家中，中国和俄罗斯的海洛因零售价格属于较高的行列。中国的人口数量居世界第一，俄罗斯的人口也一直徘徊在世界前十左右。尽管中国的吸毒率远低于俄罗斯，但是，吸毒率与人口相乘，得到的吸毒人数，中国与俄罗斯却相差无几。

由于吸毒人数和海洛因价格为主要自变量的毒品产业总体规模相差无几，且远高于其他26个国家的平均水平，大约是26个国家中规模最大的意大利的20倍。

尽管澳大利亚的人口数量和吸毒率都并不突出，但是，毒品产业总体规模比其他26国高出大约2倍，究其原因，应该是澳洲的海洛因价格为29国中最高。

样本中除去中国、俄罗斯和澳大利亚的其余 26 个国家的毒品产业总体规模如图 5-7 所示。

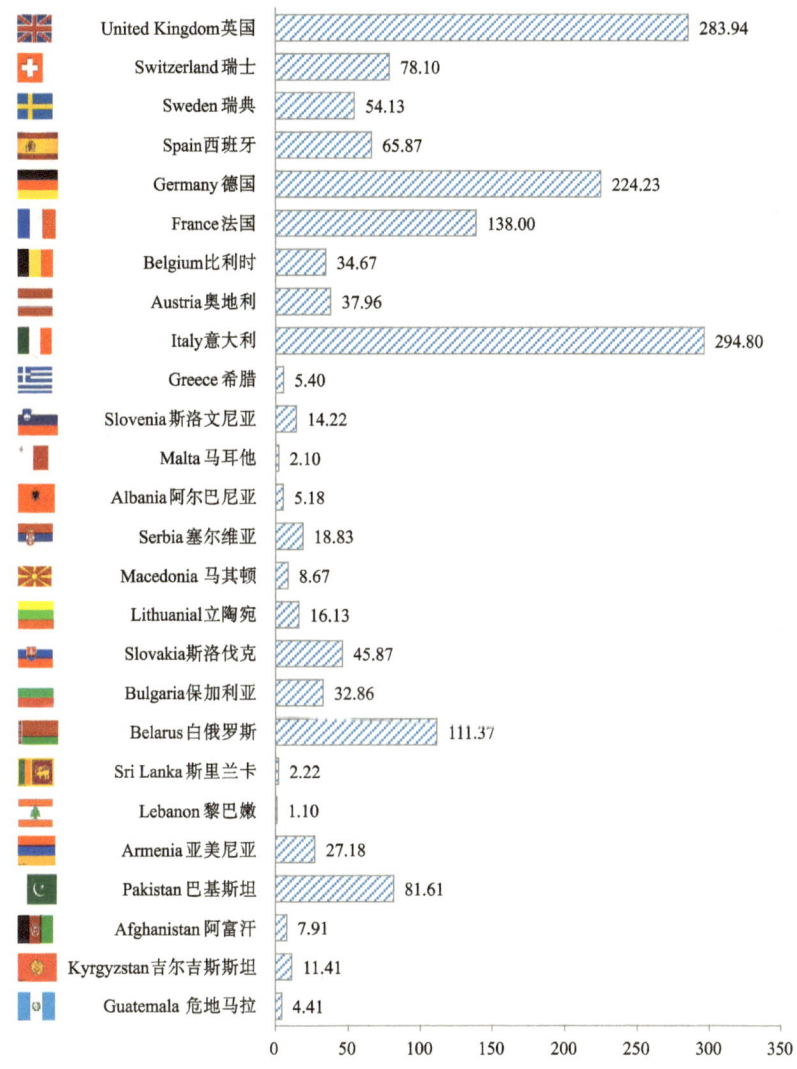

图 5-7　26 国毒品产业总体规模对比图（千万）（谢灏，2018）

在 26 个国家中，意大利、英国和德国的规模较大，分别为 294.8 千万美元、283.94 千万美元和 224.23 千万美元，其中，意大利和英国的毒品产业总体规模大约是瑞典的 5 倍。其余 23 个国家的毒品产业总体规模大多分布于 0 至 50 千万美元之间，只有 6 个国家的数据落在 50 千万美元至 150 千万美元之间。

在 26 个国家中，毒品产业总体规模最低的分别是黎巴嫩、马耳他和斯里兰卡，分别为 1.1 千万美元、2.1 千万美元和 2.22 千万美元，如图 5-7 所示。

如图 5-8 所示，在由 29 个国家构成的样本中，除了英国等 10 个西欧国家以及斯里兰卡、黎巴嫩和危地马拉以外，毒品产业规模占 GDP 比重均超过了 5‰，占比最大的俄罗斯达到了 6%，这一数字再次说明了毒品产业对一国经济规模影响的严重性。

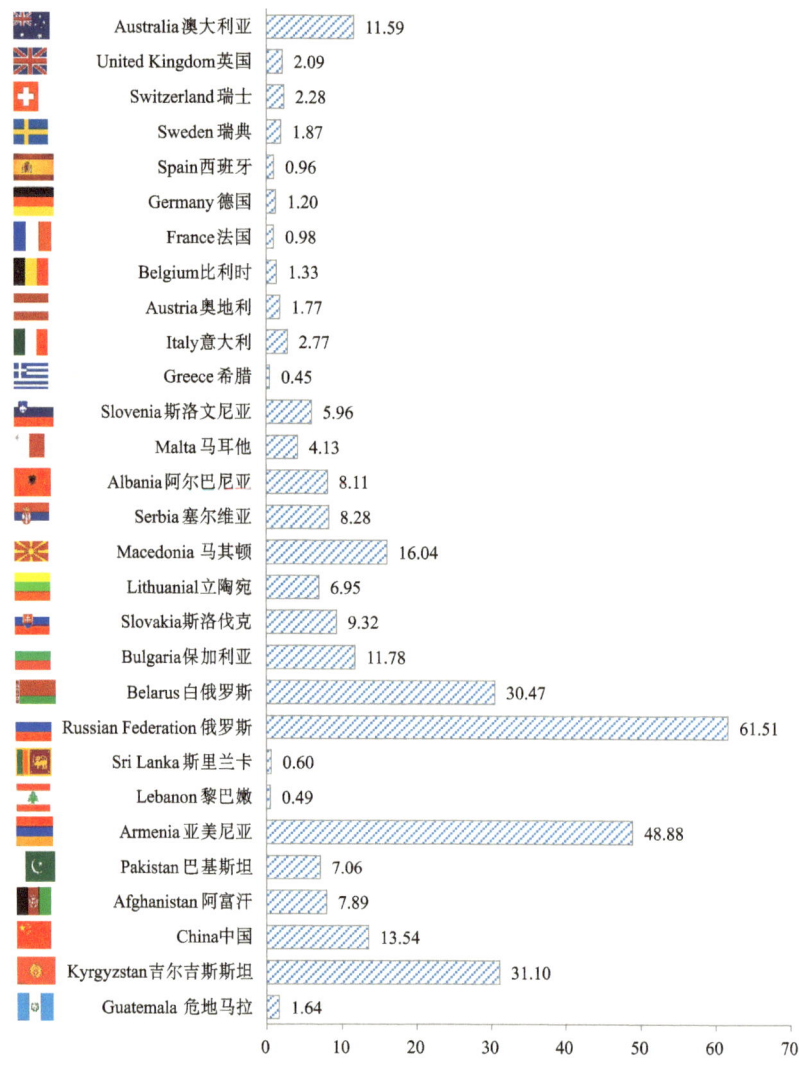

图 5-8 29 国毒品产业总体规模占 GDP 比例对比图（‰）（谢灏，2018）

5.7 我国毒品产业描述性统计分析

以 1999—2016 年我国禁毒数据作为样本,依然选取海洛因价格、吸毒流行率与毒品产业链成熟程度作为研究对象。

5.7.1 海洛因价格

由于我国毒品交易十分隐蔽,从官方也无法获得毒品交易价格数据,因此,只能选取国际上的海洛因价格,并以美元兑换人民币汇率换算,从而近似得出我国海洛因的价格。

所选取的国际上的海洛因价格均来自联合国毒品犯罪问题办公室数据库,选取的国家大多数邻近中国,尽量减少毒品运输对价格所造成的影响。

海洛因价格存在最低价格与最高价格,此处是警方缉获毒品时所查获毒品的最低价格和最高价格。

从图 5-9 可以看出,自 1999 年以来,中国海洛因价格一直呈现上升趋势,从 1999—2016 年,海洛因最低价格从 115.6 元/克上升到 140.4 元/克,最高价格从 793.8 元/克增加到 812.3 元/克,分别增长了 5.87 倍和 4.79 倍。

中国海洛因价格增长如此之快,可能存在着以下的原因(钟杰维,2018):

一是国内毒品生产规模有一定程度的缩小。根据《2017 年中国禁毒形势报告》显示,2016 年,全国共破获制造毒品案件 583 起,捣毁制毒窝点 438 个,其中,缴获毒品量吨级以上的制毒案件 33 起,制毒大省广东、四川、云南等地制毒势头得到一定程度遏制,已向周边国家和地区进行转移。毒品生产规模的减少导致毒品价格走高。

二是境外流入国毒品规模减少。这有赖于中国"零容忍"的禁毒政策。2016 年,我国破获外国籍人员毒品犯罪案件 1481 起,抓获外国籍犯罪嫌疑人 1876 名,缴获各类毒品 6.6 吨,一定程度上遏制了毒品从海外向国内的输入。

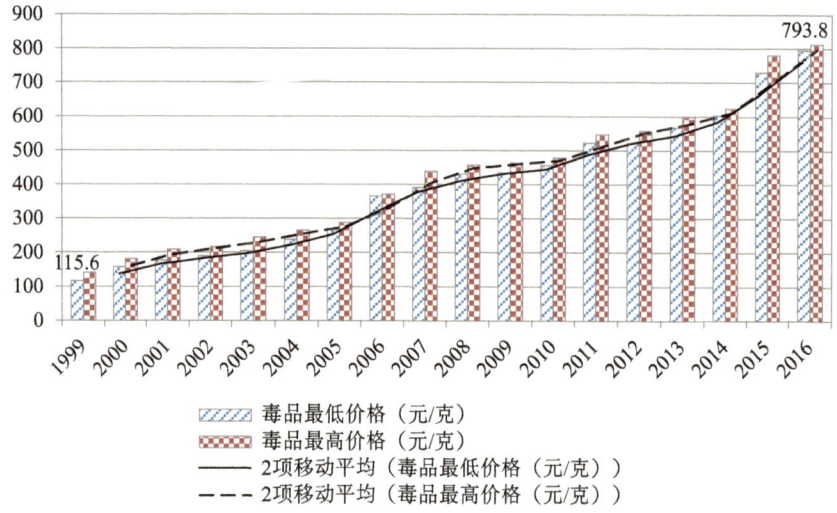

图 5-9 1999-2016 年中国海洛因最低价格和最高价格趋势图（钟杰维，2018）

5.7.2 吸毒流行率

从图 5-10 可以得出，1999—2016 年，我国累计登记的吸毒人数总体呈现上升趋势，从 1999 年的 68.1 万人逐渐增长到 2016 年的 250.5 万人，在 2014 年达到最高峰 295.5 万人。据公安部禁毒局有关负责人表示，吸食海洛因的人员达到了 145.8 万名，大约占了吸毒总人数的一半。这里数据统计的仅仅是登记在册的吸毒人员数，不过，据估计，我国实际吸毒人数已经超过 1400 万人，毒品滥用问题发展快速。

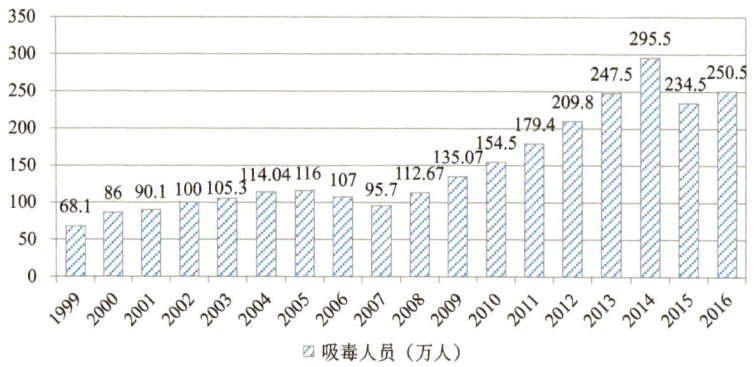

图 5-10 1999—2016 年中国吸毒人员数统计图（钟杰维，2018）

图 5-11 是我国吸毒人数占全国人数的比例，增长的趋势大体与全国登记吸毒人数的变化趋势一致。

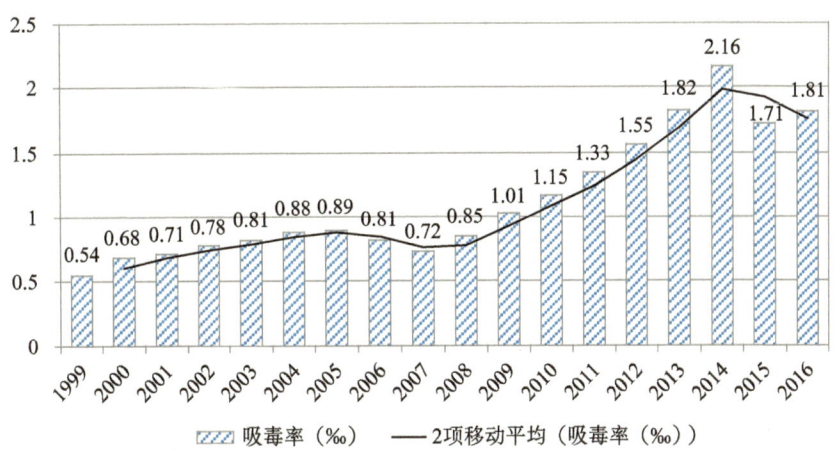

图 5-11 1999—2016 年中国吸毒率统计图（钟杰维，2018）

吸毒群体不断扩大，主要原因可能有以下两个方面：

一是人的行为除了受自身控制之外，还会受到社会环境客观因素的影响。

近年来随着我国经济高速增长，不可避免地带来了各种各样的负效应，享乐主义之风泛滥，由于青少年一代普遍未具备独立人格，因此，极易受到奢靡享乐之风的影响，从而引发了相当数量的青少年吸毒。

据统计，截至 2016 年底，全国现有的 250.5 万名吸毒人员中，不满 18 岁的有 2.2 万人，占 0.9%；18 岁到 35 岁的有 146.4 万人，占 58.4%。

二是我国对吸毒人员的处理方式存在问题。

目前，我国对待吸毒人员的做法是，将其送进戒毒康复基地，通过美沙酮等药物进行维持治疗，逐步减少吸毒人员对毒品的依赖程度，直至吸毒者戒毒出院。然而，这样导致的后果：由于缺乏事后的跟进，如戒毒人员就业安置，戒毒者很容易就会重新沾染上毒品，因而复吸率特别高，从而导致吸毒人数不断增加。

5.7.3 毒品产业链成熟程度

如图 5-12 所示,利用我国公安缴获毒品数量来衡量毒品产业链的成熟程度。

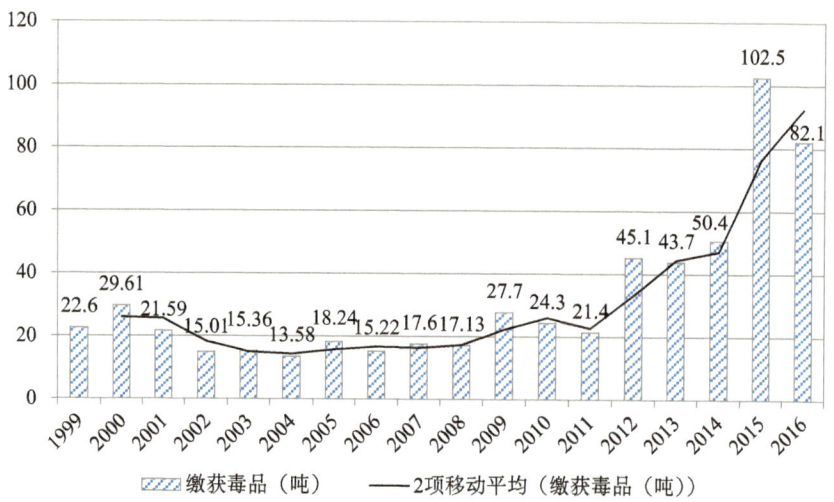

图 5-12 1999—2016 年我国缴获毒品数量统计图(钟杰维,2018)

1999—2011 年,缴获毒品数量大致呈现出稳定的趋势,大致在 15~30 吨之间,然而,2012 年以后,却突然激增,从 2011 年的 21.4 吨陡然上升到 2012 年的 45.1 吨,仅仅一年内翻了 1 倍多。2015 年,情况也类似,2014 年全国缴获毒品 50.4 吨,2015 年翻了 1 倍多,增长到了 102.5 吨。

毒品缴获量迅猛增加,究其原因,可能是 2012 年后互联网迅猛发展,毒贩们利用互联网贩毒快速蔓延,境内外不凡分子利用互联网发布、订购、销售毒品和制毒原料,通过物流、寄运、国际邮件等渠道进行走私贩运,利用网络交易平台支付,加速了贩毒活动的扩散和蔓延,因而查处量增大。

2016 年,中国禁毒执法部门在网络扫毒行动中,抓获了违法犯罪嫌疑人 2.1 万名,缴获毒品 10.8 吨,易制毒化学品 52 吨,清理删除非法涉毒信息 1.2 万条(钟杰维,2018)。

5.8 毒品消费品种与人员分布及其对国家经济安全的影响

5.8.1 国际上，吸食毒品前卫，人员和品种广泛，因染"毒"死亡的人数增多

20世纪80年代以来，毒品在全世界上肆虐横行，毒品和贩毒组织无孔不入，渗透到社会各个阶层、各个角落，成千上万的男女成了毒品的猎物。至2005年，世界吸毒人口2亿多人。

1997年联合国国际毒品管制委员会公布的毒品调查报告指出，在美国，吸食可卡因的人数逐渐减少，然而，吸食海洛因的人数却大大增加。

在欧洲，吸食可卡因和海洛因的人数大幅度减少，吸食LSD、迷幻药合成毒品的人数却有所增多，大麻吸食者也略有增加。

目前，全世界吸食毒品的人员和品种分布大致为：1300万人吸食可卡因，14000万人抽大麻，800万人用海洛因，3000万吸食安非他明。

在美国，大约有600万人吸用可卡因，2000万人抽大麻，50万人用海洛因。

据英国内政部的一份报告显示，1997年，在英国由可卡因致死的人数比以往增长数倍。

究其原因，就是毒品的"受欢迎度"迅速提高。

在16～29岁年龄段的人，平均每100人中有1人吸过毒；在20～25岁年龄段的人，平均每20人中就有1人尝过毒品。

吸食可卡因或海洛因致死的平均年龄在30岁左右，且年轻男性吸食毒品死亡的概率最高。在20～29岁的男性死者中，每5个人里就有1人死于吸毒。每年，全世界仅因吸食毒品导致死亡的人数就高达10万人。

5.8.2 我国吸毒首先来自城市富裕阶层，沿海发达地区成为毒品就地消费地和中转站

在我国，吸毒首先从城市富裕阶层开始，此类人大约占全国吸毒总人数的1/3，尔后扩展到青年，其中主要包括待业人员和工人，最后向农村扩散。

80％以上的吸毒者是35岁以下的青年。我国女性吸毒人数呈现出逐年大幅上升趋势，1999年登记在册的女性吸毒人员为11.8万，2000年升至13.8万，升幅高达16.9％。女性吸毒人员大多数以吸食海洛因为主，年龄普遍偏低，平均年龄在22～27岁之间，且文化程度都不高。

近年来，随着国际上苯丙胺类毒品的流行，我国国内亦出现了吸食冰毒、摇头丸等毒品的女性群体。女性吸毒带来了一系列严重的社会问题，许多家庭由此破裂，夫离子散。更为严重的是，一些女性为了筹措毒资便走上了卖淫的不归之路。她们这种误入歧途的行为，不仅危害社会治安，而且还加速了艾滋病的广泛传播。

地处改革开放前沿的广东，禁毒形势十分严峻。2000—2005年，广东省缴获冰毒47.3吨，占全国约90％；摇头丸370多万粒，占全国80％以上；在册的吸毒人员12万，占全国1/7以上。

作为省会的广州，由于能够提供大量的低生活成本的吃、住、行，从而使各阶层人纷纷涌入，人流量大从每年"春运"就可以佐证。

"两抢一盗"案件在广州居高不下，这些案件的60％～70％都是"瘾君子"所为。广州已经成为海洛因等传统毒品的中转地和冰毒、摇头丸等新型毒品的制贩地。

2007年6月，被判处死刑的世界最大的冰毒案主犯刘招华，1999年11月，警方在其广州仓库内查获550千克海洛因，554箱重达11.08吨冰毒，这一数量创造了个案缴获晶体冰毒世界之最，这个数字也相当于1999年全世界其他国家缴获冰毒的总和。

大量的制贩毒和吸毒严重影响了广州地区社会治安，干扰了居民正常生活和国家经济安全运行。

5.8.3 注射吸毒使艾滋病病毒感染者激增

在独联体以及东欧国家，由于共用毒品注射针头，许多人感染上了艾滋病病毒。

世界卫生组织和联合国艾滋病联合规划署公布的报告表明，全球的艾滋病患者和病毒携带者总人数已经超过了 3600 万，仅 2000 年全球就有 530 万人感染上艾滋病病毒，300 万人因患艾滋病而死亡，其中 240 万人都是撒哈拉沙漠地区的居民。在被感染的 530 万人中，有 60 万人是 15 岁以下的儿童。

自 1981 年发现首例艾滋病患者以来，这一"世纪杀手"已经夺去了 2180 万人的生命。

据悉，在我国艾滋病患者和艾滋病病毒携带者中的 72% 与吸毒有关，由此可以推算出全球至少有 2000 万人是因吸毒而染上 HIV 的。

2006 年 1 月，卫生部、联合国艾滋病规划署、世界卫生组织联合发布《2005 年中国艾滋病疫情与防治工作进展》指出，中国有艾滋病病毒感染者和病人约 65 万人，其中，艾滋病病人约 7.5 万人，2005 年新发生艾滋病病毒感染者约 6 万至 8 万人，因艾滋病死亡约 2.5 万人。新发生的感染以注射吸毒和性传播为主。在这一年，经注射吸毒传播占 48.6%，经性传播占 49.8%。

5.8.4 吸毒者毒瘾发作，为筹毒资，不惜铤而走险祸国殃民

瘾君子对毒品具有强烈的依赖性，然而，制毒贩毒又有巨额的暴利，从而使毒品成为诱发一切犯罪分子疯狂作案的强大动力之一，使社会治安潜伏巨大隐患。

毒品犯罪有史以来就与严重的暴力犯罪、有组织的刑事犯罪紧密联系在一起，它致使社会道德沦丧，祸国殃民。

正如我国领导人所指出的："现在不把贩毒、吸毒问题解决掉，从某种意义上说是涉及中华民族兴亡的问题。"

境外毒品泛滥，加上有组织、有武装的贩运，从而使毒品对我国所构

成的危害难以在短期内彻底消除。

据我国公安部门估计，在吸毒人员中，进行刑事犯罪的比例高达80%。

近年来，在押犯多数都有吸毒史，有的一天要吸食3克海洛因，绝大多数吸毒者为了筹到毒资而进行盗窃、抢劫、卖淫等犯罪活动。

1990年12月，我国颁布了《禁毒法》，1991年，在全国禁毒工作会议上，我国政府又提出了"三禁（禁吸、禁贩、禁种）并举、堵源截流、标本兼治"的大政方针，从此，在全国形成了严厉打击制贩毒品犯罪活动。

5.8.5 因多数纸币的染毒，未来人们有可能成为二手毒品的吸食者和受害者

哥伦比亚以贩毒和游击队运动闻名于世，在1995—2000年，已有2000多名哥伦比亚警察在缉毒斗争和暴力冲突中流血牺牲。

美国缉毒局官员曾警告说，每一位美国公民都应当加入到反毒品战斗中，否则，在今后10年内大家都有可能成为二手毒品的吸食者和受害者。原因是美国有关部门一项历时7年的调查显示，在美国流通的纸币中大多数沾有可卡因等毒品，尤其是面值为20元的美元沾毒最多（王振中，2000）。

2007年1月，爱尔兰都柏林城市大学研究人员公布了对欧元纸币沾染毒品状况的检验结果表明，在本国随机选取的面值分别为5元、10元、20元和50元的45张纸币都不同程度地带有可卡因，并且，在3张纸币上发现了海洛因踪迹。这几种面额的纸币沾染毒品含量相对较高，其中，62%的纸币上带有2毫微克以上的可卡因，5%的纸币上所沾染的可卡因重量超过平均水平100倍以上。占5%的纸币曾由毒贩或吸毒者经手过，其他纸币沾染毒品剂量较小，可能是因为曾和沾染毒品的纸币放在一起，或是因为银行点钞机将有一些纸币上沾染的毒品传播到了其他纸币上。不过，在美国同类测试中，染毒率为65%，这两国测毒结果几乎相当。

当然，尽管其结果并不绝对可信，但是，它们都反映了一个共同的事实，即在这两个国家毒品已经到了泛滥的程度。

5.9 抵御毒品侵蚀的策略

5.9.1 向三大毒品发源地发动一场旷日持久的扫毒战争

尽管世界各国社会制度不同，意识形态也存在差异，但是，在对付毒魔上却不得不携起手来。对三大毒源地及相关国家发动声势浩大的政治、经济、文化和军事的禁毒总体战，如：实行收成灭绝计划——捣毁罂粟田；推行改植计划——改种农作物；摧毁毒品提炼厂；围剿贩毒集团和缉捕大毒枭。

20世纪末，在联合国大会禁毒特别会议上，我国就郑重地宣布，将替代发展作为中国开展禁毒国际合作的主张之一。

截至2004年底，中国政府及企业已累计投入资金和实物5亿多元人民币，帮助缅甸和老挝北部传统罂粟种植地区完成替代种植面积60多万亩。

5.9.2 开展全方位的禁毒宣传

近年来，中国缉毒力度及成效已受到了国际社会的关注和认同。除了通过每年6月26日国际戒毒日开展禁毒活动外，还经常以图片展、远离毒品大型签名等活动来广泛宣传毒品危害。

5.9.3 加强国际间的互利性禁毒合作

为了加强国际间的禁毒与防止罪案方面的合作和建立密切的对话渠道，中国香港和美国在联手破获贩毒大案后，曾两次共同分享毒贩资产。1996年，充公了毒贩的180万美元资产，美国政府平均摊分了90万美元给合作方香港特区政府；1998年，充公的毒贩资产，香港特区政府将220万美元交予了美国政府。

5.9.4 严厉打击有染毒品人员

2002年12月，越南裔澳大利亚籍年仅25岁男子阮拓文，在自柬埔寨飞往墨尔本途中，在新加坡过境时被警方查获携带396克海洛因而遭到逮捕，这些纯海洛因足以供应2.6万剂毒品，市值达到100万澳元。新加坡法律规定，年满18岁的成年人如果携带超过15克的海洛因就要被判处绞刑。新加坡不顾包括澳大利亚总理霍华德在内的广大澳洲国民的强烈反对，依然在2005年岁末将这名毒贩处死。尽管这名贩毒分子不是将毒品偷运入新加坡，但是，新加坡绝不允许被毒贩利用为本区域的违禁毒品的转运中枢。至今，新加坡是世界76个在刑法中保留死刑的国家之一。自20世纪70年代提出严厉对抗毒品法律以来，新加坡的贩毒活动与嗜毒者人数都显著下降。涉嫌走私贩卖130公斤毒品和洗钱犯罪的科威特著名商人、王室直系亲属塔拉尔，于2007年1月被判斩首，并处以他贩卖毒品所赚钱等额的罚款。

5.9.5 实施有效的戒毒计划

各国政府在狠狠地打击毒品犯罪的同时，应当尽力实施有效的戒毒计划。如：美国的哈伯德重整技术，它是以桑拿方式将人体内的毒素逐渐清除，有效率高达86%。世界经典戒毒药美沙酮的化学骨架和药理作用与吗啡近似，用美沙酮戒毒实际上是以小毒代替大毒。

1973年，26岁的美国女研究生卡恩迪西·帕特在做实验时，意外发现大脑的这条通道上竟然有麻醉剂阿片（鸦片）类化合物的容纳器（受体）。两年后，英国学者休斯和柯斯特果然发现在大脑中有内源性阿片类物质"内啡呔"。在人逢喜事时，大脑便会释放"内啡呔"进入奖赏通路，使人产生快感。20世纪40年代，德国HOECHST药物化学公司研制成功二苯烷类化学物——美沙酮，当时它是作为临床治疗用的强镇痛药物，其结构与海洛因（二乙酰吗啡）相似，不过，有效时间比海洛因长，吸食海洛因后，从产生快感到转入宁静状态，最多只能维持12小时，并且服用美沙酮后形成瘾癖较低。

第5章　毒品使国民意志和国家经济安全丧失

迄今，我国设立了多个美沙酮维持治疗试点门诊部和戒毒所，吸食者只需交纳10元门诊运作成本费，便可以得到15毫克美沙酮杯装口服液，然而，以前吸毒者每次需要200多元的高额毒资。

美沙酮是一种低成本瘾性药物，口服后在体内作用时间维持24～36小时。然而，由美沙酮的毒性所带来的失眠、焦虑、厌食等后遗症，会使戒毒者变得更为痛苦，从而造成戒毒半途而废，出现95%的复吸率。

其实，我国中医药在戒毒上是能起到无可比拟的效果。影星萨仁高娃投资4000万元在珠海建起的宾馆式戒毒所——瑞桦康复中心，该中心配备了心理医生，并设置了陪床。这一中心研制出了一整套"中医中药全息戒毒法"，它主要是通过阻断中枢神经对毒物的递质。采用此方法戒毒，不仅将脱毒时间缩短了10天，而且使整个戒毒过程变得比较轻松，复吸率降至80%。

许多人认为，真正戒毒是不可能的，然而，瑞桦借用科学方法和情感的力量，阻断了毒品对人体的侵蚀。为此，该中心成为国家药物依赖性研究所的四个基地之一。

不过，像有的以毒攻毒的戒毒方式却令人费解。

2001年5月，一家经澳大利亚新南威尔士州政府批准的吸毒馆在悉尼国王十字街上开业，该街区是世界闻名的旅游娱乐中心，这也是全球第46家政府批准的合法吸毒馆。

分布于五大洲的其他45家合法吸毒馆，要么位于红灯区，要么设在贫民区。

开办者声称这是以"渐进式的疏导"取代"强制性的封堵"的戒毒方式。

第 6 章

国际金融市场波动非线性因果性检验和溢出效应

6.1 引　　言

所谓后金融危机时代（Post Financial Crisis Era），它是指危机趋于缓和，虚拟经济逐渐从比重过大转为适中，世界经济仍然存在不稳定性，实体经济处于弱恢复期。

2001 年美国"9·11"事件发生后，全球经济增长更加乏力，世界主要经济体纷纷以降息方式刺激经济。美国实行低利率政策，投资者便大肆借贷美元，投资到利率较高的新兴市场以赚取利差。金融危机尤其是欧债危机爆发后，西方投资者不得不把资金撤离新兴市场，从而导致新兴经济体货币大幅贬值。

次贷危机爆发后，国际社会共克时艰地施行强度更大的刺激经济政策。美联储相继推出量化宽松货币政策（Quantitative Easing Monetary Policy）。在第一轮量化宽松货币政策（QE1）执行期间（2008 年 11 月 25 日至 2010 年 4 月 28 日），美联储共购买了 1.725 万亿美元房利美（Fannie Mae）、房地美（Freddie Mac）等机构抵押贷款支持证券（Mortgage-backed Security）和机构债；2010 年 11 月第二轮量化宽松货币政策启动，至 2011 年 6 月底以前以每月 750 亿美元的进度持续 8 个月，购买了总额约 6000 亿美元的美国长期国债；2012 年 9 月 13 日启动的第三轮量化宽松货币政策总额约 6000 亿美元，将每月购买 400 亿美元机构抵押贷款担保债券，并视情况决定额外采购额度。接二连三的赤字货币化政策不仅无助于美国经济复苏，反而向市场注入了巨大流动性。

发达经济体纷纷仿效美国，实施近零利率及量化宽松货币政策。大量短期资本在国际金融市场快速流动，加剧了粮食、能源等大宗商品价格飞涨，引发了全球性的输入性通货膨胀。

英国、冰岛和爱尔兰等国的经济结构中金融比例偏高，首当其冲地受到影响。

2011 年，欧洲主权债务危机持续发酵，希腊等中东欧国家年财政赤字占 GDP 比率、公共债务占 GDP 比率，均远远高于欧盟《稳定与增长公约》所规定的 3% 和 60% 的上限。

从 2010 年 12 月开始，全球三大评级机构惠誉、标准·普尔和穆迪纷纷调低希腊等国的主权信用评级，导致货币汇率大幅波动，欧元区银行业信贷危机一触即发，类似雷曼兄弟倒闭所引发的多米诺骨牌效应有可能再现。

结构性危机后遗症正逐渐显现，经济恢复常态无时刻表。

第二次世界大战后，世界建立了以布雷顿森林体系为基础的美元与黄金并重的国际金汇兑的双本位制货币体系，从而确立了美元在国际金融体系中的霸主地位。"越战"使美国政府赤字高企，1971 年尼克松政府宣布美元和黄金脱钩。1973 年牙买加协议明确美元不与黄金挂钩，不过，各国货币仍与美元挂钩，至此维系近 30 年的布雷顿森林体系事实上宣告瓦解。

1978 年，IMF 成员国达成协议实行黄金非货币化，致使货币价值没有客观的衡量标准，货币的发行只能依靠国家信用，全球步入现代信用货币本位时代。

时任中国央行行长周小川则倡议，将国际货币基金组织的特别提款权（Special drawing right，简记 SDR）发展为超国家主权储备货币，并逐步替换现有储备货币即美元。不过，这些建议遭到了一些发达国家的抵制。

6.2　文献综述

2011 年 10 月 11 日，美国参议院通过了《2011 年货币汇率监督改革法案》，该法案要求美国政府对"汇率被低估"的主要贸易伙伴征收惩罚性关税，显而易见，此项带有明显贸易保护主义色彩的法案旨在逼迫人民币加速升值。

李稻葵、尹兴中（2010）认为，国际金融危机之后，现行国际货币体系难以为继，尤其是美元信用基础发生了根本性的动摇，其超级国际货币的地位必然丧失；各国通力合作创造出超主权国际货币，欧元以及人民币不断崛起，与美元形成三足鼎立的多基准货币的新国际货币体系。

朱民（2009）认为，这次金融危机宣布了以美元为中心的国际金汇兑本位制的国际货币体系的失败。

吴治民、高宇（2010）认为，维持相对稳健的杠杆水平是中国金融业在危机中保持较好表现的根本原因。

2009年以来，中国采取了以扩张资产负债表为特征的量化宽松货币政策，并辅以大规模扩张性财政政策，现正处于政策刺激性反弹向市场真实需求反弹的过渡阶段。目前，中国金融业处于高资本、消耗型、外延式增长发展模式，对资金的依赖性很大，过度地倚重于信贷的扩张。

宋国才（2011）提出，国际货币体系多元化将成为趋势，人民币国际化带来了难得的发展契机，同时随着区域经济的不断加强，中国对于亚洲地区经济的影响力正在逐渐增强，人民币区域化流通的条件逐步形成。

为此，中国将积极推进储备货币的多元化，加快签订货币互换协议，推进跨境贸易结算试点，并逐步允许更大幅度的人民币可兑换，减少对资本跨境流动的控制，提供更多的以人民币计价的金融资产以供投资，让越来越多的国家和地区将人民币作为交易货币和外汇储备。

2011年3月11日，日本东北部大地震后的两周时间内，日元非但没有贬值，反而小幅升值，然而，1995年1月17日，日本阪神发生大地震后，日元同样出现升值。

投资者普遍预期将会有大量海外资产被套现和赎回以满足日本灾后重建所需资金，于是，大举做多日元。

不过，日本官方认为大地震后并未出现大规模的海外资金回流。日元与澳元套利交易的平仓操作，刺激了日元进一步升值。

郭珺、滕柏华（2010）利用向量自回归模型和多变量GARCH模型，对人民币汇率改革以来人民币、欧元、美元和日元之间的收益溢出效应和波动溢出效应进行了研究,结果显示,欧元、美元和日元对人民币存在显著的收益溢出效应和波动溢出效应。

Colm Kearney,Andrew J. Patton(2000)分别建立了 3 个、4 个、5 个变量的欧洲货币体系中重要货币——法国法郎、德国马克、意大利里拉以及欧洲货币单位的汇率波动传导的多元 GARCH 模型;估计模型既没有对 1979 年 4 月至 1997 年 3 月的日数据也没有对周数据施加常数相关的共同限制;结果表明,检验多元 GARCH 模型设定稳健性是重要的,发现增加的短期综合项减少了观察波动性传递,并且马克通过波动传递起着支配地位。

Bollerslev T.(1990)基于多元 GARCH 模型分析了五种欧洲货币兑美元短期名义汇率的相干性,发现在欧洲货币体系中实行自由浮动汇率时期这五种欧洲货币之间存在较高显著的协同运动。

David G. McMillan,Isabel Ruiz,Alan Speight(2010)基于欧元兑美元、英镑、日元的汇率,采用具有明显的优势的 Multi - GARCH 现存的方差方法,检验这三种汇率是否存在波动溢出和时变相关性;检验结果表明,三种货币确实表现出一定程度的波动溢出和波动运动背后的驱动力的共性;考虑到相关系数中的时变性质,有大量证据表明相关性是随时间变化的,不过,在样本期相关系数值并没有增加。

韩国高、陈喻赫、高铁梅(2011)基于 BEKK - MGARCH 模型建立了中国、美国、日本三国的实际均衡汇率方程和方差方程,对 1994 年以来中国、美国和日本的实际均衡汇率及其波动溢出效应进行了分析;结果表明,三个国家的实际均衡汇率受其经济基本面因素的影响不同,人民币实际均衡汇率还受到了美元和日元实际汇率的影响;中美、中日、美日之间的联动关系存在显著的 ARCH 和 GARCH 效应。

黄冬运、韩鑫(2008)基于二元 Garch 模型的人民币外汇远期与即期汇率波动溢出效应分析外汇远期作为我国主要的外汇衍生品对我国外汇汇率有着重要的影响。外汇远期和即期价格的波动之间也很可能相互影响。运用二元 Garch 模型对 2005 年汇率改革以后的外汇远期与即期汇率之间的波动溢出效用进行实证分析,分析结果表明,我国的外汇远期汇率的波动对外汇即期汇率的波动影响不明显,尚未起到降低我国人民币外汇汇率风险的作用。

国际金融市场跌宕起伏,为了能够更有效地捕捉到外汇市场之间的风险传递效应和协同运动信息，以便规避投资风险。

6.3 非线性因果性检验引入

统计学上，波动溢出检验实质上是检验条件方差序列（二阶中心矩序列）之间是否存在 Granger 非线性因果关系。

Yin – Wong Cheung 和 Lilian K. Ng（1996）采用一金融序列的均值方程生成的残差经标准化后的平方序列与另一金融序列的均值方程生成的残差经标准化后的平方序列之间的交叉相关函数（Cross – correlation function，简记 CCF）来检验方差（即波动）之间的非线性因果关系（即波动溢出），其检验构想为：

设信息集

$$I_t = \{X_{t-j}; j \geq 0\}, J_t = \{X_{t-j}, Y_{t-j}; j \geq 0\}, \quad (6.1)$$

其中，X_t 和 Y_t 为平稳遍历时间序列。

假如 $E\{(X_{t+1} - \mu_{x,t+1})^2 | I_t\} \neq E\{(X_{t+1} - \mu_{x,t+1})^2 | J_t\}$，

那么，Y_t 被认为引起 X_{t+1} 的方差变化的原因。其中，$\mu_{x,t+1} = E\{X_{t+1} | I_t\}$。

假如 X 与 Y 互为非线性因果，则 X 的方差与 Y 的方差之间会发生反馈效应。

如果 $E\{(X_{t+1} - \mu_{x,t+1})^2 | J_t\} \neq E\{(X_{t+1} - \mu_{x,t+1})^2 | J_t + Y_{t+1}\}$，

那么，存在方差的瞬时非线性因果性。

假定 X_t 与 Y_t 可以写成：

$$X_t = \mu_{x,t} + \sqrt{h_{x,t}} \varepsilon_t, \quad Y_t = \mu_{y,t} + \sqrt{h_{y,t}} \zeta_t \quad (6.2)$$

其中，$\{\varepsilon\}_t$ 和 $\{\zeta\}_t$ 为 0 均值和单位方差的两个独立白噪声过程，$h_{x,t}$ 和 $h_{y,t}$ 是基于 $t-1$ 时刻信息集的条件协方差。

设 U_t 和 V_t 分别是标准新息 ε_t 和 ζ_t 的平方，有：

$$U_t = (X_t - \mu_{x,t})^2 / h_{x,t} = \varepsilon_t^2, \quad V_t = (Y_t - \mu_{y,t})^2 / h_{y,t} = \zeta_t^2 \quad (6.3)$$

U_t 和 V_t 之间滞后 k 阶样本交叉相关为：

$$r_{uv}(k) = c_{uv}(k) [c_{uu}(0) c_{vv}(0)]^{-1/2}, \quad k = 0, \pm 1, \pm 2, \cdots, \quad (6.4)$$

其中，$c_{uv}(k)$ 是第 k 阶滞后或领先的样本交叉协方差，它由下式得到：

$$c_{uv}(k) = T^{-1} \sum (U_t - \overline{U})(V_s - \overline{V})$$

$$= \begin{cases} \sum_{t=1}^{T-k} ((U_t - \overline{U})(V_{t+k} - \overline{V}))/T, k = 0,1,2,\cdots \\ \sum_{t=1}^{T+k} ((V_t - \overline{V})(U_{t-k} - \overline{U}))/T, k = 0,-1,-2,\cdots \end{cases} \quad (6.5)$$

其中，$c_{uu}(0)$ 和 $c_{vv}(0)$ 分别是 U 和 V 的样本方差。

注意：不像自相关，交叉相关不必围绕 0 阶对称。

Hannan（1970）指出，由于 $\{U_t\}$ 和 $\{V_t\}$ 独立，因此，当样本容量趋向无穷大时，它们的二阶矩的扩展意味着：

$$r_{uv}(k) \sim N(0, \frac{1}{T}) \quad (6.6)$$

$$CCF(k) = \sqrt{T} r_{uv}(k) \quad (6.7)$$

$$\begin{pmatrix} CCF(k) \\ CCF(k') \end{pmatrix} \xrightarrow{T \to \infty, asymptotically} N\left(\begin{bmatrix} 0 \\ 0 \end{bmatrix}, \begin{bmatrix} 1 & 0 \\ 0 & 1 \end{bmatrix} \right), k \neq k' \quad (6.8)$$

其中，T 为样本容量。

标准化残差平方的 CCF 可以用来探测和辨别二阶矩的非线性因果模式。

$H_0: CCF(k) = 0$（无非线性因果关系）

$H_a: CCF(k) \neq 0$（有非线性因果关系）

CCF 方法不涉及在序列内和在序列间动态（both intra- and inter-series dynamics）的同期模型。

当研究的序列数大并预期到非线性因果模式的长滞后时，CCF 检验特别有用。

CCF 没有被设计探测产生 0 交叉相关的非线性因果模式。样本残差交叉相关进一步提供了有关时间序列数据间交互作用的信息。

Yin-Wong Cheung 和 Lilian K. Ng（1996）指出，已知 $\hat{r}_{uv}(k)$ 的渐进行为，一个正态检验统计量或卡方检验统计量可以被构造成检验没有非线性因果性的零假设（比如，$H_0: X_t$ 与 Y_t 之间方差不存在非线性因果性）下。为了检验一个设定滞后 k 阶的非线性因果关系，可以把 $\sqrt{T}\hat{r}_{uv}(k)$ 与标准正态分布作比较。另外，在 H_0 假设下，一个卡方检验统计量被定义为：

$$S = T\sum_{i=j}^{k} \hat{r}_{uv}^2(i) \tag{6.9}$$

它有一个自由度 $(k-j+1)$ 的卡方分布，即 $\chi^2(k-j+1)$，能够用来检验从滞后 j 阶到滞后 k 阶没有非线性因果性的假设。当没有关于非线性因果性方向（X_t 是 Y_t 的原因，或者，Y_t 是 X_t 的原因）的先验信息时，可以设置 $-j=k=m$。参数 m 应该足够大到包括在非线性因果模式中可能出现的最大非 0 阶。当考虑一个非方向的因果性模式，即，Y_t 不是 X_t 的原因，设 $j=1$ 和 $k=m$。

当样本规模 T 小时，卡方统计量 S 可以被修正为：

$$S_M = T\sum_{i=j}^{k} \omega_i \hat{r}_{uv}^2(i) \tag{6.10}$$

其中，$\omega_i = T/(T-|i|)$ 或 $(T+2)/(T-|i|)$。

注意：S_M 总是大于 S。

由于 Yin-Wong Cheung 和 Lilian K. Ng（1996）的二阶矩非线性因果性检验、Granger（1969）的一阶矩线性因果性检验给每一个滞后项均等权重，所以可以把它看作均匀加权，不过，非均匀加权常常比均匀加权给出了更好的检验功效（势）（Power）。

鉴于此，Yongmiao Hong（2001）提出了一类展示条件异方差和可能有无穷无条件方差的两序列之间波动溢出渐进标准正态检验。这种检验是基于两标准残差平方之间样本交叉相关平方加权和。允许使用所有样本交叉相关，并且介绍了每一滞后的样本交叉相关的柔韧性（feasibility，即可行性）加权方案。

基于 Yin-Wong Cheung 和 Lilian K. Ng（1996）统计量的广义版的 Hong 检验：

$$T\sum_{i=1}^{T-1} k^2(i/M) \hat{r}_{uv}^2(i) \tag{6.11}$$

其中，M 是正整数，因为 $i(>M)$ 阶的滞后项被赋予零权数，所以，M 为滞后的截断数；

$k(\cdot)$ 是加权函数，可以是截断（Truncated）核函数、巴特莱特（Bartlett）核函数、二次方程式谱［Quadratic-spectral（QS）］核函数，等等。

Priestley（1981）认为，截断等形式的核函数有紧致性（Compactness）

支持，即，对 $|z|>1$，有 $k(z)=0$。截断核函数具体形式为：

$$k(z)=\begin{cases}1, & |z|\leq 1\\ 0, & \text{其他}\end{cases} \qquad (6.12)$$

可见，Hong 检验引入核权函数对低阶时滞项赋予较大权重，刻画近期波动比远期波动对当前波动影响更大的特征，样本交叉相关系数个数 M 随着样本规模 T 的增大而增大，即可以使用所有的滞后信息，从而确保在较大滞后阶数下仍然保持较强的检验功效（Power）。

6.4 人民币、欧元、日元兑美元的汇率的方差非线性因果性检验

世行行长佐利克认为，恢复美元、欧元、英镑、日元以及人民币等众多货币与黄金挂钩的金本位制，取代目前的美元体制。为此，本研究特此选取了当今具有代表性货币的汇率，人民币、欧元、日元兑换美元的汇率，来考察后金融危机时代国际金融市场波动传导特征。

自 2005 年 7 月 21 日开始，中国汇率将以市场供求为导向，参考一篮子货币汇率的加权平均价作为人民币的基准汇率，中国人民银行还将根据市场发育状况适时调整汇率上下 0.3% 的浮动区间，以维持人民币汇率在合理和均衡水平上，进而促进国际收支的基本平衡。为此，人民币兑换美元官方汇率（CER）、欧元兑换美元官方汇率（EER）、日元兑换美元官方汇率（JER）的日数据时间跨度为 2005 年 7 月 21 日至 2011 年 12 月 23 日。源自美国联邦储备网站。因为各国法定节假日不同，为了使三个汇率时间对齐，所以，没有交易的节假日缺失数据均采用线性插值法给予估测。每个汇率都有 1677 个数据。样本期的中间刚好为 2008 年国际金融危机爆发时间，2008 年前三年为金融危机滋长期，后三年为后金融危机时代，属于经济弱恢复期。以 $y_t=(y_{cny,t},y_{eur,t},y_{jpy,t})^T$ 表示三个汇率的日收益率，其中

$$y_{cny,t}=100\ln(CER_{1t}/CER_{1,t-1}),\ y_{eur,t}=100\ln(EER_{1t}/EER_{1,t-1}),$$
$$y_{jpy,t}=100\ln(JER_{1t}/JER_{1,t-1}) \qquad (6.13)$$

这三个汇率的日收益率的 Multivariate GARCH 模型中的均值方程是一个常数项的回归方程（Hong Y.（洪永淼），2001；高铁梅，2009；张世英，2004），其形式为：

$$y_{cny,t} = c_1 + \varepsilon_{1t}, \ y_{eur,t} = c_2 + \varepsilon_{2t}, \ y_{jpy,t} = c_3 + \varepsilon_{3t} \quad (6.14)$$

式中，$\varepsilon_t = (\varepsilon_{1t}, \varepsilon_{2t}, \varepsilon_{3t})'$ 服从均值为 0，方差为 H_t 的条件正态分布。

人民币、欧元、日元兑美元的汇率序列取对数的均值方程见表 6-1。

表 6-1　人民币兑美元、欧元兑美元、日元兑美元的汇率均值方程

前定变量	人民币兑美元汇率的日收益率 $y_{cny,t}$	前定变量	欧元兑美元汇率的日收益率 $y_{eur,t}$	前定变量	日元兑美元汇率的日收益率 $y_{jpy,t}$
$c(1)$	-0.001941 (0.000869) [-2.234370]	$c(2)$	0.019396 (0.012935) [1.499462]	$c(3)$	-0.003535 (0.014204) [-0.248861]
D.W.	2.134475	D.W.	1.945008	D.W.	2.077018

备注：（1）圆括号内的数字为标准误，方括号内的数字为 z 统计量的值。

（2）由于本书是研究异方差问题，均值方程生成的残差必须存在序列相关，所以，没有指出常数项的显著性以及 R^2 值。其实，常数项通常允许不显著。

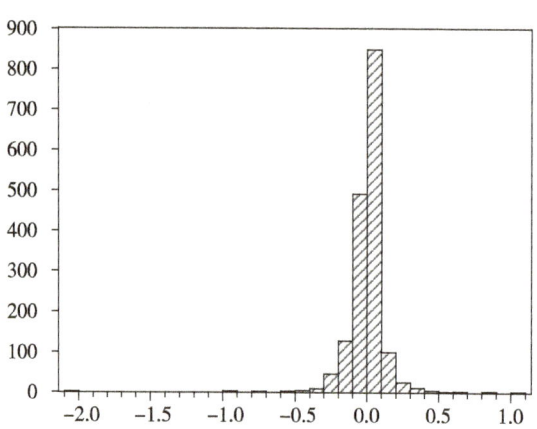

图 6-1　人民币兑美元的均值方程的残差序列

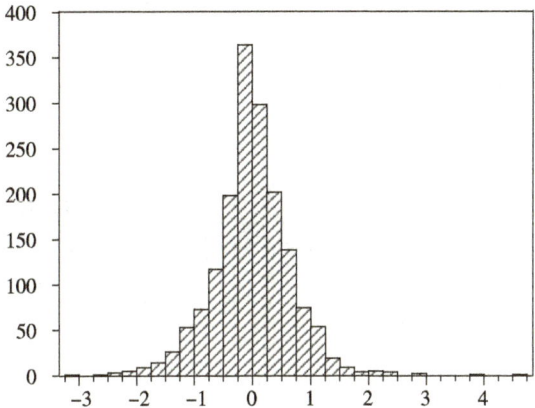

图 6-2　欧元兑美元的均值方程的残差序列

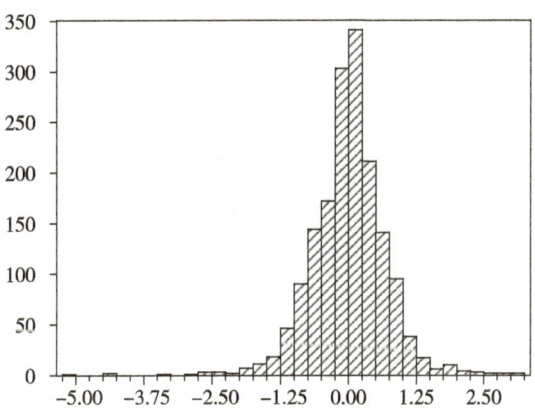

图 6-3　日元兑美元的均值方程的残差序列

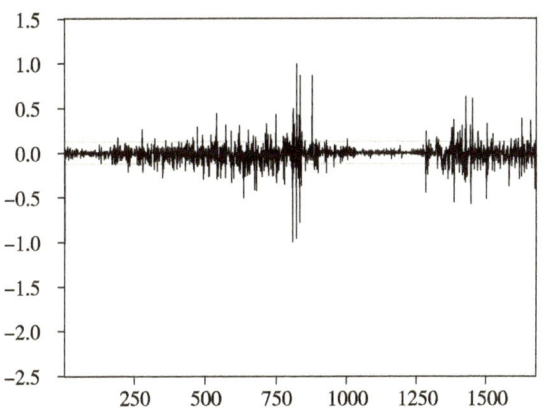

图 6-4　人民币兑美元的均值方程的残差序列

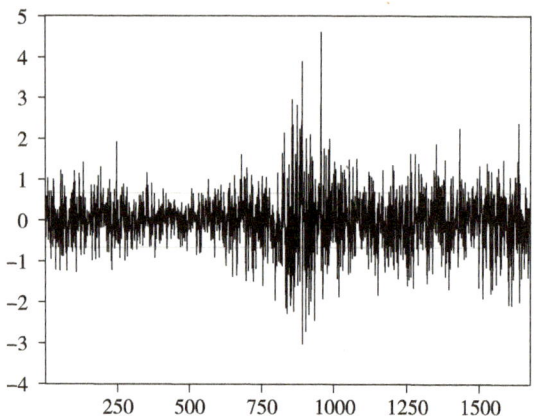

图6-5 欧元兑美元的均值方程的残差序列

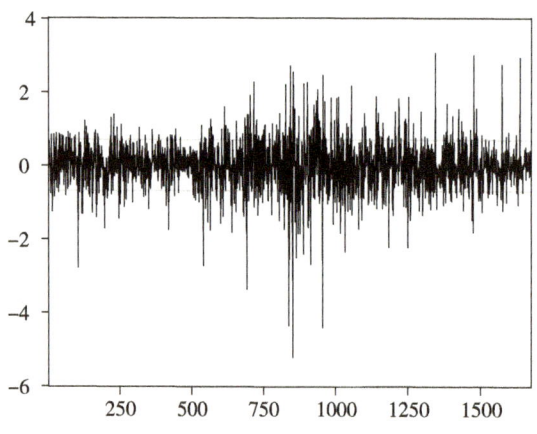

图6-6 日元兑美元的均值方程的残差序列

表6-2 人民币、欧元、日元兑美元汇率的均值方程的残差序列

统计量	人民币兑美元 (ε_{1t})	欧元兑美元 (ε_{2t})	日元兑美元 (ε_{3t})
偏度	-2.548538	0.215365	-0.490183
峰度	56.66059	6.391783	8.514670
$Q(5)$(p 值)	67.330(0.000)***	5.1911(0.393)	9.2172(0.101)
$Q(10)$(p 值)	79.330(0.000)***	12.511(0.252)	16.784(0.079)*
$Q^2(5)$(p 值)	11.689(0.039)**	122.47(0.000)***	64.725(0.000)***
$Q^2(10)$(p 值)	12.269(0.267)	259.22(0.000)***	104.22(0.000)***

续表

统计量		人民币兑美元 (ε_{1t})	欧元兑美元 (ε_{2t})	日元兑美元 (ε_{3t})
Jarque – Bera(p 值)		202896.5(0.000)***	823.4621(0.000)***	2190.861(0.000)***
Breusch – Godfrey 序列{ε_{it}} 相关 LM 检验	F 统计量	$F(2,1673)=26.88387$ (0.0000)***	$F(2,1673)=2.023231$ (0.1326)	$F(2,1673)=1.522894$ (0.2184)
	$T \times R^2$ 统计量	$x^2(2)=52.18694$ (0.0000)***	$x^2(2)=4.043938$ (0.1324)	$x^2(2)=3.045704$ (0.2181)
序列{ε_{it}^2} 异方差 (ARCH) 检验	F 统计量	$F(1,1673)=42.11378$ (0.0000)***	$F(1,1673)=1.841284$ (0.1750)	$F(1,1673)=11.51028$ (0.0007)***
	$T \times R^2$ 统计量	$x^2(1)=41.12881$ (0.0000)***	$x^2(1)=1.841458$ (0.1748)	$x^2(1)=11.44529$ (0.0007)***

备注：(1) *、** 和 *** 分别表示在 10%、5% 和 1% 的显著性水平上拒绝零假设。

(2) 标准差 $\hat{\sigma} = \sqrt{\frac{1}{n-1}\sum_{i=1}^{n}(y_i - \bar{y})^2}$；偏度 $S = \frac{1}{n}\sum_{i=1}^{n}\left(\frac{y_i - \bar{y}}{\hat{\sigma}}\right)^3$；峰度 $K = \frac{1}{n}\sum_{i=1}^{n}\left(\frac{y_i - \bar{y}}{\hat{\sigma}}\right)^4$。标准正态分布：$S=0$，$K=3$。

(3) $JB = \frac{T-m}{6}\left[S^2 + \frac{1}{4}(K-3)^2\right]$，其中 T 为样本容量（即数据个数）；对于正常序列，m 取零，如果序列是回归方程的残差序列，m 就是解释变量（或估计系数）个数。在正态性的零假设下，J-B 统计量服从渐进的 $x^2(2)$。

(4) 回归方程残差序列{ε_{it}}自相关、{ε_{it}^2}自相关的 Ljung – Box Q 检验统计量为 $Q_{LB} = T(T+2)\sum_{j=1}^{p} r_j^2/(T-j)$，式中，$r_j$ 是残差序列的 j 阶自相关系数，T 为样本容量，p 是滞后阶数。如：{ε_{it}}滞后 5 阶的自相关检验统计量值为 $Q(5)$，{ε_{it}^2}滞后 5 阶的自相关（Correlogram of residuals squared）检验统计量值为 $Q^2(5)$。H_0：序列不存在 p 阶自相关；H_1：序列存在 p 阶自相关。如果在滞后 p 阶时 Q_{LB} 显著不为零，则拒绝 H_0，此时自相关和偏自相关系数显著不为零。总之，p 值小，拒绝 H_0。

(5) Breusch – Pagan – Godfrey 的异方差检验：检验残差序列{ε_{it}^2}是否存在高阶自相关，ARCH LM 检验统计量：F 统计量和 $T \times R^2$ 统计量，$T \times R^2$ 服从渐进的 $x^2(p)$。H_0：直到 p 阶滞后不存在序列自相关；H_1：序列存在 p 阶自相关。如果 F 和 $T \times R^2$ 都显著大于临界值，则拒绝 H_0。总之，p 值小，拒绝 H_0。

经上述检验，人民币兑美元汇率、日元兑美元汇率的均值方程的残差序列偏度小于 0，表明序列左偏分布，不过，峰度都大于 3，表明两序列呈尖峰分布；欧元兑美元汇率的均值方程的残差序列偏度大于0，表明序列右偏分布，而峰度也大于3，表明序列也呈尖峰分布。在零假设序列服从正态分布下，JB 统计量服从 $x^2(2)$，而 1% 显著性水平上临界值 $x^2(2)$ 为 9.210，这个序列的 JB 都远远大于它，同时 p 值也充分显示该统计量的显著性，由此可知，应该拒绝原假设，这进一步证实这三个汇率序列不服从正态分布。从图 6-1、图 6-2 和图 6-3 中也可以直观看出。

利用 Ljung – Box Q 检验统计量残差序列自相关。p 值小，则拒绝 H_0，表明在滞后 p 阶时 Q_{LB} 显著不为零，序列存在 p 阶自相关。

（1）人民币兑美元汇率的均值方程的残差序列，$Q(5)$ 和 $Q(10)$ 的 p 值均小于 1%，表明回归方程残差序列 $\{\varepsilon_{it}\}$ 在 1% 的显著性水平上至少存在滞后 10 阶的自相关；$Q^2(5)$ 的 p 值小于 5%，表明回归方程残差平方序列 $\{\varepsilon_{it}^2\}$ 在 5% 的显著性水平上至少存在滞后 5 阶的自相关。

（2）欧元兑美元汇率的均值方程的残差序列，$Q^2(5)$ 和 $Q^2(10)$ 的 p 值均小于 1%，表明回归方程残差平方序列 $\{\varepsilon_{it}^2\}$ 在 1% 的显著性水平上至少存在滞后 10 阶的自相关。

（3）日元兑美元汇率的均值方程的残差序列，$Q(10)$ 的 p 值小于 10%，表明回归方程残差序列 $\{\varepsilon_{it}\}$ 在 10% 的显著性水平上至少存在滞后 10 阶的自相关；$Q^2(5)$ 和 $Q^2(10)$ 的 p 值均小于 1%，表明回归方程残差平方序列 $\{\varepsilon_{it}^2\}$ 在 1% 的显著性水平上至少存在滞后 10 阶的自相关。

Breusch – Godfrey 序列 $\{\varepsilon_{it}\}$ 相关 LM 检验表明：人民币兑美元汇率的均值方程的残差序列相关 LM 检验的 p 值小于 1%，该序列在 1% 的显著性水平上存在异方差，然而，欧元兑美元汇率的均值方程的残差序列和日元兑美元汇率的均值方程的残差序列不是很显著地存在异方差。

序列 $\{\varepsilon_{it}^2\}$ 异方差（ARCH）检验表明：人民币兑美元汇率的均值方程的残差平方序列和日元兑美元汇率的均值方程的残差平方序列的 p 值均小于 1%，说明这两序列在 1% 的显著性水平上存在异方差；而欧元兑美元汇率的均值方程的残差平方序列不是显著存在异方差。

从图 6-4、图 6-5 和图 6-6 中也可以直观看出。

表 6-3　人民币、欧元、日元兑美元汇率的均值方程的残差序列标准化后的平方的交叉相关（Cross-correlation function）

滞后或领先 k 阶		$U_{cny,t}$ 和 $V_{eur,t+k}$ 交叉相关 $\hat{r}(k)_{Ucny,Veur}$	$U_{cny,t}$ 和 $V_{jpy,t+k}$ 交叉相关 $\hat{r}(k)_{Ucny,Vjpy}$	$V_{eur,t}$ 和 $V_{jpy,t+k}$ 交叉相关 $\hat{r}(k)_{Veur,Vjpy}$
滞后 (lag)	-5	0.0310	0.0020	0.0633*
	-4	-0.0019	0.0025	0.0256
	-3	0.0137	0.0033	0.1030*
	-2	0.0087	0.0090	0.0629*
	-1	0.0399	0.0161	0.0989*
	0	0.0106	0.0176	0.3961***
领先 (lead)	1	-0.0117	0.0048	0.1328*
	2	-0.0081	-0.0093	0.1409*
	3	0.0093	0.0390	0.0508*
	4	0.0229	0.0522*	0.0914*
	5	0.0384	0.0232	0.0774*

备注：(1) *、**和***分别表示在10%、5%和1%的显著性水平上显著，拒绝零假设。

(2) $\hat{r}(k)_{U,V}$ 标准化残差平方的交叉相关。

(3) k 是期数。

(4) 交叉相关是渐进一致近似。

采用 Hong 检验统计量：$H = T\sum_{i=1}^{T-1} k^2(i/M)\hat{r}_{uv}^2(i)$，使用截断核函数 $k(z) = \begin{cases} 1, |z| \leq 1 \\ 0, 其他 \end{cases}$。

滞后1阶（$i=1$）、滞后2阶（$i=2$）、…、滞后 $T-1$ 阶（$i=T-1$）。充其量只能滞后 $T-1$ 阶。假如最大滞后阶数 $M=5$，则 $|z| = |i/M| = |i/5| \leq 1$（$i=0, \pm1, \pm2, \pm3, \pm4, \pm5$），$k(z)=1$。

因果性检验其实就是一序列领先于另一序列的检验。从表6-4可以看出，只有 V_{eur} 领先于 V_{jpy} 和 V_{jpy} 领先于 V_{eur} 是显著的，当然，也必然有 V_{eur} 和 V_{jpy} 互为因果非常显著。

表6-4 人民币、欧元、日元兑美元汇率波动的非线性因果性检验

	$T\sum_{i=1}^{5}k^2(i/5)\hat{r}_{uv}^2(i)$	$T\sum_{i=-5}^{5}k^2(i/5)\hat{r}_{uv}^2(i)$
U_{cny} 领先于 V_{eur}	4.72632	—
U_{cny} 领先于 V_{jpy}	0.60562	—
V_{eur} 领先于 U_{cny}	3.83462	—
V_{eur} 领先于 V_{jpy}	48.61887*	—
V_{jpy} 领先于 U_{cny}	8.20169	—
V_{jpy} 领先于 V_{eur}	91.19788*	—
U_{cny} 和 V_{eur} 互为因果	—	8.74926
V_{eur} 和 V_{jpy} 互为因果	—	402.77312*
V_{jpy} 和 U_{cny} 互为因果	—	9.32647

备注：(1) *、** 和 *** 分别表示在10%、5%和1%的显著性水平上显著。
(2) $\chi_\alpha^2(M) = x_{0.01}^2(5) = 15.086$，$\chi_\alpha^2(M) = x_{0.05}^2(5) = 11.070$，$\chi_\alpha^2(M) = x_{0.10}^2(5) = 9.236$。

6.5　BEKK-MGARCH 模型的引入

一个由 $y_t = (y_{1t}, y_{2t}, \cdots, y_{Nt})'$ 的 N 因素的时变均值、方差、协方差的动态模型：

$$y_t = \mu_t + \varepsilon_t, \quad \varepsilon_t = H_t^{1/2} z_t \tag{6.15}$$

其中，$\mu_t = E(y_t | I_{t-1}) = E_{t-1}(y_t)$，$I_{t-1}$ 在 $t-1$ 时可获得的信息，$I_{t-1} = (y_{t-1}, y_{t-2}, \cdots, y_1)$；$\varepsilon_t | I_{t-1} \sim N(0, H_t)$；$H_t$ 是 y_t 的条件方差和协方差 $N \times N$ 维正定矩阵，对任意 t，$H_t > 0$，且 H_t 关于 I_{t-1} 是可测的，$H_t = H_t^{1/2}(H_t^{1/2})' = Var(y_t | I_{t-1}) = Var_{t-1}(y_t)$；$z_t \sim I.I.D(0, I_N)$，不过，为了证明 $Var_{t-1}(y_t) = H_t$，可以将此假设条件放松为 z_t 关于 I_{t-1} 是鞅差分序列（Martingale difference sequence，简记 MDS）。

设定了均值方程和分布假设后，便需要设定条件协方差矩阵。

Bollerslev, T.、Engle R. F.、Wooldridge, J. M.（1988）定义 $VEC(1,1)$ 为：

$$h_t = c + A\eta_{t-1} + Gh_{t-1} \tag{6.16}$$

其中，$h_t = \text{vech} H_t$，$\eta_t = \text{vech}(\varepsilon_t \varepsilon'_t)$，$c$ 是一个 $N^* \times 1$ 的参数向量（$N^* = N(N+1)/2$），A 和 G 是 $N^* \times N^*$ 的参数矩阵。

vech 是把 $N \times N$ 下三角矩阵堆栈（stack）成为一个 $N(N+1)/2 \times 1$（注：$N + (N-1) + (N-2) + \cdots + 2 + 1 = N(N+1)/2$）向量的算子：

$$\text{vech} H_t = (h_{11t}, h_{21t}, h_{22t}, h_{31t}, \cdots, h_{NNt})' \tag{6.17}$$

vec 是把一个矩阵堆栈成为一个列向量的算子：

$$\text{vec} H_t = (h_{11t}, h_{21t}, \cdots, h_{N1t}, h_{12t}, h_{22t}, \cdots, h_{NNt})' \tag{6.18}$$

为了减少参数个数，Bollerslev, T.、Engle R. F.、Wooldridge, J. M.（1988）建议在对角 VEC（Diagonal VEC，简记 DVEC）模型中 A 和 G 是对角矩阵。每一个方差 h_{iit} 只依赖于它自己过去的误差平方项 $\varepsilon_{i,t-1}^2$ 和它自己的滞后项 $h_{ii,t-1}$。每一个协方差 h_{ijt} 只依赖于它自己过去的误差交叉乘积项 $\varepsilon_{i,t-1}\varepsilon_{j,t-1}$ 和它自己的滞后项 $h_{ij,t-1}$。

在 $VEC(1,1)$ 案例中，H_t 的一般矩阵（不是 vech）表达式：

$$H_t = C + (I_N \otimes \varepsilon'_{t-1})\tilde{A}(I_N \otimes \varepsilon_{t-1}) + E_{t-2}[(I_N \otimes \varepsilon'_{t-1})\tilde{G}(I_N \otimes \varepsilon_{t-1})] \tag{6.19}$$

其中，$\otimes$ 表示矩阵的 Kronecker 积，有性质：$\text{vec}(ABC) = (C' \otimes A)\text{vec} B$。$H_t$ 正定的充分条件是 $C \geq 0$，$\tilde{A} \geq 0$，$\tilde{G} \geq 0$，至少有一个严格不等式。

为了避免太多参数而使估计不可行（Infeasible），然而，在 H_t 动态中又要保持足够的柔韧性（Flexibility）。

Engle R. F.、Kroner K. F.（1995）在综合 Baba、Engle、Kraft、Kroner（1991年未发表手稿）的工作基础上提出以四人名字的第一字母命名的 BEKK – GARCH 模型。

BEKK 模型的优点在于它容易满足矩阵 H_t 的正定性，并且相对于向量 GARCH 模型，它具有相对较少的模型参数，不过，BEKK 模型中的参数的经济含义不如向量 GARCH 模型直观。

$BEKK(1,1,K)$ 模型定义为：

$$H_t = C^{*'}C^* + \sum_{k=1}^{K} A_k^{*'}\varepsilon_{t-1}\varepsilon'_{t-1}A_k^* + \sum_{k=1}^{K} G_k^{*'}H_{t-1}G_k^* \qquad (6.20)$$

其中，C^*，A_k^* 和 G_k^* 是 $N \times N$ 的参数矩阵，但 C^* 是上三角矩阵。也可以写 $C^{*'}C^* = \Omega > 0$。假如 $H_0 \geq 0$，则 H_t 的正定性自动得到保证。

6.6 人民币、欧元、日元兑美元汇率的收益率波动溢出效应分析

金融市场间汇率收益率序列一阶矩之间的动态联系和二阶矩之间的相互影响，均可以反映其波动传导机制。

张世英、樊智（2004）研究表明金融市场之间通过 1 阶的波动相关性能够解释金融时间序列的相关性。

于是，人民币、欧元、日元兑美元汇率收益率波动模型设为 $BEKK - GARCH(1,1)$。具体形式为：

$$H_t = C'C + A_1\varepsilon_{t-1}\varepsilon'_{t-1}A'_1 + G_1H_{t-1}G'_1 \qquad (6.21)$$

其中，方差-协方差 H_t 设定为对角（Diagonal）BEKK；

C 是一个不确定矩阵；

A_1、G_1 是对角矩阵。

$$H_t = \begin{bmatrix} h_{11,t} & h_{12,t} & h_{13,t} \\ h_{21,t} & h_{22,t} & h_{23,t} \\ h_{31,t} & h_{32,t} & h_{33,t} \end{bmatrix},$$

$$C = \begin{bmatrix} c_1 & c_2 & c_3 \\ 0 & c_4 & c_5 \\ 0 & 0 & c_6 \end{bmatrix},$$

$$A = \begin{bmatrix} a_1 & 0 & 0 \\ 0 & a_2 & 0 \\ 0 & 0 & a_3 \end{bmatrix},$$

$$G = \begin{bmatrix} g_1 & 0 & 0 \\ 0 & g_2 & 0 \\ 0 & 0 & g_3 \end{bmatrix}$$

$$h_{11,t} = c_1^2 + a_1^2 \varepsilon_{1,t-1}^2 + g_1^2 h_{11,t-1},$$

$$h_{22,t} = (c_2^2 + c_4^2) + a_2^2 \varepsilon_{2,t-1}^2 + g_2^2 h_{22,t-1},$$

$$h_{33,t} = (c_3^2 + c_5^2 + c_6^2) + a_3^2 \varepsilon_{3,t-1}^2 + g_3^2 h_{33,t-1},$$

$$h_{12,t} = c_1 c_2 + a_1 a_2 \varepsilon_{1,t-1} \varepsilon_{2,t-1} + g_1 g_2 h_{12,t-1},$$

$$h_{13,t} = c_1 c_3 + a_1 a_3 \varepsilon_{1,t-1} \varepsilon_{3,t-1} + g_1 g_3 h_{13,t-1},$$

$$h_{23,t} = (c_2 c_3 + c_4 c_5) + a_2 a_3 \varepsilon_{2,t-1} \varepsilon_{3,t-1} + g_2 g_3 h_{23,t-1}$$

其中，i，$j = 1$（人民币）、2（欧元）、3（日元）；

$h_{ii,t}$ 表示条件方差；

$h_{ij,t}$ 表示条件协方差。

$a_i a_j$ 反映汇率波动的 ARCH 的效应对当期汇率波动或协同变动的影响程度；$g_i g_j$ 反映汇率波动的 GARCH 的效应对当期汇率波动或协同变动的影响程度。

由于对角 Multivariate GARCH 模型简化了多个变量之间的相关关系，因此，无法通过对角向量 GARCH 模型来研究多个市场波动之间的相互关系和溢出效应。

韩国高、陈喻喆、高铁梅（2011）提出，联立求解方程，实际上在反映两个市场间的波动相关性时，已经间接考虑了其他市场的影响，并且比较容易考察两两市场之间的波动相关程度。

采用 ARCH 极大似然（Marquardt）估计方法对 BEKK – GARCH(1,1) 进行拟合，具体结果见表 6 – 5：

表 6 – 5 　　人民币兑美元、日元兑美元、欧元兑美元的
　　　　　　汇率 BEKK (1, 1) – GARCH

参数	系数	标准误	p 值
$c_{11}(= c_1 c_1 = c_1^2)$	(2.83×10^{-5}) ***	6.31×10^{-6}	0.0000
$c_{22}(= c_2^2 + c_4^2)$	(1.028×10^{-3}) **	4.55×10^{-4}	0.0238
$c_{33}(= c_3^2 + c_5^2 + c_6^2)$	(2.722×10^{-3}) ***	6.38×10^{-4}	0.0000

续表

参数	系数		标准误	p 值
$a_{11}(=a_1a_1)$	0.351564	a_1 0.592928 ***	0.011823	0.0000
$a_{12}(=a_1a_2)$	0.098232			
$a_{22}(=a_2a_2)$	0.027447	a_2 0.165673 ***	0.008398	0.0000
$a_{23}(=a_2a_3)$	0.023332			
$a_{33}(=a_3a_3)$	0.019834	a_3 0.140834 ***	0.007140	0.0000
$a_{13}(=a_1a_3)$	0.083504			
$g_{11}(=g_1g_1)$	0.789209	g_1 0.888375 ***	0.003478	0.0000
$g_{12}(=g_1g_2)$	0.875782			
$g_{22}(=g_2g_2)$	0.971850	g_2 0.985825 ***	0.001508	0.0000
$g_{23}(=g_2g_3)$	0.973382			
$g_{33}(=g_3g_3)$	0.974914	g_3 0.987378 ***	0.001495	0.0000
$g_{13}(=g_1g_3)$	0.877162			
$c_{12}(=c_1c_2)$	(-1.47×10^{-4}) **		6.16×10^{-5}	0.0172
$c_{13}(=c_1c_3)$	6.30×10^{-5}		8.08×10^{-5}	0.4355
$c_{23}(=c_2c_3+c_4c_5)$	(-7.68×10^{-4}) ***		2.37×10^{-4}	0.0012
对数似然估计值（Log likelihood）			-1354.255000	
施瓦茨准则（SC）			1.682501	
赤池信息准则（AIC）			1.633956	

备注：（1） *、** 和 *** 分别表示在 10%、5% 和 1% 的显著性水平上拒绝零假设。

（2）假设残差服从正态分布，通过观察方程的约束式和非约束式的对数似然估计值的差异来进行似然比检验。通过使 SC 和 AIC 达到最小值的方式来选择最优滞后分布的长度。$SC=-2(\frac{\log L}{T})+\frac{k\log T}{T}$，$AIC=-2(\frac{\log L}{T})+\frac{2k}{T}$，其中，$\log L$ 表示极大似然函数，T 为样本容量，k 为被估参数个数。SC 和 AIC 的值越小越好。

在条件方差方程中，上一期残差平方项与上一期条件方差项的系数之和分别为：

$a_{22}+g_{22}=0.999297$，接近 1；

$a_{33}+g_{33}=0.994748$，也接近 1。

表明欧元兑美元汇率收益率序列、日元兑美元汇率收益率序列表现出较强的单整性，其收益率风险（波动）$h_{22,t}$ 和 $h_{33,t}$ 都具有持续性，当它们的收益率各自受到冲击时，其影响均存在较长久的异方差效应；即，来自上一期的冲击（ε_{t-1}^2）和条件方差对同一种汇率条件方差的影响，欧元兑美元汇率收益率、日元兑美元汇率收益率各自都有波动溢出效应。

由于 $a_{11} + g_{11}$ 超过 1，所以，人民币兑美元汇率收益率风险（波动）$h_{11,t}$ 不具有持续性，人民币兑美元汇率收益率自身没有波动溢出效应。

在条件协方差方程中，上一期残差对应相乘项与上一期条件协方差项的系数之和分别为：

$a_{12} + g_{12} = 0.974014$；

$a_{13} + g_{13} = 0.960666$；

$a_{23} + g_{23} = 0.996714$。

它们都接近 1，这表明人民币、欧元、日元兑美元汇率收益率波动的相互传递影响 $h_{12,t}$、$h_{13,t}$、$h_{23,t}$ 具有持续性，彼此之间都有波动溢出效应。

前两数字不如后数字更接近 1，可见，人民币和欧元之间、人民币和日元之间的波动传递影响持久性相对较弱，而欧元和日元之间的波动传递影响持久性相对较强，这与前面的因果性检验相吻合。

由于当前我国实行有管理的浮动汇率制度，人民币外汇市场尚不成熟，因此，人民币与欧元或日元的波动相互影响较弱。

由此可见，在后金融危机时代，国际金融市场波动在一定程度上正呈现出趋同性。

互联网技术加速了国际金融市场的交易信息扩散，使得国际金融市场联系更加紧密，影响更加深刻，一体化趋势更加迅速。随着人民币汇率形成机制改革的深化，人民币汇率的市场化，人民币正在逐步融入世界主要货币市场，与此同时，人民币必然要面临着其他货币波动的冲击，加剧人民币波动风险。

20 世纪 30 年代世界经济大萧条，1929 年股票市场大崩盘之后，人们普遍认为经济危机已经结束，可是经济危机于 1931 年 5 月却再度发生，从而致使世界经济步入 10 年萧条期。

2008 年，金融危机爆发后不久，有业界人士认为金融危机即将过去，然而，2010 年，欧债危机却突然袭来。

2011 年 8 月 5 日，标准·普尔将维持了近百年的美国长期主权信用评级 AAA 贬为 AA$^+$，穆迪与惠誉对其负面展望。

在后金融危机时代，人民币汇率自由浮动的条件尚不成熟，易受到国际金融市场欧元、日元等主要货币汇率波动风险的传导冲击，不过，人民币对世界主要货币的影响力却相对较弱。

冲击与反冲击的不对称性，影响的单向性，迫切需要加快培育人民币汇率市场，扩大人民币汇率浮动区间，以增加人民币汇率的弹性，提升人民币国际化程度。

汇率政策制定者和汇率市场参与者应该密切关注国际汇率市场的变化，建立风险预警机制和风险管理措施，化解人民币汇率的外来风险。

6.7　结束语

自2005年7月21日至2011年12月23日，美元总体上处于贬值过程，然而，人民币、欧元、日元相对于美元均表现为升值，其中，人民币升值幅度为30.6183%，欧元升值幅度为7.6529%，日元升值幅度为41.3926%。

以超强货币美元为参照，分析人民币、欧元、日元兑换美元的汇率的波动引起的彼此之间的冲击与反冲击，从而使冲击与反冲击强度具有可比性。

2005年7月，人民币汇改提及的一篮子货币，其选取货币及其赋予的权重主要取决于外币相应国家与中国贸易额、外债规模、投资等因素，然而，在这些因素中，美国都占绝对优势，在一篮子货币中美元自然占大比重，实际上，人民币仍然挂钩美元。

在中国外汇储备中，美元资产占比约65%，欧元资产占比约25%，日元资产占比约3%。可见，我国储备资产的价值易受到美元贬值风险的影响，中国外汇储备币种结构和资产结构亟待优化，以实现外汇储备资产多元化战略。

尽管日元正处于贬值期，但是，日元还是存在反转升值的潜力，可以适当减持美元计价资产，逢低价时机可以适当增加日元等非美元计价资产，以获得今后日元等货币升值的收益。

虽然建立在蒙代尔最优货币区理论基础上的欧元相对美元总体上处于小幅升势，但是，自 2010 年初以来，欧元区忙于应对债务危机，经济停滞，正面临着主权债务风险。由于日元汇率和欧元汇率波动的风险相互传导十分显著，因此，欧元资产难以对冲日元资产风险，与此同时增持欧元资产须谨慎。

2010 年 6 月，中国央行宣布重启人民币汇改，强调人民币汇率参考一篮子货币进行调节，旨在真正意义上形成一篮子货币机制。

日元作为避险货币时常走高，日元兑美元汇率持续窄幅盘整。为了遏制外汇市场投机行为，2011 年，日本政府三次干预汇市。

日本遭受"3·11"大地震及其核泄漏重创后，大批企业移居海外，造成日本产业空心化。2011 年 8 月 24 日，穆迪宣布将日本政府债券评级下调一级，降至 Aa3，标准·普尔与惠誉也将日本主权信用评级展望调至负面。日本人均债务额已高达 747 万日元。为此，应当密切防范日本主权债务风险对我国外汇储备资产的影响。

2011 年 11 月 30 日至 12 月 12 日，人民币兑美元连续 9 个交易日出现盘中触及跌停点的情况，这是汇改以来的首次。

国际投机资本做空新兴经济体，外汇市场上释放出人民币汇率技术性贬值信号，有望改变人民币持续近 7 年的单边升值趋势，表明人民币汇率逐渐趋近均衡汇率水平。

尽管此次人民币汇率只是技术性回调，尚未形成趋势性贬值预期，但是，可以暂时舒缓人民币单边升值预期压力，展现出人民币汇率有升有降的天然弹性。

优化全球经济治理结构，加快国际货币体系改革进程，建立超主权的国际货币，增强经济体权利与义务的对称性。掌控人民币汇改节奏，完善人民币汇率形成机制，推进人民币国际化，以提升人民币汇率应对美元、欧元、日元等世界主要货币汇率波动冲击与反冲击能力。借助人民币升值契机，加快对海外企业并购和大宗商品购买，使人民币升值的益处可视化。

第 7 章

制假售假损害国家经济信誉

7.1 制假售假的回顾和特点

7.1.1 制假售假的回顾

纵观世界各国经济发展进程，无不是经济发展到一定的程度后，便会面临严重的假冒伪劣现象的挑战。长期以来，假冒伪劣产品总是屡打不绝，甚至还出现了越打越多的局面。

根据巴黎国际商会统计，全世界仿冒商品的年均销售额大约在 700 亿美元~1000 亿美元，然而，冒名仿制的商品更是一应俱全，且主要集中在名牌纺织品、服装、化妆品、手表和珠宝上。

联合国公布的一项市场调查结果表明，全世界冒牌商品交易总额占世界贸易总额的 5%，给全球厂商造成的经济损失高达 1380 亿美元。

目前，我国假冒伪劣产品的泛滥程度已经达到了史无前例的地步。假冒伪劣产品大量充斥国内市场，扰乱正常的市场经济秩序，危害消费者；同时，假冒伪劣产品还大量流入国际市场，严重损害国内企业和国际企业的利益。

比如，2000 年底，广东江门海关就查获多宗假冒国外商标申报出口案，台山市某公司以一般贸易向江门海关申报出口的小家电，全是贴着

"PHILIP"商标的电烫斗，其实，这8380个电烫斗全是用劣质材料制作的假冒产品，无论是外观还是内在质量都存在着严重的问题。

再如，新会市某进出口公司以一般贸易方式向新会海关申报出口的600箱"双凤"牌米粉，其实，这一品牌的米粉早就由深圳沙头角进出口公司在海关总署办理了知识产权海关备案保护，由于新会市某进出口公司不能提供合法的授权文书，因此，涉嫌侵权。

20世纪90年代中期以来，我国境内生产的假冒伪劣产品出口量呈直线上升之势，在世界某些市场上，一些来自香港或没有标明口岸的侵权商品多数被怀疑来自中国大陆，从而严重影响我们国家的国际形象和我国产品的国际声誉，这一严重的负面影响对业已加入了WTO的中国更显得严峻。

当今，假货泛滥成灾的关键原因是制假贩假比生产和销售正品获得大得多的额外盈利。

1998年，国务院发展研究中心对我国国民经济一项统计数据表明，该年度全国假货货值1329亿元（不包括光盘），共偷逃国家税收245亿元。

假冒伪劣产品吞噬大量资源，从而造成公开经济资源紧缺，进而导致市场经济配置资源低效甚至失效。

猖獗的制假贩假现象破坏市场经济秩序，影响国家经济安全，严重损害人们经济利益乃至身心健康，侵害消费者和被假冒企业的合法权益，它已经成为社会一大公害。

在国际上，像毗邻我国的俄罗斯，其商品市场上也到处充斥着假冒伪劣产品。不仅破坏俄罗斯正常的市场经济秩序，日益影响到俄罗斯公众的健康，而且还损坏了俄罗斯产品在国际市场上的品牌形象和外国投资者积极性。

根据俄罗斯有关部门市场调查获悉，俄罗斯商品市场上零售批发的洗发香波、咖啡等商品中存在大量的假货。俄罗斯消费者协会的官员称，在俄国国内，每年都会有成千上万的人因为饮用各种劣质"假酒"而死亡。

据俄罗斯政府有关方面不完全统计，假冒伪劣产品给在俄罗斯从事生产经营活动的外国企业每年至少造成11亿欧元的直接经济损失。

2000年12月25日，一些俄罗斯消费者和厂家的代表便向俄罗斯政府递交了联合声明，他们强烈呼吁政府严厉打击假冒伪劣产品，并要求政府在颁发产品质量合格证书时,应当加大审核力度,严格把关,防止腐败。

7.1.2 制假售假的特点

当前,制售假货呈现出如下几大特点:
(1)制售假货主体已由过去的个体发展到一些具有一定规模的企业。
(2)假冒伪劣商品涉及众多民族品牌和外国品牌。如假冒香烟几乎覆盖了所有品牌,每年给国家造成 60 亿元的利税损失。
(3)制售假货的数量呈上升趋势,有些市场假冒伪劣商品数量甚至超过真品。
(4)制售假货形成了"一地一品"的区域性特色。比如,福建云霄以生产假冒香烟闻名全国。有的地区把制假售假看成是发展本地经济的出路之一。
(5)制售假货已由过去作坊式的生产方式发展成为大规模的现代化工厂的生产方式。
(6)制售假货化整为零,分工严密。比如,假冒世界著名品牌香水,有的先在台湾生产瓶子,后到马来西亚罐装。又如,假冒法国葡萄酒,有的先在独联体国家制造酒瓶,再运到意大利、土耳其罐装。
(7)销售假货形成了跨地区和跨行业的产、供、销网络。大量的假货库存在城乡结合部或偏远的深山老林里,实行库存与商店分离。通常,在店面货架上摆放真货,成交后再到仓库提假货。其交货手段十分隐蔽,基本上不留下任何痕迹。

7.2 假冒伪劣、"傍名牌"和盗版对国家经济安全构成的威胁

7.2.1 假冒伪劣对国家经济安全构成的威胁

1. 大量假冒伪劣卷烟使税收大户的卷烟业损失惨重

由于卷烟的工商税高达 60%,每生产一件(50 条)中低档卷烟便可

以偷逃税款600多元，因此，一些不法分子为了牟取暴利，便猖狂从事假烟制售活动。

据1999年10月发行的《瞭望》周刊报道，近年来，中国卷烟市场假烟制售又呈加剧之势。

国家烟草专卖局提供的数据表明，1999年1~9月，全国已有1000万件（200万大箱）假烟冲击国内卷烟市场，为1997年同期的两倍，国家税利因此损失60亿元。

当前，制售假冒卷烟活动的主要特点：

制假范围扩大，有向全国蔓延之势。多年来，汕头和相邻的福建云霄等地带一直是出了名的制售假冒卷烟的地方。由于粤东、福建加大了对制售假烟打击力度，制假烟便开始向珠江三角洲迁移。制假者将原有的旧设备、生产线化整为零，运到东莞、广州继续造假。

据悉，从2000年下半年至2001年2月，仅在东莞就先后捣毁了5条机械化卷烟制假生产线，每一条生产线上的烟机、接嘴机每小时能生产1.8万支香烟，可以仿制71种牌子的卷烟，"555""红塔山""芙蓉王""红双喜""羊城"等牌子的香烟一应俱全。

同期，在广州沙河五仙桥一带查处了13个假烟分装厂，缴获假烟6846箱和一大批制烟设备和卷烟辅料。

目前，制假正向着规模化方向发展，仿真程度越来越高。制假窝点更加隐蔽，手段更加狡诈。假冒品牌由个别名优烟发展到"全方位出击"，假烟品种由去年的30多个发展到100多个，仅万宝路牌香烟就有35种假包装。制假活动从制造到运输和销售，形成了严密的产供销一体化的地下配送网络。

假烟泛滥，有司法量刑困难，对违法行为处理过轻，卷烟运输环节缺乏有效管理手段等原因。地方保护主义却是假烟屡打不绝的症结所在。

在一些制假严重的地区，有的地方干部也入股制假工厂，有的甚至地方干部本身就是制假者。

2. 知名度高的跨国公司的日化产品是造假者的主要目标

据全球最大的日用消费品生产销售商之一的宝洁公司估计，现在市场上各类假冒宝洁产品已经挤占了真宝洁产品的15%的市场份额，宝洁公司由此损失的销售额每年高达1.5亿美元,以及每年支出的打假费用也有数百万美元。

联合利华(中国)公司粗略估计,该公司也有15%的产品市场被本品牌的假货充斥。

据估计,各跨国公司在中国市场因被假冒而遭受的损失都在几十亿元人民币以上,所有这些损失还不包括后期打假支出和对消费者宣传鉴别真假产品知识的费用。

3. "假冒而不伪劣"的世界顶级品牌产品的上海卖场,竟成了中美知识产权圆桌年会上讨论的焦点

2005年年末,在中美知识产权圆桌年会上,中外闻名的上海襄阳路市场的去留,竟成了讨论的焦点。以襄阳路市场为首的小商品市场,年营业收入3亿~4亿元,年上缴税收2000万元。起步于2000年的襄阳路市场,部分不法商贩为了吸引人气,便销售假冒路易威登、爱马仕、香奈儿、普拉达等知名商标的商品。"假冒而不伪劣"的世界顶级品牌,使承受不起名牌商品价格的中外消费者纷纷涌入此地,被誉为"平民时尚的地标"。这一购物场销售假冒涉外高知名度商标商品已占上海商标侵权案总量的八成,已经成为知识产权保护领域的一大"顽疾"。

4. 劣质洗衣机坑农、"尿素味精"害民

劣质双桶洗衣机正源源不断地从一些城乡交界处的家电批发市场流入农村。由于劣质双桶洗衣机价格比名优洗衣机低30%左右,再加上农村消费者对品牌认知度普遍偏低,从而给劣质洗衣机有了可乘之机。劣质双桶洗衣机市场占有率已达到20%,并且这比率还正在不断提高。

在浙江省竟然还出现了"尿素味精"这种严重危害消费者身心健康的假冒产品。浙江一个制假团伙利用化肥尿素提炼味精,从1998年4月至2000年上半年案发,共制售假冒"佛手""味丹""西湖"等品牌的"尿素味精"15.89吨,牟取了巨额非法利润。

5. 假冒伪劣油和汽车配件造成了众多"马路杀手"

在汽车方面,有汽车"杀手"之称的假冒伪劣汽车配件的市场流通

量,已占到全国流通总量的 20%,使一些大型汽车配件厂家的损失数亿元。不仅汽配市场充斥着假冒伪劣汽配产品,而且就连一些穷乡僻壤也存在汽配制假售假窝点。

在汽车消费市场上,假汽油陷阱,假冒配件、伪劣车用品和假机油等防不胜防。

56%的中国汽车用户在他们的车辆上发现了仿冒产品,1997—2000年,由于使用伪劣零配件而发生事故的车约占事故车的 13%。

假冒汽车配件主要有:
(1) 直接假冒知名厂商的商标、厂名、厂址;
(2) 冒充厂商指定的零配件供应商;
(3) 盗用知名厂商产品的零部件编码;
(4) "三无"产品。

车主一旦使用了劣质的刹车片和减震器等关键零配件,这样的汽车很可能会成为"马路杀手",从而对大众人身安全和国家经济安全都将构成严重威胁。

7.2.2 "傍名牌"对国家经济安全构成的威胁

"傍名牌"在国内外都十分盛行,"傍名牌"的产品质量十分令人担忧,生产"傍名牌"的企业大多数是个体户。"傍名牌"的产品不仅在与真品十分相似,就连质量标识"QS"也从来不忘贴上。

"傍名牌"的产品并不是假冒伪劣产品,生产者只是钻了法律的空子。因为"傍名牌"公司并没有用"健力宝"注册商标,而是有自己的产品名字,所以,他们可以从工商局正当途径获得生产执照。

至 2006 年 7 月止,全国各地工商部门查扣涉嫌"傍健力宝名牌"产品达 5 万多箱。"傍健力宝名牌"饮料"第 5 酷"一箱仅售 9 元,每瓶只分摊到 0.6 元,大部分销往江西、湖南、广西等地。这样的饮料多半是由家庭作坊式企业替经营饮料的企业加工的,生产环境令人触目惊心,临时搭建的大棚就是生产车间,几乎都是"一水三精"(自来水、香精、糖精和色素)勾兑成的果味饮料。"傍健力宝名牌"饮料将广东健力宝集团有限公司所在的"健力宝南(北)路"显示的特别大和醒目,以掩人耳目。

瓶身上的"QS"标识是生产企业的,而非经营饮料企业的。"健力宝路"成了仿冒健力宝的温床,一条路上就有8家公司或个体户商行利用"三水区西南镇健力宝南(北)路××号"注册公司,做起了"健力宝"生意。

7.2.3 盗版对国家经济安全构成的威胁

盗版碟泛滥,使正版音像制品生产企业非常微利,盗版已经威胁着正版工业的生存。

1. 数额之巨的国际化盗版使各国经济安全面临巨大挑战

2000年2月26日,国际唱片工业联合会警告说,全世界日益猖獗的盗版活动使世界唱片业每年损失45亿美元,然而,通过因特网非法传播音像制品正对世界唱片业构成新威胁。

盗版已经形成了一个巨大的黑色市场,在有组织的犯罪集团的支持下,世界各地的盗版活动与日俱增。

据该联合会的一位官员称,乌克兰、中国香港、波兰和东南亚一些国家和地区则是盗版光盘的主要"生产"地。

香港政府对盗版处罚向来严厉,2000年6月,香港廉政公署接获国际唱片业协会投诉,称有人包庇犯罪集团在香港非法制造音乐光碟和影碟的母盘,然后,将母盘运往南美工场生产盗版光碟。

2000年12月,香港警方成功破获了这个由香港人为主脑的跨国生产盗版电脑软件集团,缴获500多张可复制电影和音乐光碟的母盘、大量用以制造母盘的数码模拟带和正在本地上映的电影的数码摄像机影带,价值高达4亿港元。其中,有25张微软电脑软件的母盘,每张价值200万美元,这是有史以来搜查到的价值最大、最先进的母盘。

2. 触角伸到正规领域的盗版成为合法企业的最大对手

在我国有些地区尤其是沿海经济发达地区,盗版现象时有发生,全国约有70%的盗版音像制品出自广东。

2000年8月,在广州就查获一起我国数量最多的一批盗版光盘,共缴获166.18万张盗版光盘及其170多万张纸封套,足足装满7辆卡车。

第 7 章　制假售假损害国家经济信誉

2001 年 1 月 15 日，广州市广播电视局音像稽查队在名叫"三友"的运输服务部查获了新年伊始的第一起偷运盗版音像制品案件，缴获盗版 CD 和 VCD 光盘共计 12 万张。"三友"被犯罪分子当成了往内地运输盗版音像制品的"中转站"。这次缴获的音像制品的盘面上的来源识别码 SID 全部被烙掉。SID 码好比人的身份证号码，通过查对 SID 码便能发现光盘出自哪家工厂的哪条生产线。这种烙掉光盘上的 SID 码的做法，证明这批光盘是由合法企业生产的。

令人惊讶的是，这批非法音像制品竟然具有"音像制品运输传送证明"，可想而知现在音像制品及软件的盗版已经到了何等严重的程度，它已经将触角伸到了地上经济的许多正规生产领域。

正如金山软件公司董事局主席所说，中国软件业最大的竞争对手不是微软而是盗版，无论盗用本国软件还是国外软件都会影响中国软件产业的发展，因为一个人用惯了某种软件就会被牵着鼻子走，一旦我国软件业被盗版软件拖垮，那我们每年至少花 2000 亿元人民币去买国外的正版软件。

鉴于音像制品集中经营场所存在的问题，全国 200 多家音像城已被文化部勒令关闭。

3. 中美共同签署的关于电影版权保护《备忘录》应该有两国对等的条款

盗版在很多人心目中，似乎只有美国大片盗版碟在中国流通，至于中国电影在美国被盗版却觉得很稀奇。

2005 年 11 月，根据中国电影版权保护协会调查，美国一些网站正在"免费播放"中国十几个制片厂生产的 150 部电影，在欧美地区还有利用随身带过去的中国影片的 VCD 和 DVD 进行翻录的盗版行为。

因为没有足够的证据证明在美国存在盗版中国电影的行为，所以，在 2005 年 7 月 13 日由中美共同签署的《关于建立中美电影版权保护协作机制的备忘录》中，就没有载入有关当美国发现盗版中国电影的行为时美方将采取哪些行动。

7.3 对制假售假者绳之以法的法律条款的解析

为打击假冒伪劣产品在市场上的流通，防止其持续扰乱生产秩序和市场的公平竞争，我国制定了多条法律法规予以严惩并对消费者权益进行保护。

7.3.1 《中华人民共和国反不正当竞争法》第六条的解析

《中华人民共和国反不正当竞争法》第六条规定，假冒伪劣产品生产销售过程中经营者假冒他人注册商标、擅用他人企业名称、仿造或者冒用认证标志的行为，属于不正当竞争行为，会造成消费者对产品的混淆，误认为其所购买商品为知名品牌。针对这一行为，监督部门应强行停止其违法行为，查没其违法生产销售所得利益，并处以罚款，罚款金额视情节轻重而定，为其违法所得的1倍以上3倍以下；若构成犯罪行为，则依法追究刑事责任。

7.3.2 《中华人民共和国产品质量法》第五十条的解析

《中华人民共和国产品质量法》第五十条规定，对产品以次充好、以假充真的行为，相关部门应当查没相关产品，并处产品价值50%以上，300%以下的罚款，若构成犯罪，则依法追究刑事责任。

7.3.3 《中华人民共和国进出口商品检验法》第三十五条和第三十六条的解析

《中华人民共和国进出口商品检验法》第三十五条规定，进口或者出口属于掺杂掺假、以假充真、以次充好的商品或者以不合格进出口商品冒充合格进出口商品的，由商检机构责令停止进口或者出口，没收违法所得，并处货值金额50%以上3倍以下的罚款；构成犯罪的，依法追究刑事责任。第三十六条规定，伪造、变造、买卖或者盗窃商检单证、印章、标志、封识、质量认证标志的，依法追究刑事责任；尚不够刑事处罚的，由商检机构、认证认可监督管理部门依据各自职责责令改正，没收违法所得，并处货值金额等值以下的罚款。对于第三十六条，2002年11月，法律出版社出版的《中华人民共和国进出口商品检验法释义》注明："本条是对伪造、变造、买卖或盗窃有关商检单证、印章、标志等违法行为的处罚的规定。"

7.3.4 《中华人民共和国刑法》第一百四十条的解析

《中华人民共和国刑法》第一百四十条"生产、销售伪劣产品罪"中规定，生产销售假冒伪劣产品，金额在5万元～20万元之间的，处两年以下有期徒刑，并处以销售金额50%～200%的罚款；销售金额在20万元～50万元之间的，处2～7年有期徒刑，并处以销售金额50%～200%的罚款；销售金额在50万元～200万元之间的，处7年以上有期徒刑，并处以销售金额50%～200%的罚款；销售金额在200万元以上的，处15年有期徒刑或者无期徒刑，并没收财产。

7.3.5 《中华人民共和国消费者权益保护法》第五十五条和第五十六条的解析

《中华人民共和国消费者权益保护法》第五十五条规定，经营者提供商品或者服务有欺诈行为的，应当按照消费者的要求增加赔偿其受到的损失，增加赔偿的金额为消费者购买商品的价款或者接受服务的费用的3倍；增加赔偿的金额不足500元的，为500元。法律另有规定的，依照其规定。第五十六条规定，经营者有下列情形之一，除承担相应的民事责任外，其他有关法律、法规对处罚机关和处罚方式有规定的，依照法律、法规的规定执行；法律、法规未作规定的，由工商行政管理部门或者其他有关行政部门责令改正，可以根据情节单处或者并处警告、没收违法所得、处以违法所得1倍以上10倍以下的罚款，没有违法所得的，处以50万元以下的罚款；以下情形，情节严重的，责令停业整顿、吊销营业执照：

第一,提供的商品或者服务不符合保障人身、财产安全要求的;

第二,在商品中掺杂、掺假,以假充真,以次充好,或者以不合格商品冒充合格商品的;

第三,生产国家明令淘汰的商品或者销售失效、变质的商品的;

第四,伪造商品的产地,伪造或者冒用他人的厂名、厂址,篡改生产日期,伪造或者冒用认证标志等质量标志的;

第五,销售的商品应当检验、检疫而未检验、检疫或者伪造检验、检疫结果的;

第六,对商品或者服务作虚假或者引人误解的宣传的;

第七,拒绝或者拖延有关行政部门责令对缺陷商品或者服务采取停止销售、警示、召回、无害化处理、销毁、停止生产或者服务等措施的;

第八,对消费者提出的修理、重作、更换、退货、补足商品数量、退还货款和服务费用或者赔偿损失的要求,故意拖延或者无理拒绝的;

第九,侵害消费者人格尊严、侵犯消费者人身自由或者侵害消费者个人信息依法得到保护的权利的;

第十,法律、法规规定的对损害消费者权益应当予以处罚的其他情形。

经营者有前款规定情形的,除依照法律、法规规定予以处罚外,处罚机关应当记入信用档案,向社会公布(黄文雪,2018)。

7.4 假冒伪劣产业现状

7.4.1 世界假冒伪劣品产业现状

受经济一体化趋势的影响,假冒伪劣正作为一种全球性的现象侵入世界市场,对政府、企业和消费者的经济、健康和安全保障等方面造成不利影响,甚至吸引了一些有组织的犯罪集团,给社会稳定带来了极大的挑战。

2016年，经济合作与发展组织和欧盟知识产权局联合发布一份报告指出，假冒伪劣已经成为现代知识经济的主要威胁之一。

2011年及往后两年的数据显示，每年全球海关查封的假冒伪劣品总数均超过10万件。

2013年的假冒伪劣贸易总额更是高达4610亿美元，占世界贸易的2.5%，相当于爱尔兰和捷克共和国的国内生产总值总和。

该报告显示，假冒伪劣品的覆盖面很广，从手表、香水或皮革制品等高端消费品，到机器、化学品或备件等企业对企业（B2B）产品，到玩具、药品、化妆品和食品等普通消费品，任何知识产权能为造假者增加经济收益的产品都可以成为目标。

知识产权不仅是企业在竞争市场中取得成功的关键价值创造者，更是宏观经济中主要驱动力之一，可见，假冒伪劣也成为可持续商业模式的重大威胁（黄文雪，2018）。

2011—2013年相关数据如图7-1至图7-4所示。

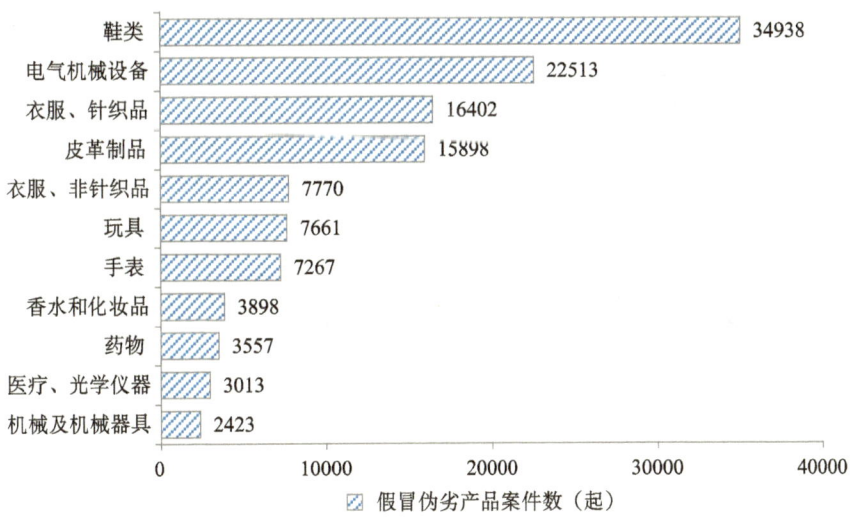

图7-1　2011年海关查没假冒伪劣产品案件数

(黄文雪，2018)

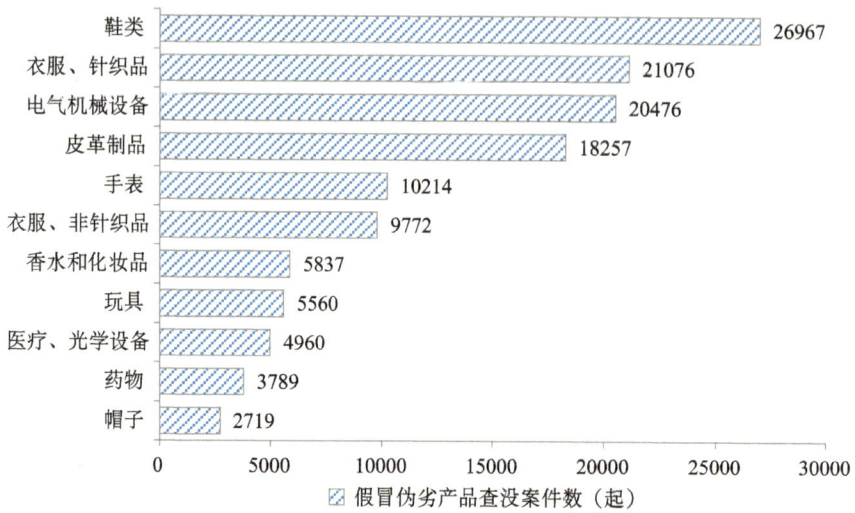

图 7-2 2012 年海关查没假冒伪劣产品案件数

（黄文雪，2018）

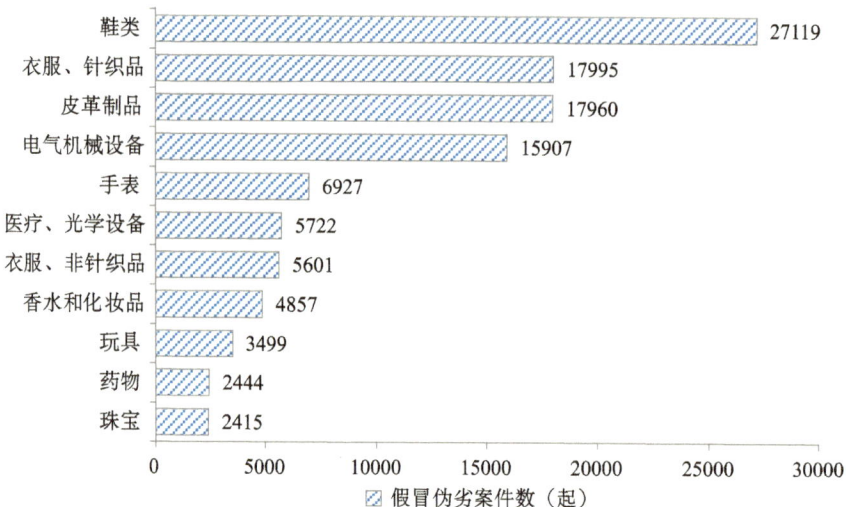

图 7-3 2013 年海关查没假冒伪劣产品案件数

（黄文雪，2018）

备注：数据来源：经济合作与发展组织数据库。

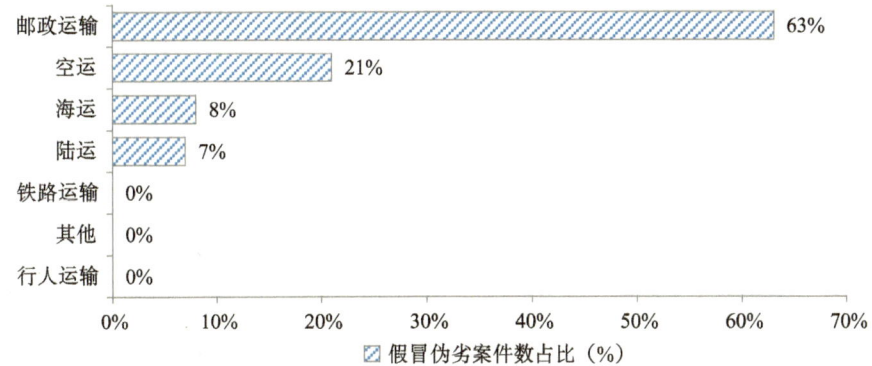

图7-4 2011-2013年海关平均查没假冒伪劣产品案件数（黄文雪，2018）

此外报告还指出，全球平均约有63%的缉获涉及邮政运输。随后是空运和海运，分别约为21%和8%。最后，有关车辆运输的扣押约占7%。其他假冒产品的运输方式，如行人或铁路运输的产品，其份额可忽略不计。

7.4.2 中国假冒伪劣产业现状

改革开放之初，中国面临着产业结构重型化和严重的物质匮乏的双重困惑。体制稍有松动，便首先造就了第三产业中以流通业为代表的地下经济的"繁荣"。在农村和城市边缘人群（返城知青）中，最早涌现"万元户"群体，以及后来出现的"私倒""官倒"都是这一时期的产物。

产业结构轻型化的调整和微观经济体制的改革，极大地缓解了短缺经济所造成的供需矛盾，然而，与此同时，在生产领域，20世纪80年代的中国出现了一股制售假冒伪劣商品（多属低档货）的狂潮。

从经济学的角度看，一是供给的短缺；二是收入的短缺，这两种短缺，尤其是后一种短缺，不仅能够解释20世纪80年代的假货横行，也能解释20世纪90年代的造假升级。

进入20世纪90年代以来，中国进入了"买方市场"，然而，"买方市场"的形成与中国高收入者寡、低收入者众的分配格局是密切相关的。

由于历史的原因，中国在国际生产和贸易分工体系中仍处于劣势地位，产业水平处于较低的层次，因此，高端产品（如信息技术产品、时尚消费品等）供给不足，难以适应高收入人群的需求，中低端产品相对低收入人群的需求又供给过剩。

当然，地下经济也为一部分社会成员提供了公开经济不可能提供的特殊商品或劳务。黑色经济中的大部分行业都是因为能满足这部分人的畸形需求而赖以生存发展的。

自改革开放以来，中国的经济快速发展，拥有了能够足够支持大规模贸易的基础设施、技术和生产能力，不过，相对的是国内的知识产权保护机制还没有跟上脚步。

知识产权，即权利持有者对其智力劳动所创作的成果享有的财产权利，在制造业主要体现为对无形财产的经济保护，包括专利权与商标权等。

在中国，发明专利的保护期为20年，然而，某些专利，比如实用新型专利和外观设计专利却只享有10年的保护期。

在这样知识产权保护时间维度不清晰的情况下，为了最大化知识产权的保护，权利持有者不得不采用一些其他保护方式，比如：登记设计图纸的著作权的保护方式，这样的保护方式可以间接地延长专利保护时间。同时，由于目前大多数工业设计的知识产权的保护是通过版权保护来实现的，产品只能获取部分知识产权的权利（黄文雪，2018）。

除此之外，随着互联网金融的快速发展，以淘宝、京东为首的电子商务平台也为假冒伪劣的制造者提供了一个隐蔽的平台。这些通过电商销售、经由快递运输、送到用户指定地点的商品中含有的假冒伪劣品，往往更难察觉和查封，而对这些假冒伪劣品进行阻止却会给政府带来额外的重大负担（黄文雪，2018）。

在世界的假冒伪劣分布中还藏有这样一个规律，即中等收入和新兴经济体往往是重要参与者。《世界经济体系研究中心》将新兴经济体定义为人均收入低于发达国家人均水平的国家，且该国家出口贸易规模大大高于发达国家。这些国家大多是成产经济体，或是国际贸易的重要过境点。中国，就是这样的"源头经济体"（黄文雪，2018）。

经合组织报告显示的海关查没假冒伪劣产品案件数情况，如图7-5至图7-7所示。

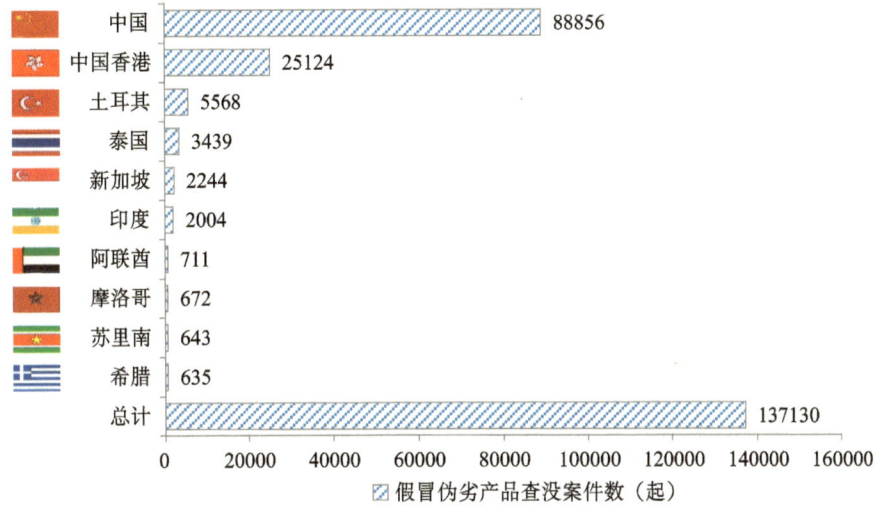

图 7–5 2011 年海关查没假冒伪劣产品案件数
（黄文雪，2018）

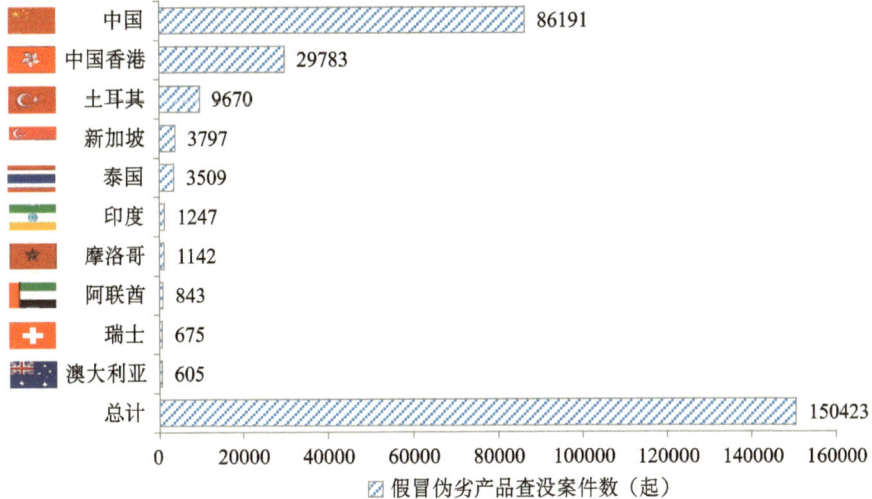

图 7–6 2012 年海关查没假冒伪劣产品案件数
（黄文雪，2018）

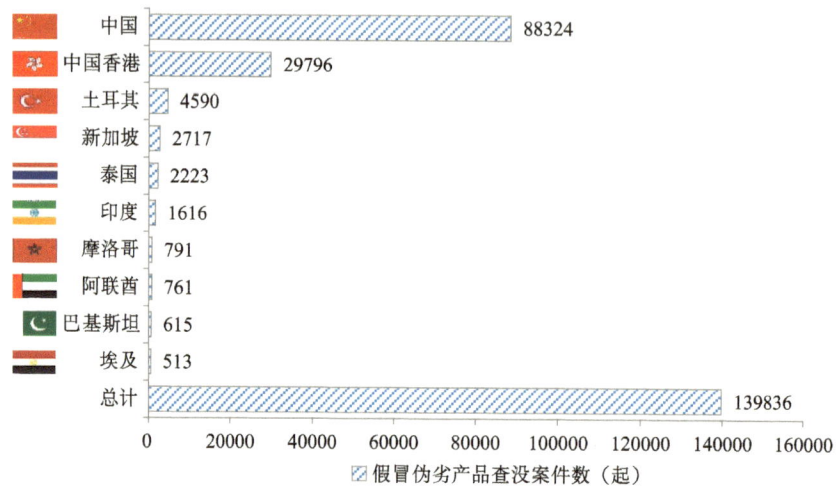

图7-7 2013年海关查没假冒伪劣产品案件数（黄文雪，2018）

备注：数据来源：经济合作与发展组织数据库。

报告还指出，与中国在假冒伪劣品数量上的地位相对的是，缉获的产品总价值仅有1.3%涉及了侵犯中国的知识产权，如图7-8所示，与美国的20%、意大利的14.6%形成鲜明对比。这实际表明了中国假冒伪劣经济规模的庞大，以及知识产权保护政策的漏洞（黄文雪，2018）。

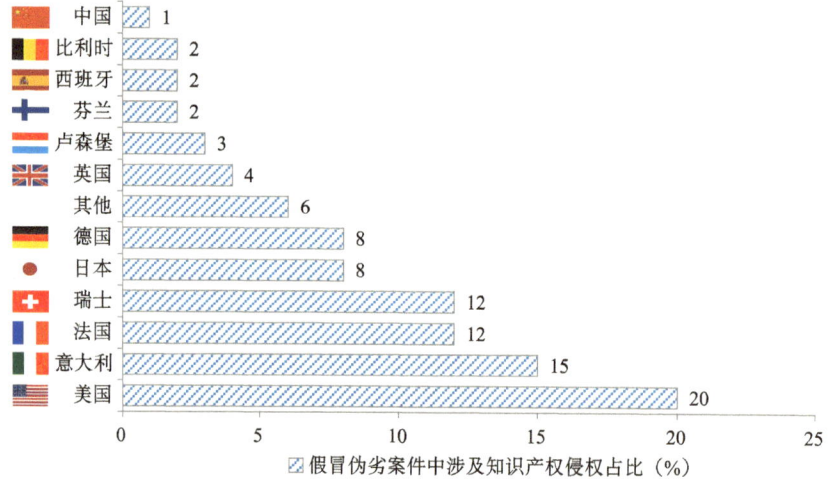

图7-8 2011-2013年海关查没假冒伪劣产品案件中涉及知识产权侵权占比（黄文雪，2018）

7.5 制假售假与打假的博弈分析

暂且剔除少数消费者事先明知假冒货却为了图便宜而购买它们的情况，一般来说，消费者购买假冒伪劣商品事先是不知情的，制假贩假者与消费者之间通常是处在"信息不对称"的情形下，若借助博弈论分析不对称信息的假冒伪劣现象，则必须作如下假设。

以布坎南和图洛克为代表的公共选择学派认为，生活于政府机构中的人（政府官员），同样追求自身利益最大化，同样具有理性经济人的行为模式。在市场经济中，存在着追求自身利益最大化这同一本性的相互对立的两类理性经济人——生产（销售）者和消费者，生产（销售）者总是千方百计用假冒伪劣产品骗取最大利润，而消费者却总是小心翼翼地购买货真价实的商品。

在生产（销售）者和消费者之间双方的利益较量中，孰胜孰负的关键在于哪方掌握了足够的信息，而获取信息的关键又取决于信息成本。

在撇开道德约束的前提下，认为厂商和消费者都是风险中性的理性经济人。当包括货币费用成本和时间机会成本在内的信息成本为零时，每一个消费者就能轻而易举地识别出所要购买的商品真伪，结果是任何假冒伪劣产品都不可能有市场。

然而，事实上，在假冒伪劣产品市场上的交易，生产（销售）者通常是采取逃避、贿赂、合盟等对策来封闭信息，凭借其信息成本的优势而屡屡得手；然而，由于政府信息收集成本昂贵，以致造成政府掌握的信息缺损或滞后，结果导致消费者经常上当受骗。

正当生产经营的厂商提高自我产品品牌的保护意识，消费者增强鉴别假货能力，将是抑制假冒伪劣现象关键，不过，打假的成效仍然是取决于政府。

好品通常是专利产品、技术垄断产品或品牌产品，于是假冒伪劣者制假时便在产品类型选择上受到一定的限制，而像这样的产品又是获取巨额利润的主要手段，从现实情况来看，这类产品制假可能性和程度都远远高于没有限制的产品。

从某种程度上讲，若要减少假冒伪劣产品行之有效的办法之一就是政府应当尽量减少对生产的人为限制和不必要的垄断，给厂商创造一个有利可图的正当经营的机会和环境。

从执法是否严厉的角度来分析，在博弈中，厂商和执法者的利益始终是对立的，为了各自的利益，他们都不会让对方预先知道自己的选择，因此，这是一个双方同时决策的静态博弈，并且是不存在纯策略纳什均衡的混合策略博弈问题。在假冒伪劣是否会被查处取决于执法者的责任心，一旦执法者是以追求自身利益最大化时，严惩制假贩假者只能在短期内起到抑制假冒伪劣现象，从长远来看效果不大（谢识予，1997）。

就整个国家而言，假冒伪劣产品总是十分有害的，它造成国家资源浪费，导致社会分配不公，扰乱市场运作秩序，引发名优产品市场失效。若假冒伪劣产品出口，则会败坏国家声誉，还有可能遭到索赔。

然而，对国家整体有害的假冒伪劣产品，却不一定对一个国家的局部地区有害，相反，对地方来说，往往是"利"大于害。如以我国一个制假售假闻名的地区为例。在这个市至少有3万个批发商铺、3500个规模齐全的商场，销售约10万种商品，其中像香皂和洗发水90%是假冒产品或侵权产品。根据当地有关部门统计，每天约有20万人进入这些批发市场，购买约2000吨的货物，然后用火车和汽车运往全国各地销售。在这里，1991年批发交易总额为1亿美元，1993年批发交易总额则达到4.5亿美元，而到1996年总交易额便增加到22亿美元。这种假冒伪劣产品为主的批发市场之所以能够生存下来的关键，是因为我国制假售假者与地方政府通常有着盘根错节的关系，当地政府往往经不起巨大的地方利益的诱惑，心甘情愿地充当着制假售假的保护伞。由此可知，若要净化市场，就必须坚决铲除地方保护主义。

然而，执法者的打假行动又很大程度上受制于其主管部门，而由于打假办又必须听从当地政府指示，有些地方政府官员本位主义严重，片面追求本地方产值和利税，以图在任期间有一个骄人的政绩。何况打假是一项收益低微而成本高昂的赔本买卖，其收益充其量仅体现在罚款收入，若按照现在收支两条线的做法，打假能捞到的好处就更是寥寥无几。正因为如此才使一些地方政府官员在打假问题上顾虑重重，行动暧昧，最终往往是把"打假"化作"假打"。某些地方政府对一些能给当地带来财政收入的制假贩假企业或个人熟视无睹,听之任之,任其发展。由于地方政府通常只重视当地消费者的利益,如制假企业能缓解本地就业问题等,而当外地消费者遭受假冒伪劣产品的侵害时申诉却十分困难,要耗费大量的时间和财力,显然,外地消费者便成为假冒伪劣产品的最大受害者。由于地方保护主义存在,加上各地打假不协调,力度不一致,因此,单依靠地方政府打假注定收效甚微。

  从某种意义上讲,对假冒伪劣现象的治理实质上就成了对人的治理,即通过制定出一套理性博弈规则来规范和制约生产(销售)者、消费者,以及怂恿假冒伪劣行为的政府官员。不难看出,要从根本上遏制假冒伪劣现象的最有效的办法就是在中央政府的统一领导和统一指挥下,重奖举报假冒伪劣现象有功者,并制定出一整套举报奖励规则,积极调动群众参与打假活动,定期开展全民性的声势浩大的打假攻坚战。"重奖举报者"只不过是由政府机构出面运用市场经济本身固有的法则所建立起来的一种"假冒伪劣产品信息市场"(张理智,1994)。尽管社会各方面都在不同程度上直接或间接地影响假冒伪劣产品的收益和成本,但是,治理假冒伪劣现象相对易操作和控制的还是从增大造假者风险成本入手。在千方百计地增大制假贩假者的"成本"[①] 尤其是"风险成本"(= 风险概率×风险损失)[②] 的同时,又加大制假贩假者处罚,对触犯刑律的绳之以法,并对执法不力者从重处罚,包括对地方政府的失职官员严肃处理。只有这样才能够彻底震慑制假贩假者。此外,还应当尽量减少产品的生产垄断性,在法律允许的条件下,尽可能地提高厂商选择各种不同类型产品生产的自由。

 [①] 成本 = 制作成本 + 销售成本 + 风险成本 + 生产(销售)好品的机会盈余,而生产(销售)好品的机会盈余是指假冒伪劣产品生产(销售)者因放弃生产(销售)好品机会而失去的好品盈余。
 [②] 风险概率是指制假贩假窝点被工商管理等部门捣毁的可能性;风险损失主要指制假贩假者的产品被没收、罚款、判刑等情况出现所构成的损失。

7.6 打假公共政策选择

7.6.1 应当"重典"制假者

虽然我国已有惩治假冒者的重典，但是，遗憾的是缺乏较强的可操作性。我国《刑法》第一百四十条的"生产、销售伪劣产品罪"，若只是查到制假窝点和假冒产品还不算，必须要有实际销售发生才能定罪。事实上，绝大多数制假、贩假者为逃避惩罚，几乎都不会保留经营发票和发货单等书面凭证。这样使得打假人员收集这些证据异常艰难，从而不能有效将其定罪，最终只有眼睁睁地看着那些制假贩假者逍遥法外。

于1999年12月颁布施行的《广东省查处生产假冒伪劣商品违法行为条例》，正是针对当前广东省严峻的打假形势所制定的。该条例在对制假售假者的罚款额度上有了重大突破，规定最高罚款可至20万元，或者为假冒伪劣商品总值的五倍。在此之前的有关惩治制售假冒伪劣商品违法行为的规定，只是散落在《中华人民共和国产品质量法》和《中华人民共和国商标法》中，况且，这些法律制定的都比较早，并且对这类违法行为涉及的又不够全面和具体，从而导致查处时缺乏法律依据。

这两部法律规定，除生产危及人身安全的劣质产品可以没收外，其他假冒伪劣商品及其生产工具和设备，都不能没收；罚款，对已有成十倍甚至成百倍暴利回报的造假者来说，已经没有太大的威慑力，这样的罚款力度也犹如给制售假者挠痒痒。

尽管制售假者多次被查处，但是每次几乎都在查处几天后又重新"开张大吉"！近几年来，在各类打假行动中，像制造和销售假冒宝洁、雀巢、柯达、耐克、史克等在华生产非耐用日用品的跨国公司的产品的主要制假、售假者，被叛徒刑的只有2.4%，最重只判了7年徒刑。由于没能有效应用"重典"，因此，就出现了抵挡不住的绵延不绝的制假售假行为。

假冒伪劣商品，使消费者受害，国家税收遭损。尤其是它使国外投资者的知识产权得不到有效保护，从而有碍于我国整体投资环境的打造，进而影响到我国改革开放的进程。

至于被盗版的企业的损失往往很难认定，法院只能根据自己的自由裁量权大致确定一个赔偿数目，然而，实际上这个数目一般是远远小于企业的损失。可见，只有从法律文本上确定一个对盗版者可以起到震慑作用的处罚标准，才能有效地杜绝盗版行为。

7.6.2 领导应当把打假提到议事日程上

为严厉打击生产和销售假冒伪劣商品的违法犯罪行为，有效组织全国打假联合行动，2000年10月，国务院成立了全国打假工作协调小组，这充分体现了我国政府对打假的高度重视。

21世纪初，广东省工商系统按照国家工商局部署，整顿市场秩序取得初步成效。其中，出了名的粤东的汕头、潮州地区的洗涤用品、化妆品及卷烟等假冒问题，粤西的湛江、茂名、阳江，粤北的韶关、清远以及梅州、河源地区的农资伪劣问题，已经得到重点整治。仅2000年1~5月，广东工商系统就查处各类经济违法案件1.02万余宗，罚没款项9100多万元，端掉各类制售假窝点2800多个。

通常，对假冒伪劣商品整改不力的地区，主要领导是难辞其咎的，事实证明实行主要领导责任追究制才能有效打假。在广东省颁布的上述打假《条例》中，对屡禁不止或玩忽职守的当地政府主要负责人，将追究领导责任或刑事责任。行政执法部门对举报人可以给予高达5万元或者实际收缴款10%的奖励，并为其保密。即便有如此严厉的条例，然而，现在一些地方基层工商部门在实际贯彻执行上级条例和规定时仍然走样。

据新华社报道，2001年2月16日，广州市某工商分局在全省开展农资市场打假专项行动中，工商执法队伍浩浩荡荡出发，沿途通知被检查单位做好迎接准备，到达几家事先约定好的工厂和商店，一群执法人员便鱼贯而入，匆匆地转了一圈，简单地询问、拍照之后，大队人马又驱车来到当地一家颇有名气的大酒店，一餐丰盛的宴席散去，打假行动便宣告圆满结束，这次农资打假行动变成了一场名副其实的走马观花。

据悉，这样的行动名为打假检查，实际上是下面的人做样子给上级看。因为上面定期要求报打假的人次、窝点数目,基层有时就靠凑数应付。

中央曾三令五申要戒除形式主义,这种既劳民又伤财的"花架子"式的走过场打假,何时才能杜绝?在假冒伪劣如此泛滥的今天,该是真正把打假放到各级领导议事日程上来的时候了。

7.6.3 应当建立打假保优协作网

广东名优企业已经开始联合起来,早在1997年11月就成立了打假保优协作网。网内14家名优企业以组为单位,主动联系广东省内质量技术监督部门和工商行政执法部门开展维护自身权益的活动。

这种"拉网打假"方式成效十分显著。据统计,1999年协作网共出动人员2465人次,查办案件266宗,查处制假企业301家,售假商店1698间,捣毁地下窝点588个,查获假冒伪劣商品约156万台件,货值约1950万元。

2000年3月,成立了中国外商投资企业协会优质品牌保护委员会,这一委员会有会员57家企业,几乎囊括了在华的全球顶尖公司,其中有微软、戴尔电脑、诺基亚、宝洁、柯达、可口可乐、阿迪达斯、葛兰素等跨国公司,这些企业在华投资总额超过120亿美元,涉及汽车、电子、日用消费品、食品、服装、医药等行业。

7.6.4 捣毁制黑制假的窝点

城市偏僻郊区,尤其是城乡结合部的出租屋,已经成为制黑、制假的窝点,假冒伪劣商品的沃土和集散地。

2005年10月,在"打假斗士"、深圳市人大代表杨剑昌策划下,由该市城管、工商等部门组成的150人的联合执法大队,在位于龙岗区和布吉镇偏僻的郊外,一举捣毁"黑猪油"窝点三个,双氧水浸泡的"美国凤爪"窝点一个,共查获"黑"猪油180桶,约30吨,"黑"凤爪6000斤。这些产品每天都销往深圳各个大、小宾馆和酒店。值得注意的是,每次查"黑"行动基本上都逮不到幕后老板,这就意味着制"黑"仍然还会死灰复燃，食品安全隐患依然存在。

制假者利用城市边缘的出租屋这一都市管理的盲点，或明或暗地大肆生产假冒伪劣商品。像广州制假者经常在这些污秽不堪的场地生产"潘婷""飘柔""海飞丝"等名牌洗发水。显然，城乡结合部的出租屋将是今后打假的重点地带。当前，加大城乡结合部的出租屋管理已刻不容缓，只有这样才能够彻底摧毁制假藏假的温床。

迄今，在捣毁制黑、制假窝点时，往往只能把黑货、假货没收，却难以抓到主谋，无法对真正制黑者和制假者绳之以法，像这样的"打假除黑"显然留有后患，国家经济安全一时也不容乐观。

基于 ARFIMA – APARCH 模型的中国黑市汇率非对称性和杠杆效应

8.1 模型的理论铺垫

金融资产序列分布普遍具有尖峰与肥尾特征。若市场一旦存在获利机会时，投资者便会蜂拥而至，于是便可能出现众多获益者；若市场出现亏损时，更多的人可能会亏损，暴发户和暴亏户总是少数。针对这种羊群效应式的投资波动集聚性，Engle（1982）提出了自回归条件异方差（ARCH）模型。实证表明，选取这种高阶模型，可以有效地捕捉条件异方差性和模拟序列的集聚性，然而，待估参数会增多，导致估计效率下降。对此，Engle 的学生 Bollerslev（1986）在 ARCH 模型中增加了自回归项，对模型的条件方差函数进行拓展，构造出广义 ARCH 模型，即 GARCH 模型。这样，将高阶 ARCH 模型便转化成为简洁的 GARCH 模型，从而大大减少需要估计的参数，使模型识别和估计变得较容易。不过，尽管 GARCH 具有描绘金融数据方差自相关性等诸多优点，但是，它却未能充分捕获高频金融时间序列的尖峰与肥尾特性，对金融资产的的杠杆效应也无法刻画。

金融序列波动具有杠杆效应，即负的冲击要比正的冲击引起更大的波动，在黑市汇率日益增长的威胁中，由坏消息产生的负冲击大于由好消息引起的正冲击，这意味着黑市汇率下跌引起的波动更大。

第8章 基于 ARFIMA – APARCH 模型的中国黑市汇率非对称性和杠杆效应

一个重要的最近新息（ε_t）集中在由数据转换来的势项（Power）上，存在波动集聚绝不是资产价格回报平方所独有，通常，资产价格变化的绝对值也会出现波动集聚现象，在这个作用中，普遍使用一个平方项是最可能反映传统意义上引起的关于数据正态性的假设。

假如数据序列呈正态分布，那么我们就能够完全使用它的一阶和二阶矩来反映它的分布特征。像这样，集中平方项并因此测定波动性是恰当的。

然而，假如我们接受残差数据可能有一个非正态分布，那么，就必须充分地超过偏度和峰度的较高阶矩类。在这种情形下，平方项失去优势，其他势变形可能更合适，对此，Ding 等人提出的势 ARCH（即 Power ARCH）这样一种新类型模型，它是由数据拟合模型将势项估计出来，这个势项并不是研究者强加上去的。因而，这个模型允许一个有效无限转换范围，包括任何正的取值在内。它包括标准 ARCH 类模型，这类模型详细说明了平方项的使用和 GARCH（Taylor，1986）的使用，它把条件标准差作为一个联系过去滞后绝对残差和标准差的函数（Yu Chuanhuang，Lin Borjing，2004）。

Ding，Granger 和 Engle（1993）设定了一个广义非对称势 ARCH 模型形式，以捕捉收益对未来波动性冲击的潜在非对称效应。

A – PARCH 模型被证实是嵌入各种先前建议的扩展式，并产生好得多的样本拟合（Ding，Granger and Engle，1993；Tse and Tsui，1997；Mckenzie and Mitchell，2002）。这是针对金融时间序列存在的尖峰厚尾特征和杠杆效应提出的一种非对称的 GARCH 模型。

利用 APARCH 模型对条件异方差的估计和预测效果要比其他的模型更好些。不过，通常的模型都建立在正态分布假设的基础上。

由于正态分布具有对称性、可加性、相关性容易测量的特点，因此，在金融市场分析中占有极其重要地位，不过，实证表明，对数正态模型并不完全与历史回报数据性质相一致。

t 分布的尾部要比标准正态分布肥大，当自由度趋于无穷大时，t 分布的概率密度函数就等于标准正态分布的概率密度函数，因而，可以把 t 分布看作是广义的正态分布，不过，t 分布缺乏正态分布良好的统计特征，另外，多变量联合 t 分布比较难估计，这在很大程度上限制了 t 分布在金融市场中的广泛应用（陈学华，杨辉耀，2003）。Hansen（1994）提出了偏 t 分布（SKST），并将它运用到 ARCH 模型簇。

8.2　ARFIMA – APARCH 模型的引入

布朗运动（Brownian motion）是整数维的随机过程，它是离散形式的随机游走，然而，分形布朗运动的离散形式是分形差分噪声（Fractional Differencing Noise，简缩 FDN），经过分形差分化试图将分形布朗运动这种连续过程转变为一个离散过程，整数差分仅仅是一个总的逼近。Granger（1980）和 Hosking（1981）分别提出了分整自回归移动平均（Autoregressive Fractional Integrated Moving Average，简缩 ARFIMA）。

若平稳时间序列 $\{x_t\}$ 满足差分方程：

$$\Phi_p(L)(1-L)^d(x_t - \mu) = \Theta_q(L)\varepsilon_t \tag{8.1}$$

其中，$|d| < 0.5$；

$\{\varepsilon_t\}$ 为白噪声序列；

μ 为 $\{x_t\}$ 的均值。

$\Phi_p(L) = I - \phi_1 L - \phi_2 L^2 - \cdots - \phi_p L^p$ 和 $\Theta_q(L) = I - \theta_1 L - \theta_2 L^2 - \cdots - \theta_q L^q$ 分别为 p 阶和 q 阶平稳的自回归算子和可逆的移动平均算子，其所有特征根均在单位圆外，则称 $\{x_t\}$ 满足 ARFIMA(p,d,q) 模型。

ARFIMA(p,d,q) 模型能以分形噪声方式产生持续性和反持续性，ARFIMA(p,d,q) 过程便是 Mandelbrot 和 Wallis 的分形布朗运动，一个 ARFIMA(p,d,q) 过程能够在长期记忆过程中产生短期记忆 AR 或 MA 过程。

ARFIMA(p,d,q) 模型用 $p+q$ 个参数描述过程的短记忆特性，以参数 d 反映过程的长记忆特征。

综合考虑了过程的长、短记忆特征的 ARFIMA 模型，既优于描述短记忆的 ARMA 模型，又优于描述长记忆的 FDN 模型。

当 $p = q = 0$ 且 $\mu = 0$ 时，ARFIMA(p,d,q) 模型退化为 FDN 模型，即 $(1-L)^d x_t = \varepsilon_t$，$|d| < 0.5$。

Engle（1982）首先提出非线性金融时间序列自回归条件异方差（ARCH）模型，随着 ARCH 模型簇繁衍，Ding, Granger and Engle（1993）

第8章 基于 ARFIMA – APARCH 模型的中国黑市汇率非对称性和杠杆效应

针对所存在的"杠杆效应"提出了归纳性很强的 $A-PARCH$ (Asymmetric Power $ARCH$), $A-PARCH(p,q)$ 模型为①:

$$\begin{cases} y_t = f(x_t) + \varepsilon_t \\ \varepsilon_t = e_t \sigma_t \\ \sigma_t^\delta = \alpha_0 + \sum_{i=1}^{q} \alpha_i (|\varepsilon_{t-i}| - \gamma_i \varepsilon_{t-i})^\delta + \sum_{j=1}^{p} \beta_j \sigma_{t-j}^\delta \\ \alpha_0 > 0, \alpha_i \geq 0, \beta_j \geq 0, -1 < \gamma_i < 1, \delta \geq 0 \end{cases} \quad (8.2)$$

其中,$e_t \sim i.i.d(0,1)$;

该模型比 $GARCH$ 多了两个参数:

δ ($\delta > 0$) 起着 h_t 的 Box – Cox 转换作用;

γ_i ($-1 < \gamma_i < 1$) 是用来反映杠杆效应(leverage effect)。

一个正(或负)的 γ_i 值意味着过去负(或正)冲击对当前条件波动性影响程度超过对过去负冲击影响程度(Black,1976;French,Schwert and Stambaugh,1987;Pagan and Schwert,1990)。

这一模型把改变指数的柔韧性与非对称系数联系起来一并来考虑杠杆效应。

Ding, Granger 和 Engle (1993) 的正态 $APARCH$ 是 Bollerslev (1986) 的 $GARCH$ 模型的一个扩展。它没有把一种结构强加在数据上,势 $ARCH$ (Power $ARCH$)类模型估计出最适宜的势项,因而,该模型允许包括任何正值在内的一个实质上无限转换范围。这包括指定使用的平方项的标准 $ARCH$ 类模型和 Taylor (1986) 的 $GARCH$ 模型。

Ding, Granger 和 Engle (1993) 把这个模型应用到了美国股市回报数据上,发现这个模型提供了一个对数据拟合优良和最理想的势为 1.43。

Tse 和 Tsui (1997) 对马来西亚和新加坡汇率日数据应用 $APARCH$ 模型,表明这模型充分描绘了这数据,并且这最令人满意势项具有除 1 和 2 外的值 (Yu Chuanhuang, Lin Borjing, 2004)。

因而,$APARCH$ 模型非常适合反映金融资产波动的集聚性和杠杆效应。为了处理样本分布的尖峰肥尾性,可以考虑使用 t 分布或 GED 分布,这里

---

① 张世英,樊智,《协整理论与波动模型:金融时间序列分析及应用》,北京:清华大学出版社,2004 年 9 月,pp. 211 – 222。

使用偏 t 分布（Skewed Student Distribution）。

当自由度 $d.f. > 2$ 时，样本分布具有偏 t 分布（SKST）。

Ding, Granger 和 Engle（1993）指出，假如 $\alpha_0 > 0$ 和 $\sum_{i=1}^{q} \alpha_i E(|z| - \gamma_i z)^{\delta} + \sum_{j=1}^{p} \beta_j < 1$，则方程（8.2）存在如下一个平稳解：

$$E[\sigma_t^{\delta}] = \frac{\alpha_0}{1 - \sum_{i=1}^{q} \alpha_i (|z| - \gamma_i z)^{\delta} - \sum_{j=1}^{p} \beta_j} \quad (8.3)$$

由此，ε_t 二阶平稳的充要条件为：当 $\delta \geq 2$ 时，满足上式。

在这种模型中，利用参数 δ 和 γ 取值的不同，A-PARCH 可包括七种 ARCH 扩展的特例：

(1) 当 $\delta = 2$，$\gamma_i = 0(i = 1, \cdots, p)$，$\beta_j = 0(j = 1, \cdots, p)$ 时，A-PARCH 就转变为 Engle（1982）提出的 ARCH；

(2) 当 $\delta = 2$，$\gamma_i = 0(i = 1, \cdots, p)$ 时，A-PARCH 就转变为 Bollerslev（1986）提出的 GARCH；

(3) 当 $\delta = 1$，$\gamma_i = 0(i = 1, \cdots, p)$ 时，A-PARCH 就转变为 Taylor（1986）和 Schwert（1990）提出的 GARCH；

(4) 当 $\delta = 2$ 时，A-PARCH 就转变为 Glosten, Jagannathan 和 Runkle（1993）提出的 GJR；

(5) 当 $\delta = 1$ 时，A-PARCH 就转变为 Zakoian（1994）提出的 TARCH；

(6) 当 $\gamma_i = 0(i = 1, \cdots, p)$，$\beta_j = 0(j = 1, \cdots, p)$ 时，A-PARCH 就转变为 Higgins 和 Bera（1992）提出的 NARCH；

(7) 当 $\delta \to 0$ 时，A-PARCH 就转变为 Geweke（1986）提出的 Log-ARCH。

可见，APARCH 模型比 GARCH 模型具有更大的灵活性。

8.3　采用 ARFIMA-APARCH 模型探测黑市汇率的波动性

据黑市汇率（BER）对数序列描述统计分析知，黑市汇率对数序列

第8章 基于 ARFIMA-APARCH 模型的中国黑市汇率非对称性和杠杆效应

为一阶单整序列,其分布呈现出尖峰、厚尾和右偏的特征。

为了适应金融资产无条件分布的厚尾特性,Bollerslev 提出了 t 分布,黑市汇率表现为偏度和厚尾共存。

下面在 t 分布下估计中国黑市汇率 $ARFIMA-APARCH$ 模型:

均值方程为:$ARFIMA(1,0,0)$

在均值方程中没有回归变量。

方差方程为:$APARCH(1,1)$

在方差方程中只有一个回归变量,黑市汇率对数序列服从自由度为 2.397346 的 t 分布,$Log-likelihood = 608.678$。

下面结果是采用极大似然估计(MLE)得到。

$ARFIMA(1,0,0)-APARCH(1,1)$ 模型的形式为:

$$\begin{cases} (1-0.999861L)\ln(BER)_t = 1.38402 \\ \varepsilon_t = z_t\sigma_t, z_t \sim t(2.397346) \\ \sigma_t^{0.895608} = 0.008068 + 0.19747(|\varepsilon_{t-1}| + 0.410989\varepsilon_{t-1})^{0.895608} + \\ \qquad\quad 0.700502\sigma_{t-1}^{0.895608} \end{cases}$$

表 8-1 显示,黑市汇率对数数据呈学生分布的 $APARCH$ 模型的拟极大似然估计结果,t 分布较大地改善了 Gauss 正态分布对黑市汇率对数序列的描述,$ARFIMA(1,0,0)$ 是充分修正了黑市汇率对数数据的条件均值的序列相关。

表 8-1 $ARFIMA(1,0,0)-APARCH(1,1)$ 模型偏学生分布的极大似然估计与检验结果

参数	系数	标准差	t 统计量	t 统计量的 p 值
$d-ARFIMA$	—	—	—	—
$\phi_1(=AR(1))$	0.999861	0.0013377	747.4	0.0000
$\theta_1(=MA(1))$	—	—	—	—
α_0	0.008068	0.0077728	1.038	0.2999
$\alpha_1(=ARCH(\alpha))$	0.433279	0.19747	2.194	0.0288
$\beta_1(=GARCH(\beta))$	0.700502	0.10059	6.964	0.0000
$\gamma_1(=APARCH(\gamma))$	-0.410989	0.16319	-2.519	0.0122
$\delta(=APARCH(\delta))$	0.895608	0.17550	5.103	0.0000
$t(d.f.)$	2.397346	0.35983	6.662	0.0000

备注:(1)除了参数 α_0 不太显著外,其他均非常显著;

(2)以上估计结果满足条件:$\alpha_0 > 0$,$\alpha_1 \geq 0$,$\beta_1 \geq 0$,$-1 < \gamma_1 < 1$,$\delta \geq 0$。

对学生分布的 APARCH 模型，表 8-1 显示，在波动性设定上，自回归效应是较强的，因 β_1 大致为 0.7，暗示着比较强的记忆效应。

另外，$\gamma_1 < 0$，且显著，表明条件方差的不对称性（Asymmetry），在条件方差设定中存在一个正收益的杠杆效应，即正回报比负回报产生更大波动。

APARCH 模型估计到的势项（δ）适合黑市汇率取对数后数据范围中的值，势项（Power = δ）值为 0.895608，显著不同于 1 和 2，表明估计势项是必要的。

$\delta = 1$（条件标准差）和 $\delta = 2$（条件方差）被拒绝。结果建议最理想的势项具有非 1 或 2 的值，这似乎支持使用一个允许估计势项的模型。

$t(d.f.)$ 估计出的自由度参数 $d.f.$ = 2.397346，且显著。

自由度大于 2，说明分布呈现厚尾。

Engle 的拉格朗日乘子（LM）检验的结果显示，存在 ARCH 效应，对于所有时滞窗其所有的 p 值都小于 0.0001。

较小的波动后面跟随着较小的波动，在较大的波动后跟随着较大的波动，表明两序列均具有明显的时变方差特征。

8.4 黑市汇率非对称性和杠杆效应所引起的思考

由于偏度和峰度之间相互联系，当金融资产存在偏度时，尽管 t 分布等对称分布对正态分布进行了改善，但是，仍存在缺陷，与 SKST 分布相比，当估计风险时，它们仍会产生较大的偏差甚至失效，实证显示通过构造不对称冲击并不能从根本上解决分布的偏度问题。

t 分布模型容易造成对风险的高估；

当置信水平取比较高时，正态分布模型会造成对风险的低估。

基于 GED 分布的 APARCH 模型进行样本外预测的研究结果显示了该模型能很好地反映收益的风险特性，具有较好的预测能力。

从似然函数、AIC 和 SC 准则比较，GED 较大地改善了正态分布对序列的描述，Skewed-t 分布对 t 分布、广义误差分布（GED）有了进一步的提高（陈学华，杨辉耀，2003）。

第 9 章

地下经济估测模型及敏感度分析

9.1 地下经济核算对象的界定

进入 21 世纪，俄罗斯国家统计委员会估计，俄罗斯地下经济规模占 GDP 的 25%，俄罗斯内务部专家估计为 GDP 的 45%~50%（［俄］B. K. 先恰戈夫，2003），然而，俄罗斯联邦安全局甚至认为其规模接近 GDP 的 50%，俄罗斯总统普京则认为这一指标可达到 40%。俄罗斯地下经济呈现出规模大、范围广、波动明显和政府人士介入严重等特点。

了解地下经济对货币流通量的影响，有助于国家准确计划货币供应量和有效控制现金流通量，从而有效地调节社会总供需，这样可以有针对性地打击和引导地下经济活动。

1993 年，联合国颁布的国民经济核算体系（以下简称 93SNA）指出，生产者从事以下隐蔽的不让政府当局知道的生产活动是属地下经济的范畴：

（1）为了避免缴纳所得税、增值税或其他税；

（2）为了避免缴纳社会保障缴款；

（3）为了避免遵从某些法定标准。比如：最低工资、最长工时、安全或卫生等方面的标准；

（4）为了避免遵守某些行政程序，比如：填写统计调查表或其他管理表格。

所有这样的活动，只要它们是真实的生产过程，显然都包括在93SNA的生产范围之内。

不过，就以上偷逃税而言，其本身就是一种犯罪行为，因而，地下经济与非法生产之间其实没有精确的界限。

事实上，地下经济既包括合法经济又包括非法经济。依照经济学中约定俗成的地下经济内涵，加上地下经济与非法经济难以严格区分特点，不妨可以将非法生产和隐蔽生产归入地下经济中一起进行核算。

地下经济是整个国民经济的一个组成部分，其直接目的是获取非法收入。

按照93SNA对非法生产的划分，非法生产有两种：

（1）法律禁止销售、分配或持有的货物和服务的生产；

（2）尽管生产活动通常是合法的，但是，由未经许可的生产者从事，比如：没有营业执照的行医者。不遵守某些安全，保健或其他标准的生产也可以视为非法生产。

凡是货物和服务的生产过程是真实的，其产出是有实际市场需求的，都是属于93SNA的生产范围。

总之，国民经济核算对象应该以"交易"作为前提，无论这种交易活动是否合法，是否对社会或人体有害，统统都应当将其登录到国民核算账户中，从而使账户记录的内容达到不出现遗漏经济活动的目的。

当然，非法生产不是指产生外部性效应的活动和污染物的排放。

外部性由科斯最早提出，尔后，诺斯对其进行了进一步的发展，并把它作为现代制度经济学中的核心概念。

外部性是指在经济中不付成本却获得好处，或受到损失而没有得到补偿。它可分正外部性和负外部性。

若私人成本大于社会成本或私人收益小于社会收益，则称为正外部性；反之则称负外部性，或称诺斯外部性。

外部性效应可能产生于合法的生产过程。外部性效应的产生并不需要经过受影响单位的同意。93SNA没有虚拟其价值。

另外，非法生产也不是指偷窃、挪用、不履行债务等活动的产出，不过，它们造成的非自愿再分配却应当在93SNA的调整账户中给予记录。

9.2　地下经济估测模型——现金比率模型

根据地下经济活动是以大量现金直接结算的特点，1958 年，P·卡甘（P·Cagan）率先采用了现金比率法，当时，他试图估计第二次世界大战期间的未申报收入。1977 年，古特曼（Gutman）利用该方法估计 1976 年美国的地下经济几乎占当年 GDP 的 10%。

此间，现金比率法已经被许多国家用来作为估算本国地下经济规模的基本方法。

一般现金比率模型包括下列条件：

$$C = C_u + C_o \tag{9.1}$$

$$D = D_u + D_o \tag{9.2}$$

$$K_o = C_o/D_o \tag{9.3}$$

$$K_u = C_u/D_u \tag{9.4}$$

$$V_o = Y_o/(C_o + D_o) \tag{9.5}$$

$$V_u = Y_u/(C_u + D_u) \tag{9.6}$$

式中：下标 u 和 o 分别表示地下和地上；

C、C_u 和 C_o 分别表示通货实际持有量、地下和地上通货；

D、D_u 和 D_o 分别表示实际、地下和地上活期存款；

K_u 和 K_o 分别表示地下和地上的通货对活期存款的比率；

V_u 和 V_o 分别表示地下和地上收入周转速度；

Y_u 和 Y_o 分别表示地下和地上经济规模。令 $\beta = V_o/V_u$，则：

$$Y_u = \frac{1}{\beta} Y_o \frac{(K_u + 1)(C - K_o D)}{(K_o + 1)(K_u D - C)} \tag{9.7}$$

为了在估算中尽量避开使用难于搜集到的所有有关地下经济资料，通常要将一般现金比率模型进行如下限制性假设，以便将其转化为可操作性的简单现金比率模型：

［假设 1］在地下经济活动中，现金是唯一的交易媒介，即 $D_u \to 0$，则 $K_u \to \infty$；

［假设 2］ 在正常的公开经济活动中，人们的经济行为没有大的改变，在相当长的一个时期内对现金和活期存款的相对需求稳定在原有比例水平上，即 K_o 不随时间变化；

［假设 3］ 地下经济和地上经济单位货币一元的投入所产生的回报相同，即 $V_u = V_o$，则 $\beta = 1$。

基于以上假设，上述模型就可以转化为：

$$Y_u = Y_o \frac{C - K_o D}{(K_o + 1)D} \tag{9.8}$$

另外，现金比率法对地下经济的估算还必须选准基期年，以确定公开经济中现金对活期存款的比率。

P·卡甘以 1937—1941 年的平均水平为基准期，不是没有道理的。通常，选择地下经济规模最小的个别年份或若干年份为基准期，从而就将这时的 K_o 当成所要估算的各年份的通货比率。

因为在不存在地下经济的基准期，$K_o = C_o/D_o$ 式子中的 C_o 和 D_o 分别近似约等于 C 和 D，所以，此时计算出来的 K_o 应该差不多是接近实际的现金比率。

9.3 现金比率模型的应用

自新中国成立到改革开放初期，我国一直是实行高度的指令性计划经济体制，此间频繁发生政治运动，进行过多次经济调整整顿，对生产资料和金融体制实行严格集中管理，可以认为地下经济活动几乎没有什么市场，不妨可以假定此间的地下经济规模趋近于零，按照美国著名地下经济学家法伊格的观点，在实行所得税之前，对未申报的交易的刺激为零，即不存在未申报经济。

根据现金比率法的要求，若要估算我国 1979—2005 年地下经济规模，则可以选择 1978 年为模型的基准年。

即：

$$K_o = \left(\frac{C_o}{D_o}\right)_{1978} = \left(\frac{C}{D}\right)_{1978} \tag{9.9}$$

第9章 地下经济估测模型及敏感度分析

随着我国改革开放的深入和公开经济的持续发展，我国地下经济活动也逐渐猖獗起来。其交易的表现形式基本上符合该模型假设条件。

为了便于与世界各国的地下经济进行对比，不妨直接采用简单现金比率模型估测我国地下经济规模。不过，在运用这一模型估测时，我国经济要满足下面一组约束条件：

(1) $K_{ot} = K_{o1978}$，$(t = 1979, 1980, \cdots, 2005)$；

(2) $K_u \to \infty$；

(3) $\beta = 1$。

则，简单现金比率模型估测结果见表9-1。

表9-1　　　　简单现金比率模型估测结果表　　　　单位：亿元

年份 t	国内生产总值 $GDP(=Y_o)$	流通中货币 $M_0(=C)$	活期存款 D	通货比率 $K_o(=C/D)$	狭义货币 $M_1(=C+D)$	地下经济金额 Y_u
1978	3645.2	210.0	738.5	0.284360	948.5	—
1979	4062.6	267.7	909.4	0.294370	1177.1	31.663
1980	4545.6	346.2	1097.2	0.315530	1443.4	110.318
1981	4891.6	396.3	1314.5	0.301483	1710.8	65.216
1982	5323.4	439.1	1475.3	0.297634	1914.4	55.019
1983	5962.7	529.8	1652.7	0.320566	2182.5	168.090
1984	7208.1	792.1	2139.5	0.370227	2931.6	481.902
1985	9016.0	987.9	2353.1	0.419829	3341.0	950.972
1986	10275.2	1218.4	3013.8	0.404274	4232.2	959.339
1987	12058.6	1454.5	3494.1	0.416273	4948.6	1238.506
1988	15042.8	2134.0	3851.9	0.554012	5985.9	3158.247
1989	16992.3	2344.0	4038.2	0.580457	6382.2	3917.409
1990	18667.8	2644.0	4306.3	0.613984	6950.7	4790.992
1991	21781.5	3177.8	5455.5	0.582495	8633.3	5056.076
1992	26923.5	4336.0	7395.2	0.586326	11731.5	6329.992
1993	35333.9	5864.7	10415.7	0.563063	16280.4	7667.383
1994	48197.9	7288.6	13252.1	0.549996	20540.7	9968.459
1995	60793.7	7885.3	16101.8	0.489615	23987.1	9720.263

续表

年份 t	国内生产总值 $GDP(=Y_o)$	流通中货币 $M_0(=C)$	活期存款 D	通货比率 $K_o(=C/D)$	狭义货币 $M_1(=C+D)$	地下经济金额 Y_u
1996	71176.6	8802.0	19712.8	0.446512	28514.8	8986.127
1997	78973.0	10177.6	24648.7	0.412906	34826.3	7904.073
1998	84402.3	11204.2	27749.5	0.403762	38953.7	7846.572
1999	89677.1	13455.5	32381.8	0.415527	45837.3	9158.369
2000	99214.6	14652.7	38494.5	0.380644	53147.2	7437.772
2001	109655.2	15688.8	44182.8	0.355088	59871.6	6038.601
2002	120332.7	17278.0	53603.8	0.322328	70881.8	3557.242
2003	135822.8	19746.0	64372.6	0.306745	84118.6	2367.288
2004	159878.3	21468.3	74501.4	0.288160	95969.7	472.988
2005	183084.8	24031.7	83247.1	0.288679	107278.7	615.689

资料来源：（1）国家统计局，《中国统计年鉴（2006）》[M]，中国统计出版社，2006年。
（2）中国人民银行，《中国金融年鉴（2006）》[M]，中国金融出版社，2006年。
说明：有几个年份本表估测的地下经济金额小于表9.1中估测的未入账收入，从而使结果不符合逻辑，这是这两个估测结果所利用的方法的局限性。

9.4 现金比率模型的敏感度分析

依次交替放宽现金比率法的每一个限制性假设，以便考察简单现金比率模型的敏感度。

（1）在一段时间内 K_o 固定不变。以上实证分析是假设估算年份的 K_o 是固定在1978年，即 $K_o = 0.284360$。

其实，只要能独立地得到 Y_u/Y_o 的估计数 α 的任何年份，都可以作为现金比率法的基准年。

假定第 i 年有估计数 α_i，则得到新的基准年的货币比率：

$$K_{0i} = \frac{C_i - \alpha_i D_i}{\alpha_i + D_i}, \quad (i = 1979, 1980, \cdots, 2004) \quad (9.10)$$

从上式可以看出，$K_{0i} < C_i/D_i$，这样使简单现金比率模型中的子项变

大，而母项变小，从而使简单现金比率模型估算的地下经济规模的时间序列 $\{Y_u\}$ 的轨迹整体往上提升偏移。

（2）如果地下经济活动不是百分之百地以现金支付交易额，而是有一定比例的支付是采用支票等结算方式，那么 K_u 就是一个有限数。

假定现金支付占未申报收入的 2/3，则 $K_u \approx 2$；

假定约有 80% 的总未申报收入是用现金支付的，则 $K_u \approx 4$。

若掌握了 K_u 的具体有限的非零值，则利用现金模型同样可以对未申报收入进行估算。

在放松该假设条件后，若用 $K_u \approx 2$ 和 $K_u \approx 4$ 分别代入一般现金比率模型（此时仍然假设 $\beta = 1$），则可以从图 9-1 直观发现，放宽了假设条件的未申报收入的增长远远快于受严格约束条件限制情形下所估算的未申报收入的增长。

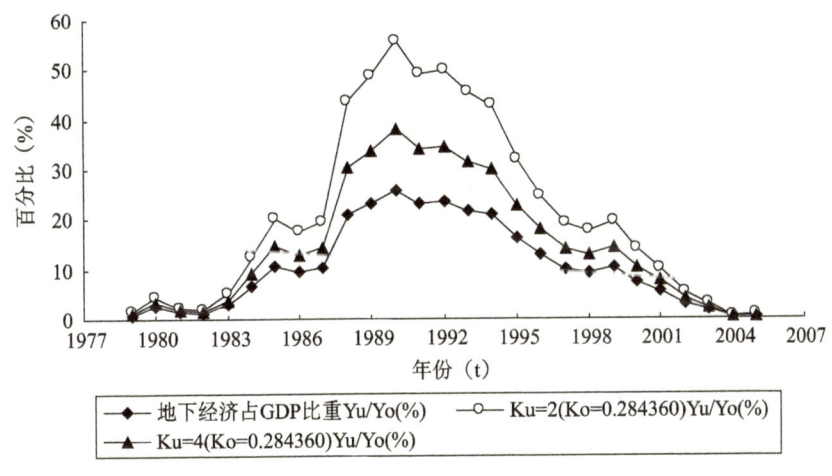

图 9-1　$K_u \to \infty$、4 和 2 时 $\{Y_u/Y_o\}$ 轨迹图

从图 9-1 中可以看出，1983 年以前我国地下经济与 GDP 的比例都很小，主要原因是当时我国还没有完全摆脱高度集权的计划经济模式，地下经济还只是处于幼小的孳生期。只是从 1983 年开始一直到 1985 年，未申报收入与 GDP 的比例才出现了明显地逐年上升。不过，在 1985—1987 年间，该比例处于僵持阶段，这一比例稳定在 10% 水平线上下。自 1988 年起地下经济活动开始出现猖獗的势头，当时一股抢购风潮正在全国刮起，到 1990 年该比例飙升到了最大值，其值为 25.66%。此后，国家加强了宏

观调控,紧缩银根,到1996年全国经济顺利实现了"软着陆"。因而,在这以后的阶段,地下经济相对比例有了大幅度持续下滑。

(3) 如果地下经济多数集中在服务性行业,然而,这一行业要求比较少的中介性交易,则 $V_u > V_o$,即 β 有可能小于1,这样现金比率模型就有可能把未申报收入低估;如果地下经济存在较低的消费倾向,则意味着 β 有可能大于1,这样现金比率模型就有可能把未申报收入高估。

表9-2　　　　　　未申报收入占 GDP 的比例表　　　　　单位:%

年份 t	地下经济与 GDP 比例 Y_u/Y_o	$K_u = 2$ ($K_o = 0.284360$) Y_u/Y_o	$K_u = 4$ ($K_o = 0.284360$) Y_u/Y_o
1978	—	—	—
1979	0.779370	1.370819	1.051602
1980	2.426924	4.322294	3.293451
1981	1.333229	2.354811	1.802383
1982	1.033540	1.821360	1.395784
1983	2.819018	5.035659	3.830778
1984	6.685562	12.306430	9.209339
1985	10.547600	20.024920	14.730580
1986	9.336454	17.552730	12.982710
1987	10.270730	19.455490	14.329680
1988	20.995070	43.558610	30.463070
1989	23.054020	48.721350	33.709210
1990	25.664470	55.550160	37.897740
1991	23.212710	49.127240	33.961480
1992	23.511030	49.893470	34.436550
1993	21.699790	45.304280	31.568510
1994	20.682350	42.790950	29.974390
1995	15.988930	31.760100	22.774410
1996	12.625110	24.380840	17.764400
1997	10.008580	18.918690	13.950820
1998	9.296633	17.472270	12.925500
1999	10.212610	19.336280	14.245620

续表

年份 t	地下经济 与 GDP 比例 Y_u/Y_o	$K_u = 2$ ($K_o = 0.284360$) Y_u/Y_o	$K_u = 4$ ($K_o = 0.284360$) Y_u/Y_o
2000	7.496651	13.888210	10.356330
2001	5.506899	10.043520	7.554228
2002	2.956172	5.286204	4.019081
2003	1.742924	3.088001	2.359604
2004	0.295843	0.518464	0.398512
2005	0.336286	0.589520	0.453055

资料来源：（1）国家统计局，《中国统计年鉴（2006）》[M]，中国统计出版社，2006 年。

（2）中国人民银行，《中国金融年鉴（2006）》[M]，中国金融出版社，2006 年。

9.5 以地下经济调整 GDP

93SNA 将地下经济纳入国民经济核算体系，使我国面对必须着手开始重新调整 GDP 的任务。

从微观上讲，任何地下经济活动都能增加个人收入，然而，从宏观上讲，不是任何形式的地下经济活动都能增加社会总价值量。

进行地下经济核算最关键的问题是，怎样统计地下经济活动，确定其活动总量，进而调整 GDP。

地下经济对 GDP 的影响大致可以分成三类：

1. 地下经济为 GDP 的加项类

这类地下经济活动主要是指缝隙经济活动。所谓缝隙经济活动，它是指在经济缝隙中滋生，游离于现行体制之外运作，自发从事的生产和经营活动。它主要包括第二职业、无证经营、家教、保姆等。

由于这类地下经济活动小规模零散进行，因此给政府统计带来极大不便，目前，GDP 还没有将其纳入其中。然而，它们又确实为社会提供物质产品和劳务产品，增加了 GDP。

2. 地下经济为 GDP 的减项类

这类地下经济活动主要是指犯罪经济活动，它主要包括生产和销售假冒伪劣产品、走私、贩毒等。

由于这类地下经济活动对社会具有很大的破坏性，冲击民族工业发展，因此，它们所带来的"成果"还不足以补偿其浪费的资源和给社会造成的危害，在一定程度上可以说该类地下经济活动是使 GDP 减少。

3. 地下经济对 GDP 的不影响类

这类地下经济活动主要是指黑市交易活动，它主要包括寻租、贪污盗窃、挪用和不履行债务等。

实质上，这类地下经济活动只是收入的再分配，它是财富在部门和个人之间的转移，因而，它们不能构成 GDP 的增减项，它们造成的非自愿再分配却应当在 93SNA 的调整账户中给予记录。

9.6 依据漏算了地下经济的 GDP 数据将会误导政府经济决策

依据漏算了地下经济的 GDP 进行国民经济决策，必定会影响政府决策的正确性。为此，正确核算 GDP，将有助于使各级政府正确地作出经济决策，从而使经济安全、平稳地运行。

按照 50SNA（即 System of National Accounts in 1950，1950 年的国民核算体系）和 68SNA 的核算合法性原则，非法但实际上发生了收入和支出的经济活动是排除在国民账户之外。

尽管地下经济是隐蔽形式进行的，但是，地下经济的物质产品和服务产品总是要进行买卖经济交易行为的，并且，地下经济活动的所得通常又是以支出的方式公开地反映出来，可见，地下经济往往导致国民核算账户中的收入和支出不平衡。

利用支出法计算出来的 GDP（=总消费+总投资+净出口），一般会大于利用收入法计算出来的 GDP（＝固定资产折旧＋劳动者报酬＋生产税净额＋营业盈余），也会大于利用生产法计算出来的 GDP（＝总产出－中间消耗＝各部门增加值之和）。

从理论上讲，这三种方法计算出的 GDP 应当三面等值，然而，由于资料来源不同，实际上这三个结果往往会存在差异。这种误差可以笼统地称为统计误差，其实，更确切地说是漏算了地下经济所造成的。

尽管地上公开经济统计固然存在登记性误差，但是，这三种方法计算的结果中登记性误差都是或多或少存在的，将这三种方法计算得到的 GDP 两两相减，其差值几乎可以认为是已经将登记性误差抵消了。显然，国民核算账户中的收入和支出不平衡的缺口基本上可以直接作为地下经济规模的估算值。

一般来说，利用支出法计算出来的 GDP 会比利用生产法和收入法计算出来的 GDP 更可靠一些。从理论上讲，支出法算得的 GDP 与生产法或收入法算得的 GDP 之间的差额可以作为地下经济的收入额。

这两种方法计算得到的 GDP 存在差异。毫无疑问，这主要是由于在国民经济核算中把地下经济的合法生产和非法生产排除在外的结果。

按照地下经济隐蔽性的特点，不妨可以这样断言，地下经济几乎是不向政府申报收入的。换而言之，国民经济账户的收入方没有反映地下经济的收入，显然，以收入法计算的 GDP 当然就是低估了。

不过，地下经济从业者为了维持其生产和生活，同样要消费支出，要投资积累，甚至还要进行合法的进出口和非法的走私。因而，国民经济账户的使用方事实上已经反映了地下经济的绝大部分支出。因而，采用支出法计算得到的 GDP 会相对偏大，会更接近 GDP 的真实值。

当然，还会有诸如登记性误差等因素影响着国民核算账户的收入方和支出方，只不过这些因素影响相对地下经济来说偏小。

另外，这三种方法所使用的资料都不同程度地存在或多或少的登记性误差，在求其差额时基本上可以将这一误差抵消。

根据国民经济核算综合平衡原则［钱氏定理］："生产范围划在哪里，GDP 就算到哪里，中间消耗和最终使用也算到哪里，初次分配和再分配、原始收入和派生收入就在哪里分界"（钱伯海，1992）。

拓展阅读

钱伯海（1928—2004），1928年生于江苏泰兴，1951年复旦大学统计系毕业，被王亚南校长骋任到厦门大学执教，国内最早一批统计学博士生导师，文科资深教授。担任经济学院院长、计划统计系主任、国务院学位委员会第二、三届经济学科评议组成员、中国统计学会第一、二届副会长。被誉为中国的斯通（John·Richard·Nicolas·Stone，全名：约翰·理查德·尼古拉斯·斯通，1913—1991年，在国民账户体系发展上作出了奠基性贡献，被誉为"国民经济统计之父"。1984年，第16届诺贝尔经济学奖单独授予剑桥大学博士、经济学荣休教授理查德·斯通)、中国的"国民经济核算之父"。1984年，国务院成立国民经济统一核算标准领导小组，李鹏总理任领导小组组长，钱伯海教授任总体规划组组长，负责我国新国民核算体系方案设计和试点。提出了被称之为"钱氏定理"的国民经济核算平衡原则，1992年8月，在国务院批准的我国新国民经济核算体系方案中，写进并运用了这个定理。不唯书，不唯上，践行调查探究。首先，钱教授对市县级国民经济核算体系方案进行设计，带领学生研究团队到同安县（现厦门市同安区）调查和试验性核算，然后，将验证成功的县级国民经济核算体系方案推广至全国。驻扎同安三个月，钱教授没有回过一趟家。钱先生对我国国民经济（GDP）核算体系的设计和建立作出了不可磨灭的奠基性贡献。被英国剑桥国际传记中心列为"20世纪有成就的世界名人"；被美国传记协会列入《世界500名有影响的领导和学术带头人》名录，并荣获奖章。出版专著和全国统编教材30余部，发表论文100多篇，累计1200万字以上。论著3项获国家级奖、13项获部、省级奖。亲手创建国民经济学、企业经济学、国民经济统计学、企业经济统计学四门新学科，并出版了专著和全国统编教材。后期，借助自身学贯中西的国民经济核算体系集大成理论，钱先生开启了马克思劳动价值论的艰苦卓绝地探索，并脱颖而出，取得了令人耳目一新的开创性硕果，创建了完整的理论与方法体系，1999年，独著《经济学新论》出版。钱先生惜时如金，常挂在他嘴边的话："牛耕田会老，闲着也会老"。尽管耕田、闲着都会老，但是，耕田有收成，闲着会坐吃山空。2004年1月19日，著名经济学家、一代统计学泰斗钱伯海先生溘然长逝。

国民经济统计之父
——理查德·斯通

国民经济核算之父
——钱伯海

"钱氏定理"创立者
——钱伯海

钱伯海先生的文集

若来源方记了地下经济的生产，则使用方必须记地下经济的支出。借贷双方做到有收有支，收支相等；项目对应、不重不漏。

不过，由于地下经济活动十分隐蔽，倘若要在国民经济账户中直接记录地下经济生产、收入和支出的各个细科目几乎是办不到的，这样做缺乏可操作性，因此，只能通过以上方法间接估算，大致估计出地下经济的规模值。若将地下经济规模值直接加到 GDP 中，便得到包括地下经济在内的全社会 GDP。

至于收入与支出差异法估算的地下经济的支出额，实际上要比地下经济实际支出值低得多，一般很少直接把它用来作为 GDP 的调整项。

非法生产和交易所获得收入同合法生产和交易所获得收入一样，都会增加生产者和交易者的金融资产。非法生产和交易的收入可能完全合法地花掉，相反，用于非法货物和服务上的支出却可能使用合法获得的资金。可见，用于购买非法生产的货物和服务的支出同用于购买合法生产的货物和服务的支出一样会减少购买者的金融资产。

不记录这些非法生产和交易，对于生产者来说，不能反映非法生产获得的收入所引起的金融资产的增加；对于购买者来说，则不能反映其购买非法生产的货物和服务的支出所引起的金融资产的减少，从而，势必会使非法生产者和交易者，非法生产的货物和服务的购买者，及其所对应的机构部门的金融账户和对外交易账户产生较大偏差。

有一些活动虽为非法但在经济意义上却属于生产性的，比如，制毒贩毒、走私形式的非法运输（往往是一种自给性非法生产的形式）和卖淫色情服务，等等。

9.7 结束语

无论怎样进行道德评价，地下经济已经成为我们经济生活中一个不可忽视的组成部分，这是尽人皆知的事实。尽管地下经济是隐蔽运作的，但是，它却是"高效率"的，在一定程度上，它可以充当社会制度和经济体制缺陷的"指示器"，可以作为对付由税收和管制所带来的低效率的缓冲措施。

然而，由于地下经济严重破坏了社会资源合理配置原则，大量资源流入所谓高效率的地下经济中，从而导致正常经济低效率或负效率，直接危及国家经济安全、平稳、有序地运行。

地下经济的规模与高税率、合法部门的低增长、高失业率、通货膨胀有正相关关系。

在一定程度上说，高税率会导致大量偷逃税行为，地下经济会变得更为猖獗，从而税收反而会更少。

在地下经济日益猖獗的时期，不但要关注总供给与总需求的关系，而且还要注意判明地下经济与地上经济的关系，只有这样才能使我们避免在理论分析上误入歧途。

目前，虽然我国地下经济对GDP的相对比例有大幅下降，但是，其绝对数额即其规模仍然偏大，这不能不引起我国政府的高度警觉。

为了国家经济安全和政府有效地对宏观经济进行监管，使我国国民经济核算体系尽快与国际完全接轨，在理论上，率先论证地下经济纳入我国国民经济核算体系的可行性和必要性，这是很有裨益的。

可以预言，我国政府将开展地下经济核算只是一个时间问题，这是迟早要做的事。

进一步修正我国新国民经济核算体系，调整国内生产总值（GDP），确保国家经济安全。这一研究成果将为我国今后正式将地下经济活动纳入国民核算之中做好理论和方法铺垫，进而使我国国民核算与国际完全接轨。

毋庸置疑，地下经济与地上经济（即公开经济）在未来相当长时期内将会共存下去，这就要求我们始终清醒地正视这一事实。防微杜渐，保持高度警惕，做好与地下经济打一场持久战和歼灭战的思想和心理准备。

目前，在我国政府只统计公开经济不统计地下经济的形势下，每当我们在进行宏观经济和微观经济决策时，都要注意考虑地下经济这一关键因素对国民经济安全的影响。

只有依据正确的统计数据信息进行经济决策，才能使我国国民经济处在安全的警戒线内可持续地发展。

充分认识和有效监管地下经济，从而使国家经济运行安全有序。

附录 统计分布表

一、R. A. Fisher 随机数表

```
03 47 48 73 86    36 96 47 36 61    46 93 63 71 62    33 26 16 80 45    60 11 14 10 95
97 74 24 67 62    42 81 14 57 20    42 53 32 37 32    27 07 36 07 51    24 51 79 89 73
16 76 62 27 66    56 50 26 71 07    32 90 79 78 53    13 55 38 58 59    88 97 51 14 10
12 56 85 99 26    96 96 68 27 31    05 03 72 93 15    57 12 10 14 21    88 26 49 81 76
55 59 56 35 64    38 54 82 46 22    31 62 43 09 90    06 18 44 32 53    23 83 01 30 30

16 22 77 94 39    49 54 43 54 82    17 37 93 23 78    87 35 20 96 43    34 26 34 91 64
84 42 17 53 31    57 24 55 06 88    77 04 74 47 67    21 76 33 50 25    83 92 12 06 76
63 01 63 78 59    16 95 55 67 19    98 10 50 71 75    12 96 73 58 07    44 39 52 38 79
33 22 12 34 29    78 64 56 07 82    52 42 07 44 38    15 51 00 13 42    99 66 02
57 60 86 32 44    09 47 27 96 54    49 17 46 09 62    90 52 84 77 27    08 02 73 43 28

18 18 07 92 45    44 17 16 58 09    79 83 86 19 62    06 76 50 03 10    55 23 41 05 05
26 62 38 97 75    84 16 07 44 99    83 11 46 32 24    20 14 85 88 45    10 93 72 88 71
23 42 40 64 74    82 97 77 77 81    07 45 32 14 08    32 98 94 07 72    93 85 79 10 75
52 36 28 19 95    50 92 26 11 97    00 56 76 31 33    80 22 02 53 53    86 60 42 04 53
37 85 94 35 12    83 39 50 08 30    42 34 07 96 88    54 42 06 87 93    35 85 29 84 39

70 29 17 12 13    40 33 20 33 23    13 89 51 03 74    17 76 37 13 04    07 74 21 19 30
56 62 18 37 35    96 83 50 87 75    97 12 25 93 47    70 33 24 03 54    97 77 46 44 80
99 49 57 22 77    88 42 95 45 72    16 64 36 16 00    04 43 18 66 79    94 77 24 21 90
16 08 15 04 72    33 27 14 34 09    45 59 34 68 49    12 72 07 34 45    99 27 72 95 14
31 16 93 32 43    50 27 89 87 19    20 15 37 00 49    52 85 66 60 44    38 68 88 11 80
```

68 34 30 13 70	55 74 30 77 40	44 22 78 87 23	04 33 46 09 52	68 07 97 06 57
74 57 25 65 76	59 29 97 68 60	71 91 38 67 54	13 58 18 24 76	15 54 55 95 52
27 42 37 86 53	48 55 90 65 72	96 57 69 36 10	96 46 92 42 45	97 60 49 04 91
00 39 68 29 61	66 37 32 20 30	77 84 57 03 29	10 45 65 04 26	11 04 96 67 24
29 94 98 94 24	48 49 69 10 82	53 75 91 93 30	34 25 20 57 27	40 48 73 51 92
16 90 32 66 59	83 62 64 11 12	67 19 00 71 74	60 47 21 29 68	02 02 37 03 31
11 27 94 75 06	06 09 19 74 66	02 94 37 34 02	76 70 90 30 86	38 45 94 30 38
35 24 10 16 20	33 32 51 26 38	79 78 45 04 91	16 92 53 56 16	02 75 50 95 98
33 23 16 86 38	42 38 97 01 50	87 75 66 81 41	40 01 74 91 62	43 51 34 08 32
31 96 25 91 47	96 44 33 49 13	34 86 82 53 91	00 52 43 48 85	27 55 26 89 62
86 67 40 67 14	64 05 71 95 86	11 05 65 09 68	76 83 20 37 90	57 16 00 11 66
14 90 34 45 11	75 73 88 05 90	52 27 41 14 86	22 98 12 22 08	07 52 74 95 80
68 05 51 18 00	33 96 02 75 19	07 60 62 93 55	59 33 82 43 90	49 37 38 44 59
20 46 78 73 90	97 51 40 14 02	04 02 33 31 08	39 54 16 49 36	47 95 95 13 30
64 19 58 97 79	15 03 15 93 20	01 90 10 75 06	40 78 78 89 62	02 67 74 17 33
05 26 93 70 60	22 35 85 15 13	92 03 51 59 77	59 56 78 06 83	52 91 05 70 74
07 97 10 88 23	09 98 42 99 64	61 71 62 99 15	06 51 29 16 93	58 05 77 09 51
68 71 86 85 85	54 87 66 47 54	73 32 08 11 12	44 95 92 63 16	29 58 24 29 48
26 99 61 65 53	58 37 78 80 78	42 10 50 67 42	32 17 55 85 74	94 44 67 45 94
14 65 52 68 75	87 59 36 22 41	26 78 63 06 55	13 08 27 01 50	15 29 39 39 43
17 53 77 58 71	71 41 61 50 72	12 41 94 96 26	44 95 27 36 99	02 96 74 30 83
90 26 59 21 19	23 52 23 33 12	96 93 02 18 39	07 02 18 36 07	25 99 32 70 23
41 23 52 55 99	32 04 49 69 96	10 47 48 45 88	13 41 43 89 20	97 17 14 49 17
60 20 50 81 69	31 99 76 68 68	35 81 33 03 76	24 30 12 48 60	18 99 10 72 34
91 25 38 05 90	94 58 28 41 36	45 37 59 03 09	90 35 57 29 12	82 62 54 65 60
34 50 57 74 37	98 80 33 00 91	09 77 93 19 82	74 94 80 04 04	45 07 31 66 49
85 22 04 39 43	73 81 53 94 79	33 62 46 86 28	72 89 44 05 60	35 80 39 94 88
09 79 13 77 48	73 82 97 22 21	05 03 27 24 83	72 89 44 05 60	35 80 39 94 88
88 75 80 18 14	22 95 75 42 49	39 32 82 22 49	02 48 07 70 37	16 04 61 67 87
90 96 23 70 00	39 00 08 06 90	55 85 78 38 33	94 37 30 69 32	90 89 00 76 33

附录 统计分布表

53 74 23 99 67	61 32 28 69 84	94 62 67 86 24	98 33 41 19 95	47 53 53 38 09
63 38 06 86 54	99 00 65 26 94	02 82 90 23 07	79 62 67 80 60	75 91 12 81 19
35 30 53 21 46	06 72 17 10 91	25 21 31 75 96	49 28 24 00 49	55 65 79 78 07
63 43 36 82 69	65 51 18 37 88	61 38 44 12 45	32 92 85 88 65	54 34 81 85 35
98 25 37 55 26	01 91 82 81 46	74 71 12 94 97	24 02 71 37 07	03 92 13 66 75
02 63 21 17 69	71 50 80 89 56	38 15 70 11 48	43 40 45 86 98	00 83 26 91 03
64 55 22 21 82	48 22 28 06 00	61 54 13 43 91	82 78 12 23 29	06 66 24 12 27
85 07 26 13 89	01 10 07 82 04	59 63 69 36 03	69 11 15 83 80	13 29 54 19 28
58 54 16 24 15	51 54 44 82 00	62 61 65 04 69	38 18 65 18 97	85 72 13 49 21
34 85 27 84 87	61 48 64 56 26	90 18 48 13 26	37 70 15 42 57	65 65 80 39 07
03 92 18 27 46	57 99 16 96 56	30 33 72 85 22	84 64 38 58 98	99 01 30 98 64
62 93 30 27 59	37 75 41 66 48	86 97 80 61 45	23 53 04 01 63	45 76 08 64 27
08 45 93 15 22	60 21 75 46 91	93 77 27 85 42	23 88 61 08 84	69 62 03 42 73
07 08 55 18 40	45 44 75 13 90	24 94 96 61 02	57 55 66 83 15	73 42 37 11 61
01 85 89 95 66	51 10 19 34 88	15 84 97 19 75	12 76 39 43 78	64 63 91 08 25
72 84 71 14 35	19 11 58 49 26	50 11 17 17 76	86 31 57 20 18	95 60 78 46 75
88 78 28 16 84	13 52 53 94 53	75 45 69 30 96	73 89 65 70 31	99 17 43 48 76
45 17 75 65 57	23 40 19 72 12	25 12 74 75 67	60 40 60 81 19	24 62 01 61 16
96 76 28 12 54	22 01 11 94 25	71 96 16 16 83	68 64 36 74 45	19 59 50 88 92
43 31 67 72 30	24 02 94 03 63	38 32 36 66 02	69 36 38 25 39	48 03 45 15 22
50 44 66 44 21	66 06 58 05 62	68 15 54 35 02	42 35 48 96 32	14 52 41 52 48
22 66 22 15 86	26 63 75 41 99	58 42 36 72 24	58 37 52 18 51	03 37 18 39 11
96 24 40 14 51	23 22 60 89 57	95 67 47 29 83	94 69 40 06 07	18 16 36 78 86
31 73 91 61 19	60 20 72 93 48	98 57 07 23 69	65 95 39 69 58	56 80 30 19 44
78 60 73 99 84	43 89 94 36 45	56 69 47 07 41	90 22 91 07 12	78 35 34 08 72
84 37 90 61 56	70 10 23 98 05	85 11 34 76 60	76 48 45 34 60	01 64 18 39 96
36 67 10 08 23	98 93 35 08 86	99 29 76 29 81	33 34 91 58 93	63 14 52 32 52
07 28 59 07 48	98 64 58 89 75	83 85 62 27 89	30 14 78 56 27	86 63 59 80 02
10 15 83 87 60	79 24 31 66 56	21 48 24 06 93	91 98 94 05 49	01 47 59 38 00
55 19 68 97 65	03 73 52 16 56	00 53 55 90 27	33 42 29 38 87	22 13 88 83 34

53 81 29 13 39	35 01 20 71 34	62 33 74 82 14	53 73 19 09 03	56 54 29 56 93
51 86 32 68 92	33 93 74 66 99	40 14 71 94 58	45 94 19 38 81	14 44 99 81 07
35 91 70 29 13	80 03 54 07 27	96 94 78 32 66	50 95 52 74 33	13 80 55 62 54
37 71 67 95 13	20 02 44 95 94	64 85 04 05 72	01 32 90 76 14	53 89 74 60 41
93 66 13 83 27	92 79 64 64 72	28 54 96 53 84	48 14 52 98 94	56 07 93 89 30
02 96 08 45 65	13 05 00 41 84	93 07 54 72 59	21 45 57 09 77	19 48 56 27 44
49 83 43 48 35	82 88 33 69 96	72 36 04 19 76	47 45 15 18 60	82 11 08 95 97
84 60 71 62 46	40 80 81 30 37	34 39 23 05 38	25 15 35 71 30	88 12 57 21 77
18 17 30 88 71	44 91 14 88 47	89 23 30 63 15	56 34 20 47 89	99 82 93 24 93
79 69 10 61 78	71 32 76 95 62	87 00 22 58 40	92 54 01 75 25	43 11 71 99 31
75 93 36 57 83	56 20 14 82 11	74 21 97 90 65	96 42 68 63 86	74 54 13 26 94
38 30 92 29 03	06 28 81 39 38	62 26 06 84 63	61 29 08 93 67	04 32 92 08 09
51 29 50 10 34	31 57 75 95 80	51 97 02 74 77	76 15 48 49 44	18 55 64 77 09
21 31 38 86 24	37 79 81 53 74	73 24 16 10 33	52 83 90 94 76	70 47 14 54 36
29 01 23 87 88	58 02 39 37 67	42 10 14 20 92	16 55 23 42 45	54 96 09 11 06
95 33 95 22 00	18 74 72 00 18	38 79 58 69 32	81 76 80 26 92	82 80 84 25 39
90 84 60 79 80	24 36 59 87 38	82 07 53 89 35	96 35 23 79 18	05 98 90 07 35
46 40 62 93 82	54 97 20 56 95	15 74 80 08 32	16 46 70 50 80	67 72 16 42 79
20 31 89 03 43	38 46 82 68 72	32 14 82 99 70	80 60 47 18 97	63 49 30 21 30
71 59 73 05 50	08 22 23 71 77	91 01 93 20 49	82 96 59 26 94	66 39 67 98 60

二、标准正态分布表

$$\Phi(x) = \int_{-\infty}^{x} \frac{1}{\sqrt{2\pi}} e^{-\frac{t^2}{2}} dt$$

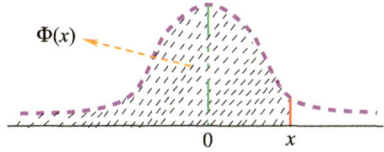

x	0.00	0.01	0.02	0.03	0.04
0.0	0.500000	0.503989	0.507978	0.511966	0.515953
0.1	0.539828	0.543795	0.547758	0.551717	0.555670
0.2	0.579260	0.583166	0.587064	0.590954	0.594835
0.3	0.617911	0.621720	0.625516	0.629300	0.633072
0.4	0.655422	0.659097	0.662757	0.666402	0.670031
0.5	0.691462	0.694974	0.698468	0.701944	0.705401
0.6	0.725747	0.729069	0.732371	0.735653	0.738914
0.7	0.758036	0.761148	0.764238	0.767305	0.770350
0.8	0.788145	0.791030	0.793892	0.796731	0.799546
0.9	0.815940	0.818589	0.821214	0.823814	0.826391
1.0	0.841345	0.843752	0.846136	0.848495	0.850830
1.1	0.864334	0.866500	0.868643	0.870762	0.872857
1.2	0.884930	0.886861	0.888768	0.890651	0.892512
1.3	0.903200	0.904902	0.906582	0.908241	0.909877
1.4	0.919243	0.920730	0.922196	0.923641	0.925066
1.5	0.933193	0.934478	0.935745	0.936992	0.938220
1.6	0.945201	0.946301	0.947384	0.948449	0.949497
1.7	0.955435	0.956367	0.957284	0.958185	0.959070
1.8	0.964070	0.964852	0.965620	0.966375	0.967116
1.9	0.971283	0.971933	0.972571	0.973197	0.973810

续表

x	0.00	0.01	0.02	0.03	0.04
2.0	0.977250	0.977784	0.978308	0.978822	0.979325
2.1	0.982136	0.982571	0.982997	0.983414	0.983823
2.2	0.986097	0.986447	0.986791	0.987126	0.987455
2.3	0.989276	0.989556	0.989830	0.990097	0.990358
2.4	0.991802	0.992024	0.992240	0.992451	0.992656
2.5	0.993790	0.993963	0.994132	0.994297	0.994457
2.6	0.995339	0.995473	0.995604	0.995731	0.995855
2.7	0.996533	0.996636	0.996736	0.996833	0.996928
2.8	0.997445	0.997523	0.997599	0.997673	0.997744
2.9	0.998134	0.998193	0.998250	0.998305	0.998359
3.0	0.998650	0.998694	0.998736	0.998777	0.998817
3.1	0.999032	0.999065	0.999096	0.999126	0.999155
3.2	0.999313	0.999336	0.999359	0.999381	0.999402
3.3	0.999517	0.999534	0.999550	0.999566	0.999581
3.4	0.999663	0.999675	0.999687	0.999698	0.999709
3.5	0.999767	0.999776	0.999784	0.999792	0.999800
3.6	0.999841	0.999847	0.999853	0.999858	0.999864
3.7	0.999892	0.999896	0.999900	0.999904	0.999908
3.8	0.999928	0.999931	0.999933	0.999936	0.999938
3.9	0.999952	0.999954	0.999956	0.999958	0.999959
4.0	0.999968	0.999970	0.999971	0.999972	0.999973
4.1	0.999979	0.999980	0.999981	0.999982	0.999983
4.2	0.999987	0.999987	0.999988	0.999988	0.999989
4.3	0.999991	0.999992	0.999992	0.999930	0.999993
4.4	0.999995	0.999995	0.999995	0.999995	0.999996
4.5	0.999997	0.999997	0.999997	0.999997	0.999997
4.6	0.999998	0.999998	0.999998	0.999998	0.999998
4.7	0.999999	0.999999	0.999999	0.999999	0.999999
4.8	0.999999	0.999999	0.999999	0.999999	0.999999
4.9	1.000000	1.000000	1.000000	1.000000	1.000000

续表

x	0.05	0.06	0.07	0.08	0.09
0.0	0.519939	0.523922	0.527903	0.531881	0.535856
0.1	0.559618	0.563559	0.567495	0.571424	0.575345
0.2	0.598706	0.602568	0.606420	0.610261	0.614092
0.3	0.636831	0.640576	0.644309	0.648027	0.651732
0.4	0.673645	0.677242	0.680822	0.684386	0.687933
0.5	0.708840	0.712260	0.715661	0.719043	0.722405
0.6	0.742154	0.745373	0.748571	0.751748	0.754903
0.7	0.773373	0.776373	0.779350	0.782305	0.785236
0.8	0.802337	0.805105	0.807850	0.810570	0.813267
0.9	0.828944	0.831472	0.833977	0.836457	0.838913
1.0	0.853141	0.855428	0.857690	0.859929	0.862143
1.1	0.874928	0.876976	0.879000	0.881000	0.882977
1.2	0.894350	0.896165	0.897958	0.899727	0.901475
1.3	0.911492	0.913085	0.914657	0.916207	0.917736
1.4	0.926471	0.927855	0.929219	0.930563	0.931888
1.5	0.939429	0.940620	0.941792	0.942947	0.944083
1.6	0.950529	0.951543	0.952540	0.953521	0.954486
1.7	0.959941	0.960796	0.961636	0.962462	0.963273
1.8	0.967843	0.968557	0.969258	0.969946	0.970621
1.9	0.974412	0.975002	0.975581	0.976148	0.976705
2.0	0.979818	0.980301	0.980774	0.981237	0.981691
2.1	0.984222	0.984614	0.984997	0.985371	0.985738
2.2	0.987776	0.988089	0.988396	0.988696	0.988989
2.3	0.990613	0.990863	0.991106	0.991344	0.991576
2.4	0.992857	0.993053	0.993244	0.993431	0.993613

续表

x	0.05	0.06	0.07	0.08	0.09
2.5	0.994614	0.994766	0.994915	0.995060	0.995201
2.6	0.995975	0.996093	0.996207	0.996319	0.996427
2.7	0.997020	0.997110	0.997197	0.997282	0.997365
2.8	0.997814	0.997882	0.997948	0.998012	0.998074
2.9	0.998411	0.998462	0.998511	0.998559	0.998605
3.0	0.998856	0.998893	0.998930	0.998965	0.998999
3.1	0.999184	0.999211	0.999238	0.999264	0.999289
3.2	0.999423	0.999443	0.999462	0.999481	0.999499
3.3	0.999596	0.999610	0.999624	0.999638	0.999651
3.4	0.999720	0.999730	0.999740	0.999749	0.999758
3.5	0.999807	0.999815	0.999822	0.999828	0.999885
3.6	0.999869	0.999874	0.999879	0.999883	0.999880
3.7	0.999912	0.999915	0.999918	0.999922	0.999926
3.8	0.999941	0.999943	0.999946	0.999948	0.999950
3.9	0.999961	0.999963	0.999964	0.999966	0.999967
4.0	0.999974	0.999975	0.999976	0.999977	0.999978
4.1	0.999983	0.999984	0.999985	0.999985	0.999986
4.2	0.999989	0.999990	0.999990	0.999991	0.999991
4.3	0.999993	0.999993	0.999994	0.999994	0.999994
4.4	0.999996	0.999996	1.000000	0.999996	0.999996
4.5	0.999997	0.999997	0.999998	0.999998	0.999998
4.6	0.999998	0.999998	0.999998	0.999999	0.999999
4.7	0.999999	0.999999	0.999999	0.999999	0.999999
4.8	0.999999	0.999999	0.999999	0.999999	0.999999
4.9	1.000000	1.000000	1.000000	1.000000	1.000000

注：本表对于 x 给出正态分布函数 $\Phi(x)$ 的数值。

例：对于 $x=2.95$，$\Phi(x)=0.998411$

三、正态分布分位数表

$$z_p : \int_{-\infty}^{x} \frac{1}{\sqrt{2\pi}} e^{-\frac{t^2}{2}} dt = p$$

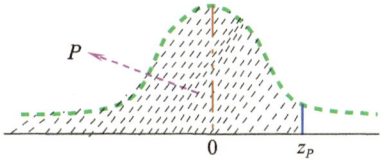

p	0.000	0.001	0.002	0.003	0.004
0.50	0.000000000	0.002507	0.005013	0.007520	0.010027
0.51	0.025068908	0.027576	0.030084	0.032592	0.035100
0.52	0.050153583	0.052664	0.055174	0.057684	0.060195
0.53	0.075269862	0.077784	0.080298	0.082813	0.085329
0.54	0.100433721	0.102953	0.105474	0.107995	0.110516
0.55	0.125661347	0.128188	0.130716	0.133245	0.135774
0.56	0.150969215	0.153505	0.156042	0.158580	0.161119
0.57	0.176374165	0.178921	0.181468	0.184017	0.186567
0.58	0.201893479	0.204452	0.207013	0.209574	0.212137
0.59	0.227544977	0.230118	0.232693	0.235269	0.237847
0.60	0.253347103	0.255936	0.258527	0.261120	0.263714
0.61	0.279319034	0.281926	0.284536	0.287147	0.289760
0.62	0.305480788	0.308108	0.310738	0.313369	0.316003
0.63	0.331853346	0.334503	0.337155	0.339809	0.342466
0.64	0.358458793	0.361133	0.363810	0.366489	0.369171
0.65	0.385320466	0.388022	0.390726	0.393433	0.396142
0.66	0.412463129	0.415194	0.417928	0.420665	0.423405
0.67	0.439913166	0.442676	0.445443	0.448212	0.450985
0.68	0.467698799	0.470497	0.473299	0.476104	0.478914
0.69	0.495850347	0.498687	0.501527	0.504372	0.507221
0.70	0.524400513	0.527279	0.530161	0.533049	0.535940
0.71	0.553384720	0.556308	0.559237	0.562170	0.565108
0.72	0.582841507	0.585815	0.588793	0.591777	0.594766
0.73	0.612812991	0.615840	0.618873	0.621912	0.624956
0.74	0.643345405	0.646431	0.649524	0.652622	0.655727
0.75	0.674489750	0.677640	0.680797	0.683961	0.687131
0.76	0.706302563	0.709523	0.712751	0.715986	0.719229
0.77	0.738846849	0.742144	0.745450	0.748763	0.752085
0.78	0.772193214	0.775575	0.778966	0.782365	0.785774
0.79	0.806421247	0.809896	0.813380	0.816875	0.820379
0.8	0.841621234	0.845199	0.848787	0.852386	0.855996
0.81	0.877896295	0.881587	0.885290	0.889006	0.892733
0.82	0.915365088	0.919183	0.923014	0.926859	0.930717
0.83	0.954165253	0.958124	0.962099	0.966088	0.970093
0.84	0.994457883	0.998576	1.002712	1.006864	1.011034

续表

p	0.005	0.006	0.007	0.008	0.009
0.50	0.012533	0.015040	0.017547	0.020054	0.022562
0.51	0.037608	0.040117	0.042626	0.045135	0.047644
0.52	0.062707	0.065219	0.067731	0.070243	0.072756
0.53	0.087845	0.090361	0.092879	0.095396	0.097915
0.54	0.113039	0.115562	0.118085	0.120610	0.123135
0.55	0.138304	0.140835	0.143367	0.145900	0.148434
0.56	0.163658	0.166199	0.168741	0.171285	0.173829
0.57	0.189118	0.191671	0.194225	0.196780	0.199336
0.58	0.214702	0.217267	0.219835	0.222403	0.224973
0.59	0.240426	0.243007	0.245590	0.248174	0.250760
0.60	0.266311	0.268909	0.271508	0.274110	0.276714
0.61	0.292375	0.294992	0.297611	0.300232	0.302855
0.62	0.318639	0.321278	0.323918	0.326561	0.329206
0.63	0.345126	0.347787	0.350451	0.353118	0.355787
0.64	0.371856	0.374543	0.377234	0.379926	0.382622
0.65	0.398855	0.401571	0.404289	0.407011	0.409735
0.66	0.426148	0.428895	0.431644	0.434397	0.437154
0.67	0.453762	0.456542	0.459326	0.462113	0.464904
0.68	0.481727	0.484544	0.487365	0.490189	0.493018
0.69	0.510073	0.512930	0.515792	0.518657	0.521527
0.70	0.538836	0.541737	0.544642	0.547551	0.550466
0.71	0.568051	0.570999	0.573952	0.576910	0.579873
0.72	0.597760	0.600760	0.603765	0.606775	0.609791
0.73	0.628006	0.631062	0.634124	0.637192	0.640266
0.74	0.658838	0.661955	0.665079	0.668209	0.671346
0.75	0.690309	0.693493	0.696685	0.699884	0.703089
0.76	0.722479	0.725737	0.729003	0.732276	0.735558
0.77	0.755415	0.758754	0.762101	0.765456	0.768820
0.78	0.789192	0.792619	0.796055	0.799501	0.802956
0.79	0.823894	0.827418	0.830953	0.834499	0.838055
0.80	0.859617	0.863250	0.866894	0.870550	0.874217
0.81	0.896473	0.900226	0.903991	0.907770	0.911561
0.82	0.934589	0.938476	0.942376	0.946291	0.950221
0.83	0.974114	0.978150	0.982203	0.986271	0.990356
0.84	1.015222	1.019428	1.023651	1.027893	1.032154

续表

p	0.000	0.001	0.002	0.003	0.004
0.85	1.036433389	1.040732	1.045050	1.049387	1.053744
0.86	1.080319341	1.084823	1.089349	1.093897	1.098468
0.87	1.126391129	1.131131	1.135896	1.140687	1.145505
0.88	1.174986792	1.180001	1.185044	1.190118	1.195223
0.89	1.226528120	1.231864	1.237235	1.242641	1.248085
0.90	1.281551566	1.287271	1.293032	1.298837	1.304685
0.91	1.340755034	1.346939	1.353174	1.359463	1.365806
0.92	1.405071560	1.411830	1.418654	1.425544	1.432503
0.93	1.475791028	1.483280	1.490853	1.498513	1.506262
0.94	1.554773595	1.563224	1.571787	1.580467	1.589268
0.95	1.644853627	1.654628	1.664563	1.674665	1.684941
0.96	1.750686071	1.762410	1.774382	1.786613	1.799118
0.97	1.880793608	1.895698	1.911036	1.926837	1.943134
0.98	2.053748911	2.074855	2.096927	2.120072	2.144411
0.99	2.326347874	2.365618	2.408916	2.457263	2.512144

续表

p	0.005	0.006	0.007	0.008	0.009
0.85	1.058122	1.062519	1.066938	1.071377	1.075837
0.86	1.103063	1.107680	1.112321	1.116987	1.121677
0.87	1.150349	1.155221	1.160120	1.165047	1.170002
0.88	1.200359	1.205527	1.210727	1.215960	1.221227
0.89	1.253565	1.259084	1.264641	1.270238	1.275874
0.90	1.310579	1.316519	1.322505	1.328539	1.334622
0.91	1.372204	1.378659	1.385172	1.391744	1.398377
0.92	1.439531	1.446632	1.453806	1.461056	1.468384
0.93	1.514102	1.522036	1.530068	1.538199	1.546433
0.94	1.598193	1.607248	1.616436	1.625763	1.635234
0.95	1.695398	1.706043	1.716886	1.727934	1.739198
0.96	1.811911	1.825007	1.838424	1.852180	1.866296
0.97	1.959964	1.977368	1.995393	2.014091	2.033520
0.98	2.170090	2.197286	2.226212	2.257129	2.290368
0.99	2.575829	2.652070	2.747781	2.878162	3.090232

注：本表对于下侧概率给出正态分布的分位数 z_p。

例：对于 $p=0.90$，$z_p=1.281552$

当 $p<0.50$ 时，$z_p=-z_{1-p}$，例：$z_{0.4}=-z_{0.6}=-0.253347$

与双侧概率 α 相应的分位数为 $z_{1-\alpha/2}$。例：对于 $\alpha=0.01$，$z_{1-\alpha/2}=z_{0.995}=2.575829$。

四、二项分布临界值表

$a = 0.05$ 和 0.01 下,$P = Q = \frac{1}{2}$,x 或 $n - x$(不论何者为大)的临界值

n	单侧检验		双侧检验	
	0.05	0.01	0.05	0.01
5	5	—	—	—
6	6	—	6	—
7	7	7	7	—
8	7	8	8	—
9	8	9	8	9
10	9	10	9	10
11	9	10	10	11
12	10	11	10	11
13	10	12	11	12
14	11	12	12	13
15	12	13	12	13
16	12	14	13	14
17	13	14	13	15
18	13	15	14	15
19	14	15	15	16
20	15	16	15	17
21	15	17	16	17
22	16	17	17	18
23	16	18	17	19
24	17	19	18	19
25	18	19	18	20
26	18	20	19	20
27	19	20	20	21
28	19	21	20	22
29	20	22	21	22
30	20	22	21	23

五、t 分布临界值表

单侧	$\alpha=0.10$	0.05	0.025	0.01	0.005
双侧	$\alpha=0.20$	0.1	0.05	0.02	0.01
$d.f.=1$	3.078	6.314	12.706	31.821	63.657
2	1.886	2.920	4.303	6.965	9.925
3	1.638	2.353	3.182	4.541	5.841
4	1.533	2.132	2.776	3.747	4.604
5	1.476	2.015	2.571	3.365	4.032
6	1.440	1.943	2.447	3.143	3.707
7	1.415	1.895	2.365	2.998	3.499
8	1.397	1.860	2.306	2.896	3.355
9	1.383	1.833	2.262	2.821	3.250
10	1.372	1.812	2.228	2.764	3.169
11	1.363	1.796	2.201	2.718	3.106
12	1.356	1.782	2.179	2.681	3.055
13	1.350	1.771	2.160	2.650	3.012
14	1.345	1.761	2.145	2.624	2.977
15	1.341	1.753	2.131	2.602	2.947
16	1.337	1.746	2.120	2.583	2.921
17	1.333	1.740	2.110	2.567	2.898
18	1.330	1.734	2.101	2.552	2.878
19	1.328	1.729	2.093	2.539	2.861
20	1.325	1.725	2.086	2.528	2.845
21	1.323	1.721	2.080	2.518	2.831
22	1.321	1.717	2.074	2.508	2.819
23	1.319	1.714	2.069	2.500	2.807
24	1.318	1.711	2.064	2.492	2.797
25	1.316	1.708	2.060	2.485	2.787
26	1.315	1.706	2.056	2.479	2.779
27	1.314	1.703	2.052	2.473	2.771
28	1.313	1.701	2.048	2.467	2.763
29	1.311	1.699	2.045	2.462	2.756
30	1.310	1.697	2.042	2.457	2.750
40	1.303	1.684	2.021	2.423	2.704
50	1.299	1.676	2.009	2.403	2.678
60	1.296	1.671	2.000	2.390	2.660
70	1.294	1.667	1.994	2.381	2.648
80	1.292	1.664	1.990	2.374	2.639
90	1.291	1.662	1.987	2.368	2.632
100	1.290	1.660	1.984	2.364	2.626
125	1.288	1.657	1.979	2.357	2.616
150	1.287	1.655	1.976	2.351	2.609
200	1.286	1.653	1.972	2.345	2.601
∞	1.282	1.645	1.960	2.326	2.576

六、F 分布临界值表（$\alpha = 0.05$）

$n_1 = 1$	2	3	4	5	6	8	10	15
$n_2 = 1$ 161.4	199.5	215.7	224.6	230.2	234.0	238.9	241.9	245.9
2 18.51	19.00	19.16	19.25	19.30	19.33	19.37	19.40	19.43
3 10.13	9.55	9.28	9.12	9.01	8.94	8.85	8.79	8.70
4 7.71	6.94	6.59	6.39	6.26	6.16	6.04	5.96	5.86
5 6.61	5.79	5.41	5.19	5.05	4.95	4.82	4.74	4.62
6 5.99	5.14	4.76	4.53	4.39	4.28	4.15	4.06	3.94
7 5.59	4.74	4.35	4.12	3.97	3.87	3.73	3.64	3.51
8 5.32	4.46	4.07	3.84	3.69	3.58	3.44	3.35	3.22
9 5.12	4.26	3.86	3.63	3.48	3.37	3.23	3.14	3.01
10 4.96	4.10	3.71	3.48	3.33	3.22	3.07	2.98	2.85
11 4.84	3.98	3.59	3.36	3.20	3.09	2.95	2.85	2.72
12 4.75	3.89	3.49	3.26	3.11	3.00	2.85	2.75	2.62
13 4.67	3.81	3.41	3.18	3.03	2.92	2.77	2.67	2.53
14 4.60	3.71	3.34	3.11	2.96	2.85	2.70	2.60	2.46
15 4.54	3.68	3.29	3.06	2.90	2.79	2.64	2.54	2.40
16 4.49	3.63	3.24	3.01	2.85	2.74	2.59	2.49	2.35
17 4.45	3.59	3.20	2.96	2.81	2.70	2.55	2.45	2.31
18 4.41	3.55	3.16	2.93	2.77	2.66	2.51	2.41	2.27
19 4.38	3.52	3.13	2.90	2.74	2.63	2.48	2.38	2.23
20 4.35	3.49	3.10	2.87	2.71	2.60	2.45	2.35	2.20
21 4.32	3.47	3.07	2.84	2.68	2.57	2.42	2.32	2.18
22 4.30	3.44	3.05	2.82	2.66	2.55	2.40	2.30	2.15
23 4.28	3.42	3.03	2.80	2.64	2.53	2.37	2.27	2.13
24 4.26	3.40	3.01	2.78	2.62	2.51	2.36	2.25	2.11
25 4.24	3.39	2.99	2.76	2.60	2.49	2.34	2.24	2.09
26 4.23	3.37	2.98	2.74	2.59	2.47	2.32	2.22	2.07
27 4.21	3.35	2.96	2.73	2.57	2.46	2.31	2.20	2.06
28 4.20	3.34	2.95	2.71	2.56	2.45	2.29	2.19	2.04
29 4.18	3.33	2.93	2.70	2.55	2.43	2.28	2.18	2.03
30 4.17	3.32	2.92	2.69	2.53	2.42	2.27	2.16	2.01
40 4.08	3.23	2.84	2.61	2.45	2.34	2.18	2.08	1.92
50 4.03	3.18	2.79	2.56	2.40	2.29	2.13	2.03	1.87
60 4.00	3.15	2.76	2.53	2.37	2.25	2.10	1.99	1.81
70 3.98	3.13	2.74	2.50	2.35	2.23	2.07	1.97	1.81
80 3.96	3.11	2.72	2.49	2.33	2.21	2.06	1.95	1.79
90 3.95	3.10	2.71	2.47	2.32	2.20	2.04	1.94	1.78
100 3.94	3.09	2.70	2.46	2.31	2.19	2.03	1.93	1.77
125 3.92	3.07	2.68	2.44	2.29	2.17	2.01	1.91	1.75
150 3.90	3.06	2.66	2.43	2.27	2.16	2.00	1.89	1.73
200 3.89	3.04	2.65	2.42	2.26	2.14	1.98	1.88	1.72
∞ 3.84	3.00	2.60	2.37	2.21	2.10	1.94	1.83	1.67

七、F 分布临界值表（$\alpha = 0.01$）

	$n_1 = 1$	2	3	4	5	6	8	10	15
$n_2 = 1$	4052.	4999.	5403.	5625.	5764.	5859.	5981.	6065.	6157.
2	98.50	99.00	99.17	99.25	99.30	99.33	99.37	99.40	99.43
3	34.12	30.82	29.46	28.71	28.24	27.91	27.49	27.23	26.87
4	21.20	18.00	16.69	15.98	15.52	15.21	14.80	14.55	14.20
5	16.26	13.27	12.06	11.39	10.97	10.67	10.29	10.05	9.72
6	13.75	10.92	9.78	9.15	8.75	8.47	8.10	7.87	7.56
7	12.25	9.55	8.45	7.85	7.46	7.19	6.84	6.62	6.31
8	11.26	8.65	7.59	7.01	6.63	6.37	6.03	5.81	5.52
9	10.56	8.02	6.99	6.42	6.06	5.80	5.47	5.26	4.96
10	10.04	7.56	6.55	5.99	5.64	5.39	5.06	4.85	4.56
11	9.65	7.21	6.22	5.67	5.32	5.07	4.74	4.54	4.25
12	9.33	6.93	5.95	5.41	5.06	4.82	4.50	4.30	4.01
13	9.07	6.70	5.74	5.21	4.86	4.62	4.30	4.10	3.82
14	8.86	6.51	5.56	5.04	4.69	4.46	4.14	3.94	3.66
15	8.86	6.36	5.42	4.89	4.56	4.32	4.00	3.80	3.52
16	8.53	6.23	5.29	4.77	4.44	4.20	3.89	3.69	3.41
17	8.40	6.11	5.19	4.67	4.34	4.10	3.79	3.59	3.31
18	8.29	6.01	5.09	4.58	4.25	4.01	3.71	3.51	3.23
19	8.18	5.93	5.01	4.50	4.17	3.94	3.63	3.43	3.15
20	8.10	5.85	4.94	4.43	4.10	3.87	3.56	3.37	3.09
21	8.02	5.78	4.87	4.37	4.04	3.81	3.51	3.31	3.03
22	7.95	5.72	4.82	4.31	3.99	3.76	3.45	3.26	2.98
23	7.88	5.66	4.76	4.26	3.94	3.71	3.41	3.21	2.93
24	7.82	5.61	4.72	4.22	3.90	3.67	3.36	3.17	2.89
25	7.77	5.57	4.68	4.18	3.85	3.63	3.32	3.13	2.85
26	7.72	5.53	4.64	4.14	3.82	3.59	3.29	3.09	2.81
27	7.68	5.49	4.60	4.11	3.78	3.56	3.26	3.06	2.78
28	7.64	5.45	4.57	4.07	3.75	3.53	3.23	3.03	2.75
29	7.60	5.42	4.54	4.04	3.73	3.50	3.20	3.00	2.73
30	7.56	5.39	4.51	4.02	3.70	3.47	3.17	2.98	2.70
40	7.31	5.18	4.31	3.83	3.51	3.29	2.99	2.80	2.52
50	7.17	5.06	4.20	3.72	3.41	3.19	2.89	2.70	2.42
60	7.08	4.98	4.13	3.65	3.34	3.12	2.82	2.63	2.35
70	7.01	4.92	4.07	3.60	3.29	3.07	2.78	2.59	2.31
80	6.96	4.88	4.04	3.56	3.26	3.04	2.74	2.55	2.27
90	6.93	4.85	4.01	3.53	3.23	3.01	2.72	2.52	2.42
100	6.90	4.82	3.98	3.51	3.21	2.99	2.69	2.50	2.22
125	6.84	4.78	3.94	3.47	3.17	2.95	2.66	2.47	2.19
150	6.81	4.75	3.91	3.45	3.14	2.92	2.63	2.44	2.16
200	6.76	4.71	3.88	3.41	3.11	2.89	2.60	2.41	2.13
∞	6.63	4.61	3.78	3.32	3.02	2.80	2.51	2.23	2.04

八、泊松分布表

$$P(X=x) = \frac{\lambda^x}{x!}e^{-\lambda}$$

x	λ							
	0.1	0.2	0.3	0.4	0.5	0.6	0.7	0.8
0	0.904837	0.818731	0.740818	0.670320	0.606531	0.548812	0.496585	0.449329
1	0.090484	0.163746	0.222245	0.268128	0.303265	0.329287	0.347610	0.359463
2	0.004524	0.016375	0.033337	0.053626	0.075816	0.098786	0.121663	0.143785
3	0.000151	0.001092	0.003334	0.007150	0.012636	0.019757	0.028388	0.038343
4	0.000004	0.000055	0.000250	0.000715	0.001580	0.002964	0.004968	0.007669
5		0.000002	0.000015	0.000057	0.000158	0.000356	0.000696	0.001227
6			0.000001	0.000004	0.000013	0.000036	0.000081	0.000164
7					0.000001	0.000003	0.000008	0.000019
8							0.000001	0.000002
9								

x	λ							
	0.9	1.0	1.5	2.0	2.5	3.0	3.5	4.0
0	0.406570	0.367879	0.223130	0.135335	0.082085	0.049787	0.030197	0.018316
1	0.365913	0.367879	0.334695	0.270671	0.205212	0.149361	0.105691	0.073263
2	0.164661	0.183940	0.251021	0.270671	0.256516	0.224042	0.184959	0.146525
3	0.049398	0.061313	0.125511	0.180447	0.213763	0.224042	0.215785	0.195367
4	0.011115	0.015328	0.047067	0.090224	0.133602	0.168031	0.188812	0.195367
5	0.002001	0.003066	0.014120	0.036089	0.066801	0.100819	0.132169	0.156293
6	0.000300	0.000511	0.003530	0.012030	0.027834	0.050409	0.077098	0.104196
7	0.000039	0.000073	0.000756	0.003437	0.009941	0.021604	0.038549	0.059540
8	0.000004	0.000009	0.000142	0.000859	0.003106	0.008102	0.016865	0.029770
9		0.000001	0.000024	0.000191	0.000863	0.002701	0.006559	0.013231
10			0.000004	0.000038	0.000216	0.000810	0.002296	0.005292
11				0.000007	0.000049	0.000221	0.000730	0.001925
12				0.000001	0.000010	0.000055	0.000213	0.000642
13					0.000002	0.000013	0.000057	0.000197
14						0.000003	0.000014	0.000056
15						0.000001	0.000003	0.000015
16							0.000001	0.000004
17								0.000001

续表

x	λ						
	4.5	5.0	6.0	7.0	8.0	9.0	10.0
0	0.011109	0.006738	0.002479	0.000912	0.000335	0.000123	0.000045
1	0.049990	0.033690	0.014873	0.006383	0.002684	0.001111	0.000454
2	0.112479	0.084224	0.044618	0.022341	0.010735	0.004998	0.002270
3	0.168718	0.140374	0.089235	0.052129	0.028626	0.014994	0.007567
4	0.189808	0.175467	0.133853	0.091226	0.057252	0.033737	0.018917
5	0.170827	0.175467	0.160623	0.127717	0.091604	0.060727	0.037833
6	0.128120	0.146223	0.160623	0.149003	0.122138	0.091090	0.063055
7	0.082363	0.104445	0.137677	0.149003	0.139587	0.117116	0.090079
8	0.046329	0.065278	0.103258	0.130377	0.139587	0.131756	0.112599
9	0.023165	0.036266	0.068838	0.101405	0.124077	0.131756	0.125110
10	0.010424	0.018133	0.041303	0.070983	0.099262	0.118580	0.125110
11	0.004264	0.008242	0.022529	0.045171	0.072190	0.097020	0.113736
12	0.001599	0.003434	0.011264	0.026350	0.048127	0.072765	0.094780
13	0.000554	0.001321	0.005199	0.014188	0.029616	0.050376	0.072908
14	0.000178	0.000472	0.002228	0.007094	0.016924	0.032384	0.052077
15	0.000053	0.000157	0.000891	0.003311	0.009026	0.019431	0.034718
16	0.000015	0.000049	0.000334	0.001448	0.004513	0.010930	0.021699
17	0.000004	0.000014	0.000118	0.000596	0.002124	0.005786	0.012764
18	0.000001	0.000004	0.000039	0.000232	0.000944	0.002893	0.007091
19		0.000001	0.000012	0.000085	0.000397	0.001370	0.003732
20			0.000004	0.000030	0.000159	0.000617	0.001866
21			0.000001	0.000010	0.000061	0.000264	0.000889
22				0.000003	0.000022	0.000108	0.000404
23				0.000001	0.000008	0.000042	0.000176
24					0.000003	0.000016	0.000073
25					0.000001	0.000006	0.000029
26						0.000002	0.000011
27						0.000001	0.000004
28							0.000001
29							0.000001

九、标准正态分布概率度表

t	$F(t)$	t	$F(t)$	t	$F(t)$	t	$F(t)$
0.00	0.0000	0.33	0.2586	0.66	0.4907	0.99	0.6778
0.01	0.0080	0.34	0.2661	0.67	0.4971	1.00	0.6827
0.02	0.0160	0.35	0.2737	0.68	0.5035	1.01	0.6875
0.03	0.0239	0.36	0.2812	0.69	0.5098	1.02	0.6923
0.04	0.0319	0.37	0.2886	0.70	0.5161	1.03	0.6970
0.05	0.0390	0.38	0.2961	0.71	0.5223	1.04	0.7017
0.06	0.0478	0.39	0.3035	0.72	0.5285	1.05	0.7063
0.07	0.0558	0.40	0.3108	0.73	0.5346	1.06	0.7109
0.08	0.0638	0.41	0.3182	0.74	0.5407	1.07	0.7154
0.09	0.0717	0.42	0.3255	0.75	0.5467	1.08	0.7199
0.10	0.0797	0.43	0.3328	0.76	0.5527	1.09	0.7243
0.11	0.0876	0.44	0.3401	0.77	0.5587	1.10	0.7287
0.12	0.0955	0.45	0.3473	0.78	0.5646	1.11	0.7330
0.13	0.1034	0.46	0.3545	0.79	0.5705	1.12	0.7373
0.14	0.1113	0.47	0.3616	0.80	0.5763	1.13	0.7415
0.15	0.1192	0.48	0.3688	0.81	0.5821	1.14	0.7457
0.16	0.1271	0.49	0.3759	0.82	0.5878	1.15	0.7499
0.17	0.1350	0.50	0.3829	0.83	0.5935	1.16	0.7540
0.18	0.1428	0.51	0.3899	0.84	0.5991	1.17	0.7580
0.19	0.1507	0.52	0.3969	0.85	0.6047	1.18	0.7620
0.20	0.1585	0.53	0.4039	0.86	0.6102	1.19	0.7660
0.21	0.1663	0.54	0.4108	0.87	0.6157	1.20	0.7699
0.22	0.1741	0.55	0.4177	0.88	0.6211	1.21	0.7737
0.23	0.1819	0.56	0.4245	0.89	0.6265	1.22	0.7775
0.24	0.1897	0.57	0.4313	0.90	0.6319	1.23	0.7813
0.25	0.1974	0.58	0.4381	0.91	0.6372	1.24	0.7850
0.26	0.2051	0.59	0.4448	0.92	0.6424	1.25	0.7887
0.27	0.2128	0.60	0.4515	0.93	0.6476	1.26	0.7923
0.28	0.2205	0.61	0.4581	0.94	0.6528	1.27	0.7959
0.29	0.2282	0.62	0.4647	0.95	0.6579	1.28	0.7995
0.30	0.2358	0.63	0.4713	0.96	0.6629	1.29	0.8030
0.31	0.2434	0.64	0.4778	0.97	0.6680	1.30	0.8064
0.32	0.2510	0.65	0.4843	0.98	0.6729	1.31	0.8098

续表

t	$F(t)$	t	$F(t)$	t	$F(t)$	t	$F(t)$
1.32	0.8132	1.65	0.9011	1.98	0.9523	2.62	0.9912
1.33	0.8165	1.66	0.9031	1.99	0.9534	2.64	0.9917
1.34	0.8198	1.67	0.9051	2.00	0.9545	2.66	0.9922
1.35	0.8230	1.68	0.9070	2.02	0.9566	2.68	0.9926
1.36	0.8262	1.69	0.9090	2.04	0.9587	2.70	0.9931
1.37	0.8293	1.70	0.9109	2.06	0.9606	2.72	0.9935
1.38	0.8324	1.71	0.9127	2.08	0.9625	2.74	0.9939
1.39	0.8355	1.72	0.9146	2.10	0.9643	2.76	0.9942
1.40	0.8385	1.73	0.9164	2.12	0.9660	2.78	0.9946
1.41	0.8415	1.74	0.9181	2.14	0.9676	2.80	0.9949
1.42	0.8444	1.75	0.9199	2.16	0.9692	2.82	0.9952
1.43	0.8473	1.76	0.9216	2.18	0.9707	2.84	0.9955
1.44	0.8501	1.77	0.9233	2.20	0.9722	2.86	0.9958
1.45	0.8529	1.78	0.9249	2.22	0.9736	2.88	0.9960
1.46	0.8557	1.79	0.9265	2.24	0.9749	2.90	0.9962
1.47	0.8584	1.80	0.9281	2.26	0.9762	2.92	0.9965
1.48	0.8611	1.81	0.9297	2.28	0.9774	2.94	0.9967
1.49	0.8638	1.82	0.9312	2.30	0.9786	2.96	0.9969
1.50	0.8664	1.83	0.9328	2.32	0.9797	2.98	0.9971
1.51	0.8690	1.84	0.9342	2.34	0.9807	3.00	0.9973
1.52	0.8715	1.85	0.9357	2.36	0.9817	3.20	0.9936
1.53	0.8740	1.86	0.9371	2.38	0.9827	3.40	0.9993
1.54	0.8764	1.87	0.9385	2.40	0.9836	3.60	0.99968
1.55	0.8789	1.88	0.9399	2.42	0.9845	3.80	0.99986
1.56	0.8812	1.89	0.9412	2.44	0.9853	4.00	0.99994
1.57	0.8836	1.90	0.9426	2.46	0.9861	4.50	0.999993
1.58	0.8859	1.91	0.9439	2.48	0.9869	5.00	0.999999
1.59	0.8882	1.92	0.9451	2.50	0.9876		
1.60	0.8901	1.93	0.9464	2.52	0.9883		
1.61	0.8926	1.94	0.9476	2.54	0.9889		
1.62	0.8948	1.95	0.9488	2.56	0.9895		
1.63	0.8969	1.96	0.9500	2.58	0.9901		
1.64	0.8990	1.97	0.9512	2.60	0.9907		

十、相关系数临界值表

自由度 $(n-m)$	$\alpha = 0.05$ 约束条件数 (m)				$\alpha = 0.01$ 约束条件数 (m)			
	2	3	4	5	2	3	4	5
1	0.997	0.999	0.999	0.999	1.000	1.000	1.000	1.000
2	0.950	0.975	0.983	0.987	0.990	0.995	0.997	0.998
3	0.878	0.930	0.950	0.961	0.959	0.976	0.983	0.987
4	0.811	0.881	0.912	0.930	0.917	0.949	0.962	0.970
5	0.754	0.836	0.874	0.898	0.874	0.917	0.937	0.949
6	0.707	0.795	0.839	0.867	0.834	0.886	0.911	0.927
7	0.666	0.758	0.807	0.838	0.798	0.855	0.885	0.904
8	0.632	0.762	0.777	0.811	0.765	0.827	0.860	0.882
9	0.602	0.697	0.750	0.786	0.735	0.800	0.836	0.861
10	0.576	0.671	0.726	0.763	0.708	0.776	0.814	0.840
11	0.553	0.648	0.703	0.741	0.684	0.753	0.793	0.821
12	0.532	0.627	0.683	0.722	0.661	0.732	0.773	0.802
13	0.514	0.608	0.664	0.703	0.641	0.712	0.755	0.785
14	0.497	0.590	0.646	0.686	0.632	0.694	0.737	0.768
15	0.482	0.574	0.630	0.670	0.606	0.677	0.721	0.752
16	0.468	0.559	0.615	0.655	0.590	0.662	0.706	0.738
17	0.456	0.545	0.601	0.641	0.575	0.647	0.691	0.724
18	0.444	0.532	0.587	0.628	0.561	0.633	0.678	0.710
19	0.433	0.520	0.575	0.615	0.549	0.620	0.665	0.698
20	0.423	0.509	0.563	0.604	0.537	0.608	0.652	0.685
21	0.413	0.498	0.552	0.592	0.526	0.596	0.641	0.674
22	0.404	0.488	0.542	0.582	0.515	0.585	0.630	0.663

续表

自由度 ($n-m$)	$\alpha = 0.05$ 约束条件数 (m)				$\alpha = 0.01$ 约束条件数 (m)			
	2	3	4	5	2	3	4	5
23	0.396	0.479	0.532	0.572	0.505	0.574	0.619	0.652
24	0.388	0.470	0.523	0.562	0.496	0.565	0.609	0.642
25	0.381	0.462	0.514	0.553	0.487	0.555	0.600	0.633
26	0.374	0.454	0.506	0.545	0.478	0.546	0.530	0.624
27	0.367	0.446	0.498	0.536	0.470	0.538	0.582	0.615
28	0.361	0.439	0.490	0.529	0.463	0.530	0.573	0.606
29	0.355	0.432	0.482	0.521	0.456	0.522	0.565	0.598
30	0.349	0.426	0.476	0.514	0.449	0.514	0.558	0.591
35	0.325	0.397	0.445	0.482	0.418	0.481	0.523	0.556
40	0.304	0.373	0.419	0.455	0.393	0.454	0.494	0.526
45	0.288	0.353	0.397	0.432	0.372	0.430	0.470	0.501
50	0.273	0.336	0.379	0.412	0.354	0.410	0.449	0.479
60	0.250	0.308	0.348	0.380	0.325	0.377	0.414	0.442
70	0.232	0.286	0.324	0.354	0.302	0.351	0.386	0.413
80	0.217	0.269	0.304	0.332	0.283	0.330	0.362	0.389
90	0.205	0.254	0.288	0.315	0.267	0.312	0.343	0.368
100	0.195	0.241	0.274	0.300	0.254	0.297	0.327	0.351
125	0.174	0.216	0.246	0.269	0.228	0.266	0.294	0.316
150	0.159	0.198	0.225	0.247	0.208	0.244	0.270	0.290
200	0.138	0.172	0.196	0.215	0.181	0.212	0.234	0.253
300	0.113	0.141	0.160	0.176	0.148	0.174	0.192	0.208
400	0.098	0.122	0.139	0.153	0.128	0.151	0.167	0.180
500	0.088	0.109	0.124	0.137	0.115	0.135	0.150	0.162
1000	0.062	0.077	0.088	0.097	0.081	0.096	0.106	0.115

十一、斯皮尔曼秩相关系数临界值表

α单边	0.05	0.025	0.005	α单边	0.05	0.025	0.005
n = 4	1.00			n = 18	0.401	0.472	0.600
5	0.900	1.000		19	0.391	0.460	0.584
6	0.829	0.886	1.000	20	0.380	0.447	0.570
7	0.714	0.786	0.929	21	0.370	0.435	0.556
8	0.643	0.738	0.881	22	0.361	0.425	0.544
9	0.600	0.700	0.833	23	0.353	0.415	0.532
10	0.564	0.648	0.794	24	0.344	0.406	0.521
11	0.536	0.618	0.755	25	0.337	0.398	0.511
12	0.503	0.587	0.727	26	0.331	0.390	0.501
13	0.484	0.560	0.703	27	0.324	0.382	0.491
14	0.464	0.538	0.679	28	0.317	0.375	0.483
15	0.446	0.521	0.654	29	0.312	0.368	0.475
16	0.429	0.503	0.635	30	0.306	0.362	0.467
17	0.414	0.485	0.615				
α双边	0.10	0.05	0.01	α双边	0.10	0.05	0.01

十二、Wilcoxon 配对符秩检验 T 临界值表

n	单侧检验显著性水准			n	单侧检验显著性水准		
	0.025	0.01	0.005		0.025	0.01	0.005
	双侧检验显著性水准				双侧检验显著性水准		
	0.05	0.02	0.01		0.05	0.02	0.01
6	0	—	—	16	30	24	20
7	2	0	—	17	35	28	23
8	4	2	0	18	40	33	28
9	6	3	2	19	46	38	32
10	8	5	3	20	52	43	38
11	11	7	5	21	59	49	43
12	14	10	7	22	66	56	49
13	17	13	10	23	73	62	55
14	21	16	13	24	81	69	61
15	25	20	16	25	89	77	68

十三、χ^2 分布表

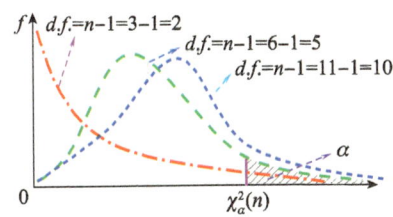

$$P\{\chi^2(n) > \chi^2_\alpha(n)\} = \alpha$$

α n	0.995	0.990	0.975	0.950	0.900	0.750
1	—	—	0.001	0.004	0.016	0.102
2	0.010	0.020	0.051	0.103	0.211	0.575
3	0.072	0.115	0.216	0.352	0.584	1.213
4	0.207	0.297	0.484	0.711	1.064	1.923
5	0.412	0.554	0.831	1.145	1.610	2.675
6	0.676	0.872	1.237	1.635	2.204	3.455
7	0.989	1.239	1.690	2.167	2.833	4.255
8	1.344	1.646	2.180	2.733	3.490	5.071
9	1.735	2.088	2.700	3.325	4.168	5.899
10	2.156	2.558	3.247	3.940	4.865	6.737
11	2.603	3.053	3.816	4.575	5.578	7.584
12	3.074	3.571	4.404	5.226	6.304	8.438
13	3.565	4.107	5.009	5.892	7.042	9.299
14	4.075	4.660	5.629	6.571	7.790	10.165
15	4.601	5.229	6.262	7.261	8.547	11.037
16	5.142	5.812	6.908	7.962	9.312	11.912
17	5.697	6.408	7.564	8.672	10.085	12.792
18	6.265	7.015	8.231	9.390	10.865	13.675

续表

α \ n	0.995	0.990	0.975	0.950	0.900	0.750
19	6.844	7.633	8.907	10.117	11.651	14.562
20	7.434	8.260	9.591	10.851	12.443	15.452
21	8.034	8.897	10.283	11.591	13.240	16.344
22	8.643	9.542	10.982	12.338	14.042	17.240
23	9.260	10.196	11.689	13.091	14.848	18.137
24	9.886	10.856	12.401	13.848	15.659	19.037
25	10.520	11.524	13.120	14.611	16.473	19.939
26	11.160	12.198	13.844	15.379	17.292	20.843
27	11.808	12.879	14.573	16.151	18.114	21.749
28	12.461	13.565	15.308	16.928	18.939	22.657
29	13.121	14.257	16.047	17.708	19.768	23.567
30	13.787	14.954	16.791	18.493	20.599	24.478
31	14.458	15.655	17.539	19.281	21.434	25.390
32	15.134	16.362	18.291	20.072	22.271	26.304
33	15.815	17.074	19.047	20.807	23.110	27.219
34	16.501	17.789	19.806	21.664	23.952	28.136
35	17.192	18.509	20.569	22.465	24.797	29.054
36	17.887	19.233	21.336	23.269	25.613	29.973
37	18.586	19.960	22.106	24.075	26.492	30.893
38	19.289	20.691	22.878	24.884	27.343	31.815
39	19.996	21.426	23.654	25.695	28.196	32.737
40	20.707	22.164	24.433	26.509	29.051	33.660
41	21.421	22.906	25.215	27.326	29.907	34.585
42	22.138	23.650	25.999	28.144	30.765	35.510
43	22.859	24.398	26.785	28.965	31.625	36.430
44	23.584	25.143	27.575	29.787	32.487	37.363
45	24.311	25.901	28.366	30.612	33.350	38.291

续表

n \ α	0.250	0.100	0.050	0.025	0.010	0.005
1	1.323	2.706	3.841	5.024	6.635	7.879
2	2.773	4.605	5.991	7.378	9.210	10.597
3	4.108	6.251	7.815	9.348	11.345	12.838
4	5.385	7.779	9.488	11.143	13.277	14.860
5	6.626	9.236	11.071	12.833	15.086	16.750
6	7.841	10.645	12.592	14.449	16.812	18.548
7	9.037	12.017	14.067	16.013	18.475	20.278
8	10.219	13.362	15.507	17.535	20.090	21.955
9	11.389	14.684	16.919	19.023	21.666	23.589
10	12.549	15.987	18.307	20.483	23.209	25.188
11	13.701	17.275	19.675	21.920	24.725	26.757
12	14.845	18.549	21.026	23.337	26.217	28.299
13	15.984	19.812	22.362	24.736	27.688	29.819
14	17.117	21.064	23.685	26.119	29.141	31.319
15	18.245	22.307	24.996	27.488	30.578	32.801
16	19.369	23.542	26.296	28.845	32.000	34.267
17	20.489	24.769	27.587	30.191	33.409	35.718
18	21.605	25.989	28.869	31.526	34.805	37.156
19	22.718	27.204	30.144	32.852	36.191	38.582
20	23.828	28.412	31.410	34.170	37.566	39.997
21	24.935	29.615	32.671	35.479	38.932	41.401
22	26.039	30.813	33.924	36.781	40.289	42.796
23	27.141	32.007	35.172	38.076	41.638	44.181
24	28.241	33.196	36.415	39.364	42.980	45.559
25	29.339	34.382	37.652	40.646	44.314	46.928
26	30.435	35.563	38.885	41.923	45.642	48.290
27	31.528	36.741	40.113	43.194	46.963	49.645
28	32.620	37.916	41.337	44.461	48.278	50.993
29	33.711	39.087	42.557	45.722	49.588	52.336

续表

n \ α	0.250	0.100	0.050	0.025	0.010	0.005
30	34.800	40.256	43.773	46.979	50.892	53.672
31	35.887	41.422	44.985	48.232	52.191	55.003
32	36.973	42.585	46.194	49.480	53.486	56.328
33	38.053	43.745	47.400	50.725	54.776	57.648
34	39.141	44.903	48.602	51.966	56.061	58.964
35	40.223	46.059	49.802	53.203	57.342	60.275
36	41.304	47.212	50.998	54.437	58.619	61.581
37	42.383	48.363	52.192	55.668	59.892	62.883
38	43.462	49.513	53.384	56.896	61.162	64.181
39	44.539	50.660	54.572	58.120	62.428	65.476
40	45.616	51.805	55.758	59.342	63.691	66.766
41	46.692	52.949	53.942	60.561	64.950	68.053
42	47.766	54.090	58.124	61.777	66.206	69.336
43	48.840	55.230	59.304	62.990	67.459	70.606
44	49.913	56.369	60.481	64.201	68.710	71.893
45	50.985	57.505	61.656	65.410	69.957	73.166

参考文献

[1] [俄] B. K. 先恰戈夫,《经济安全——生产·财政·银行》[M]. 中国税务出版社, 2003年2月, 第1页。

[2] 曹凤,《第五次高峰——当代中国的犯罪问题》[M]. 今日中国出版社, 1997年9月, 第5页和第305页。

[3] 陈仁恩、林嗣明,《社会经济统计学原理习题汇编》[M]. 中国统计出版社, 1986年。

[4] 陈学华, 杨辉耀,《VaR – APARCH 模型与证券投资风险量化分析》[J].《中国管理科学》, 2003年（2月）第1期, 第22 – 27页。

[5] 陈学华, 杨辉耀,《APARCH 模型在证券投资风险分析中的应用》[J].《运筹与管理》, 2003年6月第3期, 第92 – 97页。

[6] 陈允明,《国民经济统计概论》[M]. 中国人民大学出版社, 1995年。

[7] 戴国强,《中国货币需求分析》[M]. 复旦大学出版社, 1995年9月。

[8] [法] 甫吉兰（Guilhem Fabre）,《犯罪致富——冷战后毒品走私、洗钱与金融危机》[L]. 联合国教科文组织/Edde l'Aube, 1999年1月, 第67页。

[9] 高铁梅,《计量经济分析方法与建模》[M]. 清华大学出版社, 2009年, 第431页。

[10] 郭珺、滕柏华,《人民币与欧元、美元、日元之间的汇率联动分析》[J].《经济问题》, 2010年第11期, 第95 – 99页。

[11] 韩国高、陈喻喆、高铁梅,《中、美、日实际均衡汇率模型的构建及实证研究》[J].《数量经济技术经济研究》, 2011年第1期, 第76 –

88页。

[12] 胡孝绳,《统计学》[M]. 小木屋社, 1976年版。

[13] 黄冬运、韩鑫,《基于二元 Garch 模型的人民币外汇远期与即期汇率波动溢出效应分析》[J].《时代金融》, 2008年第4期, 第57-59页。

[14] 黄良文主编,《社会经济统计学原理》[M]. 中国统计出版社, 1996年版。

[15] 黄苇町,《中国的隐形经济（1996）》[M]. 中国商业出版社, 1996年2月。

[16] 江勇、章奇、郭守润,《经济安全及其评估》[J].《统计研究》, 1999年第9期。

[17] [美] L·法伊格,《地下经济学》[M]. 上海三联书店, 1995年4月。

[18] 李稻葵、尹兴中,《国际货币体系新架构：后金融危机时代的研究》[J].《金融研究》, 2010年第2期, 第31-43页。

[19] 联合国等编, 国家统计局国民经济核算司译,《国民经济核算体系（1993）》[M]. 中国统计出版社, 1995年6月。

[20] 钱伯海,《国民经济核算通论》[M]. 中国统计出版社, 1992年12月。

[21] 钱伯海、黄良文主编,《统计学》[M]. 四川人民出版社, 1992年版。

[22] 盛骤、谢式千、潘承毅编写,《概率论与数理统计》（第四版）[M]. 高等教育出版社, 2011年11月版, 第46-47页。

[23] 宋国才,《后危机时代中国金融市场发展分析》[J].《经济视角》, 2011年第6期, 第100页。

[24] 苏涛、詹原瑞,《证券组合 SKST-APARCH 模型和 VaR 估计分析系》[J].《系统工程学报》, 2005年第6期, 第639-643页。

[25] 童亚丽、王春,《俄罗斯与意大利地下经济的税收现状及治理》[J].《西伯利亚研究》, 2005年2月。

[26] 王寿安主编,《统计学》[M]. 中国统计出版社, 1994年版。

[27] 王振中,《对当前中国毒品问题的经济学分析》[J].《经济研

究》，2000 年第 6 期，第 69-76 页。

[28]［美］W·G·科克伦著，《抽样技术》[M]．中国统计出版社，1985 年版。

[29] 伍超标，《经济计量学导论》[M]．中国统计出版社，1998 年 10 月。

[30] 吴治民、高宇，《后危机时代中国金融监管理念变革与政策调整》[J]．《财经科学》，2010 年第 11 期，第 1-8 页。

[31] 夏兴国，《地下经济学概论》[M]．湖北人民出版社，1994 年 7 月。

[32] 谢启楠、曾声文主编，《统计学原理》[M]．暨南大学出版社，1994 年版。

[33] 谢识予，《假冒伪劣现象的经济学分析》[J]．《经济研究》，1997 年第 8 期。

[34] 许宪春，《中国国民经济核算体系——改革与发展》[M]．经济科学出版社，1997 年 4 月。

[35] 杨士鹏，《VaR-APARCH 模型与期货投资风险量化分析》[J]．《商业研究》，2005 年第 23 期，第 164-166 页。

[36]［美］英格·沃尔特，《黑钱市场》[M]．四川人民出版社，1994 年 6 月，第 179 页。

[37] 袁卫等编著，《统计学》[M]．中国统计出版社，1997 年版。

[38] 张世英、樊智，《协整理论与波动模型：金融时间序列分析及应用》[M]．清华大学出版社，2004 年，第 292 页。

[39] 张幼文、周建明，《经济安全：金融全球化的挑战》[M]．上海社会科学院出版社，高等教育出版社，1999 年 10 月，第 2 页。

[40] 张理智，《论假冒伪劣产品成因及治理》[J]．《经济研究》，1994 年第 1 期。

[41] 郑德如主编，《统计学》[M]．立信会计出版社，1994 年版。

[42] 朱民，《研究"危机后的世界经济金融格局"的五个问题》[J]．《国际经济评论》，2009 年第 7 期，第 25-27 页。

[43] Baillie R. T., Bollerslev, T. and Mikkelsen, H. O., Fractional integrated generalized autoregressive conditional heteroskedasticity [J]. Journal of

Econometrics, 74, 1996, p. 3 – 30.

[44] Bollerslev, T. and Mikkelsen, H. O., Modeling and Pricing Long – Memory in Stock Market Volatility [J]. Journal of Econometrics, 73, 1996, p. 151 – 184.

[45] Bollerslev, T., Generalized Autoregressive Condtional Heteroskedasticity [J]. Journal of Econometrics, 31, 1986, p. 307 – 327.

[46] Bollerslev, Tim; Engle, Robert F.; Wooldridge, Jeffrey M., A Capital Asset Pricing Model with Time – varying Covariances [J]. Journal of Political Economy 1988, 96 (1), pp. 116~131.

[47] Bollerslev, Tim, Modelling the Coherence in Short – Run Nominal Exchange Rates: A Multivariate Generalized Arch Model [J]. The Review of Economics and Statistics, 1990, 72 (3), pp. 498~505.

[48] Cheung, Yin – Wong; Ng, Lilian K., Causality – in – variance Test and Its Application to Financial Market Prices [J]. Journal of Econometrics, 1996, 72 (1, 2), pp. 33~48.

[49] Chung, C. F., Estimating the Fractionally Integrated GARCH Model [L]. National Taiwan University working paper, 1999.

[50] David R. Anderson, Dennis J. Sweeney and Thomas A. Williams. Statistics for Business and Economics [M]. International Edition, 11th Edition, China Machine Press (CMP) is authorized by Cengage Learning to publish exclusively this bilingual edition, 2011, p. 214 – 649.

[51] Davidson, J., Moment and Memory Properties of Linear Conditional Heteroskedasticity Models [L]. Manuscript, Cardiff University, 2001.

[52] Ding, Z., Granger, C. W. J. and Engle, R. F., A Long Memory Property of Stock Market Returns and a New Model [J]. Journal of Empirical Finance, 1, 1993, p. 83 – 106.

[53] Engle, R., and Bollerslev, T., Modeling the Persistence of Conditional Variances [J]. Econometric Reviews, 5, 1986. p. 1 – 50.

[54] Engle, R., Autoregressive Conditional Heteroskedasticity with Estimates of the Variance of United Kingdom Inflation [J]. Econometrica, 50, 1982, p. 987 – 1007.

[55] Engle, Robert F. ; Kroner, Kenneth F. , Multivariate Simultaneous Generalized Arch [J]. Econometric Theory, 1995, 11 (1), pp. 122~150.

[56] Frank R. Gunter, Capital Flight From the People's Republic of China: 1984 – 1994 [J]. China Economic Review, Volume 7, Number 1, 1996.

[57] Granger, C. , Long Memory Relationships and the Aggregation of Dynamic Models [J]. Journal of Econometrics, 14, 1980, p. 227 – 238.

[58] Granger, C. W. J. , Investigating Causal Relations by Econometric Models and Cross – spectral Methods [J]. Econometrica, 1969, 37 (3), pp. 424~438.

[59] Hannan, E. J. , Multiple Time Series [M]. John Wiley, 1970, New York, NY. pp. 536.

[60] Hansen B. , Autoregressive conditonal density estimation [J]. International Economic Review, 35, 1994, p. 705 – 730.

[61] Heinz Kohler, Statistics for Business and Economics [M]. 2th Edition, HarperCollins College Publishers, January 1, 1994, pg. 313 – 346.

[62] Hong, Yongmiao, A Test for Volatility Spillover with Application to Exchange Rates [J]. Journal of Econometrics, 2001, 103 (1, 2), pp. 183~224.

[63] Hurst H. E. , The Long – term Storage Capacity of Reservoirs [L]. Transactions of the American Society of Civil Engineers, 116, 1951.

[64] John Eatwell and others eds. , The New Palgrave: A Dictionary of Economics [J]. Vol. 1, 1987.

[65] Kearney, Colm; Patton, Andrew J. , Multivariate GARCH Modeling of Exchange Rate Volatility Transmission in the European Monetary System [J]. The Financial Review, 2000, 35 (1), pp. 29~48.

[66] McMillan, David G. ; Ruiz, Isabel; Speight, Alan, Correlations and Spillovers among Three Euro Rates: Evidence Using Realised Variance [J]. The European Journal of Finance, 2010, 16 (8), pp. 753~767.

[67] Priestley, M. B. , Spectral Analysis and Time Series [M]. 1981, Vol. 1, Academic Press, London.

[68] Roderick Hill and Muhammed Kabir, Currency Demand and the

Growth of Underground Economy in Canada, 1991 – 1995 [J]. Applied Economics, 2000, 32, 183 – 192.

[69] Schwert, W., Stock Volatility and the Crash of '87' [J]. Review of Financial Studies 3, 1990, p. 77 – 102.

[70] Taylor, S., Modeling Financial Time Series [M]. New York: Wiley, 1986, p. 89.

[71] Tse, Y. K. andTsui, A. K. C., Conditional Volatility in Foreign Exchange Rates: Evidence for the Malaysian Ringgit and Singapore Dollar [J]. Pacific – Basin Finance Journal 5, 1997, p. 345 – 356.

[72] Tse, Y. K. and A. K. C., TsuiConditional Volatility in Foreign Exchange Rates: Evidence for the Malaysian Ringgit and Singapore Dollar [J]. Pacific – Basin Fianace Journal 5, 1997, p. 345 – 356.

[73] Vito Tanzi, The Underground Economy [M]. Lexington, Mass.: D. C. Heath, 1982.

[74] Yu Chuanhuang and Lin Borjing, Value – at – Risk Analysis for Taiwan Stock Index Futures: Fat Tails and Conditional Asymmetries in Return Innovations [J]. Review of Quantitative Finance and Accounting, March; 22, 2, 2004, p. 79.

[75] Zvi Bodie, Alex Kane and Alan J. Marcus, Investments [M]. 9th Edition, McGraw – Hill Companies, Inc., 2011, p. 44 – 50.